高职高专医药院校创新教材

供高等职业教育药学类、药品制造类、食品药品管理类、
医学检验技术等相关专业使用

无机化学

（第二版）

主　编　姜　斌
副主编　孙荣梅　勇飞飞　贺东霞　崔霖芸
编　委　（按姓氏汉语拼音排序）
陈晓姣　长沙卫生职业学院
陈晓靓　贵阳护理职业学院
崔霖芸　遵义医药高等专科学校
贺东霞　南阳医学高等专科学校
姜　斌　山东医学高等专科学校（济南）
潘立新　山东药品食品职业学院
孙荣梅　中国药科大学高职学院
孙晓晶　山东医学高等专科学校（济南）
伍国云　湖南食品药品职业学院
勇飞飞　山东药品食品职业学院

科学出版社
北　京

内 容 简 介

无机化学是高职高专卫生职业教育药学类专业一门重要的基础课程。课程包括理论讲授和实训操作两部分。理论部分主要是以学习原子和分子结构、化学平衡、溶液化学、化学热力学、化学动力学、配合物化学、电化学、元素化学等基本理论知识。本教材的编写目的是通过理论教学，为学生后续学习生物化学、分析化学、药物分析等相关专业知识和职业技能奠定坚实基础，从而使学生具备从事药学、药品制造、食品药品管理、医学检验技术的学习和工作所必需的无机化学基本知识和基本技能，解决应用中的实际问题；通过实训教学，使学生掌握化学实验基本操作，培养学生实验操作技能和良好的科学研究思维方法以及基本素质。

本教材主要供高等职业教育药学类、药品制造类、食品药品管理类、医学检验技术等相关专业使用。

图书在版编目（CIP）数据

无机化学 / 姜斌主编. —2 版. —北京：科学出版社，2021.8

高职高专医药院校创新教材

ISBN 978-7-03-066962-9

Ⅰ. 无… Ⅱ. 姜… Ⅲ. 无机化学–高等职业教育–教材 Ⅳ. O61

中国版本图书馆 CIP 数据核字（2020）第 229400 号

责任编辑：段婷婷 / 责任校对：杨 赛

责任印制：赵 博 / 封面设计：涿州锦晖

科 学 出 版 社 出版

北京东黄城根北街 16 号

邮政编码：100717

http://www.sciencep.com

天津市新科印刷有限公司印刷

科学出版社发行 各地新华书店经销

*

2015 年 1 月第 一 版 开本：850×1168 1/16

2021 年 8 月第 二 版 印张：14

2024 年 7 月第九次印刷 字数：424 000

定价：56.80 元

（如有印装质量问题，我社负责调换）

前 言

Preface

党的二十大报告指出："人民健康是民族昌盛和国家强盛的重要标志。把保障人民健康放在优先发展的战略位置，完善人民健康促进政策。"贯彻落实党的二十大决策部署，积极推动健康事业发展，离不开人才队伍建设。党的二十大报告指出："培养造就大批德才兼备的高素质人才，是国家和民族长远发展大计。"教材是教学内容的重要载体，是教学的重要依据、培养人才的重要保障。本次教材修订旨在贯彻党的二十大报告精神和党的教育方针，落实立德树人根本任务，坚持为党育人、为国育才。

无机化学是高职高专医药院校药学类、药品制造类、食品药品管理类、医学检验技术等相关专业的一门重要基础课，为学生学习后续化学课程和专业课程的学习起着至关重要的作用。本书考虑到高职高专医药院校对本课程的要求以及学生的实际情况，在内容选择和安排上保持了无机化学学科的科学性和系统性，避免了复杂的理论推导，形成了以职业能力为主线，构建知识→能力→素质新的课程结构。本教材的编写思路是以创新精神为主，突出基本知识、基础理论和基本技能，体现思想性、科学性、启发性和职业性，知识点明确，学生好学，教师好教；注重创新思维和实践能力的培养，为学生的素质和能力协调发展创造条件；将教学改革和教学经验融入教材中，使学生在尽可能短的时间内掌握所学课程内容。

本教材以高职高专教育培养应用型人才的总体目标为依据。教材的知识结构体系，体现了以人为本、按需为准、够用为度和实用为先的高职高专教育特色，紧扣专业培养目标，教材内容既满足了高职高专的知识与技能需求，又适当考虑了向本科层次的拓展与衔接。为了增强学生学习的目的性、自觉性及教材内容的可读性和趣味性，激发学生学习的主动性，突出培养学生分析问题和解决问题的能力，在教材中设立了"案例""链接"和"自测题"等模块，希望对教学有所裨益。同时，在正文末安排了实训教学的内容，供各院校在教学中选用。本教材计划总学时为72学时，其中理论52学时，实践20学时。全书采用国家颁布的法定计量单位。

本书在编写过程中，得到了科学出版社、各位编者所在院校及有关专家的大力支持和帮助，在此谨致以衷心感谢，并对本书所引用文献资料的原作者深表谢意。

鉴于编者水平所限以及时间仓促，教材若存在不足之处，望使用本教材的师生提出批评与修改意见。

编 者

2023年5月

配 套 资 源

欢迎登录“中科云教育”平台，**免费**数字化课程等你来！

本系列教材配有图片、视频、音频、动画、题库、PPT 课件等数字化资源，持续更新，欢迎选用！

“中科云教育”平台数字化课程登录路径

电脑端

- 第一步：打开网址 http://www.coursegate.cn/short/XLDG0.action
- 第二步：注册、登录
- 第三步：点击上方导航栏“课程”，在右侧搜索栏搜索对应课程，开始学习

手机端

- 第一步：打开微信“扫一扫”，扫描下方二维码

- 第二步：注册、登录
- 第三步：用微信扫描上方二维码，进入课程，开始学习

PPT 课件，请在数字化课程中各章节里下载！

目　录

Contents

绪 论

自然界是由物质构成的，物质世界是人类生存和生活的基础。化学是一门重要的自然学科，它主要研究物质的组成、结构、性质和变化规律，是人们认识自然、改造自然的基础。随着整个社会的不断发展，化学现在已经深入到人们生活的各个领域，并在国民经济发展中起到了重要的作用。

化学在发展和应用过程中，依照其研究对象和研究内容的不同，产生出许多分支。传统上分为无机化学、有机化学、分析化学和物理化学四大分支。随着科学的不断发展，化学与其他学科不断渗透、交叉，形成了许多新的学科，如生物化学、临床化学检验、药物化学、放射化学、环境化学等。

一、无机化学研究的对象和发展进程

无机化学是研究无机物的组成、结构、性质、变化规律和变化过程中能量关系的学科，包括溶液化学、原子和分子结构、化学平衡、化学热力学、化学动力学、配合物化学、电化学、元素化学等基本理论知识内容。

无机化学是随着元素的发现而逐步发展起来的。从 19 世纪 30 年代起，化学家们发现了多种新元素，合成了大量的已知元素的各种化合物。1893 年，瑞士化学家维尔纳（A.Werner）奠定了配位化学的基础。20 世纪 50 年代，无机化学研究进入了一个集中研究原子能量的崭新时代。20 世纪 50～60 年代，配位化学成为无机化学最活跃的领域，在有机化学、分析化学、生物化学、药物化学、化学工业等领域应用广泛。自 20 世纪 70 年代以来，由于蛋白质和其他生物分子高分辨率结构的迅速测定，以及分子生物学技术的应用，生物无机化学已成为化学与生物学交叉而形成的一个重要的分支。

无机化学是一门重要的化学学科，其各个前沿领域内容十分丰富，在化学科学的基础研究中占有重要地位。例如，稀有元素占元素总数的 2/3，呈现出各种优良特性，在尖端技术的发展过程中起着重要的推动作用；配位化学理论在化工分析中日益广泛地被用作分离和提纯方法的理论基础，已成为无机化学的重要内容。目前，化学已渗入到能源、信息、材料、国防、环境及医药卫生等领域中。它的研究范围极其广泛，可以说，化学是一门中心性的科学。

二、化学与医药学的关系

化学是医药学的基础。医药学研究的目的是通过研究人体生理和心理现象的规律，探寻预防和治疗疾病的方法。疾病的预防和治疗需要广泛地使用药物，而药物的药理作用和疗效都与其化学结构及性质密切相关。例如多巴分子中有一个手性中心，存在一对对映体即左旋多巴和右旋多巴，左旋多巴被广泛用于治疗帕金森病，而右旋多巴对人体无生理效应；枸橼酸钠能将体内的铅转变为稳定的无毒的$[Pb(C_6H_5O_7)]^-$配离子，使其经肾脏排出体外，以治疗铅中毒；顺式二氯二氨合铂（Ⅳ）是第一代抗癌药物，能破坏癌细胞 DNA 的复制功能，抑制癌细胞的生长，达到治疗的目的。由于药物在防病和治病方面的重要作用，科学家在新药物的开发和研制进行不懈的探索和试验，而药物的生产、鉴定、保存及新药的合成等，都有赖于丰富的化学知识。

另外，在临床上人们也常运用化学原理和化学方法对各种人体组织和体液进行分析检验，为诊断疾病提供科学的依据。例如，用化学方法测定尿液中葡萄糖、丙酮等的含量，有助于糖尿病的诊断；测定血液中转氨酶活性的变化，可以判断肝和心肌的功能等。

综合上述，化学与医药学具有不可分割的密切联系。随着医学科学的飞速发展，机械性人造器官、半机械性半生物性人造器官、生物性人造器官，以及放射性同位素在临床上得到广泛应用，更加充分地证明了化学在医药学研究和发展之中的重要地位。

三、无机化学的学习方法

无机化学是高职高专卫生职业教育药学类专业的一门重要的基础课程。本课程的任务是为学生今后学习相关专业知识和职业技能奠定基础，培养学生基本操作技能和良好的科学思维方式，从而使学生具备从事药学专业工作等必需的基本知识和技能。后续的许多课程与无机化学有着不可分割的联系，如分析化学、药物分析、药物化学等。要学好无机化学应做到以下几点。

1. 课前预习 在每一章的教学之前，要浏览整章的教学内容，要求对本章内容的重点和难点有一定的了解。争取主动、有的放矢地安排好学习计划，提高学习效率。

2. 认真听课 上课听讲十分关键，听课时要紧跟老师的思路，勤于思考，积极地参与教学活动，主动回答课堂老师提问；及时做笔记，记下重点、难点内容，以备课后复习。

3. 课后复习 复习是掌握所学新知识的重要过程。理论性强是无机化学课程的特点之一，有些概念比较抽象，需要经过反复思考并实际应用后，才能逐渐加深理解和掌握。在理解的基础上，要强化记忆重要的基本概念、基本原理和计算公式，做到熟练掌握、灵活运用、融会贯通，将知识系统化。学会善于运用分析对比和联系归纳的方法，分析相关概念、原理和方法，归纳其特点、联系和区别。

4. 重视实践能力的培养 无机化学是一门实践性强的学科，因此既要重视理论的掌握，更要重视实践技能的训练，对于在实践中观察到的各种化学现象，还要进行归纳，对实践结果进行科学分析。把应试学习变为创新、探索性学习，通过实践培养实事求是、严谨的科学态度。

5. 培养自学能力 提倡学生自主学习，培养自学能力。知识的创造速度非常快，仅在学校学习期间所获是远不能满足的。当今提倡终身教育理念，需要不断地学习、更新知识来适应社会的发展，创造性地解决实际问题，因此，培养自学能力是非常重要的，相信在今后的学习和实践中会有更深刻的体会。

对于无机化学的学习，不仅要学习基本知识、原理和方法，更主要的是培养科学的思维方式，提高分析问题、解决问题的能力与创新能力，为以后学习、工作打下牢固的基础。

第1章

溶液和胶体溶液

溶液和胶体溶液是自然界常见的物质形态。日常生活中，有很多物质是以溶液或胶体溶液的形式存在。例如，人体内的血液、淋巴液以及其他体液是溶液或胶体溶液；生理盐水、注射液、眼药水等属于溶液。在药物的研究、生产和使用中，许多化学反应是在溶液和胶体溶液中进行；食物、药物在体内的吸收和代谢过程也是在溶液和胶体溶液中进行。因此，对于溶液和胶体溶液进行研究便具有了重要意义。本章主要介绍溶液和胶体溶液的基本性质。

第1节　溶　　液

一种物质以分子或离子的状态均匀地分散到另一种物质中而形成的均一、稳定的体系称为溶液（solution）。被溶解的物质称为溶质（solute），溶解溶质的物质称为溶剂（solvent）。因溶剂在常温时有固、液、气三种状态，所以溶液在常温时也有三种状态。气体混合物称为气态溶液，简称气体，如空气就是一种气态溶液。彼此呈分子分散的固体混合物称为固态溶液，如合金就是一种固态溶液。一般所说的溶液是指液体溶液，是气体、液体或固体在液态溶剂中溶解所形成的溶液。其中，水溶液是一种最常见的溶液，水是一种最常用的溶剂。除水之外，汽油、乙醇、乙醚、氯仿等也是常用的有机溶剂。未指明溶剂，一般所说的溶液就是指水溶液。

一、溶　　解

溶解（dissolve）是指一种或几种物质以分子、原子或离子状态均匀地分散于另一种物质中的过程。溶质在溶剂中的溶解过程（dissolution process）是个复杂的物理化学过程。溶解时首先是溶质分子（或离子）在溶剂的作用下，克服溶质粒子间的吸引力扩散到溶剂中去，这一过程是物理过程，吸收热量。与此同时，溶质分子（或离子）不断吸引溶剂分子，使溶质分子（或离子）被溶剂分子包围，形成溶剂化分子（或离子），这一现象称为溶剂化作用，这一过程是化学过程，释放能量。溶解是吸热还是放热，要看这两个过程热效应的综合。如果物理过程吸收的热量大于化学过程释放的热量，则溶解表现出来的是吸热；反之，则溶解表现出来的是放热。因此，溶解过程是一个包括物理过程和化学过程的复杂过程。溶质的溶解过程也与溶剂的性质有关，溶解过程总是伴随体积、颜色、能量的变化。

二、溶液组成标度的表示方法

溶液组成标度（composition scale）是指一定量的溶液或溶剂中所含溶质的量，习惯上称为溶液的浓度。临床上给患者输液或用药时，必须规定药液的组成标度与用量；溶液的渗透压的大小与溶液组成标度有关。因此溶液组成标度是溶液的一个重要特征。溶液组成标度的表示方法很多，下面介绍几种常用的表示方法。

（一）物质的量浓度

溶液中溶质B的物质的量（n_B）除以溶液的体积（V）称为溶质B的物质的量浓度（molality），用符号c_B或c（B）表示，即

$$c_B = \frac{n_B}{V} \qquad (1\text{-}1)$$

物质的量浓度的国际单位是mol/m³，在实际工作中常用mol/L、mmol/L、μmol/L等单位来表示。

例如，1 L NaOH 溶液中含有 0.2 mol 的 NaOH，可表示为 c_{NaOH}=0.2mol/L 或 c（NaOH）=0.2 mol/L。

【例 1-1】《中华人民共和国药典》（简称《中国药典》）规定，生理盐水的规格是 1.0 L 生理盐水中含 NaCl 9.0 g，求生理盐水的物质的量浓度。

解：

$$n_{NaCl} = \frac{m_{NaCl}}{M_{NaCl}} = \frac{9.0}{58.50} \approx 0.154(mol)$$

$$c_{NaCl} = \frac{n_{NaCl}}{V} = \frac{0.154}{1.0} = 0.154(mol/L)$$

（二）质量浓度

溶液中溶质 B 的质量（m_B）除以溶液的体积（V）称为溶质 B 的质量浓度（mass concentration），用符号 ρ_B 或 ρ（B）表示，即

$$\rho_B = \frac{m_B}{V} \tag{1-2}$$

质量浓度的国际单位是 kg/m^3，在实际工作中常用 g/L、mg/L、μg/L 等单位来表示。物质的密度用符号 ρ 表示，在使用时要注意质量浓度（ρ_B）与密度（ρ）符号的区别。

【例 1-2】200 ml 葡萄糖注射液中含有 10.0 g 葡萄糖（$C_6H_{12}O_6$），求葡萄糖注射液的质量浓度是多少。

解：

$$\rho_{C_6H_{12}O_6} = \frac{m_{C_6H_{12}O_6}}{V} = \frac{10.0}{0.2} = 50.0(g/L)$$

（三）质量分数

溶液中溶质 B 的质量（m_B）除以溶液的质量（m）称为溶质 B 的质量分数（mass fraction），用符号 w_B 或 w（B）表示，即

$$w_B = \frac{m_B}{m} \tag{1-3}$$

式中，m_B 和 m 的单位相同，质量分数可用小数或百分数表示，药学上常用符号%（g/g）。例如，市售浓硫酸的质量分数为 98%或 0.98，它表示 100 g 浓硫酸中含 H_2SO_4 98 g。

【例 1-3】将 30.0 g 蔗糖溶于水，配成 500 g 蔗糖溶液，求此蔗糖溶液的质量分数。

解：

$$w_B = \frac{m_B}{m} = \frac{30.0}{500} = 0.06$$

（四）体积分数

溶液中溶质 B 的体积（V_B）除以溶液的体积（V）称为溶质 B 的体积分数（volume fraction），用 φ_B 或 φ（B）表示，即

$$\varphi_B = \frac{V_B}{V} \tag{1-4}$$

式中，V_B 和 V 的单位相同，体积分数可用小数或百分数表示，药学上常用符号%（ml/ml）表示。如医用消毒酒精的体积分数为 0.75 或 75%，它表示 100 ml 酒精溶液中含乙醇 75 ml。

【例 1-4】医用消毒酒精的体积分数 φ_B=0.75，求 400 ml 医用消毒酒精中含纯乙醇多少毫升。

解：

$$\varphi_B = \frac{V_B}{V}$$

$$V_B = \varphi_B V = 0.75 \times 400 = 300(ml)$$

（五）质量摩尔浓度

溶液中溶质 B 的物质的量（n_B）除以溶剂 A 的质量（m_A）称为溶质 B 的质量摩尔浓度（molality），用符号 b_B 或 b（B）表示，即

$$b_B = \frac{n_B}{m_A} \tag{1-5}$$

质量摩尔浓度的国际单位是 mol/kg，用质量摩尔浓度来表示溶液浓度的优点是浓度数值不受温度影响，所以在进行一些科学研究时常用 b_B 来表示。对于极稀的水溶液来说，质量摩尔浓度的单位为 mol/kg，物质的量浓度的单位为 mol/L，质量摩尔浓度在数值上近似等于物质的量浓度，即 $b_B \approx c_B$。

【例 1-5】 500 g 水中溶解了 4.0 g 的 NaOH，求此溶液的质量摩尔浓度。

解：

$$n_{NaOH} = \frac{m_{NaOH}}{M_{NaOH}} = \frac{4.0}{40.0} = 0.10(\text{mol})$$

$$b_{NaOH} = \frac{n_{NaOH}}{m_{H_2O}} = \frac{0.1}{0.50} = 0.20(\text{mol/ kg})$$

三、溶液组成标度之间的换算

根据实际工作的需要，可选用不同的表示方法来表示同一溶液的组成，这就涉及溶液组成标度之间的换算。在进行换算时，要根据溶液组成标度表示方法的基本定义，找出不同表示方法之间的联系。

（一）质量浓度和物质的量浓度之间的换算

根据质量浓度和物质的量浓度的定义，可以得出：

$$c_B = \frac{m_B}{VM_B} = \frac{\rho_B}{M_B} \tag{1-6}$$

【例 1-6】 1000 ml $NaHCO_3$ 溶液中含有 50.0 g $NaHCO_3$，计算此溶液的质量浓度和物质的量浓度分别是多少。

解：

$$\rho_{NaHCO_3} = \frac{m_{NaHCO_3}}{V} = \frac{50.0}{1.0} = 50.0(\text{g/L})$$

$$c_{NaHCO_3} = \frac{\rho_{NaHCO_3}}{M_{NaHCO_3}} = \frac{50.0}{84.0} \approx 0.6(\text{mol/ L})$$

（二）质量分数与物质的量浓度的换算

质量分数是以质量表示溶液的组成标度，当质量分数与物质的量浓度（公式中含有体积）进行换算时，要以溶液的密度（ρ）为桥梁才能实现。

根据质量分数与物质的量浓度的定义可得出：

$$c_B = \frac{w_B m}{M_B V} = \frac{w_B \rho}{M_B} \tag{1-7}$$

式中，ρ 为溶液密度（g/L）。

【例 1-7】 市售浓硫酸的质量分数为 98%，密度为 1.84 kg/L，计算此浓硫酸的物质的量浓度和质量浓度分别是多少。

解：

$$c_{H_2SO_4} = \frac{w_{H_2SO_4}\rho}{M_{H_2SO_4}} = \frac{98\% \times 1.84 \times 1000}{98.07} \approx 18.4\ (\text{mol/L})$$

$$\rho_{H_2SO_4} = c_{H_2SO_4} M_{H_2SO_4} = 18.4 \times 98.07 \approx 1804.5\ (\text{g/L})$$

四、溶液的配制与稀释

溶液的配制和稀释是化学和医药工作中常用的基本操作。在进行这些基本操作时，都要根据具体要求先进行有关计算。

（一）溶液的配制

溶液配制的基本方法有以下两种。

1. 一定质量溶液的配制 当用质量分数 w_B、质量摩尔浓度 b_B 表示溶液组成标度时，采用此法配制。配制时将定量的溶质和溶剂混合均匀即可。配制的步骤通常是计算、称量、溶解、混匀。例如，配制质量分数为 0.20 的 NaCl 溶液 100g，分别称取 20g 固体 NaCl 和 80g 纯化水，溶解混合均匀即可。

2. 一定体积溶液的配制 当用质量浓度 ρ_B、物质的量浓度 c_B、体积分数 φ_B 表示溶液组成标度时，采用此法配制。配制时将一定质量（或体积）的溶质与适量的溶剂混合，完全溶解后，再加溶剂至所需体积，混匀即可。配制的步骤通常是计算、称量、溶解、定量转移、定容、混匀。

【例 1-8】 《中国药典》规定，生理盐水的质量浓度为 9 g/L，如何配制 500 ml 的生理盐水？

解：（1）计算配制所需 NaCl 的质量：

$$m_{NaCl} = \rho_{NaCl}V = 9 \times 0.5 = 4.5(g)$$

（2）配制方法：称取 4.5 g NaCl 置于烧杯中，加少量纯化水溶解，转移至 500 ml 量筒（或量杯）中，再用少量纯化水洗涤烧杯 2～3 次，洗涤液也全部转移至量筒（或量杯）中，此过程称为定量转移，最后加纯化水至 500 ml 刻度，混匀即可。

注意：配制溶液时，应根据配制要求选择相应的仪器。如对溶液的浓度要求不高时，可用托盘天平称取物质的质量，用量筒（或量杯）量取液体的体积。若对溶液的浓度要求比较精确时，则需用分析天平称取溶质的质量，移液管移取液体的体积，容量瓶来定容。

案例 1-1

葡萄糖注射液可以调节水盐、电解质及酸碱平衡，可以补充能量和体液，可用于各种原因引起的进食不足或大量体液丢失（如呕吐、腹泻等）、饥饿性酮症，亦可用于治疗低血糖症、高钾血症，可作为高渗溶液用作组织脱水剂、配制腹膜透析液、药物稀释剂等。该注射液的配制非常重要。

问题：如何配制 50 g/L 葡萄糖注射液 1000 ml？

（二）溶液的稀释

在浓溶液中加入溶剂使溶液的浓度降低的操作称为溶液的稀释。稀释的特点是稀释前后溶液中所含溶质的量不变。设稀释前溶液的浓度为 c_1，体积为 V_1，稀释后溶液的浓度为 c_2，体积为 V_2，则：

$$c_1V_1 = c_2V_2 \tag{1-8}$$

式（1-8）称为稀释公式，使用时要注意等式两边单位一致。公式中 c 可以替换为 c_B、ρ_B 和 φ_B。

当浓度为质量分数时，稀释公式应为

$$\varphi_{B1}V_1 = \varphi_{B2}V_2 \tag{1-9}$$

【例 1-9】 如何用体积分数为 95%的药用乙醇配制体积分数为 75%的医用消毒酒精 500 ml？

解：（1）计算所需体积分数为 95%的药用乙醇的体积。根据 $\varphi_{B1}V_1 = \varphi_{B2}V_2$，得出：

$$V_1 = \frac{75\% \times 500}{95\%} \approx 395(ml)$$

（2）稀释方法：用量筒量取 95%的药用乙醇 395 ml，加纯化水稀释至 500 ml，混匀即可。

考点：溶液组成标度的表示方法及有关计算；溶液的配制与稀释的基本操作步骤

第 2 节　稀溶液的依数性

溶液的性质通常取决于溶质的性质，如溶液的颜色、气味、密度、导电性等。但是溶液的有些性质与溶质的性质无关，只与溶质的粒子数目有关，如溶液的蒸气压下降、沸点升高、凝固点降低和渗透压。这种只与溶质粒子数目有关，而与溶质本性无关的性质称为溶液的依数性（colligative property of solution）。溶液的依数性只有在溶液浓度很稀时才有规律，而且溶液浓度越小，其依数性规律就越强。稀溶液的依数性对研究细胞内外物质交换与运输、临床输液、水及电解质代谢等问题，具有一定的理论指导意义。本章主要讨论难挥发非电解质稀溶液的依数性。

一、溶液的蒸气压下降

（一）溶剂的蒸气压

在一定温度下，将某纯溶剂放在密闭容器中，由于分子的热运动，液体表面一部分动能较高的溶剂分子脱离液体表面，扩散到空间形成气相的溶剂分子，这一过程称为蒸发（evaporation）。同时，液面上的气相溶剂分子在不停运动，也会接触到液体表面而被吸引到液相中，这一过程称为凝结（condensation）。一定温度下，溶剂的蒸发速率是恒定的。开始阶段，蒸发过程占优势，但随着气相中溶剂分子数目的增多，凝结的速率逐渐增大，最终蒸发速率与凝结速率相等，气相和液相达到平衡，此时蒸气的密度不再改变，其具有的压力也不再改变，此时蒸气所具有的压力称为该温度下该溶剂的饱和蒸气压，简称蒸气压（vapor pressure），用符号 p 表示，单位为 Pa 或 kPa。

蒸气压与物质的本性和温度有关。不同的物质具有不同的蒸气压，如在 293 K 时，水的蒸气压为 2.34 kPa，乙醚的蒸气压为 57.6 kPa。同一物质的蒸气压与温度有关，随温度的升高而增大，如水的蒸气压，在 273 K 时为 0.610 kPa，在 373 K 为 101.3 kPa。

不仅液体有蒸气压，固体也可以蒸发，也具有一定的蒸气压。大多数固体物质的蒸气压都很小。对于固体或液体，我们常将蒸气压较大的物质称为易挥发物质，而将蒸气压较小的物质称为难挥发物质。固体直接蒸发为气体的过程称为升华（sublimation），如樟脑、碘、萘等属于易升华物质。

（二）溶液的蒸气压下降

在一定的温度下，溶剂的蒸气压是个定值。如果在溶剂中溶解了难挥发非电解质溶质时，每个溶质分子与它周围若干个溶剂分子形成了溶剂化分子。溶剂化分子的形成，束缚了一部分高能溶剂分子的蒸发，同时纯溶剂的表面被一部分溶剂化分子所占据，使得在相同条件下，单位时间内蒸发的溶剂分子数减少。当达到平衡时，溶液的蒸气压比纯溶剂的蒸气压低，这种现象称为溶液的蒸气压下降（vapor pressure lowering）。溶液的浓度越大，溶液的蒸气压就越低（图 1-1）。

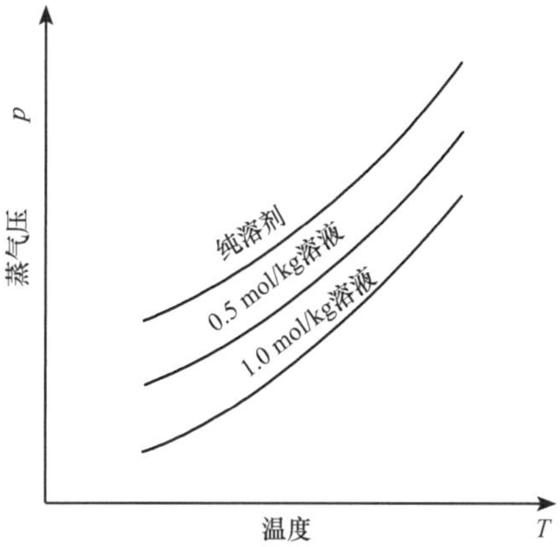

图 1-1 溶液的蒸气压下降

19 世纪 80 年代，法国科学家拉乌尔（Raoult）关于溶质对纯溶剂的蒸气压的影响做了大量的研究，得到如下结论。

若某温度下纯溶剂的蒸气压为 p^0，溶液的蒸气压为 p，

$$\Delta p = p^0 - p = K b_B \tag{1-10}$$

式中，Δp 为难挥发非电解质稀溶液的蒸气压下降值；b_B 为溶质 B 的质量摩尔浓度；K 为比例常数，取决于 p^0 和溶剂的摩尔质量 M_A。

式（1-10）表明：在一定温度下，难挥发非电解质稀溶液的蒸气压下降与溶质的质量摩尔浓度成正比，而与溶质的种类和本性无关，这一结论称为 Raoult 定律。

二、溶液的沸点升高

（一）溶剂的沸点

加热一种液体其蒸气压会随着温度升高而逐渐增大，当液体的蒸气压与外界大气压相等时，液体开始沸腾，此时液体的温度称为该液体在该压强下的沸点（boiling point）（图 1-2 中 T_b^0）。达到沸点时，继续加热，液体沸腾，液体的温度不再上升，直至液体蒸完为止。因此，纯液体的沸点是恒定的。液体的沸点不仅与液体的本性有关，还与外界压强有关。外界压强越大，液体的沸点越高。通常所说的液体的沸点是指在标准大气压 $p^{\ominus}$（101.3 kPa）时的沸点，如水的沸点为 373 K。

根据液体沸点与外界压强有关的性质，在提取或精制某些对热不稳定的物质时，常采用减压蒸馏或减压浓缩的方法，降低溶液沸点，防止蒸发时高温对这些物质的破坏。相反，对热稳定的注射液或医疗器械的灭菌常采用高压灭菌法，即在密闭高压消毒器内加热，通过提高水蒸气温度，缩短灭菌时间并提高灭菌效果。

（二）溶液的沸点升高

在标准大气压 $p^{\ominus}$ 下，纯溶剂的沸点为 T_b^0。例如，在纯溶剂中加入一种难挥发非电解质溶质时，

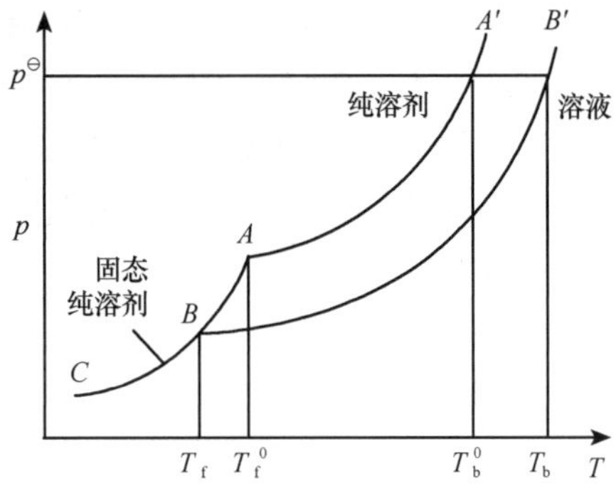

图 1-2 溶液的沸点升高和凝固点降低

由于溶液的蒸气压下降，在 T_b^0 时溶液的蒸气压低于 $p^{\ominus}$，因而溶液不会沸腾。只有继续加热，温度升高至 T_b 时，如图 1-2 所示，溶液的蒸气压等于外界大气压 $p^{\ominus}$，溶液才沸腾，温度 T_b 即为该溶液的沸点。因此，溶液的沸点是指溶液的蒸气压等于外界大气压时的温度。显然，溶液的沸点总是高于纯溶剂的沸点，这种现象称为溶液的沸点升高（boiling point elevation）。

溶液沸点升高是由溶液的蒸气压下降引起的。根据 Raoult 定律，可以得到难挥发非电解质稀溶液的沸点升高与溶液的质量摩尔浓度之间的定量关系：

$$\Delta T_b = T_b - T_b^0 = K_b b_B \tag{1-11}$$

式中，ΔT_b 为沸点升高数值；T_b 为溶液的沸点；T_b^0 为纯溶剂的沸点；b_B 为溶质 B 的质量摩尔浓度；K_b 为溶剂的沸点升高常数，只取决于溶剂的本性。几种常见溶剂的 K_b 列于表 1-1 中。

表 1-1 几种常见溶剂的 K_b 和 K_f

溶剂	沸点/℃	K_b/（℃ · kg/mol）	凝固点/℃	K_f/（℃·kg/mol）
水	100	0.512	0	1.86
乙醇	78.5	1.22	−117.3	—
丙酮	56.2	1.71	−95.4	—
苯	80.1	2.53	5.53	5.12
乙酸	117.9	3.07	16.6	3.9
萘	218.0	5.80	80.3	6.94

式（1-11）的意义：难挥发非电解稀溶液的沸点升高与溶液的质量摩尔浓度成正比。溶液的沸点升高与溶液中所含溶质的微粒数目有关，而与溶质的种类和本性无关。

三、溶液的凝固点下降

（一）溶剂的凝固点

液体凝固点（freezing point）是在一定外压下，该物质固液两相的蒸气压相等并能共存时的温度（图 1-2 中 T_f^0）。在外压为 101.3 kPa 时，纯水和冰在 273 K 时的蒸气压均为 0.611 kPa，273 K 即为水的凝固点，又称为冰点。若温度低于或高于 273 K 时，由于水和冰的蒸气压不相等，两相不能共存，蒸气压大的一相将向蒸气压小的一相转化。

（二）溶液的凝固点降低

溶液的凝固点是指溶液与其固相溶剂具有相同蒸气压并能共存时的温度（图 1-2 中 T_f）。对于水溶液而言，就是指开始有冰析出时的温度。若向处于凝固点的冰水体系中加入少量难挥发非电解质溶质，则水变成溶液，其蒸气压下降，而冰的蒸气压不变，导致水溶液的蒸气压低于冰的蒸气压，此时溶液和冰就不能共存，冰会不断融化成水。也就是说，在此温度下溶液不会凝固。如果要使溶液和冰的蒸气压相等且平衡共存，就必须降低温度，如图 1-2 所示，$T_f < T_f^0$。很显然，溶液的凝固点低于纯溶剂的凝固点，这种现象称为溶液的凝固点降低（freezing point depression）。这也是由稀溶液的蒸气压低于纯溶剂的蒸气压所造成的。对于难挥发非电解质稀溶液，凝固点的降低值也与溶液的质量摩尔浓度 b_B 成正比，而与溶质的种类和本性无关，即

$$\Delta T_f = T_f^0 - T_f = K_f b_B \tag{1-12}$$

式中，ΔT_f 为稀溶液的凝固点降低数值；T_f^0 为纯溶剂的凝固点；T_f 为溶液的凝固点；K_f 为溶剂的凝固点降低常数，是溶剂的特征常数，它只与溶剂的本性有关。一些常见溶剂的 K_f 列于表 1-1 中。

在日常生活中我们常常遇到与凝固点降低有关的现象，如海水的凝固点低于 0℃；在严寒的冬天常青树因为其树叶富含糖分不会被冻坏，仍能保持常青。溶液的凝固点降低的性质也被广泛应用，如利用凝固点降低法测定物质的分子量；在汽车水箱中加入乙二醇用于冬季防冻；撒盐可使道路上的积雪融化；在水产品储藏及运输中，常使用食盐和冰混合而成的冷冻剂冷冻保鲜等。

四、溶液的渗透压

（一）渗透现象和渗透压

1. 渗透现象 在一杯纯水中加入少量的食盐，静置一段时间后，由于分子的热运动，整杯水都有咸味，最后得到浓度均匀的食盐水溶液，这个过程称为扩散（diffusion）。扩散是一种双向运动，是溶质分子和溶剂分子相互运动的结果。扩散是在直接接触时发生的，任何纯溶剂和溶液或两种不同浓度的溶液相互接触，都会发生扩散现象。

半透膜（semi-permeable membrane）是一种具有特殊性质的膜，允许某些物质可以自由透过，而另一些物质不能透过的多孔性薄膜。半透膜的种类繁多，规格（即不同的微孔大小）不同，其通透性也不一样。例如，火棉胶膜、玻璃纸等人工制造半透膜，不仅溶剂水分子可以透过，而且溶质小分子、小离子也可以透过，但大分子化合物不能透过。又如，肠衣、细胞膜、毛细血管壁等生物半透膜，它们的通透性更为特殊和复杂。

如果将蔗糖溶液和水不直接接触，用一种只允许水分子自由透过而蔗糖分子不能透过的半透膜将等体积的纯水和蔗糖溶液隔开，如图 1-3A 所示，静置一段时间后，可以看到纯水液面下降，蔗糖溶液液面上升，如图 1-3B 所示。这是由于水分子可以通过半透膜向膜两侧运动，在单位时间内，从纯水透过半透膜进入蔗糖溶液中的水分子数多于从蔗糖溶液透过半透膜进入纯水中的水分子数，最后结果使得蔗糖溶液的液面上升。如果将纯水换成较稀的蔗糖溶液，也会发生以上现象。

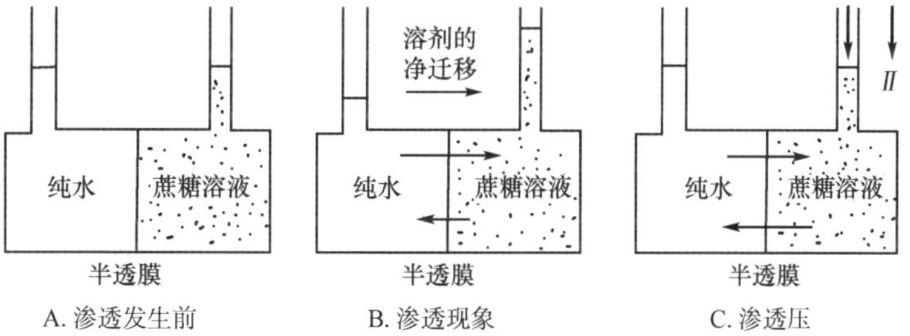

图 1-3 渗透现象和渗透压

这种溶剂分子透过半透膜由纯溶剂进入溶液或由稀溶液进入浓溶液的自发过程称为渗透现象，简称渗透（osmosis）。产生渗透现象必须具备两个条件：一是有半透膜；二是膜两侧浓度不同，即两侧单位体积内不能透过半透膜的溶质粒子的数目不相等。

2. 渗透压 由于渗透作用，蔗糖溶液的液面逐渐升高，其静液压也随之增大，使水分子从蔗糖溶液进入纯水的速率增大。当静液压增大到一定程度，半透膜两侧的液面高度差达到一定值后，蔗糖溶液的液面不再上升，水分子向膜两侧渗透的速率相等，此时系统处于动态平衡，即达到渗透平衡状态。要使纯水液面和蔗糖溶液液面高度相等，就必须在蔗糖溶液液面上施加额外的压力阻止渗透现象的产生，如图 1-3C 所示，施加的压力称为该溶液的渗透压力，简称渗透压（osmotic pressure），用符号 Π 表示，单位为帕（Pa）或千帕（kPa）。如果容器两侧装入浓度不同、溶质相同的溶液时，此压力为两溶液的渗透压力之差。

链 接 渗透泵控释片

渗透泵控释片是利用渗透压原理制成的口服控释制剂，在体内释药均匀恒定，释药速率不受胃肠道蠕动、pH、胃排空等因素的影响，是迄今为止口服控释制剂中较理想的一种。单室渗透泵控释片主要由三部分组成：含有渗透压活性物质的药物片芯；具有一定机械强度和韧性的半透膜；半透

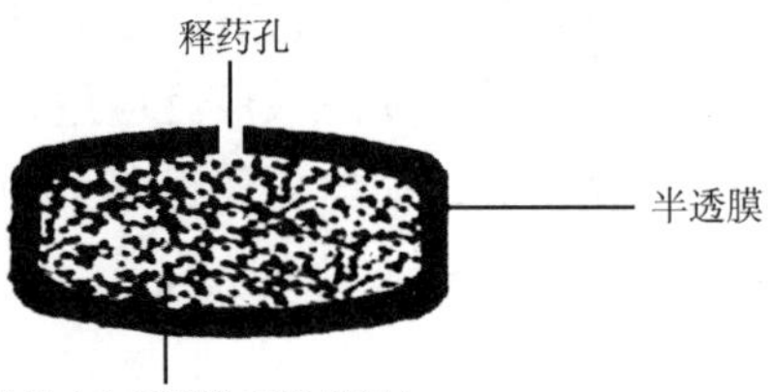

图 1-4 单室渗透泵控释片结构示意图

膜上大小合适的释药小孔（图 1-4）。

当药物被服用进入人体后，胃液中的水分子将透过药片外层的半透膜慢慢进入片芯，被片芯中渗透压活性物质吸收后产生很大的渗透压差。药物中所使用的半透膜，只允许水分子透过而不允许药物分子透过。在渗透压力的作用下，药物经过半透膜上的小孔缓慢释放进入人体。对于一些难溶药物，可以制成双层渗透泵，以产生足够的渗透压。双层渗透泵主要由渗透压活性物质组成的推动层与具有释药小孔的药物层构成。

（二）渗透压与浓度、温度的关系

1886 年，荷兰物理化学家范托夫（van't Hoff）根据实验数据，提出了难挥发非电解质稀溶液渗透压与浓度、温度的关系：

$$\varPi = cRT \tag{1-13}$$

式中，$\varPi$为稀溶液的渗透压（kPa）；c 为稀溶液的物质的量浓度（mol/L）；R 为摩尔气体常数 [8.314 J · K^{-1} · mol^{-1}]；T 为热力学温度（K）。

式（1-13）表明，在一定温度下，难挥发非电解质稀溶液的渗透压与单位体积溶液中所含溶质的微粒数成正比，而与溶质的本性无关，这一关系式称为渗透压定律或范托夫定律。

范托夫定律只适用于非电解质稀溶液渗透压的计算。对于电解质溶液，由于电解质在溶液中发生解离，相同浓度的电解质溶液中溶质粒子总浓度要比非电解质溶液多，产生的渗透压也增大，在计算渗透压时，公式中应引入一个校正因子 i，即

$$\varPi = icRT \tag{1-14}$$

对于强电解质稀溶液，校正因子 i 可以近似取整数，表示一个强电解质“分子”在溶液中解离出来的离子个数。

例如：　　$NaCl$、KCl、$NaNO_3$　　i=2

　　　　$MgCl_2$、Na_2SO_4、$CaCl_2$　　i=3

【例 1-10】 计算 37℃时 0.10 mol/L 的 KCl 溶液的渗透压。

解：

$$i=2,\quad T = 273 + 37 = 310(\text{K})$$

$$\varPi = icRT = 2 \times 0.10 \times 8.314 \times 310 \approx 515.5(\text{kPa})$$

（三）渗透压在医学上的意义

渗透现象是自然界的一种普遍现象，与生命科学有着密切的联系，广泛存在于动植物的生理活动中。

1. 渗透浓度 在人体体液中含有电解质和非电解质组分，这些组分在体液中都能产生渗透效应。把体液中能产生渗透效应的各种粒子的总浓度称为渗透浓度（osmotic concentration），用符号 c_{os} 表示，常用单位 mol/L、mmol/L。

一定温度下，稀溶液的渗透压与渗透浓度成正比，而与溶质的性质无关。由于生物体本身的温度变化不大，因此，医学上常用渗透浓度表示渗透压的高低。

【例 1-11】 分别计算 9.0 g/L 的生理盐水（M=58.44 g/mol）和 50 g/L 的葡萄糖（M=180.15 g/mol）溶液的渗透浓度。

解： NaCl 是强电解质，i=2，

$$c_{\text{NaCl}} = \frac{9.0}{58.44} \approx 0.154(\text{mol/L}) = 154(\text{mmol/L})$$

$$c_{os} = ic_{os} = ic_{\text{NaCl}} = 2 \times 154 = 308(\text{mmol/L})$$

葡萄糖是非电解质，i=1，

$$c_{os} = c_{C_6H_{12}O_6} = \frac{50}{180.15} \approx 0.278(\text{mol/L})=278(\text{mmol/L})$$

2. 等渗、低渗和高渗溶液 在相同温度下，渗透压相等的两种溶液互称为等渗溶液（isotonic solution）。渗透压不同的两种溶液，渗透压相对高的溶液称为高渗溶液（hypertonic solution），渗透压相对低的溶液称为低渗溶液（hypotonic solution）。

医学上的等渗、低渗和高渗溶液是以正常人血浆的渗透压（或渗透浓度）为标准来衡量的。正常人血浆的渗透压为720～820 kPa，相当于渗透浓度为280～320 mmol/L。因此临床上规定，凡是渗透浓度在280～320 mmol/L范围内的溶液称为等渗溶液，渗透浓度低于280 mmol/L的溶液称为低渗溶液，渗透浓度高于320 mmol/L的溶液称为高渗溶液。临床上给患者进行大量补液时，需使用与血液等渗的溶液，如常用9.0 g/L的生理盐水、50.0 g/L的葡萄糖溶液、12.5 g/L的$NaHCO_3$溶液等，而不用低渗或高渗溶液，这是与血浆渗透压有关。下面以红细胞在不同浓度NaCl溶液中的形态变化为例进行说明。

将红细胞放在9.0 g/L的生理盐水中，在显微镜下看到红细胞维持正常形态，如图1-5A所示。这是由于细胞膜是半透膜，红细胞内溶液与生理盐水渗透压相等，细胞内外达到渗透平衡。将红细胞放在12 g/L的NaCl溶液中，在显微镜下看到红细胞将逐渐皱缩，如图1-5B所示，医学上将这种现象称为胞质分离（cytoplasmic segregation）。这是因为当红细胞置于高渗溶液中时，外部溶液的渗透压高于细胞内液的渗透压，水分子透过细胞膜向细胞外渗透，使红细胞逐渐发生皱缩。皱缩后的细胞失去了弹性，相互碰撞时就会粘连在一起形成血栓（thrombus）。将红细胞放在3g/L的NaCl溶液中，在显微镜下可以看到红细胞逐渐膨胀，最后破裂，如图1-5C所示，医学上将这种现象称为溶血（hemolysis）。这是因为红细胞内液的渗透压大于外部NaCl溶液的渗透压，水分子透过细胞膜向内渗透，使红细胞膨胀，最后破裂。溶血和血栓在临床上都有可能造成严重的后果，因此在临床治疗中，输液时常输等渗溶液。

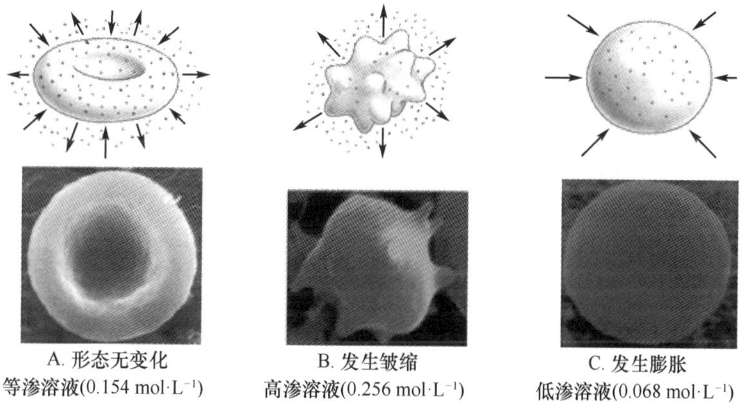

图1-5 红细胞在不同浓度NaCl溶液中的形状

案例1-2

7岁的明明玩耍时不小心摔了一跤，将手磨破皮了，他妈妈直接将少量的食盐撒在伤口上进行消毒，疼得明明大哭不止。

问题：伤口撒盐能杀菌消毒吗？

（四）晶体渗透压与胶体渗透压

人体血浆中既含有小分子物质和电解质，如NaCl、$NaHCO_3$和葡萄糖等，也含有大分子物质，如蛋白质、核酸等。在医学上，通常将小分子物质和电解质统称为晶体物质，产生的渗透压称为晶体渗透压（crystalloid osmotic pressure）；而将大分子物质称为胶体物质，产生的渗透压称为胶体渗透压（colloid osmotic pressure）。血浆总渗透压为晶体渗透压和胶体渗透压之和。在37℃时，正常人体血浆的总渗透压约为770 kPa，其中晶体渗透压占99%以上，胶体渗透压仅占极小一部分。由于人体内的半透膜（如细胞膜、毛细血管壁等）的通透性不同，晶体渗透压与胶体渗透压在维持人体内水盐平衡方面具有不同的生理作用。

细胞膜是一种生物半透膜，将细胞内液和细胞外液隔开，只允许水分子自由通过。如果人体因某原因而缺水时，细胞外液中各种溶质的浓度将会相对升高，晶体渗透压增大，于是细胞内液中的水分子通过细胞膜由内向外渗透，造成细胞失水，进而使人感到口渴。如果大量饮水，则会使细胞外液中的各种溶质浓度降低，晶体渗透压减小，细胞外液中的水分子通过细胞膜由外向内渗透，造成细胞肿胀，严重时可产生水中毒。因为晶体渗透压远大于胶体渗透压，所以水分子的渗透方向主要取决于晶体渗透压，即晶体渗透压是决定细胞内液与细胞外液水分子转移的主要因素，细胞外液晶体渗透压对维持细胞内外的水盐平衡和细胞正常形态起重要作用。

毛细血管壁也是一种生物半透膜，将血浆和组织间液隔开，允许水分子、小分子、小离子物质通过，而大分子物质不能通过。血浆的胶体渗透压在调节血容量及维持血浆和组织间液之间的水盐平衡方面起着重要的作用。如果人体因某种原因造成血浆蛋白质减少时，血浆中的胶体渗透压降低，血浆中的水、小分子、小离子会透过毛细血管壁进入组织间液，造成血容量降低，组织间液增多，这是形成水肿的原因之一。临床上对失血过多造成血容量降低的患者进行输液时，除输入生理盐水外，同时还要输入血浆或血浆代用品（如右旋糖酐等），以恢复血浆的胶体渗透压并增加血容量。

考点：稀溶液的依数性的基本内容；渗透压定律与渗透浓度的计算；渗透进行的方向；与渗透压相关的医学问题

第3节 胶体溶液

分散相粒子直径在1～100 nm之间的分散系称为胶体分散系（colloidal dispersion system），简称胶体溶液（colloidal solution），包括溶胶（sol）和高分子化合物溶液（polymer solution）。溶胶是由分子、离子或原子的聚集体高度分散在不相容的分散介质中形成的胶体分散系。根据溶胶分散介质的状态不同可分为固溶胶、液溶胶和气溶胶。溶胶是多相、高度分散、不稳定体系。

溶胶的制备一般有两种方法：一种将大的颗粒粉碎（或分散）成细小的胶粒的方法称为分散法（dispersion method）；一种使分子或离子聚集成胶粒的方法称为凝聚法（coacervation method）。凝聚法分为物理凝聚法和化学凝聚法。例如，硫磺难溶于水易溶于乙醇，将硫磺溶于乙醇得到硫的乙醇溶液，再将其滴入水中可以得到硫溶胶，这是物理凝聚法。又如，将 $FeCl_3$ 溶液滴入沸水中可形成红棕色透明的 $Fe(OH)_3$ 溶胶，这种通过化学反应使其生成难溶性物质聚集成胶粒的方法就是化学凝聚法。

一、溶胶的性质和胶团结构

（一）溶胶的性质

1. 光学性质 在暗室中，用一束聚焦的光通过真溶液、粗分散系和胶体溶液时，在与光束垂直的方向观察，可以看到真溶液是透明的，粗分散系是浑浊的，而胶体溶液中有一条明亮的光柱，这种现象称为丁铎尔现象。

丁铎尔现象是由于胶体粒子对光的散射而形成的。当可见光（波长 400～760nm）射入真溶液时，因分散相粒子的直径远远小于入射光波长，光的散射很微弱，光几乎全部通过，可观察到溶液是透明的；当可见光射入粗分散系时，分散相粒子的直径远远大于入射光的波长，光线无法通过，主要发生反射，可观察到浑浊的现象；当可见光射入胶体溶液时，分散相粒子的直径小于入射光波长，发生散射现象，可观察到一条明亮的光柱。因此，丁铎尔现象是溶胶的特征，可用来区分三类分散系。

2. 动力学性质 在超显微镜下观察溶胶时，可以看到胶体粒子在介质中不停地做无规则的运动，这种运动称为布朗运动。布朗运动实质上是分子热运动的结果。胶粒越小，温度越高，分散介质黏度越低，布朗运动越剧烈，胶粒越容易从高浓度区域向低浓度区域自动扩散，最后整个体系浓度均匀。布朗运动的存在，使胶粒具有一定的能量，可以克服重力的影响，使胶粒稳定而不发生聚沉。

由于胶粒的布朗运动，胶粒能从高浓度区域自动向低浓度区域扩散，最终体系浓度均匀。利用胶粒不能透过半透膜，小分子、小离子能透过半透膜的性质，可以将胶体溶液中含有的小分子、小离子分离出来，使胶体溶液净化，这种方法称为透析或渗析。透析法可用于中草药中有效成分的分离、提取及改变中草药注射剂的澄明度等方面。利用透析原理，临床上使用血液透析机（人工肾），来帮助肾衰竭的患者去除血液中的毒素、水分，使血液净化。

链 接　血液透析

血液透析是治疗终末期肾病的一种方法，利用物理学中的弥散、对流和吸附等原理，将患者血液和透析液同时引入透析器（两者流动方向相反）。透析器是由上万根空心纤维捆扎而成，空心纤维的壁是一种半透膜，血液在空心纤维内流动，透析液在纤维外反向流动。在膜内外浓度差的作用下，通过弥散、对流、吸附等进行交换，使血液中的代谢废物（如尿素、尿酸等）进入透析液，同时透析液中的营养物质进入血液，清除体内代谢废物、毒素和多余电解质。通过超滤和渗透清除体内多余的水分，而蛋白质、红细胞等则不能透过半透膜留在血液中，从而纠正水、电解质和酸碱平衡，达到"人工肾"的目的。

3. 电学性质　在一个U形管中加入红棕色的 $Fe(OH)_3$ 溶胶，在管的两端插入电极，接通直流电，可观察到阴极附近溶液颜色逐渐变深，阳极附近颜色逐渐变浅，表明 $Fe(OH)_3$ 溶胶粒子向阴极移动，胶粒带正电荷。若改用黄色的硫化砷溶胶做上述实验，则可观察到阳极附近颜色逐渐变深，阴极附近颜色逐渐变浅，表明硫化砷溶胶粒子向阳极移动，胶粒带负电。在外电场作用下，胶粒在分散介质中定向移动的现象称为电泳。

电泳现象的存在可以证明胶粒带电，电泳的方向可以判断胶粒所带电荷的种类。大多数的金属氧化物和金属氢氧化物胶粒带正电，称为正溶胶（positive sol）；大多数金属硫化物、硅酸、金、银等金属以及土壤所形成的胶粒带负电，称为负溶胶（negative sol）。

（二）胶团结构

1. 溶胶粒子带电原因　溶胶粒子带电主要是由胶核（sol nucleus）选择性吸附离子所引起的。胶核是溶胶粒子的中心，是某种物质的许多原子或分子的聚集体，胶核与分散介质之间存在巨大的相界面，可以选择性吸附某种离子而带电。

2. 胶团结构　胶核表面吸附离子时，优先吸附与自身有相同成分的离子。现以AgI溶胶的形成来说明胶团结构。

用 $AgNO_3$ 溶液和KI溶液混合制备AgI溶胶时，大量的AgI分子聚集成AgI胶核，其表面优先吸附 Ag^+ 或 I^-。若KI过量，胶核表面优先吸附过剩的 I^- 而带负电，如图1-6所示。被胶核吸附的 I^- 由于静电作用又吸引溶液中带相反电荷的 K^+，K^+ 由于本身的热运动，只有部分 K^+ 紧密地排列在胶核表面上，与 I^- 组成吸附层，胶核与吸附层构成胶粒。在吸附层之外，还有部分 K^+ 分布在胶粒周围形成一个扩散层，胶粒和扩散层一起总称为胶团。扩散层与胶粒所带电荷电性相反，电量相等，整个胶团是电中性的。通常所说的溶胶带电是指胶粒带电，电泳时，胶体粒子在分散介质中定向移动。

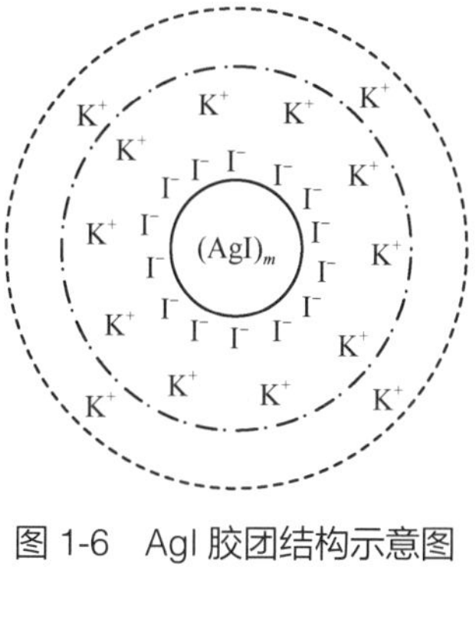

图1-6　AgI胶团结构示意图

在过量的KI溶液中，AgI胶团结构可用简式表示为：

$$\underbrace{[\underbrace{\underbrace{(AgI)_m}_{\text{胶核}}\cdot \underbrace{nI^-(n-x)K^+}_{\text{吸附层}}}_{\text{胶粒（带负电）}}]^{x-}\cdot \underbrace{x\,K^+}_{\text{扩散层（带正电）}}}_{\text{胶团（电中性）}}$$

二、溶胶的稳定性和聚沉

（一）溶胶的稳定性

溶胶是高度分散的不稳定体系，但事实上有些溶胶却能长期稳定存在。溶胶能够在相对较长时间内稳定存在的性质称为溶胶的稳定性。溶胶稳定的原因主要有以下几点。

1. 胶粒带电 一般情况下，同种溶胶的胶粒带有同种电荷，相互排斥，从而阻止胶粒在运动时相互接近聚集成较大的颗粒而沉降。

2. 溶剂化膜（水化膜）的作用 胶核吸附层上的离子，水化能力强，在胶粒周围形成一层水化膜，阻止了胶粒之间的聚集。水化膜越厚，溶胶越稳定。

3. 布朗运动 布朗运动产生的动能可以克服部分胶粒重力作用而导致的下沉，使溶胶具有一定的稳定性。

溶胶稳定的最主要因素是胶粒带电，其次是溶剂化膜的存在。

（二）溶胶的聚沉

溶胶的稳定性是相对的、有条件的，当溶胶的稳定因素一旦被破坏，胶粒就会相互碰撞聚集成较大的颗粒而沉降，产生沉淀。使胶粒聚集成较大颗粒而沉降的过程称为溶胶的聚沉。

使溶胶聚沉的常用方法有以下几种。

1. 加入少量电解质 加入少量电解质以后，胶体中离子总浓度增加，促使胶粒吸引带相反电荷的离子，使胶粒所带电荷减少甚至被完全中和，同时水化膜也被破坏，胶粒由于布朗运动相互碰撞，聚集成较大颗粒而沉降。例如，向 $Fe(OH)_3$ 溶胶中加入少量的 NaCl 溶液，就会立即析出红棕色的 $Fe(OH)_3$ 沉淀。

电解质对溶胶的聚沉作用，主要是与胶粒带相反电荷的离子引起的，这种离子称为反离子。同价的反离子聚沉能力几乎相等，不同价的反离子的电荷数越高，聚沉能力越强。例如，对正溶胶的聚沉能力是 $K_3[Fe(CN)_6]>K_2SO_4>KCl$；对负溶胶的聚沉能力是 $AlCl_3>CaCl_2>NaCl$。

2. 加入带相反电荷的溶胶 当两种带相反电荷的溶胶按适当比例混合后，两种带相反电荷的胶粒相互吸引，中和电荷，从而发生聚沉。明矾净水就是典型例子，河水中的胶体悬浮粒子一般带负电荷，把适量的明矾放入河水中后，明矾中的 Al^{3+}在河水中水解形成 $Al(OH)_3$ 正溶胶，正、负溶胶胶粒相互吸引，中和电荷而聚沉。同时所形成的 $Al(OH)_3$ 溶胶絮状物具有吸附作用，吸附悬浮的污物，达到净水目的。

3. 加热 许多溶胶在加热时会发生聚沉，是因为升高温度导致胶粒的运动速度加快，碰撞聚合的机会增多；同时，升温降低了胶核对离子的吸附作用，减少了胶粒所带的电荷，水化程度降低，使胶粒在碰撞时聚沉。例如，将 As_2S_3 溶胶加热至沸腾，会立即析出黄色的 As_2S_3 沉淀。

考点：胶体分散系的概念；溶胶的性质、溶胶粒子带电的原因以及胶团的结构；溶胶稳定性的因素以及使溶胶聚沉的常用方法

第 4 节 高分子化合物溶液

高分子化合物是一种或几种简单化合物重复连接而成的长链化合物，分子结构是链状的能卷曲的线型分子。与低分子化合物相比，具有分子量大、结构和形状复杂等特征。一般高分子化合物的分子量大于 10000 以上。高分子化合物有天然和合成两大类。常见的天然高分子化合物有蛋白质、淀粉、核酸、动物胶等；人工合成的高分子化合物有橡胶、塑料、纤维等。

一、高分子化合物溶液的特性

高分子化合物溶液是指高分子化合物溶解在适当溶剂中所形成的均相体系，属于胶体分散系，既具有溶胶的某些性质，又与溶胶有不同之处。溶胶是非均相体系，高分子溶液是均相体系，但因分子量大，与低分子溶液在性质上也有许多差异。

1. 稳定性 高分子化合物溶液在溶剂不蒸发、无菌的情况下，无需稳定剂，可以长期放置而不沉淀。稳定的主要原因是高分子化合物结构中有许多亲水能力很强的基团，如—OH、—COOH、$—NH_2$等。当以水为溶剂时，高分子化合物表面能通过氢键与水形成很厚的水化膜，使其稳定分散于溶液中不易凝聚，溶剂化能力远大于溶胶粒子。

2. 黏度大 高分子化合物是链状分子，分子的长链之间相互靠近而形成支状、网状结构，这种结构的大分子在流动时受到的阻力很大，而且把一部分溶剂包围在结构中使其失去了流动性，因此高分子化合物溶液的黏度比溶胶和真溶液要大得多。

3. 盐析 溶胶对电解质非常敏感，只需加入少量电解质就能使溶胶聚沉。若要使高分子化合物从溶液中析出，则需加入大量电解质。这是因为溶胶稳定的主要因素是胶粒带电，少量的电解质就可中和胶粒电荷使溶胶聚沉；高分子化合物溶液稳定的主要因素是分子表面有很厚的水化膜，需加入大量电解质才能把高分子化合物的水化膜破坏掉，从而使高分子化合物聚沉析出。

在高分子化合物溶液中加入大量电解质，使其从溶液中析出的过程称为盐析（salting-out）。不同的高分子化合物盐析时需要电解质的浓度不一样，利用这一特点可用来分离蛋白质。例如，在血清中加入不同浓度的硫酸铵溶液，可使血清蛋白和球蛋白分开，加入 2.0 mol/L 硫酸铵溶液，球蛋白沉淀析出，加入 3.0～3.5mol/L 硫酸铵溶液，血清蛋白沉淀析出。盐析并不破坏蛋白质的结构，不会引起蛋白质变性，加溶剂稀释后，蛋白质可以重新溶解。常用的盐析电解质有氯化钠、硫酸钠、硫酸镁、硫酸铵等。我们可用盐析法分离纯化中草药中的有效成分。

二、高分子化合物对溶胶的保护作用

在溶胶中加入适量的高分子化合物溶液，可以使溶胶的稳定性显著增加，这种现象称为高分子化合物对溶胶的保护作用。高分子化合物之所以能保护溶胶，是由于高分子化合物是链状可卷曲的线型分子，很容易吸附在胶粒表面包裹住胶粒，另外高分子化合物本身很稳定，有很厚的水化膜，这样也降低了胶粒对溶液中异电离子的吸引以及胶粒之间互相碰撞的机会，从而大大增加了溶胶的稳定性。

高分子化合物对溶胶的保护作用应用很广。例如，血液中所含碳酸钙、磷酸钙等难溶性盐，都是以溶胶的形式存在，血液中的蛋白质对这些溶胶起到了保护作用，所以它们在血液中能稳定存在而不聚沉。若血液中蛋白质减少，则难溶盐就可能沉积在肾、胆囊等器官中，形成各种结石。医药中的杀菌剂蛋白银就是由蛋白质保护的银溶胶。墨水也是一种溶胶，为了让其稳定存在、长时间不聚沉，常加入明胶或阿拉伯胶起保护作用。

考点：高分子化合物溶液的特性以及对溶胶的保护作用

自测题

一、选择题

（一）单项选择题

1. 配制 500 ml 0.1 mol/L NaOH 溶液，需要称取固体 NaOH 的质量是（　　）。
   A. 2.0 g　　B. 2.0 mg
   C. 4.0 g　　D. 4.0 mg
   E. 20 mg

2. 将 25.0 g NaCl 溶于水，配制成 500 ml 溶液，该溶液的质量浓度为（　　）。
   A. 0.0250 g/L　　B. 0.0500 g/L
   C. 25.0 g/L　　D. 50.0 g/L
   E. 0.5 g/L

3. 将 30.0 g 葡萄糖溶于水，配制成 500 g 葡萄糖溶液，此溶液的质量分数是（　　）。
   A. 0.6　　B. 0.06
   C. 0.12　　D. 0.012
   E. 0.0012

4. 溶胶的丁铎尔现象是胶粒对光的（　　）。
   A. 反射作用　　B. 投射作用
   C. 散射作用　　D. 折射作用
   E. 透射作用

5. 在电场中，胶粒在分散介质中的定向移动，称为（　　）。
   A. 电渗　　B. 电泳
   C. 扩散　　D. 电解
   E. 渗透

6. 0.01 mol/L $AgNO_3$ 和 0.02 mol/L KI 等体积混合，形成的溶胶粒子带电情况是（　　）。
A. 粒子带正电　　B. 粒子带负电
C. 粒子不带电　　D. 粒子带正电也可带负电
E. 粒子一部分带正电，一部分带负电
7. 溶胶稳定的最主要的因素是（　　）。
A. 布朗运动　　B. 胶粒带电
C. 电泳现象　　D. 丁铎尔现象
E. 水化膜
8. 布朗运动产生是由于（　　）。
A. 温度的起伏　　B. 外界的振动
C. 液体的流动　　D. 粒子间热运动碰撞
E. 介质黏度小
9. 稀溶液的依数性的本质是（　　）。
A. 溶液的蒸气压下降　B. 溶液的沸点升高
C. 溶液的凝固点降低　D. 溶液的渗透压
E. 溶液的沸点降低
10. 混合等体积的 0.05 mol/L KI 溶液和 0.08 mol/L $AgNO_3$ 溶液所得的 AgI 溶胶，下列电解质对其聚沉能力最强的是（　　）。
A. NaCl　　B. $CaCl_2$
C. Na_2SO_4　　D. $K_3[Fe(CN)_6]$
E. KBr
11. 下列分散系有丁铎尔现象，加少量电解质可聚沉的是（　　）。
A. AgCl 溶胶　　B. NaCl 溶液
C. 蛋白质溶液　　D. 蔗糖溶液
E. Na_2CO_3 溶液
12. 对溶胶能起保护作用的是（　　）。
A. $CaCl_2$　　B. NaCl
C. 明胶　　D. Na_2SO_4
E. 蔗糖溶液
13. 在标准大气压下，向 200 ml 水中加入 2 g 固体 NaCl，待固体完全溶解后，此溶液的沸点是（　　）。
A. 273 K　　B. 373 K
C. 低于 373 K　　D. 高于 373 K
E. 低于 273 K
14. 表面活性剂在结构上的特征是（　　）。
A. 只有亲水基
B. 只具有亲油基
C. 一定具有亲水基和亲油基
D. 一定具有磺酸基或高级脂肪烃基
E. 一定具有羧基和长链烷烃基
15. 下列溶液能使红细胞发生皱缩的是（　　）。
A. 12.5 g/L $NaHCO_3$ 溶液
B. 1.0 g/L NaCl 溶液
C. 9.0 g/L NaCl 溶液
D. 100 g/L 葡萄糖溶液
E. 50 g/L 葡萄糖溶液

（二）多项选择题

1. 关于稀溶液的依数性下列表述正确的有（　　）。
A. 稀溶液依数性与溶液中所含溶质粒子的浓度成正比
B. 溶液中所含溶质粒子可以是分子、离子
C. 稀溶液依数性与溶质本性无关
D. 稀溶液一般可以理解为浓度较小的难挥发的非电解质溶液
E. 稀溶液依数性与溶质的个别本性（如颜色）有关
2. 与人体血浆相比较，下列溶液属于等渗溶液的是（　　）。
A. 9 g/L NaCl 溶液　　B. 90 g/L NaCl 溶液
C. 5 g/L 葡萄糖溶液　　D. 50 g/L 葡萄糖溶液
E. 12.5 g/L 的 $NaHCO_3$ 溶液
3. 溶胶稳定的原因是（　　）。
A. 布朗运动　　B. 胶粒带电
C. 电渗　　D. 丁铎尔现象
E. 胶粒表面水化膜的保护作用
4. 使溶胶聚沉的方法是（　　）。
A. 加热　　B. 加入电解质
C. 加入明胶溶液　　D. 加入带相反电荷的溶液
E. 加大溶胶的浓度
5. 将淀粉碘化钾混合溶液装在半透膜中，浸泡在盛有纯化水的烧杯中，一段时间后取烧杯中液体进行实验。能证明半透膜有破损的现象是（　　）。
A. 加入碘水变蓝色
B. 加入 NaI 溶液不变蓝色
C. 加入 $FeCl_3$ 溶液变蓝色
D. 加入溴水变蓝色
E. 加入 $AgNO_3$ 溶液产生黄色沉淀

二、简答题

1. 在寒冷的冬天，汽车水箱中加入甘油或乙二醇，为什么可以防止水结冰？
2. 红细胞的渗透浓度为 308 mmol/L，若将红细胞分别置于 3 g/L、9 g/L 和 15 g/L 的 NaCl 溶液中，将各呈什么状态？
3. 现有葡萄糖、氯化钠和氯化钙三种溶液，它们的浓度均为 0.1 mol/L，试比较三者渗透压的大小。
4. 高分子溶液和溶胶同属于胶体分散系，有什么相同点和不同点？

三、计算题

1. 将 9 g NaCl 溶于 1 L 纯化水中配成溶液，计算此溶液的质量分数、质量浓度、物质的量浓度和质量摩尔浓度。
2. 欲配制物质的量浓度 c_B=1 mol/L 的 H_2SO_4 溶液 250 ml，需用密度 ρ=1.84 kg/L，质量分数 w_B=98%的浓 H_2SO_4 多少毫升？
3. 欲配制体积分数 φ_B=0.75 的消毒酒精 100 ml，需体积分数 φ_B=0.95 的药用酒精多少毫升？
4. 试计算 0.3 mol/L 的 NaCl 溶液和 0.3 mol/L 的葡萄糖溶液的渗透浓度，并判断它们相对于人的血浆是等渗溶液、低渗溶液还是高渗溶液？

（伍国云）

第2章

原子结构

物质的性质与物质的结构有关。要阐明化学反应的本质，理解物质在化学反应中的能量变化、了解物质结构与性质的关系、预测新物质的合成等，必须了解元素的原子结构。原子是组成各种物质的基本单位，分子是保持物质性质的最小微粒、是参与化学反应的基本单元。世界上的物质种类繁多，不同的物质具有不同的性质，物质性质上差异的主要原因是其内部结构的不同。以生命科学的发展为例，现代科学技术手段能深入到细胞、生物分子，可从基因水平阐明致病原因。与之相关的诸多领域，如药理学、生理和病理学、药物化学等的研究，也已深入到从细胞来探究药物治疗水平。了解原子结构是理解化学变化的前提，本章主要介绍原子结构的基本知识，为后面章节的学习打下基础。

第 1 节　原子核外电子的运动状态

一、原子核外电子运动的特殊性

（一）微观粒子的波粒二象性

法国物理学家德布罗意（L.de Broglie）在研究量子理论时，受光的波粒二象性（wave-particle duality）启发，于 1924 年大胆提出微观粒子（如原子、电子等）都具有波粒二象性。1927 年，戴维逊（C.J.Davisson）和革末（L.H.Germer）用一束已知能量的高速电子流穿过晶体并投射到感光屏幕上，得到了和 X 射线相似的衍射环纹，如图 2-1 所示。

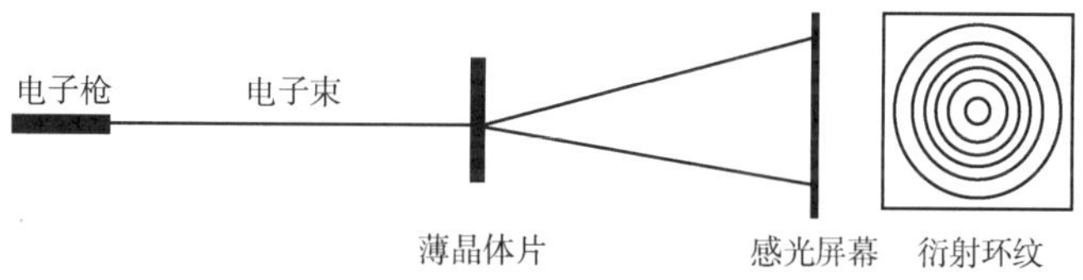

图 2-1　电子衍射示意图

（二）测不准原理

我们可以同时准确测定出宏观物体的位置和速率，从而确定该物体的运动状态；而对于具有波粒二象性的微观粒子而言，由于其运动具有特殊性，无法同时测准其位置和速率，如果微粒的运动位置测得越准确，则相应的速率越不易测准，反之亦然。这就是 1927 年海森堡（W.Heisenberg）提出的测不准原理（uncertainty principle），它是微观粒子的固有属性。因此，我们不能用经典力学来描述电子的运动状态。但某一个电子的具体位置虽然测不准，却可以知道它在空间某处出现概率的大小，我们可以采用统计学的观点和方法，描述电子在原子核外某空间出现的概率。

二、波　函　数

为了描述核外电子的运动状态，1926 年，奥地利物理学家薛定谔（E.Schrödinger）根据电子具有波粒二象性，建立了描述微观粒子运动状态的波动方程，即著名的薛定谔方程（Schrödinger equation）：

$$\frac{\partial^2\psi}{\partial x^2}+\frac{\partial^2\psi}{\partial y^2}+\frac{\partial^2\psi}{\partial z^2}+\frac{8\pi^2 m}{h^2}(E-V)\psi=0$$

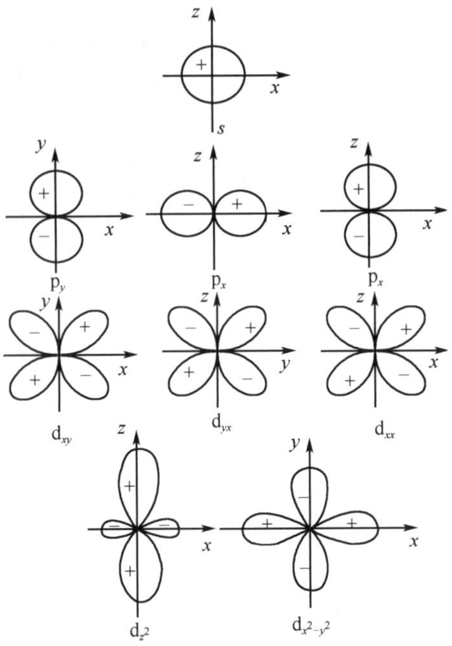

图 2-2　原子轨道的角度分布图

式中，E 为电子的总能量；V 为电子的势能；$(E-V)$ 为电子的动能；x、y、z 为电子在核外空间的坐标；m 为电子的质量；h 为普朗克常量；ψ 为该方程的解，但它不是一个数值，而是一个用空间坐标 x、y、z 来表示的函数式 $\psi(x, y, z)$，称为波函数（wave function）。解薛定谔方程就是求出波函数 ψ。本课程并不要求解此方程，仅需要理解由薛定谔方程导出的一些重要结论。

薛定谔方程有许多个解，其中每个满足一定量子化条件的合理的解 ψ，都对应着电子运动的一种状态。通常将原子中电子的波函数称为原子轨道，因此，每一个波函数就代表一个原子轨道，如 ψ_{1s} 称为 1s 轨道、ψ_{3d} 称为 3d 轨道。

用图像描述原子核外电子的运动状态更直观，所以常用波函数的角度分布图来描述核外电子的运动状态，也称原子轨道的角度分布图，如图 2-2 所示。

原子轨道的角度分布图中各个波瓣的“+”和“−”代表函数值符号，与轨道的对称性有关，这一点对于讨论化学键的形成及键的强弱具有重要意义。

三、电　子　云

为了更形象地说明原子核外电子的运动状态，量子力学引入了电子云（electron cloud）的概念。根据电子在核外空间出现机会的统计结果，用小黑点的疏密来表示电子出现在空间各点概率密度的大小，这种图像被形象地称为电子云。例如，氢原子核外的 1s 电子经常出现在核外一个球形区域，电子云是球形对称的，越接近原子核，概率密度越大。

1926 年，德国物理学家波恩（M.Born）将单个电子在空间某处出现的概率密度与其波函数绝对值的平方（$|\psi|^2$）联系起来，$|\psi|^2$ 具有明确的物理意义，表示该电子在核外空间某处单位体积内出现的概率，即概率密度，于是就将 $|\psi|^2$ 的图形称为电子云。电子云的角度分布如图 2-3 所示。

s 电子云是球形对称的，电子云在原子核外空间中半径相同的各个方向上出现的概率密度相同。p 电子云为哑铃形，电子云沿着 x、y、z 轴中某一轴的方向上电子出现的概率密度最大，有 p_x、p_y、p_z 三种不同的空间取向。d 电子云为四叶花瓣形，在核外空间有五种不同的分布。

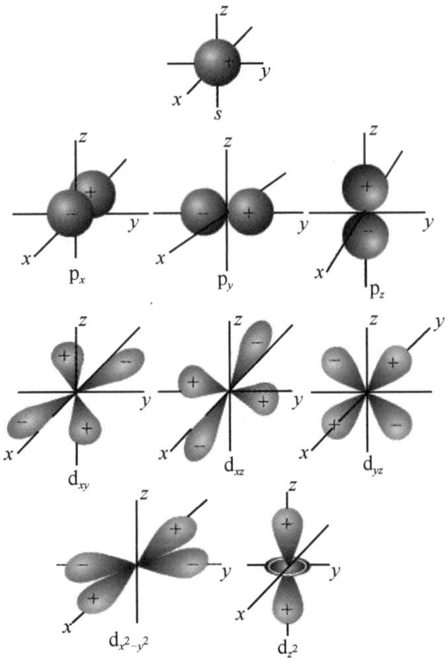

图 2-3　电子云的角度分布图

通过电子云的空间图像，我们可以形象地知道电子在核外空间某一区域单位体积内出现的概率。电子云的角度分布图与原子轨道的角度分布图相似，但形状较瘦且没有负值。

核外电子的运动状态除了用原子轨道和电子云描述外，还可以用量子数（quantum number）来描述。

四、四个量子数

电子在原子核外的一定区域内做高速不规则运动，具有一定的能量。实验证明，电子离核的远近，能反映出电子能量的大小：电子离核越近，能量越低；离核越远，能量越高。氢原子核外只有一个电子，它出现的概率最大的空间是在离核 53 pm 的球壳内，此时的能量最低，称为基态（ground state）。如果给氢原子增加能量，电子就会跃迁到离核较远的区域运动，这时的状态称为激发态（excited state）。由此可见，核外电子的分层运动是由电子能量高低的不同引起的。对于多电子原子来说，电子在核外的运动状态比较复杂，为了得到核外电子运动状态合理的解，解薛定谔方程时要求一些物理量必须是量子化的，因此引进了三个量子数 n、l 和 m。此外，还有一个描述电子自旋运动特征的量子数 m_s，称为自旋量子数。

利用 n、l、m 和 m_s 四个量子数，可以简单明了地描述原子核外电子运动的能级、轨道的形状、轨道的空间伸展方向以及电子的自旋方向。

（一）主量子数（n）

主量子数（principal quantum number）是用于描述电子所属电子层（即电子在核外空间出现概率最大的一个区域）离核远近的参数。数值为 1，2，3，…，n 等正整数。习惯上常用大写英文字母来表示电子层，主量子数 n 的取值与电子层的关系见表 2-1。

表 2-1 主量子数与电子层的关系

n 的取值	1	2	3	4	5	6	7
电子层	一	二	三	四	五	六	七
电子层符号	K	L	M	N	O	P	Q

现在已知的最复杂的原子，电子层数不超过七层。

电子层按离核由近到远的顺序，依次称为第一电子层或 K 层（n=1），第二电子层或 L 层（n=2），…，第七电子层或 Q 层（n=7）。n 是决定电子能量高低的主要量子数。对单电子原子（氢原子）来说，电子的能量完全由 n 决定，n 值越小，电子离核越近，电子能量越低，电子也越稳定。对于多电子原子而言，电子的能量除与 n 有关外，还与角量子数 l 有关。

（二）角量子数（l）

角量子数（azimuthal quantum number）是描述电子云形状（或电子所处亚层）的参数。角量子数 l 的取值受主量子数的限制，可取 0，1，2，…，(n−1)，有 n 个整数值。电子亚层习惯上用小写英文字母表示，角量子数 l 的取值与电子亚层的关系见表 2-2。

表 2-2 角量子数与电子亚层的关系

l 的取值	0	1	2	3	4	5	6
亚层符号	s	p	d	f	g	h	i

当 n=1 时，l=0，表示第一电子层只有一个亚层，称为 1s 亚层，形状为球形。在 1s 亚层上的电子，称为 1s 电子。

当 n=2 时，l=0、1，表示第二电子层有两个亚层，分别称为 2s 亚层和 2p 亚层，形状分别为球形和哑铃形。在 2s 亚层上的电子，称为 2s 电子；在 2p 亚层上的电子，称为 2p 电子。

当 n=3 时，l=0、1、2，表示第三电子层有三个亚层，分别称为 3s 亚层、3p 亚层和 3d 亚层，形状分别为球形、哑铃形、四叶花瓣形。在 3s 亚层上的电子，称为 3s 电子；在 3p 亚层上的电子，称为 3p 电子；在 3d 亚层上的电子，称为 3d 电子。

精确的实验表明，在多电子原子中，同一电子层的电子运动时所具有的能量还稍有差别，电子云的形状也有所不同。因此，对于同一电子层，当电子云形状相同时，电子具有相同的能量；当电子云形状不同时，电子所具有的能量也不相同。这些处在同一电子层中而具有不同能量的电子云，我们采用“电子亚层”的概念加以描述，即用角量子数 l 来描述。

在多电子原子中，角量子数还影响电子的能量：在同一电子层中，电子的能量随角量子数 l 的增加而增加，即 $E_{ns}<E_{np}<E_{nd}<E_{nf}$。电子的能量虽然由 n 和 l 共同决定，但前者是主要的，后者是次要的。

（三）磁量子数（m）

磁量子数（magnetic quantum number）是描述电子所属原子轨道在空间伸展方向的参数。同一亚层的电子云的形状虽然相同，但它们的电子云却有着不同的伸展方向。每一种具有一定形状和伸展方向的电子云所占据的空间即为一个原子轨道。

磁量子数（m）的取值受角量子数 l 的制约，当角量子数 l 一定时，m 可以取从 $-l$ 到 $+l$（包括 0 在内）的整数值，即 0，±1，±2，±3，…，$\pm l$。因此，每一电子亚层所具有的轨道总数为（$2l+1$）个。磁量子数决定电子云在空间的伸展方向。例如，当 $l=1$ 时，m 有+1、−1、0 三个取值，分别描述 p 轨道在空间的三个伸展方向：p_x、p_y、p_z，依次称为 p_x 轨道、p_y 轨道、p_z 轨道，统称为 p 轨道。s 轨道电子云是球形对称的，在整个球壳上电子云密度完全相等，没有方向性，因此 s 电子云只有 1 个轨道，称为 s 轨道；d 电子云有五种伸展方向，即有 5 个轨道；f 电子云有七种伸展方向，即有 7 个轨道。

电子的能量与磁量子数无关，也就是说，n 和 l 相同，而 m 不同的各原子轨道，其能量完全相同。这种能量相同的原子轨道，称为简并轨道或等价轨道。例如，$2p_x$、$2p_y$ 和 $2p_z$ 三个轨道的能量相同，属于简并轨道。由此可知，同一亚层的 3 个 p 轨道、5 个 d 轨道和 7 个 f 轨道分别为三重简并、五重简并和七重简并。

综上所述，n、l 和 m 三个量子数之间必须满足取值相互制约的条件。它们的每一个合理组合即确定一个原子轨道。其中，n 决定原子轨道所在的电子层，l 确定其形状，m 确定其空间伸展方向，n 和 l 共同决定其能量。n、l 和 m 三个量子数的关系及对应的原子轨道数见表 2-3。

表 2-3 n、l、m 的关系

n	电子层符号	l	电子亚层符号	m	亚层轨道数	电子层轨道数
1	K	0	1s	0	1	1
2	L	0	2s	0	1	4
		1	2p	0，±1	3	
3	M	0	3s	0	1	9
		1	3p	0，±1	3	
		2	3d	0，±1，±2	5	
4	N	0	4s	0	1	16
		1	4p	0，±1	3	
		2	4d	0，±1，±2	5	
		3	4f	0，±1，±2，±3	7	

由表 2-3 可知，每一个电子层所具有的轨道数应为 n^2 个。

（四）自旋量子数（m_s）

自旋量子数（spin quantum number）是描述电子自旋状态的参数。电子在围绕原子核做高速不规则运动的同时，本身还做自旋运动，电子自旋运动的方向用 m_s 值来表示。电子的自旋方向只有两种，即顺时针方向和逆时针方向，故 m_s 的取值有两个，分别用$+\frac{1}{2}$和$-\frac{1}{2}$来表示，也常形象地用向上的箭头“↑”和向下的箭头“↓”表示。

根据四个量子数（n，l，m，m_s）就能确定原子核外每一个电子的运动状态。例如，基态钾原子最外电子层中的一个 4s 电子，其运动状态为 $n=4$，$l=0$，$m=0$，$m_s=+\frac{1}{2}$或$-\frac{1}{2}$。

考点：正确运用四个量子数描述原子核外电子的运动状态

第 2 节 原子核外电子排布

一、多电子原子轨道能级

多电子原子中，n、l 决定原子轨道的能量，不同电子层具有不同的能量，而同一电子层中不同亚

层的能量也是有差异的。为了表示这一差异，将原子中不同的电子层及亚层按照能量高低排序，像台阶一样，称为能级（energy level），如1s能级、2s能级、2p能级等。

根据光谱实验的结果，鲍林（L.Pauling）总结出多电子原子中轨道能级高低的近似图，称为原子轨道近似能级图，如图2-4所示。图中每个小圆圈代表一个原子轨道，小圆圈位置高低表示能量高低；处在同一水平高度的几个小圆圈，表示能量相同的简并轨道；每个方框为一个能级组，不同能级组之间能量相差较大，同一能级组内各能级之间能量相近；除第一能级组外，每一能级组都是从 ns 轨道开始并以 np 轨道结束。

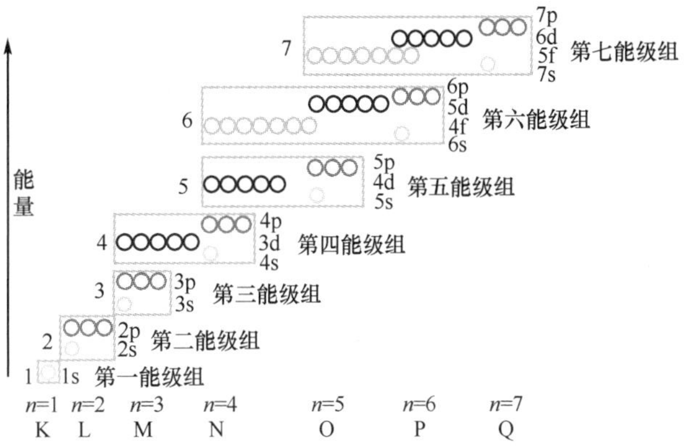

图2-4 原子轨道近似能级图

由鲍林的原子轨道近似能级图可知：多电子原子中，原子轨道能级的相对高低由主量子数 n 和角量子数 l 共同决定。

（一）原子轨道能级

1. 当角量子数 l 值相同时，主量子数 n 值越大，电子的能量 E 越高。

$E_{1s}<E_{2s}<E_{3s}<E_{4s}<\cdots$

$E_{2p}<E_{3p}<E_{4p}<E_{5p}<\cdots$

$E_{3d}<E_{4d}<E_{5d}<E_{6d}<\cdots$

2. 当主量子数 n 值相同时，角量子数 l 值越大，电子的能量 E 越高。

$E_{2s}<E_{2p}$

$E_{3s}<E_{3p}<E_{3d}$

$E_{4s}<E_{4p}<E_{4d}<E_{4f}$

3. 当主量子数 n 值和角量子数 l 值均不相同，且 $n\geqslant3$ 时，电子能量 E 的高低可由原子轨道近似能级图来确定，此时，可能出现能级交错现象，如 $E_{ns}<E_{(n-2)f}<E_{(n-1)d}<E_{np}$。

（二）能级交错的原因

在多电子原子中，某层电子受其他电子的影响，发生向内或向外空间偏移，导致外层电子能量低于内层，这种同一原子中主量子数大的原子轨道的能量低于主量子数小的原子轨道能量的现象，称为能级交错现象，如 $E_{4s}<E_{3d}$。

能级交错现象的出现，可用屏蔽效应（shielding effect）和钻穿效应（penetration effect）来解释。

1. 屏蔽效应 对于多电子原子而言，外层电子既受原子核的吸引又受其他电子的排斥，前者使电子靠近原子核，而后者却使电子远离原子核。对于某一电子来说，其他内层电子间的排斥作用势必削弱原子核对该电子的吸引力，相当于抵消了一部分核电荷，这种现象称为屏蔽效应。屏蔽效应减弱了原子核对电子的吸引力，使得电子的能量增大。离核越远的电子受到其他电子的屏蔽作用越强；离核越近的电子对外层电子的屏蔽作用越强，即内层电子对外层电子有较强的屏蔽作用。

2. 钻穿效应 离核较远的电子钻到离核较近的内层空间，从而更靠近原子核的现象称为钻穿效应。电子钻穿的结果导致该电子可以避开其他电子对它的屏蔽作用，起到增加有效核电荷从而降低能量的作用。

电子钻穿能力的大小顺序为 ns>np>nd>nf，电子受到的屏蔽效应的大小顺序为 ns<np<nd<nf。由于s电子的钻穿能力比d电子强，而d电子屏蔽效应比s电子强，因此造成了 ns 的能级低于（n–1）d，即 $E_{ns}<E_{(n-1)d}$。

链接 鲍林对化学科学的重大贡献

莱纳斯·卡尔·鲍林（Linus Carl Pauling，1901—1994），美国著名化学家。1954年因在化学键方面的工作获得诺贝尔化学奖，1962年因反对核弹在地面测试的行动获得诺贝尔和平奖。鲍林提出的杂化轨道理论，很好地解释了甲烷的正四面体结构；他所撰写的《化学键的本质》被认为是化学史上最重要的著作之一。鲍林在研究量子化学和其他化学理论时，创造性地提出许多新的概念和理论，如电负性、共价半径、金属半径、价键理论、共振论、蛋白质二级结构等，如今已成为化学领域最基础而又广泛使用的观念。他于1965年提出原子核模型的设想，得出的模型有许多独到之处。

二、原子核外电子排布规律

根据光谱实验结果以及对元素周期律的分析，基态原子中的核外电子排布遵循三条规律：能量最低原理、泡利（Pauli）不相容原理和洪德（Hund）定则。

（一）能量最低原理

多电子原子处于基态时，电子总是尽可能先占据能量最低的轨道，从而使原子体系的总能量最低，状态最稳定。也就是说，电子在原子轨道内的填充，先从能量最低的 1 s 轨道开始，只有当能量低的轨道填满之后，电子才依次进入能量较高的轨道，电子的这种排布规律，称为能量最低原理。

（二）泡利不相容原理

1925年，美籍奥地利物理学家泡利指出，在一个原子中不可能同时存在四个量子数完全相同的两个电子，这称为泡利不相容原理（Pauli exclusion principle）。由此可以推出以下内容。

（1）在同一个原子中不可能存在运动状态完全相同的两个电子。

（2）每个原子轨道上最多可以容纳两个自旋方向相反的电子，因此，s、p、d、f亚层最多可容纳的电子数分别为2、6、10和14个。

（3）各电子层最多可容纳 $2n^2$ 个电子。

根据上述两个原理，对于原子序数1～5的元素，其原子的核外电子排布见表2-4。

表2-4　元素原子的核外电子排布

元素	轨道		
	1s	2s	2p
H	(↑)		
He	(↑↓)		
Li	(↑↓)	(↑)	
Be	(↑↓)	(↑↓)	
B	(↑↓)	(↑↓)	(↑)○○

（三）洪德定则

1925年，德国物理学家洪德根据大量实验数据总结出一条规律：在 n 和 l 相同的等价轨道中，电子总是尽先分占不同的轨道，并且自旋方向相同，我们称为洪德定则（Hund rule）。

碳原子核外共有6个电子，前面的5个电子与硼原子的排布相同，剩余的一个电子在3个2p等价轨道上的排布为(↑)(↑)○，而不是(↑↓)○○和(↑)(↓)○。而氮原子2p轨道上的3个电子的排布情况为(↑)(↑)(↑)。对于碳原子和氮原子2p轨道上电子排布的实际情况，洪德定则可以给出合理的解释。

洪德定则符合能量最低原理。这是由于电子之间因带同种电荷而相互排斥，当两个电子处于同一原子轨道时，必须对电子提供能量以克服其斥力。因此，分占不同等价轨道的两个单电子的能量要低于处于同一轨道的一对电子的能量，其所处状态也更稳定。

对于基态原子来说，在能量相等的等价轨道上，自旋方向相同的单电子数目越多，原子的能量越低。因此等价轨道中的电子处于全充满、半充满或全空的状态时，原子的能量较低、状态较稳定，此规则称为洪德定则特例。

全充满　　p^6、d^{10}、f^{14}

半充满　　p^3、d^5、f^7

全空　　p^0、d^0、f^0

例如，铬原子的外层电子分布是 $3d^54s^1$，而不是 $3d^44s^2$；铜原子的外层电子分布是 $3d^{10}4s^1$，而不是 $3d^94s^2$。

案例 2-1

钾原子的原子核外有 19 个电子，其电子排布式为 $1s^22s^22p^63s^23p^64s^1$，铜原子的原子核外有 29 个电子，其电子排布式为 $1s^22s^22p^63s^23p^63d^{10}4s^1$。

问题：为什么钾原子的原子核外电子排布式不是 $1s^22s^22p^63s^23p^63d^1$，铜原子的原子核外电子排布式不是 $1s^22s^22p^63s^23p^63d^94s^2$？请用多电子原子轨道的能级顺序，以及基态原子中电子排布规律分析、解释这种现象。

（四）核外电子构型的表示方法

根据多电子原子轨道的能级顺序，以及基态原子中电子排布的三个规律，就可以确定各元素基态原子的电子排布情况。电子的填充顺序如图 2-5 所示。

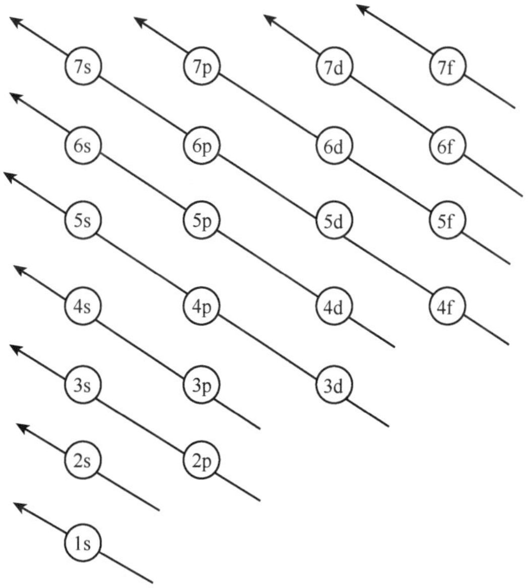

图 2-5　电子填充顺序图

电子在原子轨道中的排布方式称为电子层结构，简称电子构型。表示原子的电子构型通常有以下几种方法。

1. **轨道表示式**　它是用圆圈（或方框）代表原子轨道，在其上方或下方注明轨道的能级，圆圈（或方框）中用向上和向下的箭头代表电子的自旋方向。例如，碳原子的轨道表示式为

⇅　⇅　↑↑○　或　⇅　⇅　↑↑□

1s　2s　2p　　　1s　2s　2p

2. **电子排布式**　在亚层符号的右上方用阿拉伯数字注明所排列的电子数目。例如：

$_{7}N$　　$1s^22s^22p^3$

$_{19}K$　　$1s^22s^22p^63s^23p^64s^1$

需要注意的是，电子填充是按照原子轨道近似能级图依次从能量低的轨道向能量高的轨道排布的，而书写电子排布式时，则要把同一主量子数（*n* 相同）的轨道写在一起。例如：29 号元素 Cu 的电子填充顺序是 $1s^22s^22p^63s^23p^64s^13d^{10}$，但其电子排布式的正确书写形式为 $1s^22s^22p^63s^23p^63d^{10}4s^1$。

通常把内层电子已达到稀有气体结构的部分，用稀有气体的元素符号外加方括号表示，如[Ne]、[Ar]等，称为原子实。因此，电子排布式也可以用原子实来表示内层电子结构。例如：

$_{17}Cl$　　$1s^22s^22p^63s^23p^5$　　表示为　[Ne] $3s^23p^5$

$_{24}Cr$　　$1s^22s^22p^63s^23p^63d^54s^1$　　表示为　[Ar] $3d^54s^1$

价电子是指能参与成键的电子。电子排布式中价电子所在的亚层电子排布，称为价电子构型。例如：$_{15}P$ 的价电子构型为 $3s^23p^3$，$_{20}Ca$ 的价电子构型为 $4s^2$，$_{24}Cr$ 的价电子构型为 $3d^54s^1$。

1～36 号元素基态原子的电子构型列于表 2-5。

表 2-5　原子的电子构型

原子序数	元素名称	电子构型	原子序数	元素名称	电子构型
1	H	$1s^1$	19	K	$[Ar]4s^1$
2	He	$1s^2$	20	Ca	$[Ar]4s^2$
3	Li	$[He]2s^1$	21	Sc	$[Ar]3d^14s^2$
4	Be	$[He]2s^2$	22	Ti	$[Ar]3d^24s^2$
5	B	$[He]2s^22p^1$	23	V	$[Ar]3d^34s^2$
6	C	$[He]2s^22p^2$	24	Cr	$[Ar]3d^54s^1$
7	N	$[He]2s^22p^3$	25	Mn	$[Ar]3d^54s^2$
8	O	$[He]2s^22p^4$	26	Fe	$[Ar]3d^64s^2$
9	F	$[He]2s^22p^5$	27	Co	$[Ar]3d^74s^2$
10	Ne	$[He]2s^22p^6$	28	Ni	$[Ar]3d^84s^2$
11	Na	$[Ne]3s^1$	29	Cu	$[Ar]3d^{10}4s^1$
12	Mg	$[Ne]3s^2$	30	Zn	$[Ar]3d^{10}4s^2$
13	Al	$[Ne]3s^23p^1$	31	Ga	$[Ar]3d^{10}4s^24p^1$
14	Si	$[Ne]3s^23p^2$	32	Ge	$[Ar]3d^{10}4s^24p^2$
15	P	$[Ne]3s^23p^3$	33	As	$[Ar]3d^{10}4s^24p^3$
16	S	$[Ne]3s^23p^4$	34	Se	$[Ar]3d^{10}4s^24p^4$
17	Cl	$[Ne]3s^23p^5$	35	Br	$[Ar]3d^{10}4s^24p^5$
18	Ar	$[Ne]3s^23p^6$	36	Kr	$[Ar]3d^{10}4s^24p^6$

考点：根据原子轨道近似能级图和核外电子排布规律，正确表示元素原子核外电子的构型

第 3 节　原子的电子层结构和元素周期律

原子结构的研究证明，原子的价电子构型是决定元素性质的主要因素，而各元素原子的价电子构型随着原子序数的递增而呈现周期性排列，因此，元素的性质也呈现周期性变化。这种元素的性质随着原子序数的递增而呈现周期性变化的规律，称为元素周期律（periodic law of the elements）。

元素周期律是自然科学的基本规律，根据这一规律将目前发现的 118 种元素排列成元素周期表（periodic table of the elements）。原子核外电子排布的周期性变化是元素周期律的本质原因，元素周期表则是各元素原子核外电子排布呈周期性变化的反映。

一、原子结构与元素周期律的关系

（一）原子的电子层结构和周期的关系

目前使用的元素周期表中共有118种元素，在元素周期表中排列成7个周期；第一周期含2种元素，称为特短周期；第二、三周期各有8种元素，称为短周期；第四、五周期各有18种元素，称为长周期；第六周期有32种元素，称为特长周期；第七周期包括人工合成元素在内已排满32种元素，称为新完成周期。

将元素周期表与原子轨道近似能级图中的能级组进行对比，再结合表2-5中原子的电子构型，不难看出周期与能级组之间存在着一一对应的关系。

（1）周期表中的周期序数等于能级组数，元素原子的电子层数等于该元素所在的周期序数。对应于主量子数 n 的每一个取值，就有一个能级组，同时也有一个周期。能级组有7个，相应就有7个周期。

（2）元素所在的周期序数就是电子填充的最高能级组序数，也等于该元素原子核外最外电子层的主量子数，即

周期序数=电子层数=最外电子层的主量子数

（3）每一个周期所具有元素的数目与相应能级组最多容纳的电子数目一致。

（4）一个新的能级组的建立，反映在周期表上是一个新周期的出现；每一周期的完成，事实上是原子中一个能级组被电子所饱和。

由此充分证明，元素性质的周期性变化是各元素原子中核外电子周期性排布的结果。

（二）原子的电子层结构和族的关系

在周期表中共有18个纵列，分为16个族；有7个主族（ⅠA～ⅦA）、7个副族（ⅠB～ⅦB）、1个0族和1个第Ⅷ族（第Ⅷ族包含3个纵列）。副族元素和第Ⅷ族元素又称过渡元素，其中第ⅢB族的57号元素La（镧）的位置，实际上代表57～71号的15种元素，称为镧系元素；第89号元素Ac（锕）的位置代表89～103号的15种元素，称为锕系元素。镧系元素和锕系元素统称内过渡元素。

同族元素虽然电子层数不同，但其价电子层结构相同或相似。由于元素的性质主要取决于原子的价电子层结构，因此同族元素具有相似的性质。

1. 主族元素 主族元素的价层电子构型为 $ns^{1\sim2}$ 或 $ns^2np^{1\sim5}$，族序数与价层电子总数（即最外层的 ns 和 np 轨道的电子数之和）相对应，即

主族序数=最外层电子数

例如，9号元素F的最外电子层结构为 $2s^22p^5$，价电子数为7，即在ⅦA族。

位于同一主族的元素，其价电子构型相同，因此同一主族元素的化学性质非常相似。

2. 0族元素 0族为稀有气体元素，元素的价电子层结构是 ns^2np^6（He为 $1s^2$），已是稳定结构，化学性质很不活泼，不易成键，也称为惰性气体。

3. 副族和第Ⅷ族元素 副族元素和第Ⅷ族元素的族序数与外电子层的电子数有关：①对于（n–1）d层的电子未充满的元素，族序数等于最外层的 ns 和次外层的（n–1）d轨道的电子数之和（若电子数之和为8～10，则为第Ⅷ族）；②对于（n–1）d层的电子已充满的元素，族序数只取决于最外层 ns 轨道的电子数，即ⅠB族或ⅡB族；③ⅢB族包括镧系元素和锕系元素。

例如：

元素	价电子构型	族序数
Cr	$3d^54s^1$	ⅥB
Fe	$3d^64s^2$	Ⅷ
Zn	$3d^{10}4s^2$	ⅡB

位于同一副族的元素，其价电子构型也基本相同，即 ns 和（n–1）d能级构型相同，故同一副族元素也具有相似的性质。

（三）周期表的分区

根据原子中最后一个电子填充的轨道（或亚层）不同，把周期表中的元素划分为5个区。元素分区与周期表的关系如图2-6所示。

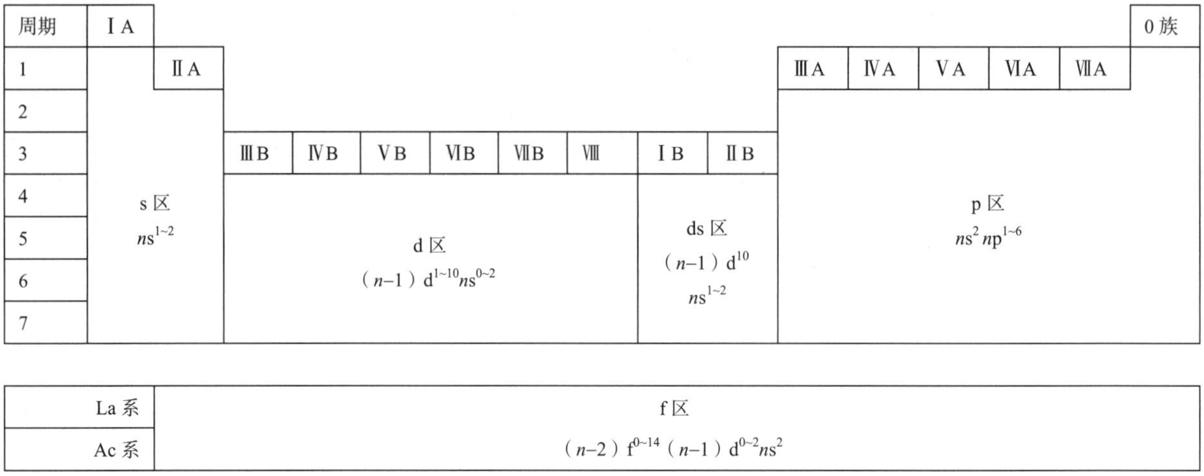

图 2-6　周期表中元素的分区

由上述内容可知，基态原子的电子构型决定了元素在周期表中的位置，元素周期表实质上是各元素原子电子构型周期性变化的反映。

【例 2-1】　已知某元素位于第三周期ⅢA 族，试写出它的价电子构型和电子构型。

根据周期序数=最外电子层的主量子数（即电子层数），可知该元素的 n=3；又根据主族序数=最外层电子数(即最外层的 ns 和 np 轨道的电子数之和)，可知该元素有 3 个价电子，故价电子构型为 $3s^23p^1$。根据主族元素原子实各亚层具有全满的特点以及电子层最多容纳 $2n^2$ 个电子，可知该元素的各层电子数为 2、8、3，故其电子构型为 $1s^22s^22p^63s^23p^1$ 或[Ne] $3s^23p^1$。

二、元素性质的周期性

原子的结构决定元素的性质，原子的电子层结构存在着周期性的变化，导致了元素的基本性质也呈现出周期性变化。例如，原子半径（atomic radius）、电离能（ionization energy）和电负性（electronegativity）等，它们随着原子序数的递增，呈现明显的周期性变化。

（一）原子半径

单个原子的真实半径是很难测定的，但是可以通过 X 射线衍射法等方法测定两原子的核间距离，然后以单质的晶体中相邻两原子核间距的一半作为元素的原子半径，单位是“纳米”（符号 nm）或“皮米”（符号 pm）。常用的原子半径有三种，即共价半径、金属半径和范德瓦耳斯半径。通常情况下，范德瓦耳斯半径都比较大，而金属半径比共价半径稍大。注意在比较元素的性质时，最好采用同一种原子半径的数据。

元素的原子半径取决于有效核电荷数、电子层数和电子构型。原子半径变化规律如下。

（1）同一周期中，从左到右原子半径逐渐减小。因为同一周期元素的电子层数相同，随着原子序数的增大，有效核电荷数递增，原子核对核外电子的吸引力逐渐增强，所以原子半径依次减小。而最后一个稀有气体的原子半径变大，这是由于稀有气体的原子半径采用的是范德瓦耳斯半径。原子半径的这种变化规律在短周期中表现较为突出。而在长周期中，从左到右，原子半径的总体变化趋势与短周期相似，但对于过渡元素，因为所增加的电子填充在次外层的 d 轨道上，电子所受屏蔽效应增大，过渡元素的原子半径依次变小的幅度减缓。

（2）同一族中，从上到下，主族元素的原子半径逐渐增大。这是由于同族元素从上到下，虽然核电荷数的增加，能使原子半径减小，但是电子层数的增加将使原子半径增大，且电子层增加所起的作用大于有效核电荷数增加的作用，故总的结果是原子半径逐渐增大。副族元素的原子半径从上到下略有增大，但没有主族的变化明显。自ⅣB 开始，位于第 5、6 周期以后各副族元素的原子半径接近，则是由镧系收缩造成的，由此导致镧以后同一族元素性质极为相似。

（二）电离能

元素的一个气态原子在基态时失去一个电子成为气态的正一价离子时所消耗的能量，称为该元素的第一电离能，用符号“I_1”表示，常用单位为 kJ/mol。

气态的正一价离子再失去一个电子成为气态的正二价离子所消耗的能量称为第二电离能 I_2，依次类推，分别称 I_3、I_4、…，通常情况下 $I_1<I_2<I_3<I_4$ …。

电离能的大小可表示原子失去电子的趋势，从而可说明元素的金属性强弱。电离能越小表示原子失去电子所消耗能量越少，越易失去电子，则该元素在气态时金属性就越强。一般常用第一电离能进行比较。元素的电离能在周期表中呈现明显的周期性变化。元素第一电离能的周期性变化如图 2-7 所示。

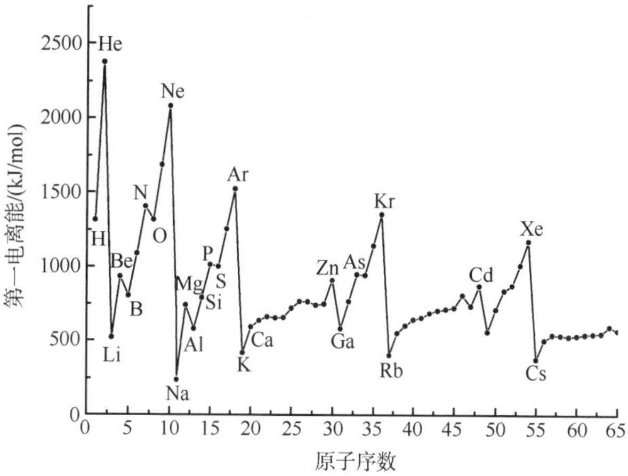

图 2-7 元素第一电离能的周期性变化

1. 同一周期元素的电离能变化总体呈增加趋势 从左到右，元素电离能总趋势为增加，这是由于有效核电荷增加而原子半径逐渐减小，导致核对外层电子的吸引力逐渐增强，使电子难以失去。而那些拐点则体现了电子构型对电离能的影响，当具有稳定的构型（如全满、半满、全空）时所对应的第一电离能较大。

2. 同一主族元素的第一电离能自上而下逐渐减小 同一主族元素具有相同的价电子构型，自上而下随着原子序数的增加，虽然有效核电荷数也随之增加，但原子半径的大幅度增大使核对外层电子的吸引力逐渐减小，因此第一电离能也随之逐渐减小。

（三）电负性

电负性是指分子中原子吸引成键电子的能力。元素的电负性是一个相对数值，是规定最活泼的非金属元素氟（F）的电负性为 4.0，以此为基准，然后通过对比再求出其他元素电负性的数值。因此，元素的电负性没有单位。部分元素的电负性见表 2-6。

表 2-6 元素的电负性

H 2.1																
Li 1.0	Be 1.5											B 2.0	C 2.5	N 3.0	O 3.5	F 4.0
Na 0.9	Mg 1.2											Al 1.5	Si 1.8	P 2.1	S 2.5	Cl 3.0
K 0.8	Ca 1.0	Sc 1.3	Ti 1.5	V 1.6	Cr 1.6	Mn 1.5	Fe 1.8	Co 1.9	Ni 1.9	Cu 1.9	Zn 1.6	Ga 1.6	Ge 1.8	As 2.0	Se 2.4	Br 2.8
Rb 0.8	Sr 1.0	Y 1.2	Zr 1.4	Nb 1.6	Mo 2.1	Te 1.9	Ru 2.3	Rh 2.2	Pd 2.2	Ag 1.9	Cd 1.7	In 1.7	Sn 1.8	Sb 1.9	Te 2.1	I 2.5
Cs 0.7	Ba 0.9	La 1.1	Hf 1.3	Ta 1.5	W 2.3	Re 1.9	Os 2.2	Ir 2.2	Pt 2.3	Au 2.5	Hg 1.9	Tl 1.8	Pb 1.8	Bi 1.9	Po 2.0	At 2.2

电负性从吸电子能力强弱方面反映出元素的非金属性和金属性的强弱。电负性越大，表示原子在分子中吸引电子的能力越强，元素的非金属性越强，金属性越弱；反之电负性越小，表示原子在分子中吸引电子的能力越弱，元素的非金属性越弱，金属性越强。

从表 2-6 可以看出，元素的电负性在周期表中具有以下明显的变化规律。

1. 同一周期的主族元素，从左向右，电负性逐渐增大，表示元素的非金属性逐渐增强，金属性逐渐减弱，对成键电子的吸引能力逐渐增强。

2. 同一主族中的元素，从上往下，电负性逐渐降低，表示元素的金属性逐渐增强，非金属性逐渐减弱，对成键电子的吸引能力逐渐减弱。

3. 副族元素电负性的变化不太规律，其金属性变化也不太规律。

电负性的大小可以衡量元素的金属性和非金属性的强弱。通常情况下，非金属元素的电负性大于2.0，金属元素的电负性小于2.0，但该界限并非绝对的。

考点： 1. 原子的电子层结构与元素周期律的关系；2. 能根据原子的电子层结构推断元素在周期表中的位置

自测题

一、选择题

（一）单项选择题

1. 下列说法不正确的是（　　）。
   A. ψ 表示电子的概率密度
   B. ψ 没有直接的物理意义
   C. ψ 是薛定谔方程的合理解，称为波函数
   D. ψ 就是原子轨道
   E. $|\psi|^2$ 的图形称为电子云

2. 描述一确定的原子轨道，需用的量子数是（　　）。
   A. n，l　　B. n，l，m
   C. n，l，m，m_s　　D. l，m，m_s
   E. n

3. 描述核外电子运动状态需要用的量子数是（　　）。
   A. n，l　　B. n，l，m
   C. n，l，m，m_s　　D. l，m，m_s
   E. n

4. 决定原子轨道能量高低的量子数是（　　）。
   A. n　　B. l
   C. n，l 共同决定　　D. n，l，m 共同决定
   E. n，l，m，m_s 共同决定

5. 描述基态 $_{11}Na$ 原子最外层电子运动状态的四个量子数应是（　　）。
   A. 3，0，−1，$-\frac{1}{2}$　　B. 3，0，0，$+\frac{1}{2}$
   C. 3，1，−2，$-\frac{1}{2}$　　D. 3，1，−1，$+\frac{1}{2}$
   E. 2，0，0，$+\frac{1}{2}$

6. 下列各组量子数合理的一组是（　　）。
   A. $n=2$，$l=1$，$m=0$，$m_s=+\frac{1}{2}$
   B. $n=2$，$l=0$，$m=1$，$m_s=+\frac{1}{2}$
   C. $n=3$，$l=3$，$m=-1$，$m_s=-\frac{1}{2}$
   D. $n=2$，$l=3$，$m=2$，$m_s=+\frac{1}{2}$
   E. $n=2$，$l=2$，$m=1$，$m_s=+\frac{1}{2}$

7. 下列说法不正确的是（　　）。
   A. 当主量子数为2时，有自旋相反的两个轨道
   B. 当 n，l 确定时，该轨道的能量也确定
   C. 角量子数为1时，有3个简并轨道
   D. p轨道有3个伸展方向
   E. 角量子数为2时，有5个简并轨道

8. s电子云的形状是（　　）。
   A. 球形　　B. 哑铃形
   C. 花瓣形　　D. 更为复杂的形状
   E. 以上都不是

9. 若将氮原子的电子排布式写成 $1s^2 2s^2 2p^2 3s^1$，它违背了（　　）。
   A. 泡利不相容原理　　B. 能量最低原理
   C. 能量守恒原理　　D. 洪德定则
   E. 洪德定则特例

10. 29号元素Cu的核外电子排布式是（　　）。
    A. $1s^2 2s^2 2p^6 3s^2 3p^6 3d^9 4s^2$
    B. $1s^2 2s^2 2p^6 3s^2 3p^6 4s^2 3d^9$
    C. $1s^2 2s^2 2p^6 3s^2 3p^6 4s^1 3d^{10}$
    D. $1s^2 2s^2 2p^6 3s^2 3p^6 3d^{10} 4s^1$
    E. $1s^2 2s^2 2p^6 3s^2 3p^6 3d^{10} 4s^2$

11. 外层电子结构为 $3s^1$ 的元素是（　　）。
    A. 第三周期第ⅠA族　　B. 第三周期第ⅥB族
    C. 第三周期第ⅠB族　　D. 第四周期第ⅥA族
    E. 第四周期第ⅠA族

12. 元素化学性质发生周期性变化的根本原因是（　　）。
    A. 元素原子的电负性呈现周期性变化
    B. 元素原子核外电子排布呈现周期性的变化
    C. 元素的原子半径呈现周期性的变化
    D. 元素的化合价呈现周期性的变化
    E. 元素的电离能呈现周期性的变化

（二）多项选择题

1. 对于多电子原子来说，下列关于主量子数的说法正确的是（　　）。
   A. 原子轨道的能量只由 n 决定
   B. n 是决定原子轨道能量高低的主要因素
   C. n 决定原子轨道的形状
   D. n 决定角量子数 l 的取值范围
   E. n 决定原子轨道的伸展方向

2. n=3，l=2，m 的取值可以为（　　）。
   A. 3　　B. 2
   C. 1　　D. 0
   E. −1
3. 原子核外电子排布应遵循的规律有（　　）。
   A. 泡利不相容原理　　B. 能量守恒原理
   C. 能量最低原理　　D. 洪德定则
   E. 电量守恒原理
4. 以下原子的电子排布合理的是（　　）。
   A. $1s^22s^22p^3$　　B. $1s^22s^22p^63s^23p^34s^2$
   C. $1s^22s^22p^63s^23p^4$　　D. $[Ar]3d^94s^2$
   E. $[Ar]3d^54s^1$
5. 对于主族元素，同一周期从左到右元素性质的递变规律是（　　）。
   A. 原子半径逐渐增大　　B. 电负性逐渐减小
   C. 电负性逐渐增大　　D. 原子半径逐渐减小
   E. 最高正化合价逐渐升高

二、简答题

1. n=3 时，l 和 m 有多少可能的值？
2. 用价键理论说明为什么 H_2 能稳定存在，而 He_2 不存在？
3. 某元素原子的电子排布式是 $1s^22s^22p^63s^23p^63d^{10}4s^2$，该元素原子的原子核外有多少个电子层？每个电子层上有多少个原子轨道、多少个电子？
4. 写出 16 号元素的电子排布式、在元素周期表中所处的周期、族和区，并指出它是金属元素还是非金属元素。
5. 请说明主族元素的电负性在周期表中呈现什么样的周期性变化规律。

（贺东霞）

第3章

分子结构

自然界中的大多数物质由分子组成，分子是保持物质化学性质的最小微粒，是参与化学反应的基本单元。分子的性质取决于分子的结构，即组成分子的原子种类、数目、原子的键合顺序和空间排列方式。通过分子结构的学习，能更好地帮助人们从分子水平认识食品药品，并为解决食品药品在生产、储藏和使用过程中出现的问题奠定理论基础。

分子或晶体中相邻原子间强烈的相互作用称为化学键（chemical bond）。根据化学键的形成原因，通常将化学键分为金属键、离子键和共价键三种类型。本章主要介绍离子键的形成、共价键理论及分子间的作用力等内容。

案例 3-1

观察金属钠在氯气中燃烧的实验现象：Na 在 Cl_2 中剧烈燃烧，产生黄色火焰，集气瓶中充满白烟即 NaCl。

问题：金属 Na 和 Cl_2 是如何生成 NaCl 的？

第1节 离 子 键

1916 年，德国化学家柯塞尔根据稀有气体原子的电子层结构具有高度稳定性的事实，提出了离子键（ionic bond）的概念，即由原子得失电子后生成的正、负离子之间靠静电作用而形成的化学键。

一、离子键的形成

当活泼金属原子与活泼非金属原子在一定条件下相互接近时，它们都有达到稀有气体原子稳定结构的倾向。由于两个原子的电负性相差较大，因此原子间容易发生电子的转移，即金属原子失去电子成为阳离子，非金属原子得到电子成为阴离子。阴、阳离子由于静电吸引力而相互靠拢，当它们接近到一定程度时，吸引力和排斥力达到平衡，阴、阳离子之间便形成了稳定的化学键即离子键。离子键形成的本质是阴、阳离子间的相互作用。

例如，氯化钠的形成过程，可表示如下：

$$Na(1s^2 2s^2 2p^6 3s^1) - e \longrightarrow Na^+(1s^2 2s^2 2p^6)$$

$$Na(1s^2 2s^2 2p^6 3s^2 3p^5) + e \longrightarrow Cl^-(1s^2 2s^2 2p^6 3s^2 3p^6)$$

$$Na^+ + Cl^- \longrightarrow NaCl$$

一般活泼的非金属元素和活泼的金属元素，即电负性差值一般大于 1.7 的两种元素相互化合时，容易形成离子键。含有离子键的化合物称为离子化合物，强碱、盐（包括铵盐）和大部分金属氧化物都是离子化合物，如氢氧化钠、氯化镁、氧化钙等。一般情况下，离子化合物具有较高的熔点和沸点，在熔融状态或溶于水后均能导电。

二、离子键的特点

离子键是阴、阳离子通过静电作用形成的，两种离子的电荷分布是球形对称的，可以在空间任一方向与带有相反电荷的离子相互吸引而成键，因此离子键无方向性。例如，NaCl 晶体中，每个 Na^+周围吸引 6 个等距离的 Cl^-，每个 Cl^-周围吸引 6 个等距离的 Na^+。这说明离子在所有方向上都可与带相反电荷的离子发生电性吸引作用，如图 3-1 所示。

同时，只要空间条件许可，每个离子总是尽可能多地与异性离子相吸引，因此离子键也没有饱和性。例如 NaCl 晶体中，Na^+周围吸引 6 个 Cl^-，这些数目是由阴、阳离子半径的相对大小、电荷多少等因素决定的，但并不意味着 6 个 Cl^-包围的 Na^+的电场已饱和。远距离处的 Cl^-，同样会感受到该 Na^+的电场作用，只不过距离较远，相互作用较弱。

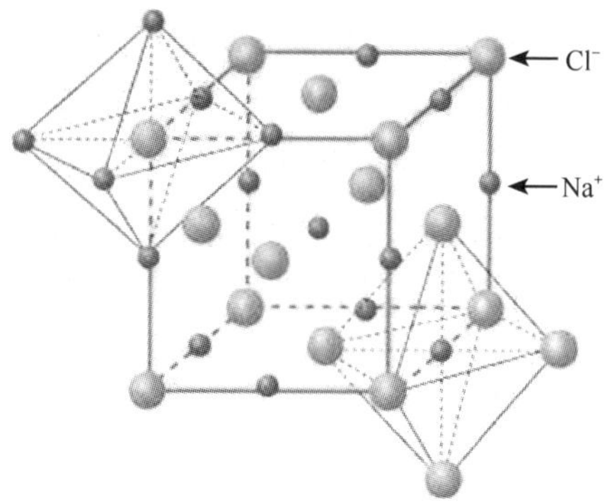

图 3-1 氯化钠晶体结构示意图

三、离子晶体

离子晶体（ionic crystal）是指由离子化合物结晶而成的晶体，离子晶体属于离子化合物中的一种特殊形式。例如，液态、固态的氯化钠是离子化合物，但是只有在形成有规则排列的固体时才是离子晶体。强碱、活泼性金属氧化物和大多数的盐类均为离子晶体。

离子晶体一般硬而脆，具有较高的熔沸点。例如，氯化钠晶体的熔点为 801℃，沸点为 1413℃。离子晶体本身不导电，只有在熔融或溶解时可以导电。

对于同构型的离子来说，离子的电荷越高、半径越小，静电作用力就越强，离子键强度就越大，离子化合物就越稳定。通常用晶格能来衡量离子键的强度或离子晶体的稳定性。晶格能是指在标准状态下，由气体态离子生成 1 mol 晶体放出的能量，用 U 表示，单位 kJ/mol。晶格能越大，离子键越强，离子晶体越稳定。

四、离子的极化

在离子化合物中，正、负离子互为外电场，两者都能使对方的电子云发生变形，这种现象称为离子的极化。一般情况下，阳离子半径较小，它对相邻阴离子起诱导作用；阴离子半径较大，外围有较多负电荷，因而在电场作用下容易发生电子云变形。

离子的极化会使离子化合物的熔沸点、颜色、溶解度等物理性质发生变化。一般随极化程度的增强，物质的熔沸点降低，颜色逐渐加深，在水中的溶解度逐渐减小。例如，卤化银中，随着 F^-、Cl^-、Br^-、I^-的变形性依次增强，相对应的化合物 AgF、AgCl、AgBr、AgI 的熔沸点依次降低，化合物的颜色逐渐加深，在水中的溶解度逐渐变小。

考点：1. 离子键的概念、特点；2. 离子的极化对离子化合物物理性质的影响

第2节 共价键

案例 3-2

NaCl 化合物中，Na^+、Cl^-通过静电作用形成离子键；而 Cl_2 分子中的两个 Cl 则是通过共用电子对成键的。为什么？

一、价键理论

1916 年，美国化学家路易斯提出了经典价键理论（valence bond theory）。路易斯认为，分子中每个原子均可通过原子间共用电子对的方式达到最外电子层的 8 电子稳定结构，习惯上称为“八隅规则”（octet rule）。1927 年，德国化学家海特勒和伦敦用量子力学的原理阐明了共价键（covalent bond）的本质，这是近代价键理论的基础。后来美国化学家鲍林等发展了这一成果，引入杂化轨道概念，建立了现代价键理论。

（一）现代价键理论的要点

1. **电子配对原理** 一个原子有几个未成对的电子，便可和几个自旋方向相反的未成对电子配对成键。

2. 原子轨道最大重叠原理 成键过程中，原子间总是尽可能地沿着原子轨道最大重叠的方向成键。成键电子的原子轨道重叠程度越高，电子在两核间出现的概率密度也越大，形成的共价键也越稳固。

（二）共价键的形成

以氢分子的形成为例说明共价键的形成。两个氢原子各提供一个自旋方向相反的未成对电子，当它们相互接近时，两个氢原子的 1s 原子轨道发生重叠，两核间的电子云密度增大，体系的能量降低，两个氢原子形成稳定的共价键，如图 3-2 所示。

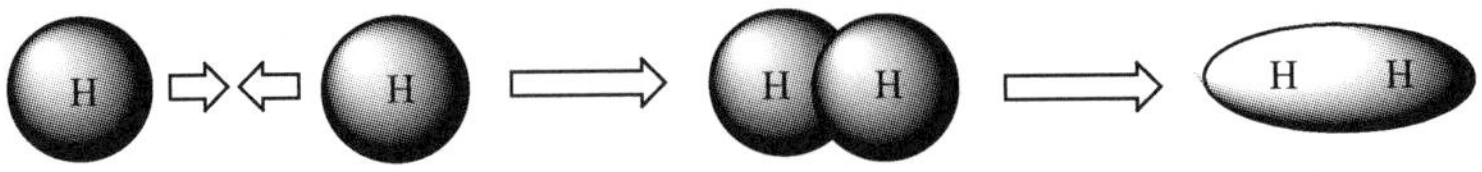

图 3-2 氢分子的形成示意图

原子间通过共用电子对形成的化学键称为共价键。化学上常用短线“—”表示一个共用电子对，如 Cl_2 分子可表示为 Cl—Cl。

（三）共价键的特点

价键理论的基本要点决定了共价键具有饱和性和方向性。

1. 共价键具有饱和性 一个原子含有几个未成对电子，就能与相同数目的自旋方向相反的未成对电子形成稳定共价键。例如，Cl 原子最外层只有 1 个未成对电子，所以只能接受 1 个自旋方向相反的未成对电子，如只能接受 1 个 H 原子形成 HCl。

2. 共价键具有方向性 成键时，成键原子轨道重叠得越多，所形成的共价键越牢固。如在形成 HCl 时，只有 H 原子的 1s 轨道沿着 Cl 原子的 3p 轨道对称轴的方向靠近、重叠，才能达到最大重叠，从而形成稳定的共价键，如图 3-3A 所示；若沿其他方向相互接近时，两原子轨道重叠很少或不能有效重叠，故不能形成稳定的共价键，如图 3-3B 所示。

（四）共价键的类型

1. σ 键和 π 键 根据原子轨道重叠方式的不同，通常把共价键分为 σ 键和 π 键。

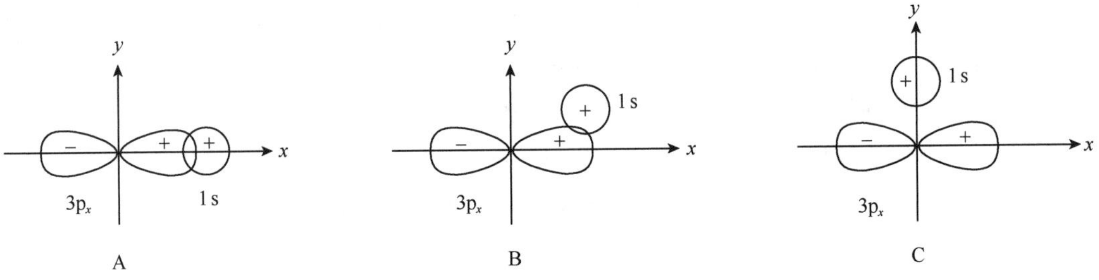

图 3-3 H 原子的 s 轨道和 Cl 原子的 3p 轨道在不同方向的重叠示意图

（1）σ 键：两个原子轨道沿键轴方向以“头碰头”的方式重叠而形成的共价键称为 σ 键，如图 3-4 所示。形成 σ 键的电子称为 σ 电子。

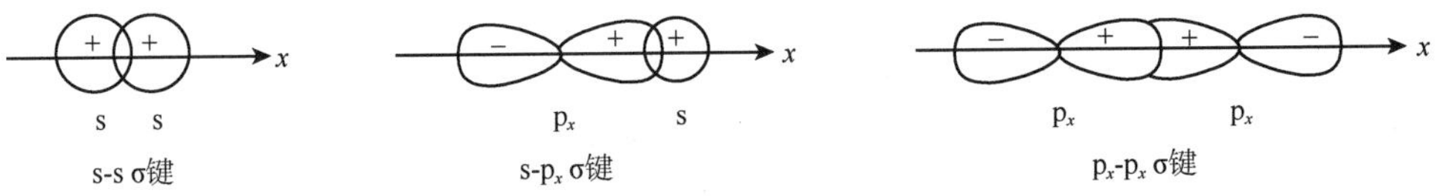

图 3-4 σ 键重叠方式示意图

σ 键沿对键轴呈圆柱形对称，且 σ 键满足原子轨道最大重叠原理，所以 σ 键稳定，不易断键，能独立存在于两个原子之间。

（2）π 键：两个原子轨道垂直于键轴方向以“肩并肩”的方式重叠而形成的共价键称为 π 键。如图 3-5 所示，如果以 x 轴为键轴，则 p_y 与 p_y 原子轨道、p_z 与 p_z 原子轨道重叠可形成 π 键。形成 π 键的电子称为 π 电子。

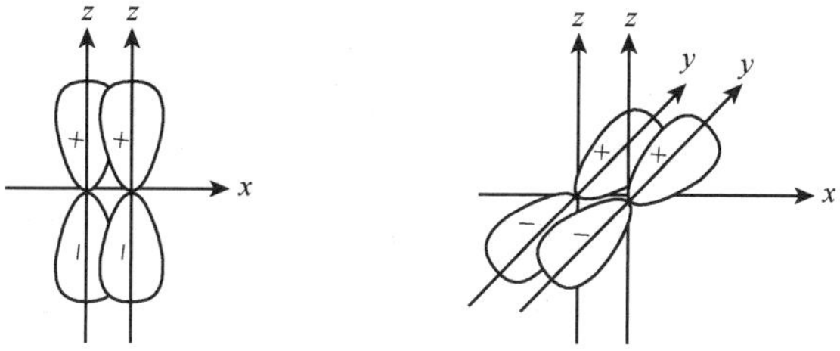

p_z-p_z π键　　p_y-p_y π键

图 3-5　π 键重叠方式示意图

形成 π 键时轨道不能满足最大重叠原理，只能采用“肩并肩”的方式重叠，故 π 键的稳定性小，π 电子活泼，容易参与化学反应。

如果两个原子可以形成多重键，其中必定先形成一个 σ 键，其余为 π 键。例如，N_2 分子有三个键：一个 σ 键，两个 π 键。

2. 非极性共价键和极性共价键　根据共用电子对有无偏移，可以将共价键分为非极性共价键和极性共价键。

由同种原子形成的共价键，由于两原子吸引共用电子对的能力相等，成键电子对平均分布在两原子核之间，不偏向任何一个原子，成键的原子都不显电性，这种共价键称为非极性共价键，简称非极性键。例如，H_2 分子中 H—H 键为非极性键。

由不同种原子形成共价键时，因为两原子吸引电子的能力不同，共用电子对将偏向吸引电子能力较强的一方，使吸引电子能力较强的一方带负电，而吸引电子能力较弱的原子一方带正电。这种电子对有偏移的共价键称为极性共价键，简称极性键。例如，HCl 分子中 H—Cl 键为极性键。

考点：1. 现代价键理论、共价键的特点、共价键的类型；2. σ 键和 π 键、非极性键和极性键

（五）配位键

上述共价键形成时，共用电子对是由成键的两个原子共同提供。如果共用电子对是由成键的原子单方面提供，另一个原子（或离子）提供空轨道，共同形成的共价键称为配位共价键，简称配位键。配位键通常用“→”表示，箭头方向由电子对给予体指向电子对的接受体。例如，NH_4^+的形成如下：

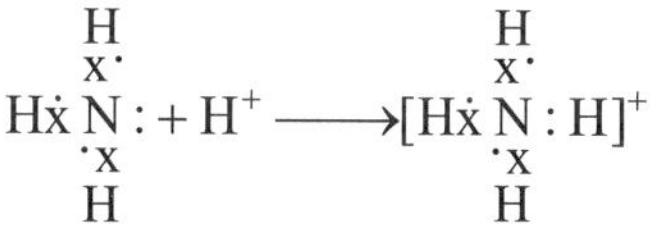

形成配位键必须具备两个条件：一是成键的两个原子中，其中一个原子的价电子层有孤对电子（即未共用的电子对）；二是另一个原子的价电子层有接受孤对电子的空轨道。

配位键仅表现在键的形成过程中，虽然共用电子对的电子来源不同，但成键后与普通共价键并无差别。例如在 NH_4^+中，虽然有一个 N—H 键跟其他三个 N—H 键的形成过程不同，但形成后四个键表现出来的性质完全相同。

二、杂化轨道理论

价键理论成功地解释了共价键的成键本质、共价键的方向性和饱和性等问题，但在解释一些分子的空间构型方面遇到了困难。例如，根据价键理论，碳原子在 2p 轨道上有 2 个未成对电子，只能形成两个共价键，键角应为 90°；而实验测得最简单的碳氢化合物 CH_4 分子为正四面体，C—H 键间的夹角 109°28′。为了解决上述问题，1931 年鲍林在价键理论的基础上提出了杂化轨道理论（hybrid orbital theory），成功地解释了 CH_4 等简单分子的空间构型。1953 年我国化学家唐敖庆等提出了杂化轨道的一般方法，进一步丰富了杂化轨道理论的内容。

（一）杂化轨道理论的基本要点

1. 在原子形成分子的过程中，由于原子间的相互影响，同一原子中能量相近的原子轨道之间通过组合、重新分配能量和确定空间方向，组成数目相等的新原子轨道即杂化轨道。这种轨道重新组合的

方式称为杂化。

2. 杂化后的轨道更有利于原子轨道间最大程度地重叠，因而杂化轨道比原来轨道的成键能力更强，形成的共价键更加牢固，且各杂化轨道能量相等。

3. 不同类型的杂化轨道之间夹角不同，成键后所形成的分子就具有不同的空间构型。

（二）杂化轨道类型

1. 根据参与杂化的原子轨道种类，轨道杂化主要有 sp 和 spd 两种类型，本书只介绍 sp 型的杂化。

（1）sp 杂化：同一原子内由 1 个 *ns* 轨道和 1 个 *np* 轨道发生的杂化，称为 sp 杂化。杂化后形成 2 个 sp 杂化轨道，其空间构型为直线型，键角为 180°，如 $BeCl_2$、C_2H_2、$ZnCl_2$ 等。气态 $BeCl_2$ 分子中 B 原子为 sp 杂化，实验测知 $BeCl_2$ 是直线型的共价分子，Be 原子位于 2 个 Cl 原子的中间，键角 180°，如图 3-6 所示。

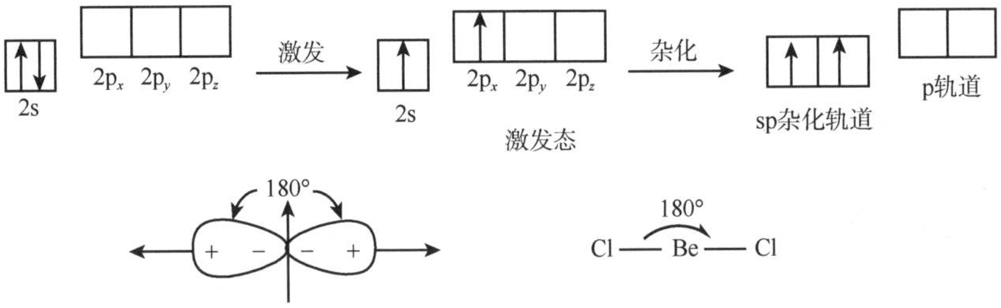

图 3-6 Be 原子的 sp 杂化过程及 $BeCl_2$ 分子的空间构型

（2）sp^2 杂化：同一原子内由 1 个 *ns* 轨道和 2 个 *np* 轨道发生的杂化，称为 sp^2 杂化。杂化后形成 3 个 sp^2 杂化轨道，其空间构型为平面三角形，键角为 120°，如 BF_3、CO_3^{2-}、NO_3^-等。气态 BF_3 中 B 原子为 sp^2 杂化，实验测定其结构为平面三角形，键角为 120°。B 原子位于三角形的中心，3 个 B—F 键是等同的，如图 3-7 所示。

（3）sp^3 杂化：同一原子内由 1 个 *ns* 轨道和 3 个 *np* 轨道发生的杂化，称为 sp^3 杂化，杂化后形成 4 个 sp^3 杂化轨道，其空间构型为正四面体，键角为 109°28′，如 CH_4、CCl_4、$SiCl_4$ 等。CH_4 分子中的 C 原子为 sp^3 杂化，其结构经实验测知为正四面体结构，4 个 C—H 键均等同，键角为 109°28′，如图 3-8 所示。

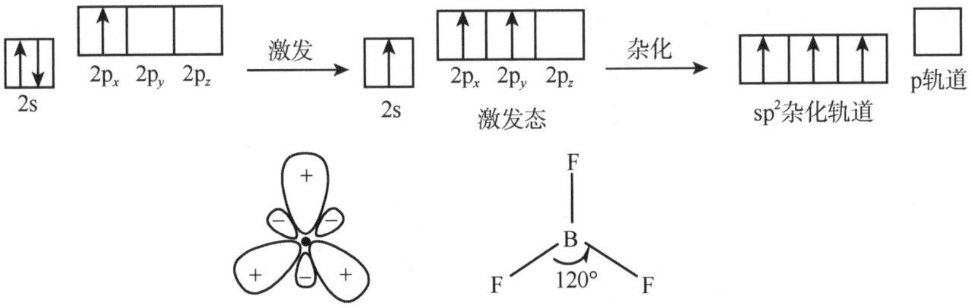

图 3-7 B 原子的 sp^2 杂化过程及 BF_3 分子的空间构型

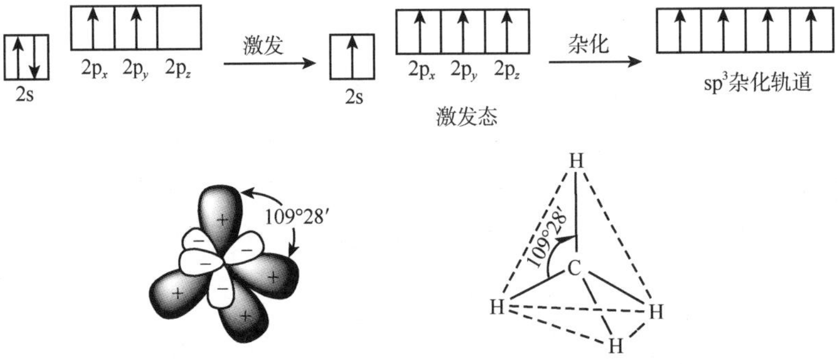

图 3-8 C 原子的 sp^3 杂化过程及 CH_4 分子的空间构型

2. 等性杂化和不等性杂化 如果原子轨道杂化后形成的杂化轨道是等同的，这种杂化称为等性杂化，如 CH_4、CCl_4 分子中 C 原子的杂化。如果原子轨道杂化后形成的杂化轨道中有一条或几条被孤对电子所占据，使得杂化轨道之间的夹角改变，这种由于孤对电子的存在而造成杂化轨道形状与能量不完全等同的杂化，称为不等性杂化。

例如，NH_3分子中的N原子采用sp^3不等性杂化轨道成键。在4个sp^3杂化轨道中有一个轨道被孤对电子占据，由于孤对电子不参与成键，电子云则密集在N原子周围，由于孤对电子的排斥作用，sp^3杂化轨道间的夹角由109°28′变为107°20′，分子空间构型为三角锥型，如图3-9B所示。H_2O分子中O原子也采用sp^3杂化，其中两个轨道被孤对电子占据，对成键的两个轨道排斥更大，使H—O—H键的夹角变得更小，为104°30′，如图3-9C所示。

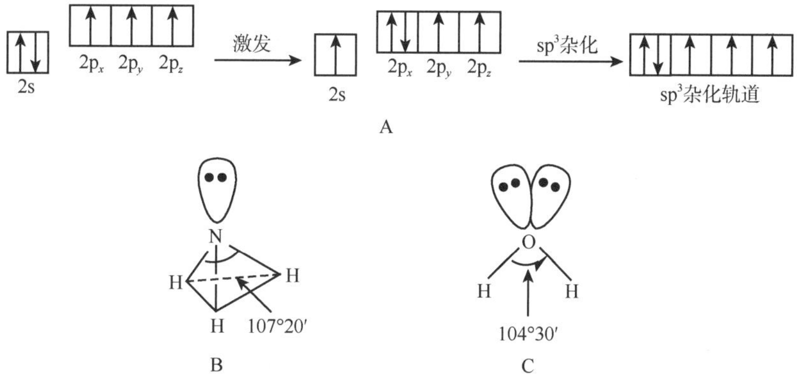

图3-9 A. NH_3分子N原子的杂化方式；B. NH_3分子的空间构型；C. H_2O分子的空间构型

杂化轨道理论属于现代价键理论，它在成键能力、分子空间构型等方面丰富和发展了现代价键理论；但是该理论无法预测分子的空间构型及中心原子的杂化方式。

考点：1. 杂化轨道理论的基本要点；2. 杂化的类型、不等性杂化

三、共价键参数

凡能表征共价键性质的物理量称为共价键参数（bond parameter），主要有键长、键能和键角等。利用键参数可以判断分子空间构型、分子的极性、热稳定性和成键的类型等。

（一）键长

分子中两个成键原子核间的平均距离称为键长（bond length），单位为皮米（pm）。例如，氢气分子中H—H的键长为76 pm。一般同类型的共价键，键长越小，形成的共价键越牢固。

（二）键能

键能是表征化学键强弱的物理量。在标准状态下，将1 mol气态分子AB解离为气态原子A和B所需的能量称为键能（bond energy），单位为kJ/mol。例如，H—H键的键能为436kJ/mol。键能的大小与成键原子的核电荷数、电子层结构、原子半径、所形成的共用电子对数目等有关。一般键能越大，表明键越牢固，由该键构成的分子也就越稳定。

（三）键角

分子中键与键之间的夹角称为键角（bond angle）。键角是由共价键的方向性决定的，键角反映了分子或物质的空间构型。例如，水分子为V形分子，水分子中两个H—O键的键角为104°30′。

对于双原子分子，其空间构型总是直线型的。对于多原子分子，原子在空间的排列方式不同，各键之间的夹角便不同，分子的空间构型也不同。

四、共价晶体

相邻原子之间通过共价键结合而成的空间网状结构的晶体称为共价晶体，又称原子晶体。在共价晶体中，晶格上的基本结构粒子是原子，原子间通过共价键结合在一起，所以共价晶体一般具有较高的熔点、沸点，硬度较大，在通常情况下不导电，也是热的不良导体。例如，金刚石晶体（图3-10）、

图3-10 金刚石晶体

单质硅、二氧化硅等均为共价晶体，金刚石的熔点为 3550℃，是目前发现天然物质硬度最大的物质。

第 3 节　分子间作用力和氢键

案例 3-3

案例：由于地球表面约 71%被水覆盖，大量的海水在白天把太阳能储藏在体内，夜晚再慢慢地把热量释放出来，从而调节地球的气温。在这个过程中，水分子中的氢键起到了很重要的作用。

问题：什么是氢键？氢键有什么作用？

原子之间通过较强的作用力即化学键形成分子，但对于一定聚集状态的物质来讲，分子与分子之间还存在着一种较弱的作用力，称为分子间力（intermolecular force）。

一、分子的极性

在每个分子中，可以设想正、负电荷各集中于某点上，我们把电荷的这种集中点称为正电荷中心或负电荷中心。正、负电荷中心重合的分子称为非极性分子，正、负电荷中心不重合的分子称为极性分子。

1. 双原子分子　双原子分子的极性由共价键的极性决定。由非极性键组成的双原子分子是非极性分子，如 O_2、H_2、N_2 等分子中，O—O 键、H—H 键、N—N 键都是非极性键，所以 O_2、H_2、N_2 都是非极性分子。由极性键组成的双原子分子是极性分子，如 HCl、CO、NO 等分子中，H—Cl、C—O、N—O 键为极性键，所以 HCl、CO、NO 都为极性分子。

2. 多原子分子　对于多原子分子来说，分子的极性由分子的空间构型决定。若空间构型完全对称，则正、负电荷中心重合，该分子为非极性分子。例如，CO_2 为直线型结构、CH_4 为正四面体构型、BF_3 为平面正三角形，它们的空间构型完全对称，所以它们都是非极性分子，如图 3-11 所示。若空间构型不对称，则正、负电荷中心不重合，该分子则为极性分子，SO_2、H_2O 为 V 形（也称为角形），NH_3 为三角锥形，它们的空间构型不对称则为极性分子，如图 3-12 所示。

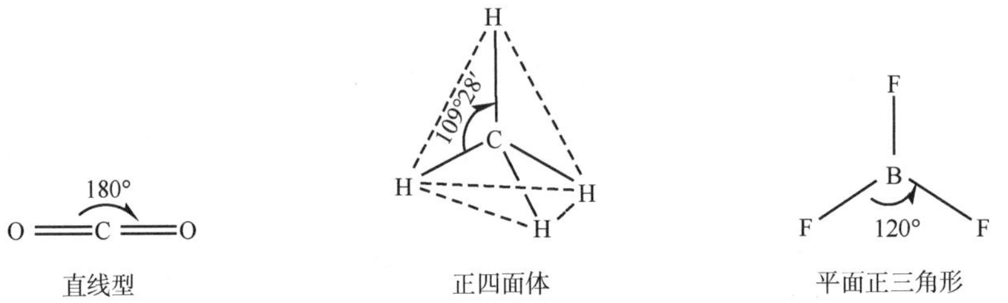

图 3-11　CO_2、CH_4、BF_3 等非极性分子的空间构型

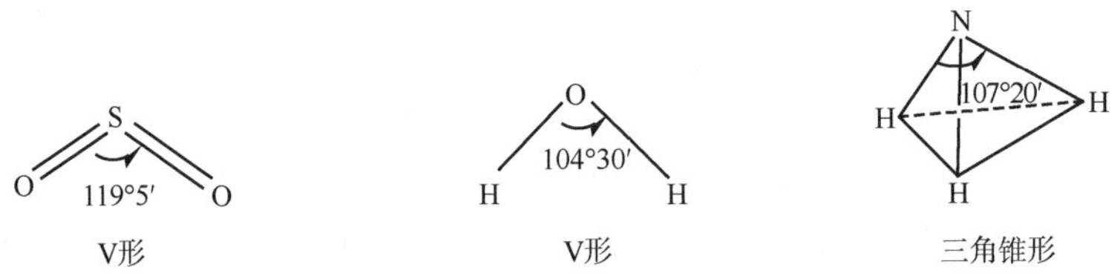

图 3-12　SO_2、H_2O、NH_3 等极性分子的空间构型

分子的极性大小通常用偶极矩（μ）来衡量。偶极矩的定义为：分子中正、负电荷中心所带的电量 q 乘以正、负电荷中心的距离 d 所得的积，单位是 C · m。

$$\mu=q\cdot d$$

偶极矩与正、负电荷中心间的距离有关。非极性分子的偶极矩为零；极性分子的偶极矩不等于零，且偶极矩越大，分子的极性越强。

考点：分子极性的判断

二、分子间作用力

分子间作用力是只存在于分子与分子之间或惰性气体原子间的作用力，又称范德瓦耳斯力。分子间作用力具有加和性，包括色散力、诱导力和取向力三种。

（一）色散力

所有分子或原子间都存在色散力。由于电子的不断运动和原子核的不断振动，在某一瞬间产生电子与原子核的相对位移，造成正、负电荷中心分离，从而产生瞬时偶极而发生相互作用，这种由瞬时偶极产生的作用力称为色散力（dispersion force），如图 3-13 所示。

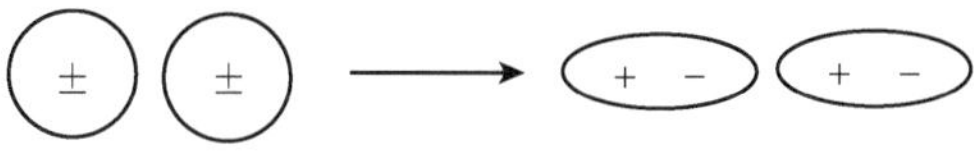

图 3-13 色散力的产生过程

（二）诱导力

当极性分子与非极性分子相互靠近时，在极性分子固有偶极的电场下，非极性分子的正、负电荷中心发生相对位移，分子发生变形，从而产生诱导偶极。诱导偶极与极性分子固有偶极间的作用力称为诱导力（induction force），如图 3-14 所示。

极性分子之间，由于固有偶极的相互诱导，也会产生诱导偶极，其结果使极性分子的偶极矩增大，从而增强了分子间的作用力。所以极性分子之间也存在诱导力。

（三）取向力

当两个极性分子相互靠近时，由于极性分子有正、负偶极，根据“同极相斥、异极相吸”，两极性分子发生相对转动呈有序排列。这种由固有偶极的取向而产生的作用力称为取向力（orientation force），如图 3-15 所示。分子的极性越强，取向力就越大。

图 3-14 诱导力的产生过程

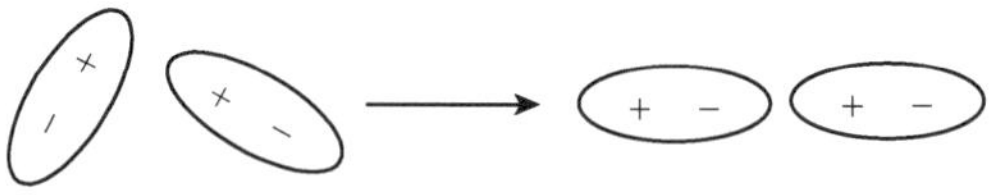

图 3-15 取向力的产生过程

综上所述，极性分子与极性分子之间，取向力、诱导力、色散力都存在；极性分子与非极性分子之间，则存在诱导力和色散力；非极性分子与非极性分子之间，则只存在色散力。对大多数分子来说，色散力是主要的；只有偶极矩很大的分子（如水），取向力才是主要的；而诱导力一般很小。

分子间作用力是决定物质的熔点、沸点、溶解度等物理性质的主要因素。由于分子间作用力随分子量的增大而增大，因此同类物质的熔点、沸点随分子量的增大而升高。如常温常压下，F_2 和 Cl_2 是气体，Br_2 是液体，I_2 是固体；它们的熔点、沸点也依次升高。分子间作用力对物质的溶解度也有影响。通常所说的“相似相溶”原则，即极性溶质易溶于极性溶剂，非极性溶质易溶于非极性溶剂，实际上与分子间作用力的大小有密切联系。例如，I_2 难溶于水而易溶于 CCl_4 溶液。

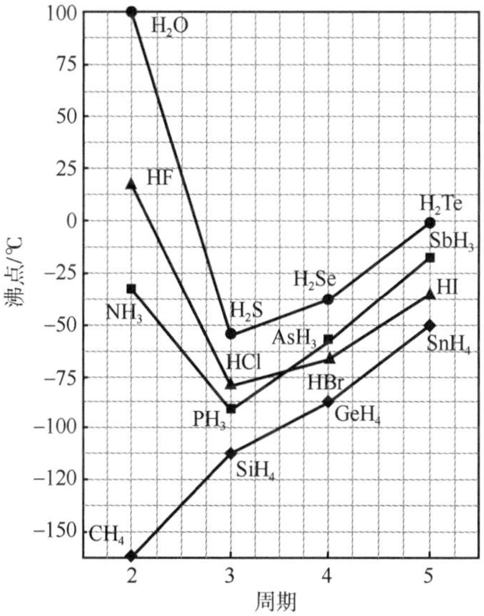

图 3-16 不同氢化物的沸点图

考点： 1. 分子间作用力种类的判断；2. 分子间作用力对物质物理性质的影响

三、分子晶体

分子间通过分子间作用力构成的晶体称为分子晶体（molecular crystal）。分子晶体是由分子组成，分子间的作用力很弱，所以分子晶体熔点、沸点较低，硬度小，易挥发，在固态和熔融状态时都不导电。许多物质在常温下呈气态或液态，如 O_2、CO_2 是气体，乙醇、冰醋酸是液体。

四、氢　键

结构相似的同系列物质的熔点、沸点一般随分子量的增加而升高。但在氢化物中 HF、H_2O 和 NH_3 的熔点、沸点比同主族其他氢化物要高很多，如图 3-16 所示。沸点异常现象，说明这些分子间除了分子间作用力外，还存在一种特殊的作用力——氢键（hydrogen bond）。

（一）氢键的形成

与电负性大、半径小的原子 X（F、O、N）相结合的氢原子，若与电负性大、半径小且外层有孤对电子的原子 Y（F、O、N）接近时，生成 X—H···Y 形式的一种特殊的作用力称为氢键。通常用 X—H···Y 表示氢键，其中 X 和 Y 可以是同种元素的原子，也可以是不同种元素的原子。

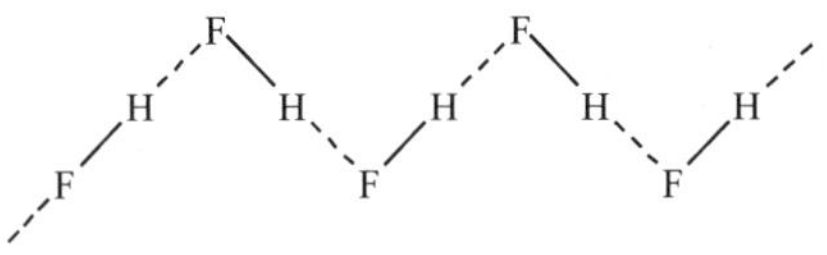

图 3-17 HF 分子间氢键形成示意图

下面以 HF 分子为例来说明氢键的形成。因为 F 原子的电负性很大、原子半径很小，当 H 原子与 F 原子形成 H—F 共价键时，共用电子对强烈地偏向 F 原子一方，使 H 原子几乎成为裸露的原子核。这时 H 原子能与另一个含有孤对电子的 F 原子产生静电作用，从而形成氢键。HF 分子间的氢键如图 3-17 所示。

由此可见，氢键的形成必须同时具备两个条件：①有一个与电负性大、半径小的原子形成强极性键的 H 原子；②有一个含孤对电子、电负性大且半径小的原子，如 F、O、N 等原子。

（二）氢键的类型

氢键分为分子间氢键和分子内氢键。同种分子、不同种分子之间都可以形成氢键，如氨水中，H_2O 分子间、NH_3 分子间、NH_3 分子与 H_2O 分子间都可以形成分子间氢键，如图 3-18 所示。

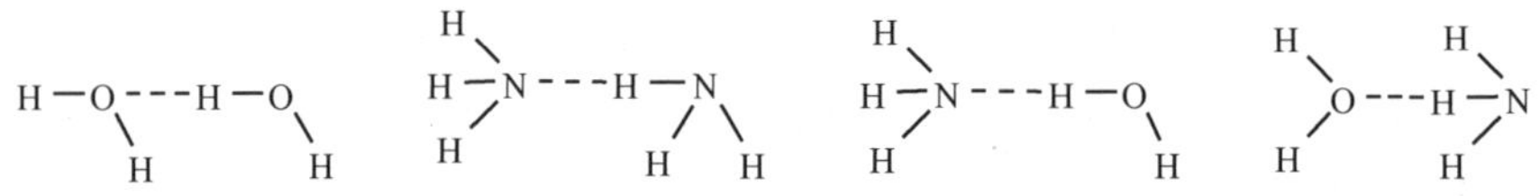

图 3-18 氨水中存在的分子间氢键片段

同一分子内的原子之间形成的氢键称为分子内氢键。分子内氢键除了具备形成氢键的必要条件，还要具备形成平面环的特定条件，且以五元环和六元环最为稳定，如硝酸、邻苯二酚、邻硝基苯酚和邻羟基苯甲酸等均可以形成分子内氢键。邻羟基苯甲酸中的分子内氢键如图 3-19 所示。

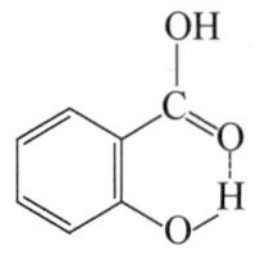

图 3-19 邻羟基苯甲酸中的分子内氢键

（三）氢键对物质物理性质的影响

分子间氢键的形成，使物质的熔点、沸点、溶解度升高。因为分子间氢键的形成，使分子形成缔合分子，要使固体熔化或液体气化，要克服分子间作用力和分子间氢键，需要消耗更多的能量，从而使物质的熔点、沸点升高。氢化物 HF、H_2O 和 NH_3 的熔点、沸点比同主族其他氢化物高，正是 HF、H_2O 和 HF 分子间能形成氢键的缘故。如果溶质与溶剂能形成分子间氢键，将使溶质的溶解度增加，如氨极易溶于水。

分子内氢键的形成，通常使物质的熔点、沸点低于同类化合物的熔点、沸点。例如，邻硝基苯酚的沸点是 45℃，而间硝基苯酚、对硝基苯酚的沸点分别是 96℃、114℃。

考点：1. 氢键存在的条件；2. 氢键对物质物理性质的影响

自测题

一、选择题

（一）单项选择题

1. 下列分子偶极矩为零的是（　　）。
   A. H_2O　B. NH_3
   C. CO　D. CO_2
   E. H_2S
2. 下列化合物为极性分子的是（　　）。
   A. CCl_4　B. H_2O
   C. CO_2　D. N_2
   E. BF_3
3. 下列物质中，分子间能形成氢键的是（　　）。
   A. F_2　B. H_2O
   C. H_2S　D. O_2
   E. CH_4
4. H_2O 的沸点高于 H_2S 的主要原因是（　　）。
   A. H—O 键的极性大于 H—S 键

B. S 的原子半径大于 O

C. H_2O 的分子量比 H_2S 小

D. H_2O 分子间能形成氢键

E. H—O 键的极性小于 H—S 键

5. 在碘的四氯化碳溶液中，溶质和溶剂之间存在（　　）。

A. 取向力　　B. 诱导力

C. 色散力　　D. 取向力和色散力

E. 诱导力和色散力

6. 下列化合物为非极性分子的是（　　）。

A. $CHCl_3$　　B. H_2S

C. CO_2　　D. SO_2

E. NO_2

7. 一般情况下，物质的熔点、沸点随分子间作用力增大而（　　）。

A. 降低　　B. 升高

C. 不变　　D. 先升高再降低

E. 再降低先升高

8. $BeCl_2$ 是直线型分子，B 的杂化方式是（　　）。

A. sp　　B. sp^2

C. sp^3　　D. dsp^2

E. 不杂化

（二）多项选择题

1. 极性分子间存在的分子间作用力包括（　　）。

A. 化学键　　B. 取向力

C. 色散力　　D. 诱导力

E. 氢键

2. 下列分子中，取向力、诱导力和色散力都存在的是（　　）。

A. CO_2　　B. CH_4

C. SO_2　　D. H_2

E. H_2O

3. 下列化合物中存在氢键的是（　　）。

A. HF　　B. NH_3

C. HBr　　D. HCl

E. H_2O

4. CO_2 和 NH_3 之间存在哪些分子间的力（　　）。

A. 色散力　　B. 诱导力

C. 取向力　　D. 氢键

E. 离子键

5. 下列分子中偶极距不等于零的是（　　）。

A. SO_2　　B. $BeCl_2$

C. H_2O　　D. CCl_4

E. CO_2

二、判断题

1. 化学键主要有离子键、共价键、金属键和氢键。（　　）

2. 具有极性键的分子一定是极性分子。（　　）

3. 凡是含氢的化合物，其分子间都可以形成氢键。（　　）

4. 在非极性分子之间只存在色散力。（　　）

5. 在极性分子之间，取向力、诱导力和色散力都存在。（　　）

6. 在共价键的形成中，总是先形成 σ 键。（　　）

7. O_2 分子是顺磁性分子。（　　）

8. F_2 分子的键级数为 1。（　　）

9. HF、NH_3 极易溶于水，是因为它们与水分子之间都能形成氢键。（　　）

三、填空题

1. 分子间氢键使物质的熔点、沸点________；分子内氢键使物质的熔点、沸点________。

2. 范德瓦耳斯力包括________、________和________。

3. 在 NaOH、NaCl、HCl 中，既有离子键，又存在共价键的化合物是________。

4. N_2 分子中有________个 σ 键，________个 π 键。

5. 氨与水分子间存在________和________两种作用力。

6. 共价键的特点是________和________。

7. 原子轨道组合成分子轨道必须满足三个原则：________、________、和________。

四、简答题

1. 苯易溶于四氯化碳但难溶于水，用相关原理解释。

2. 根据杂化轨道理论解释 CH_4 是正四面体构型。

3. NH_3 和 H_2O 的键角为什么小于 CH_4 的键角？

4. 下列每组分子间，哪些存在氢键？是分子内氢键还是分子间氢键？

（1）CH_4 分子　（2）HF 分子　（3）HNO_3 分子

（潘立新）

第 4 章

化学反应速率和化学平衡

对于各种类型的化学反应，在研究其规律时主要考虑两个方面：一是化学反应速率，描述了反应进行的快慢程度，即反应需要的时间；二是化学平衡，描述了反应进行的限度，即反应最大可以进行到什么程度。例如，人体要维持正常的新陈代谢需要与外界物质进行交换，即对营养物质的吸收和代谢废物的排泄。这些过程的实现依赖于各类物质在细胞液、组织液及血液之间反复分配达到并维持的动态平衡。人体新陈代谢的规律也可以用化学反应速率和化学平衡的相关理论来解释和研究。

第 1 节　化学反应速率

不同的化学反应，其速率也有明显的差异。例如，燃烧、爆炸等化学反应速率很快，反映在一瞬间完成；但塑料的降解、煤和石油的生成却需要千百年甚至几亿年。这说明不同的化学反应，反应速率是不同的。另外，即使是相同的化学反应，如果改变了反应条件，反应速率也会相应地发生改变。

一、化学反应速率及表示方法

化学反应速率（chemical reaction rate）通常是指一段时间内反应物或生成物的浓度的变化量，反映一定条件下反应中各物质的浓度随时间的变化率。化学反应速率通常可用平均速率和瞬时速率表示。

平均速率的公式为

$$\bar{v}=\left|\frac{\Delta c}{\Delta t}\right| \tag{4-1}$$

式中，$\bar{v}$ 为反应的平均速率[（mol/（L·s）、mol/（L·min）、mol/（L·h）]；Δc 为反应物或生成物的浓度变化量（mol/L）；Δt 为反应时间的变化量（s、min、h）。

例如，在一定条件下的合成氨的反应：

	$N_2(g)$	$+3H_2(g)$	$\rightleftharpoons 2NH_3(g)$
初始浓度（mol/L）	1.0	3.0	0.0
2.0 s 后的浓度（mol/L）	0.80	2.40	0.40

则本反应可表示为

$$\bar{v}_{N_2}=\left|\frac{\Delta c(N_2)}{\Delta t}\right|=\left|\frac{0.80-1.0}{2.0}\right|=0.10[\text{mol/(L}\cdot\text{s)}]$$

$$\bar{v}_{H_2}=\left|\frac{\Delta c(H_2)}{\Delta t}\right|=\left|\frac{2.40-3.0}{2.0}\right|=0.30[\text{mol/(L}\cdot\text{s)}]$$

$$\bar{v}_{NH_3}=\left|\frac{\Delta c(NH_3)}{\Delta t}\right|=\left|\frac{0.40-0.0}{2.0}\right|=0.20[\text{mol/(L}\cdot\text{s)}]$$

合成氨反应的例子表明：在同一个反应中，选择不同物质浓度的变化表示的反应速率是不同的，但各物质表示的反应速率之间存在相互联系，均可代表该反应的反应速率。

对于任一化学反应：$aA+bB=\!=\!=cC+dD$ 有

$$v=\frac{1}{a}\overline{v}_A=\frac{1}{b}\overline{v}_B=\frac{1}{c}\overline{v}_C=\frac{1}{d}\overline{v}_D \tag{4-2}$$

上述公式说明：对于某一个化学反应，可以用反应中任意一种物质的浓度变化表示其反应速率，须注明是何种物质。注意，在一定条件下，化学反应速率 v 的数值是唯一的，表示了整个反应的反应速率。v 与选择反应体系中的何种物质无关，但与化学方程式的写法有关。

由于在实际反应过程中，大多数反应都不是匀速的，所以仅使用平均速率并不能体现反应进行的真实情况。反应时间 Δt 越小，反应的平均速率就越接近反应实际的速率。瞬时速率是指化学反应在某一个时刻的真实速率，是 $\Delta t \to 0$ 的平均速率的极限值：

$$v=\lim_{\Delta t\to 0}\left|\frac{\Delta c}{\Delta t}\right| \tag{4-3}$$

瞬时速率反映了化学反应进行的真实情况，其几何意义是 c-t 曲线上某一点的斜率。如图 4-1 所示为 H_2O_2 分解反应的浓度-时间曲线，以反应时间 t 为横坐标，物质浓度 c 为纵坐标，作出 c-t 曲线，曲线上某一点斜率的绝对值就是 t 时刻反应的瞬时速率。通常所说的反应速率是指瞬时速率，在各个时刻的瞬时速率中，一般使用初始速率。

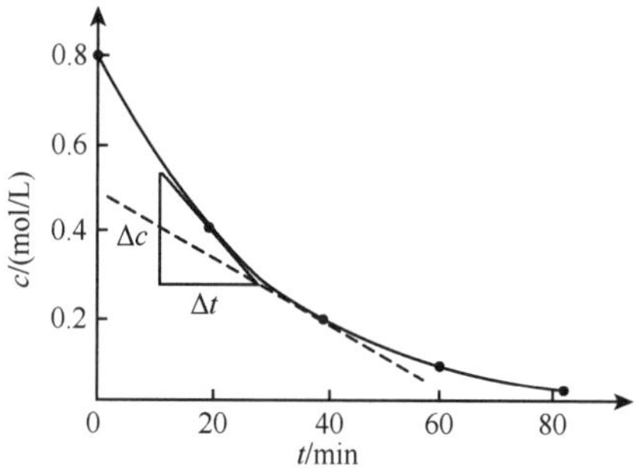

图 4-1　H_2O_2 分解反应的浓度-时间曲线

考点：什么是化学反应速率，如何表示化学反应速率

二、化学反应速率理论简介

为了研究影响化学反应速率的内部因素，科学家自 19 世纪末开始从分子运动和分子结构的微观层面入手，寻找化学反应速率不同的原因。在 20 世纪初由化学家路易斯（W. C. M. Lewis）和艾林（H. Eyring）在前人研究的基础上分别提出了化学反应速率的碰撞理论和过渡态理论。

（一）碰撞理论

1918 年，路易斯在阿伦尼乌斯（S. Arrhenius）活化能和活化分子概念的基础上，结合气体运动理论，提出了气相双分子反应的碰撞理论（collision theory）。该理论认为，能够发生化学反应的前提是反应物分子（或离子）可以克服外层电子的斥力而接近和相互碰撞，碰撞的结果是外层电子重新排列，旧化学键断裂、新化学键形成，最终实现反应物转化为产物的过程。

1. 有效碰撞理论的主要论点

（1）反应物分子之间的相互碰撞是化学反应能够发生的先决条件。且反应速率与碰撞频率是正比关系。但并不是所有的分子间碰撞都会发生化学反应，例如，HI 的分解反应 $2HI \rightleftharpoons H_2+I_2$，在 556 K、$c_{HI}=1.0\times10^{-3}$ mol/(L·s) 时，若每次碰撞都可以发生反应，则计算得到其理论反应速率是 1.2×10^{-5} mol/(L·s)，但实验测得其实际反应速率仅为 3.5×10^{-13} mol/(L·s)。这说明，仅有少量满足条件的碰撞才可以发生化学反应，碰撞需要满足的条件与分子的空间位置和分子能量等因素有关。

（2）不是任意两个反应物分子碰撞都可以发生化学反应，只有分子相对平均动能大于等于某一临界值时，它们的碰撞才能发生化学反应。能发生化学反应的碰撞是有效碰撞（effective collision）。

（3）气体运动理论将分子想象成刚性小球，但实际分子各自具有一定几何形状和空间结构，因此反应物分子除了需要具备足够的相对平均动能外，还需要考虑到分子碰撞时的空间方位。化学反应的发生还需要分子间碰撞有合适的取向。如图 4-2 所示，反应 $HCl+NH_3 \rightleftharpoons NH_4Cl$，只有 NH_3 分子中的 N 原子与 HCl 分子中的 H 原子碰撞，才可能生成新的 N—H 键，在其他方向上发生的碰撞都是无效碰撞，这种不能发生反应的碰撞称为弹性碰撞（elastic collision）。

2. 活化能和活化分子　分子发生碰撞时，只有具有足够的能量才能使旧键断开、新键形成。这种具有足够的能量，能发生有效碰撞的分子是活化分子（activated molecule）。普通分子需要吸收足够的能量才能转化为活化分子，因此活化分子相比于普通分子具有更高的能量。

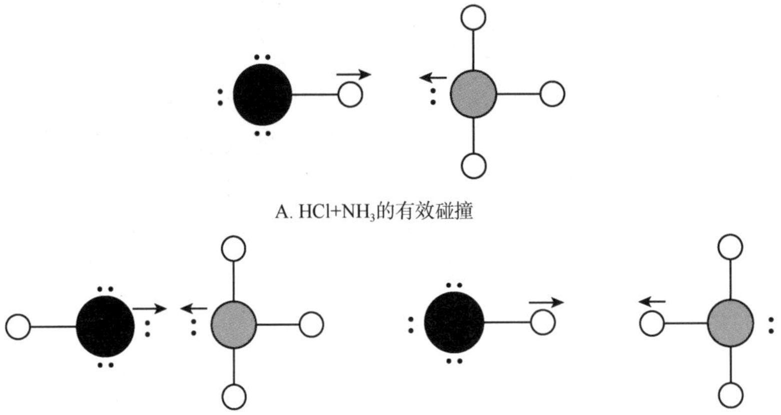

A. $HCl+NH_3$的有效碰撞

B. $HCl+NH_3$的无效碰撞

C. $HCl+NH_3$的无效碰撞

图 4-2 分子碰撞不同取向的示意图

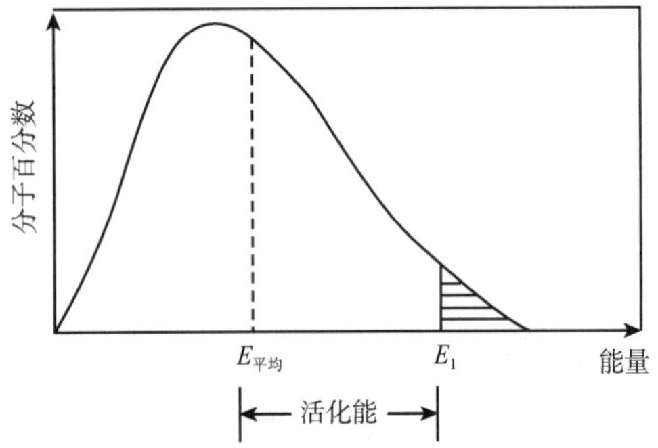

图 4-3 分子能量分布图

活化分子具有的最低能量和反应物分子的平均能量之差就是反应的活化能（activation energy），如图 4-3 所示。$E_a = E_1 - E_{平均}$，式中 E_a是反应的活化能，温度对其影响很小；E_1是活化分子具有的最低能量，即化学反应的临界能；$E_{平均}$是反应物分子的平均能量。图中阴影部分面积是能量高于 E_1的活化分子百分数。一定温度下，反应的活化能越低，阴影面积越大，活化分子的百分数越高，有效碰撞概率越大，反应速率越大。

通常温度升高，化学反应速率变大。这是由于温度的升高使得分子的平均能量增大，活化分子数增多；另外温度升高还可以使分子震动频率加快，分子间碰撞概率变大。因此反应物分子间有效碰撞概率增大，反应速率加快。

由此可知，活化能大小直接影响反应速率。不同化学反应的活化能不同，活化能的不同是反应速率不同的本质原因。多数反应的活化能与化学键断裂所需能量接近为 40～400 kJ/mol，当 E_a<40 kJ/mol 时反应速率非常大，多为爆炸反应；当 E_a>400 kJ/mol 时反应速率非常小，甚至不能实际发生。

（二）过渡态理论

简单的双分子反应用有效碰撞理论计算其反应速率与实验结果比较一致。但由于有效碰撞理论仅将分子看作忽略内部结构和运动的刚性小球，因此对于较复杂的反应系统，有效碰撞理论的适应性较差。1935 年，艾林等在量子力学和统计力学的基础上，提出了过渡态理论（transition state theory）。该理论要点如下。

1. 化学反应过程中形成了活化配合物 过渡态理论认为，在反应物转化成生成物的过程中，反应物分子不是通过简单的活化碰撞直接生成产物，而是要经过一个高能量的不稳定的过渡态形体，这种中间过渡态物质被称为活化配合物（activated complex），它可以重新回到反应物，也可以分解为能量较低的新的生成物。

对于反应 $A + BC \longrightarrow AB + C$，其实际反应过程是

$$A + BC \rightleftharpoons [A \cdots B \cdots C] \rightleftharpoons AB + C$$

反应过程中，A 与 BC 以合适的取向接近到一定程度时，A 与 B 原子可以产生一定的相互作用力，同时会削弱 B 和 C 之间的键，生成高能量的不稳定的活化配合物[A···B···C]。例如，NO_2与 CO 反应时，具有较高能量的 NO_2与 CO 分子按合适的取向相互接近到一定程度时，O 原子与 C 原子电子云发生重叠，形成了较高能量的活化配合物[O—N···O···C—O]，NO_2中一个 N—O 键减弱，NO_2与 CO 分子间的 C—O 键开始形成。

2. 活化配合物转化为生成物　活化配合物具有较高的能量并不稳定，它可能进一步旧键断裂、新键形成，最终转化为生成物；也可能分解回反应物。

3. 反应进程的能量变化规律　图 4-4 表明反应物与生成物都是能量较低较稳定的状态，只有中间过渡态的活化配合物能量较高且不稳定，过渡态是反映进程中能量最高的点，反应物要经过高能量的过渡态才能转化为生成物。图中 A、C 点分别代表反应物与生成物的平均势能，B 点代表活化配合物的平均势能。AB 间的势能差是正反应的活化能 E_a。由反应物转化为生成物时需要克服的势垒越高，活化分子数越少，反应速率越小。BC 间的势能差则是逆反应的活化能 E_a'，正、逆反应的活化能之差即为本反应的焓变：$\Delta H = E_a - E_a'$。过渡态理论将反应的动力学和热力学理论联系在一起。

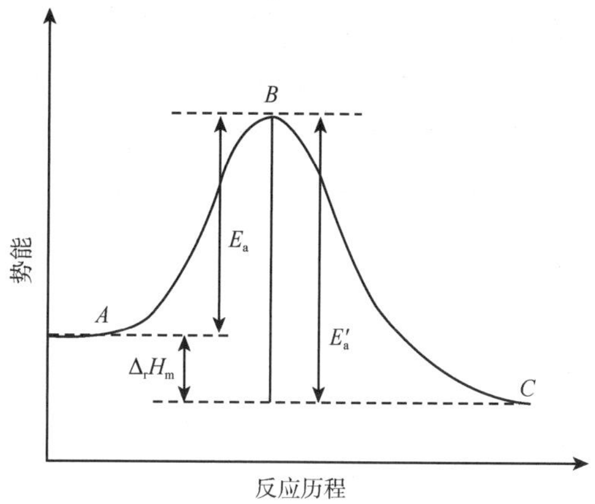

图 4-4　反应进程

第 2 节　影响化学反应速率的因素

不同的反应物具有不同的结构、组成和性质，因此其化学反应的活化能不同，这是不同的化学反应具有不同反应速率的内部因素。外界条件的改变，如实验温度高低、反应物浓度大小，是否加入催化剂等，则是影响化学反应速率的外部因素。本节主要讨论的是外部因素对化学反应速率的影响。

一、速率方程——浓度对化学反应速率的影响

（一）反应机理

一般来说，化学方程式只描述了反应物和生成物，并不能体现出反应物与生成物之间的转化过程。不同的化学反应，其反应过程也存在差异。反应机理（mechanism of reaction）是指发生在微观层面上的反应的实际过程，它表达的是化学反应从初始状态到最终状态经历的所有反应步骤的集合。根据反应机理的不同，可以把化学反应分为基元反应与复合反应。

1. 基元反应与复合反应　基元反应（elementary reaction）是反应物分子发生有效碰撞后一步直接转化成生成物的反应，也称简单反应。例如：

$$2NO_2 = 2NO + O_2$$

$$SO_2Cl_2 = SO_2 + Cl_2$$

$$NO_2 + CO = NO + CO_2$$

复合反应（complex reaction）是由两个或两个以上的基元反应所组成的化学反应，也称复杂反应或总反应。大多数的反应都不是一步直接转化为生成物的，它们都是非基元反应。例如反应：

$$2N_2O_5 = 4NO_2 + O_2$$

是由三个步骤组成的：

$$N_2O_5 \xrightarrow{\text{慢}} N_2O_3 + O_2$$

$$N_2O_3 \xrightarrow{\text{快}} NO_2 + NO$$

$$N_2O_5 + NO \xrightarrow{\text{快}} 3NO_2$$

以上三个基元反应共同构成了总反应的反应历程。中间产物 NO、N_2O_3 在之后的反应中被消耗了，所以不写在总反应中。复合反应的各步反应的反应速率各不相同，总反应的反应速率由最慢的那一步反应决定，在上述例子中就是由第一步基元反应的速率决定总反应速率。

2. 速率方程　1867 年，科学家古德贝格（Guldberg）和瓦格（Waage）提出了质量作用定律（mass reaction law），以表达反应速率与反应物浓度之间的定量关系规律：一定温度下，某一基元反应的反应速率与其反应物浓度幂的乘积成正比。质量作用定律的数学表达式描述反应速率与反应物浓度之间的定量关系，也被称为速率方程（rate equation）。

对于基元反应：

$$aA + bB \xlongequal{} dD + eE$$

其速率方程的表达式为

$$v = kc_A^{\alpha}c_B^{\beta} \tag{4-4}$$

式中，v为反应的瞬时速率；c_A、c_B分别为反应物 A、B 的瞬时浓度；k为速率常数（rate constant），表达了一定温度下，反应物都为单位浓度（1 mol/L）时的反应速率。k值与反应物本身性质、温度以及催化剂等因素有关，但与反应物浓度无关，因此同一化学反应，在不同温度、不同催化剂条件下，其k值不同。同一温度下，不同的化学反应，其k值也不同。相同条件下，k值越大，反应速率越大。

α、β是反应对 A、B 物质的反应级数（order of reaction），通常基元反应的反应物的反应级数与其化学计量数一致，但复合反应中可能不同，反应级数只能通过实验测得。实验条件的改变也有可能引起反应级数的改变。

反应级数可以是整数，也可以是零或分数。表 4-1 列出了一定条件下的部分反应的反应级数和速率方程。

表 4-1 部分化学反应的反应级数和速率方程

化学反应	速率方程	反应级数
$SO_2Cl_2 \xlongequal{} SO_2 + Cl_2$	$v = kc(SO_2Cl_2)$	一级
$2H_2O_2 \xlongequal{} 2H_2O + O_2$	$v = kc(H_2O_2)$	一级
$NO_2 + CO \xlongequal{} NO + CO_2$	$v = kc(NO_2) \cdot c(CO)$	二级
$4HBr + O_2 \xlongequal{} 2Br_2 + 2H_2O$	$v = kc(HBr) \cdot c(O_2)$	二级
$2NO + O_2 \xlongequal{} 2NO_2$	$v = kc^2(NO) \cdot c(O_2)$	三级
$2NH_3 \xlongequal{} N_2 + 3H_2$	$v = k$	零级

（二）浓度对化学反应速率的影响

由速率方程可知，一定温度下，增大反应物浓度可以提高反应速率。例如，煤可在空气中燃烧；若提高氧气浓度，将煤置于纯氧中燃烧会更迅速。反之，如果降低反应物浓度，会降低反应速率。这是由于增大了反应物浓度可以使反应物分子中活化分子总数增多，提高了单位时间单位体积内反应物分子间的有效碰撞次数，从而使反应速率加快；反之则使化学反应速率降低。

若化学反应中有气体参与，改变压强也会影响反应速率。在一定温度下，一定量气体所受的压力与其体积成正比。因此，减小压力就是减小气体反应物的浓度，反应速率减小；增大压力就是增大反应物的浓度，反应速率增大。本质上，压力对反应速率的影响，与浓度对化学反应速率影响的规律是一致的。另外，压力的改变对液相和固相物质的体积影响很小，认为其浓度的改变可忽略不计。

二、阿伦尼乌斯方程——温度对化学反应速率的影响

与浓度相比，温度的改变对化学反应速率的影响更加明显。对大多数反应，提高反应温度会使反应速率显著加快。例如，H_2和O_2生成水的反应，在常温下进行十分缓慢，几乎察觉不到有水的生成。若将温度提高到 600℃，两者间的反应以爆炸的形式在一瞬间完成。荷兰科学家范托夫提出了经验规则：温度每升高 10℃，化学反应速率加快 2～4 倍。

温度升高可以加快化学反应速率主要原因在于：一方面，温度的升高可以为反应体系提供能量，使部分反应物分子获取一定能量后转化为活化分子，增加了活化分子的总数，提高了单位体积单位时

间内的反应物分子间有效碰撞的概率；另一方面，升高温度可以加快反应物分子的运动速度，提高了单位体积单位时间内体系中反应物分子间的有效碰撞次数。以上两方面原因共同作用，从而使化学反应速率随温度的升高显著加快。

1889 年，阿伦尼乌斯（S. Arrhenius）总结大量实验结果后，提出了关于温度与反应速率关系的经验公式，即阿伦尼乌斯方程（Arrhenius equation）:

$$k = A \cdot e^{-\frac{E_a}{RT}} \tag{4-5}$$

或对式（4-5）两边同时取自然对数：

$$\ln k = -\frac{E_a}{RT} + \ln A \tag{4-6}$$

式中，k 为速率常数；A 为常数，称为碰撞频率因子或指前因子；E_a 为反应的活化能，一定温度下可以近似认为是常数；R 为摩尔气体常数，R=8.314 J/（mol · K）；T 为热力学温度。

由阿伦尼乌斯方程可知，速率常数 k 随温度 T 的升高而增大，两者间呈指数关系，温度的微小改变会导致 k 值发生较大变化。

若对同一个反应，有温度是 T_1 时速率常数是 k_1，温度是 T_2 时速率常数是 k_2，则：

$$\ln k_1 = -\frac{E_a}{RT_1} + \ln A$$

$$\ln k_2 = -\frac{E_a}{RT_2} + \ln A$$

两式相减可得

$$\ln \frac{k_2}{k_1} = \frac{E_a (T_2 - T_1)}{RT_1 T_2} \tag{4-7}$$

可以用式（4-5）～式（4-7）计算同一温度下，反应的活化能 E_a、速率常数 k；也可在不同温度下，用速率常数 k 计算指前因子 A 和反应活化能 E_a，或用速率常数 k_1 求速率常数 k_2。

【例 4-1】 700 K 时，反应 $C_2H_4(g) + H_2(g) = C_2H_6(g)$ 的 $k_1 = 1.3 \times 10^{-8}$ mol/(L·s)，已知本反应 $E_a = 180$ kJ/mol，试求 730 K 时的 k_2。

解：将相关数据代入式（4-7）可得

$$\ln \frac{k_2}{1.3 \times 10^{-8}} = \frac{-180 \times 10^3 (700 - 730)}{8.314 \times 700 \times 730}$$

$$k_2 \approx 4.6 \times 10^{-8} \text{ mol/(L·s)}$$

在生产生活中，常采用控制温度的方法来控制反应速率。为防止酶试剂、疫苗等变性失效，需全程冷链保存以降低反应速率，抑制其变质。日常食品保存在冰箱或阴凉处以延长保质期也是同样原因。

三、催化剂对化学反应速率的影响

在现代工业生产中，大部分反应都会用到催化剂，如药物合成、石油裂解、合成氨等。催化剂（catalyst）是一种能够改变化学反应速率，但自身的组成、质量与化学性质在反应前后没有发生改变的一类物质。催化剂对化学反应速率的影响称为催化作用。凡是能提高反应速率的催化剂称为正催化剂，如常温常压下氢气与氧气并不能反应生成水，若向体系中加入少量 Pt 粉末可以使反应立即发生，Pt 就是本反应的正催化剂。凡是能降低反应速率的催化剂称为负催化剂或抑制剂，如为防止橡胶、塑料老化，药物变质，金属生锈等都需要使用一定量的负催化剂来抑制反应的进行。通常不作特别说明的催化剂一般是指正催化剂。

（一）催化剂的特点

1. 催化剂改变了反应的历程、降低了反应的活化能，增加了反应物分子中活化分子的百分数，从而提高参与反应的反应速率。催化剂能够与反应物分子形成一种过渡态活化配合物，该物质并不稳定且势能较低，由此催化剂的加入改变了反应的历程，降低了反应的活化能。从图 4-5 中可以看出，非催化反应的活化能 E_a 明显高于催化反应的活化能 E_{a1} 和 E_{a2}。催化反应将原反应分为多步进行，每一步的反应活化能均低于原反应的活化能，反应将沿活化能较低的路径进行，总反应的反应速率明显提高了。

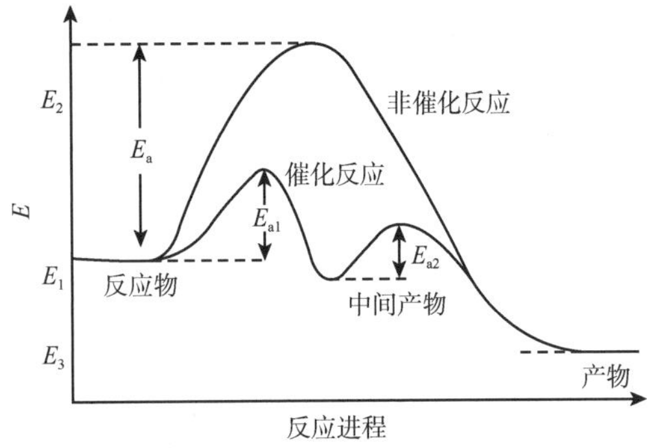

图 4-5 催化剂反应势能变化曲线

2. 催化剂不会改变反应的平衡状态，不影响反应体系的热力学状态，只改变到达反应平衡的时间。从图 4-5 中可以看出，两条曲线的起点、终点均相同，反应体系中的反应物状态与生成物状态不因催化剂的加入而有所改变，反应的 $\Delta_r G_m$ 不变。因此，加入何种催化剂都不能使在热力学上证明不可能发生的反应发生。催化剂的加入只改变反应速率，不改变反应方向，也不会使反应的平衡状态改变。另外，催化剂的加入同时降低了正、逆反应的活化能，所以催化剂可以同时提高正、逆反应速率。

3. 催化剂具有选择性。并不存在万能的催化剂，不同的反应使用的催化剂各不相同，每种催化剂都有其特定的催化反应类型。

4. 催化剂在反应过程中会发生变化。反应前后催化剂的质量、化学性质尽管不会发生改变，但催化剂的某些物理性质，尤其是表面形状可能会改变。

考点：什么是催化剂，催化剂有哪些特点

（二）均相催化和多相催化

1. 均相催化反应 反应物和催化剂处于同一相中的反应称为均相反应，可以同是气相，也可以同是液相。在均相催化反应中，催化剂参与反应生成中间过渡产物，过渡产物再进一步转化为生成物。这一过程降低了反应的活化能，改变了反应历程，从而改变了反应速率。

例如：在气相状态下，I_2 蒸气催化乙醛气体的分解反应。

$$CH_3CHO(g) \xrightarrow{791\,K} CH_4(g) + CO(g)$$

本反应的活化能是 190 kJ/mol。若向体系中加入一定量催化剂 I_2 蒸气，反应的活化能降为 136 kJ/mol，反应速率提高了 3700 倍，乙醛的分解速率明显提高。可能的催化反应机理如下：

$$CH_3CHO(g)+I_2(g) \rightleftharpoons CH_3I(g) + HI(g) + CO(g)$$

$$CH_3I(g) + HI(g) \rightleftharpoons CH_4(g) + I_2(g)$$

又如：在液相状态下，I^- 催化 H_2O_2 的反应。可能的催化反应机理如下：

$$H_2O_2(aq)+I^-(aq) \rightleftharpoons IO^-(aq) + H_2O(l)$$

$$IO^-(aq) + H_2O_2(aq) \rightleftharpoons H_2O(l)+\frac{1}{2}O_2(g) + I^-(aq)$$

总反应为

$$2H_2O_2(aq) \rightleftharpoons 2H_2O(l) + O_2(g)$$

2. 多相催化反应 反应物和催化剂不处于同一相中的反应称为多相催化反应，也称为非均相催化反应。其反应物通常为液体或气体，催化剂一般是固体，催化反应在固体催化剂的表面活性中心上发生，又称为表面催化反应。多相催化反应被广泛应用于工业生产和实验中，例如，合成氨的反应，不适用催化剂时反应的活化能是 335 kJ/mol，高温高压下加入铁触媒（Fe）可显著降低反应活化能至 167 kJ/mol。

（三）酶——生物催化剂

酶（enzyme）是生物体内特有的催化剂，一般是 RNA、蛋白质或其结合体。几乎生物体内所有的化学反应都有酶的参与，这些反应包括脂肪、蛋白质的合成，能量的释放、食物的消化等。与一般的

催化剂不同，酶作为生物催化剂，除了具有一般催化剂的特点以外，还具有如下几个特点。

1. 催化效率高　对相同的化学反应，酶的催化效率远远高于普通催化剂。例如，室温下 1 mol 乙醇脱氢酶可以在 1 s 内使 720 mol 的乙醇转化为乙醛。而相同的反应在工业上使用 Cu 作催化剂，200℃下 1 mol Cu 只能使 0.1～1.0 mol 乙醇发生转化。

2. 反应条件温和但依赖性强　工业生产中为提高反应效率常采用强酸性或强碱性介质、高温高压等反应条件。而酶催化反应的反应条件更温和，通常在生物体内是近中性或中性介质、常温常压下即可发生催化反应。但由于酶大多为蛋白质，对外界条件较敏感，极易因外界条件的改变而变性和失活。如温度或酸度的改变、酶抑制剂的存在等因素，都会对酶的活性产生明显影响。人的正常体温在 37℃左右，若高烧则会有食欲不振、浑身乏力等体征，这是由于体温升高对酶的活性产生抑制作用的具体表现。

3. 高度专一性　酶的催化作用具有非常高的选择性，一种酶只能催化某一个或某一种化学反应，如淀粉酶只能促进淀粉的水解、尿酶只能促进尿素的水解。

考点：影响化学反应速率的因素有哪些，如何影响化学反应速率

第 3 节　化学平衡和平衡常数

在研究化学反应时，不仅需要考虑化学反应速率，还需要考虑化学反应能够进行到的限度，这就是化学平衡问题。一定条件下，不同的化学反应不仅反应速率不同，且反应进行的程度也不同。有的化学反应可能反应速率较慢，但若时间足够，反应中的反应物几乎可以彻底转化为生成物；有的化学反应可能反应速率较快，但反应物仅有部分可以转化为生成物。

一、可 逆 反 应

不同的化学反应，其反应物对生成物的转化程度不相同。有的化学反应，反应物能够完全转化为生成物，即反应能够进行到底。例如，一定条件下过氧化氢、氯酸钾的分解反应：

$$2H_2O_2(l) = 2H_2O(l) + O_2(g)$$

$$2KClO_3(s) \xlongequal{\triangle} 2KCl(s) + 3O_2(g)$$

然而以上反应在相同条件下并不能逆向发生，将这类一定条件下只能向一个方向进行的反应称为不可逆反应（irreversible reaction）。实际上，大多数反应在反应物转化为生成物的同时，都伴随生成物转化为反应物。在相同反应条件下既能向正反应方向，又能向逆反应方向进行的反应，称为可逆反应（reversible reaction）。可逆反应常用可逆符号“$\rightleftharpoons$”表示。例如合成氨的反应：

$$N_2(g) + 3H_2(g) \rightleftharpoons 2NH_3(g)$$

在 H_2 和 N_2 反应生成 NH_3 的同时，也伴随着 NH_3 分解为 H_2 和 N_2。在可逆反应中，通常将按化学反应方程式由左向右进行的反应称为正反应；从右向左进行的反应称为逆反应。

可逆反应与不可逆反应的主要区别在于：在密闭容器中，一定反应条件下，不可逆反应的最终只有生成物存在；而可逆反应无论进行多长时间，都始终有反应物和生成物共同存在。

二、化 学 平 衡

对可逆反应来说，正、逆反应是同时存在的，反应物不能彻底转化为生成物。

如图 4-6 所示，反应初始时，由于反应物浓度大，正反应速率大；随着反应的进行，反应物不断被消耗、浓度降低，正反应速率开始逐渐降低，生成物逐渐生成、浓度升高，逆反应开始进行且速率逐渐增大。当反应进行到一定程度时，正、逆反应速率曲线出现交点继而重合，说明正反应速率与逆反应速率达到相等

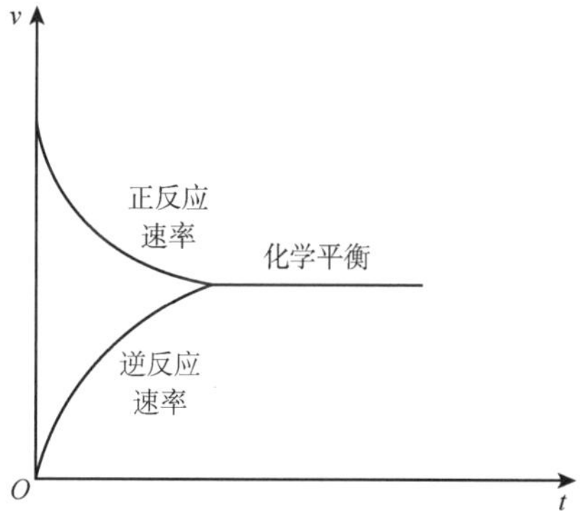

图 4-6　正、逆反应速率变化示意图

状态。此状态下的反应物与生成物浓度均不再发生变化，反应达到了最大的限度，处于相对静止的状态。将可逆反应的这种在一定条件下正、逆反应速率相等，反应处于的相对静止状态称为化学平衡（chemical equilibrium）。平衡状态下的各物质浓度，称为平衡浓度。

化学平衡具有以下特点。

1. 化学平衡是一种动态平衡，并不是真正的静止状态。在平衡状态下，正、逆反应依然在进行，只是正反应速率与逆反应速率相等。

2. 化学平衡是一定条件下的可逆反应可以进行到的最大限度，达到平衡状态后各物质浓度不再随时间变化而变化，单位时间内，各物质的生成量等于其消耗量。

3. 化学平衡是一定条件下的平衡状态，如果外界条件改变，原平衡状态将被破坏，反应限度发生改变，反应将继续进行，直到重新建立起新的平衡。

4. 平衡状态的组成与达到平衡状态的反应历程无关。

考点：什么是化学平衡，化学平衡有什么特点

三、平 衡 常 数

1. 化学平衡常数表达式 在一定温度条件下，当可逆反应在达到平衡状态时，反应体系中的生成物浓度（或分压）幂的乘积与反应物浓度（或分压）幂的乘积之比是一个常数，被称为平衡常数（equilibrium constant），用 K 表示。对于可逆反应：

$$a\text{A}+b\text{B} \rightleftharpoons d\text{D}+e\text{E}$$

在一定温度下达到平衡状态时，其平衡常数可表达为

$$K=\frac{[\text{D}]^d[\text{E}]^e}{[\text{A}]^a[\text{B}]^b} \tag{4-8}$$

式中，[A]、[B]、[D]、[E]代表了各组分在平衡时的相对浓度，是各组分的平衡浓度与标准浓度的比值。

若可逆反应在溶液中进行，四种组分的[A]、[B]、[D]、[E]可表示为 $\frac{c(\text{A})}{c^\ominus}$、$\frac{c(\text{B})}{c^\ominus}$、$\frac{c(\text{D})}{c^\ominus}$、$\frac{c(\text{E})}{c^\ominus}$。标准浓度 $c^\ominus=1\ \text{mol/L}$。反应的化学平衡常数写作：

$$K_\text{c}=\frac{[\text{D}]^d[\text{E}]^e}{[\text{A}]^a[\text{B}]^b}=\frac{\left[\frac{c(\text{D})}{c^\ominus}\right]^d\left[\frac{c(\text{E})}{c^\ominus}\right]^e}{\left[\frac{c(\text{A})}{c^\ominus}\right]^a\left[\frac{c(\text{B})}{c^\ominus}\right]^b} \tag{4-9}$$

若反应体系中各物质均为气态，则上述化学反应平衡常数可写作：

$$K_\text{p}=\frac{p_\text{D}^d p_\text{E}^e}{p_\text{A}^a p_\text{B}^b}=\frac{\left[\frac{p(\text{D})}{p^\ominus}\right]^d\left[\frac{p(\text{E})}{p^\ominus}\right]^e}{\left[\frac{p(\text{A})}{p^\ominus}\right]^a\left[\frac{p(\text{B})}{p^\ominus}\right]^b} \tag{4-10}$$

式中，标准压力 $p^\ominus=10^5\,\text{Pa}$，$p_\text{A}$、$p_\text{B}$、$p_\text{D}$、$p_\text{E}$ 各气体组分的平衡分压与标准分压之比，为各气体组分平衡时的相对分压。

平衡常数 K 只与反应体系内物质性质和温度有关，与各组分浓度、分压、催化剂等因素均无关。理论上，平衡常数 K 是反应进行的程度标志，K 值越大，反应正向进行的完全程度越大；K 值越小，反应正向进行的完全程度越小。

对于任意一个可逆反应，当条件一定时，都会达到平衡状态并有平衡常数 K 值，K 值越大说明反应正向进行的程度越大。同一个化学反应的平衡常数 K 只与温度有关，与浓度、压力、催化剂等因素均无关。

2. 书写化学平衡常数表达式的注意事项

（1）平衡常数表达式中各物质的浓度或气体分压均为平衡时的相对浓度或分压。

（2）如果反应体系中有纯液体、纯固体或稀溶液的溶剂参与反应时，视其相对浓度为常数 1，不在平衡常数表达式中写出。例如，体系中有 H_2O（l）参与反应，若反应以水为溶剂，则其浓度不写入平衡常数表达式，若反应使用非水溶剂，则 H_2O（l）需要写入。常见的反应实例有：

$$CaCO_3(s) \rightleftharpoons CaO(s) + CO_2(g) \qquad K = p_{CO_2}$$

$$Cr_2O_7^{2-}(aq) + H_2O \rightleftharpoons 2CrO_4^{2-}(aq) + 2H^+(aq) \qquad K = \frac{[CrO_4^{2-}]^2[H^+]^2}{[Cr_2O_7^{2-}]}$$

（3）平衡常数表达式必须与反应方程式对应，即使是同一反应，若方程式写法不同，其平衡常数表达式也不同。例如：

$$2CO(g) + O_2(g) \rightleftharpoons 2CO_2(g)$$

$$K_1 = \frac{p_{CO_2}^2}{p_{CO}^2 \cdot p_{O_2}}$$

若上述反应写成：

$$CO(g) + \frac{1}{2}O_2(g) \rightleftharpoons CO_2(g)$$

$$K_2 = \frac{p_{CO_2}}{p_{CO} \cdot p_{O_2}^{\frac{1}{2}}}$$

两平衡常数的关系为：$K_1 = K_2^2$。

（4）正反应平衡常数与逆反应平衡常数互为倒数关系。例如：

$$2H_2(g)+O_2(g) \rightleftharpoons 2H_2O(g) \qquad K_1 = \frac{p_{H_2O}^2}{p_{H_2}^2 \cdot p_{O_2}}$$

$$2H_2O(g) \rightleftharpoons 2H_2(g) + O_2(g) \qquad K_2 = \frac{p_{H_2}^2 \cdot p_{O_2}}{p_{H_2O}^2}$$

本反应的正、逆反应平衡常数有：$K_1 \cdot K_2 = 1$。

3. 化学平衡常数的应用

（1）计算平衡状态时各组分的平衡浓度或分压，以及反应物的转化率。

某化学反应在一定条件下的最大转化率，称为平衡转化率，可表示为

$$\alpha(A) = \frac{\text{达到平衡时反应物A的消耗量}}{\text{反应物A的初始量}} \times 100\% \tag{4-11}$$

（2）判断可逆反应所处的状态，预测可逆反应进行的方向。

平衡状态是一定条件下正、逆反应可进行到的最大限度，某可逆反应可写作

$$aA + bB \rightleftharpoons dD + eE$$

其反应平衡常数

$$K = \frac{[D]^d[E]^e}{[A]^a[B]^b}$$

表达的是平衡状态时，体系中各组分相对平衡浓度之间的关系。而任意状态下，可逆反应中的生成物浓度（或分压）幂的乘积与反应物浓度（或分压）幂的乘积，可以用反应熵（reaction quotient）Q 表示：

$$Q = \frac{c_D^d c_E^e}{c_A^a c_B^b} \tag{4-12}$$

式中，c_A、c_B、c_D、c_E 表示某时刻体系中反应物和生成物的瞬时浓度。反应熵 Q 表达式与平衡常数表达式类似。可以通过反应熵 Q 与平衡常数 K 的关系，判断反应进行的程度和方向。

若 $Q>K$，说明生成物的浓度或分压比平衡状态大，此时 $v_{正}<v_{逆}$，反应未到平衡状态，反应向逆反应方向自发进行，直至 $v_{正}=v_{逆}$ 达到平衡状态。

若 $Q<K$，说明生成物的浓度或分压比平衡状态小，此时 $v_{正}>v_{逆}$，反应未到平衡状态，反应向正反应方向自发进行，直至 $v_{正}=v_{逆}$ 达到平衡状态。

若 $Q=K$，此时 $v_{正}=v_{逆}$，说明反应已经达到平衡状态，在该条件下反应已经达到了最大限度。

考点：化学平衡常数是什么，应如何书写，其数值和哪些因素有关；如何利用反应熵 Q 和平衡常数 K 预测反应方向

四、多重平衡

在一个系统中，如果有几个反应同时处于平衡状态，则系统中相关物质的浓度或分压必然同时满足这几个平衡，这种现象称为多重平衡（multiple equilibrium）。

例如，在同一反应容器中，同时存在 SO_2、O_2、SO_3、NO_2 和 NO，当反应体系在一定温度达到平衡状态时，有

（1）$SO_2(g)+\frac{1}{2}O_2(g) \rightleftharpoons SO_3(g)$ $\qquad K_1=\dfrac{p_{SO_3}}{p_{SO_2}\cdot p_{O_2}^{\frac{1}{2}}}$

（2）$NO_2(g) \rightleftharpoons NO(g)+\frac{1}{2}O_2(g)$ $\qquad K_2=\dfrac{p_{NO}\cdot p_{O_2}^{\frac{1}{2}}}{p_{NO_2}}$

（3）$SO_2(g)+NO_2(g) \rightleftharpoons SO_3(g)+NO(g)$ $\qquad K_3=\dfrac{p_{NO}\cdot p_{SO_3}}{p_{SO_2}\cdot p_{NO_2}}$

若反应（3）=反应（1）+反应（2），则 $K_3=K_1\cdot K_2$；

若反应（2）=反应（3）−反应（1），则 $K_2=\dfrac{K_3}{K_1}$。

多重平衡规则：在存在多重平衡的体系中，若某一反应可以用另两个或多个反应相加、相减得到，则可将该反应的平衡常数表示为另两个或多个反应平衡常数的乘积或比值。

第4节　影响化学平衡的因素

化学平衡是一种有条件的动态平衡状态，由于平衡状态时正、逆反应速率相等，各反应物、生成物的浓度维持在恒定值不变。但外界条件（组分浓度、压力、温度等）的改变会使正、逆反应受到影响，正、逆反应速率不再相等，原平衡状态被打破，会使平衡状态被改变。正、逆反应将按照不同的反应速率继续进行，直至一段时间后正、逆反应速率再次相等，体系达到新的平衡状态。

与原平衡状态相比，新平衡状态下生成物与反应物的浓度都发生了变化，在整个体系来看就是平衡点位置发生了移动。将这种由于外部条件改变所引起的可逆反应由旧平衡状态向新平衡状态发生的改变，称为化学平衡的移动（shift of chemical equilibrium）。若达到新平衡状态时，生成物的平衡浓度大于旧平衡状态时的平衡浓度，则称为化学平衡向正反应方向发生移动（向右移动）；反之，若生成物的平衡浓度小于旧平衡状态时的平衡浓度，则称为化学平衡向逆反应方向发生移动（向左移动）。

本节主要讨论浓度、压力和温度的变化对化学平衡的影响。

案例 4-1

冬季来临，医院收治一氧化碳中毒患者显著增多。某日某医院接诊一老年一氧化碳中毒患者，经高压氧舱治疗后，身体显著好转。

问题：为什么高压氧舱对一氧化碳中毒治疗效果显著？

一、浓度对化学平衡的影响

一定条件下，浓度的改变会使平衡发生移动，但不能改变平衡常数的值。由上节反应熵 Q 与平衡常数 K 的关系可知：温度一定时，对于已经到平衡状态体系，若增大反应物浓度或减小生成物浓度，会使 $Q<K$，此时 $v_{正}>v_{逆}$，原平衡被打破，体系平衡向正反应方向移动，直至达到新的平衡状态，如图 4-7 所示；同理，若减小反应物浓度或增大生成物浓度，会使体系平衡向逆反应方向移动。

总之，其他条件一定时，增大或减小平衡状态中某物质的浓度，平衡向减小或增大该物质浓度的方向进行。

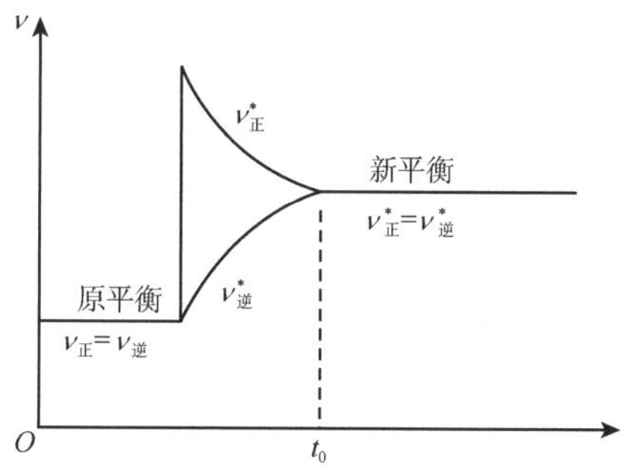

图 4-7　反应物浓度增大对化学平衡的影响

二、压力对化学平衡的影响

由本章第 2 节反应速率的影响因素可知，压力的改变对固体或液体浓度影响很小，因此在固相或液相反应中，可以不考虑压力对平衡状态的影响。压力的改变对有气体参与的化学反应，主要有两种可能的情况：一是平衡状态的体系中，某气体组分的分压发生改变；二是平衡体系的总压力发生改变。

某气体组分的分压发生改变相当于浓度改变，该部分内容已在第 2 节讲过，在此不再赘述。

例如，$CO+H_2O \rightleftharpoons CO_2+H_2$ 等反应前后，平衡体系内气体分子数不发生改变的反应，无论体系总压力增大还是减小，对反应物和生成物的分压产生的影响都是一样的。因此，对于该类反应，改变体系总压力并不会引起化学平衡的移动。只有对反应前后气体分子总数发生变化的反应，改变体系总压力会对其平衡状态产生影响。

例如，一定温度下的可逆反应：

$$N_2O_4(g) \rightleftharpoons 2NO_2(g)$$

当达到平衡状态时，有平衡常数：

$$K=\frac{(p_{NO_2})^2}{p_{N_2O_4}}$$

若其他条件不变，仅将体系总压力改变 n 倍，则体系内各气体分压也随之改变 n 倍，有反应熵为

$$Q=\frac{(p'_{NO_2})^2}{p'_{N_2O_4}}=\frac{(np_{NO_2})^2}{np_{N_2O_4}}=n\frac{(p_{NO_2})^2}{p_{N_2O_4}}=nK$$

当 $n<1$ 时，体系总压力减小，此时 $Q<K$，平衡向正反应方向发生移动，即向体系内气体分子总数增大的方向移动。当 $n>1$ 时，体系总压力减小，此时 $Q>K$，平衡向逆反应方向发生移动，即向体系内气体分子总数减少的方向移动。

总之，对有气体参与的可逆反应，体系压力对化学平衡的影响有如下规律：一定条件下，若减小压力，体系化学平衡向气体分子总数增多（气体总体积增大）的方向移动；若增大压力，体系化学平衡向气体分子总数减少（气体总体积减小）的方向移动。

三、温度对化学平衡的影响

上述影响化学平衡的因素中，浓度和压力的改变都是直接改变了反应熵 Q，从而使化学平衡发生移动，但不能改变反应的平衡常数 K。温度对化学反应平衡状态的影响与前两者在本质上存在不同，

平衡常数 K 是温度的函数，温度的改变可以使反应的平衡常数发生变化。

由范托夫方程可知温度对平衡常数的影响：

$$\ln\frac{K_2}{K_1}=\frac{\Delta H}{R}\left(\frac{T_2-T_1}{T_2T_1}\right) \tag{4-13}$$

或

$$\lg\frac{K_2}{K_1}=\frac{\Delta H}{2.303R}\left(\frac{T_2-T_1}{T_2T_1}\right) \tag{4-14}$$

式中，K_1 和 K_2 为可逆反应在温度 T_1 和 T_2 时的平衡常数；ΔH 为反应的标准摩尔焓变，其值等于正、逆反应活化能之差。

对于放热反应，$\Delta H<0$，温度升高（$T_2>T_1$），$K_1>K_2$，平衡发生逆向移动，即反应向吸热方向移动。

对于吸热反应，$\Delta H>0$，温度升高（$T_2>T_1$），$K_2>K_1$，平衡发生正向移动，即反应向放热方向移动。

例如，吸热反应 $N_2(g)+O_2(g) \rightleftharpoons 2NO(g)$，1538 K 时平衡常数 $K_1=1.46\times10^{-5}$，2404 K 时平衡常数 $K_2=2.36\times10^{-3}$。说明升高温度，会使吸热反应平衡常数增大。

又如，合成氨的反应 $N_2(g)+3H_2(g) \rightleftharpoons 2NH_3(g)$，其正反应为放热反应，逆反应为吸热反应。

降低反应体系温度，会使正、逆反应速率均减小，但放热反应（正反应）速率减小程度小于吸热反应（逆反应）速率减小程度，即 $v_{正}>v_{逆}$，平衡常数 K 变大，此时体系内 $Q<K$，化学平衡会向正向（放热反应方向）移动。反之，升高反应体系温度，会使正、逆反应速率均增大，但放热反应（正反应）速率增大程度小于吸热反应（逆反应）速率增大程度，即 $v_{正}<v_{逆}$，平衡常数 K 变小，此时体系内 $Q>K$，化学平衡会向逆向（吸热反应方向）移动。

通过以上分析可得到结论：对任意可逆反应，若提高体系温度，化学平衡将向吸热反应方向发生移动；若降低体系温度，化学平衡将向放热反应方向发生移动。

【例 4-2】 可逆反应 $C(s)+O_2(g) \rightleftharpoons 2CO(g)$ 的标准摩尔焓变 $\Delta H=-37.9$ kJ/mol，在 T_1=700 K 时，K_1=9.02，试求 T_2=800 K 时的 K_2 值。并阐述提高温度对本反应化学平衡的影响。

解： 假设可以忽略反应在 700～800 K 时 ΔH 的变化。

将题目中数据代入式（4-13）可得

$$\lg\frac{K_2}{9.02}=\frac{-37.9\times10^3}{2.303\times8.314}\left(\frac{800-700}{800\times700}\right)=-0.3535$$

$$K_2=3.99$$

由 $K_1>K_2$ 可知，升高温度，会使本反应化学平衡逆向移动。

1884 年，法国科学家勒夏特列（Le Chatelier）总结了浓度、压力、温度对化学平衡的影响，总结出一条普遍的规律：对于任何已经达到平衡状态的体系，如果改变平衡体系的任意一个条件（浓度、压力、温度），平衡会向减弱这一改变的方向移动，这就是著名的勒夏特列原理，又称为平衡移动原理。平衡移动原理广泛适用于所有动态平衡的可逆反应，但需注意，该原理仅适用于已经达到平衡状态的体系。

链接 使用催化剂为什么不会改变化学平衡状态？

催化剂改变了化学反应的历程，降低了反应的活化能，使单位时间单位体积的反应体系内的活化分子百分数增多，提高了单位时间单位体积反应体系内发生有效碰撞的次数，从而提高化学反应速率。但要注意的是，在可逆反应体系中，加入催化剂会对正、逆反应的活化能产生同等程度的改变，对正、逆反应速率的改变也相等。因此，正逆反应速率依然在原本位置相等，化学平衡状态没有发生改变。催化剂的加入，只是改变了反应达到平衡状态的时间。

四、生物系统中的化学平衡

作为一个开放的复杂系统，生物体从外界需要持续摄取各类物质，经消化、吸收等各类复杂的化学反应，完成日常的新陈代谢，为生物体提供必需的物质和能量。新陈代谢的过程在生物体整个生命阶段是持续不停歇的，所以生物体内的各类化学反应始终处于不间断的输入和输出的状态中。

达到化学平衡状态的可逆反应，其特征是反应体系内各物质浓度维持恒定。但体系内各物质的浓度不再变化并不意味着，反应体系就一定处于平衡状态，生物体内的很多反应都是如此。

例如，一定温度下 A 物质与 B 物质互相转化的反应：$A \rightleftharpoons B$。

反应是在开放的体系内进行，若持续以一定速率向体系内不断输入 A 物质，部分 A 物质可在体系内发生反应转化为 B 物质，将含有 A 物质和 B 物质的混合物持续以一定速率及恒定比例移除，此时体系内 A 物质和 B 物质的浓度维持不变，但该状态并不是化学平衡状态。这种存在恒定的反应组分的输入、输出，且未达到平衡状态的开放体系所处的状态称为稳态。

几乎生物体内的所有与正常生命代谢过程有关的物质，通常其浓度都会维持在非常小的范围区间之内。例如：细胞也是一种开放系统，在生物体内，细胞可从外界环境中摄入 Ca^{2+}，同时也在不断将多余的 Ca^{2+}向外界环境释放，以此来维持细胞内 Ca^{2+}浓度在 1×10^{-5} mol/L 左右。我们将这类受整个生物体影响，由细胞内某些化学反应决定的稳态，称为内稳态。内稳态是在生物体系内可能达到的稳态，由生物因素决定；通常所说的稳态则是由化学反应决定。

考点：影响化学平衡的因素有哪些，如何影响化学平衡

自 测 题

一、选择题

（一）单项选择题

1. 复合反应是指（　　）。
   A. 复分解反应　　B. 二级反应
   C. 化合反应　　D. 多个基元反应之和
   E. 复杂的反应
2. 已知，一定条件下反应 $2H_2(g)+O_2(g) \rightleftharpoons 2H_2O(g)$ 的平衡常数为 K_1，相同条件下反应 $6H_2(g)+3O_2(g) \rightleftharpoons 6H_2O(g)$ 的平衡常数为 K_2，上述两个平衡常数的关系为（　　）。
   A. $K_2^3=K_1$　　B. $K_1^3=K_2$　　C. $K_1=K_2$
   D. $K_1=3K_2$　　E. 二者无关
3. 根据质量作用定律，某基元反应 $mA+nB \rightleftharpoons gG+hH$ 的反应速率表达式为（　　）。
   A. $v=kc_A^a$　　B. $v=kc_G^g c_H^h$　　C. $v=kc_A^a c_B^b$
   D. $v=kc_B^b$　　E. $v=kc_G^g$
4. 某可逆反应达到平衡状态后，若其他条件不变，仅升高反应温度，则（　　）。
   A. 正、逆反应速率均增大
   B. 正、逆反应速率均减小
   C. 正反应速率减小、逆反应速率增大
   D. 正反应速率增大、逆反应速率减小
   E. 无法判断
5. 实验证明，温度每升高 10℃反应速率增大 2 倍。若反应温度由初始的 25℃升高到 65℃，则反应速率增加到原来的（　　）。
   A. 4 倍　　B. 8 倍　　C. 16 倍
   D. 64 倍　　E. 128 倍
6. 已知可逆反应 $2SO_3(g) \rightleftharpoons 2SO_2(g)+O_2(g)$，若用 O_2 的浓度变化表示反应速率为 1 mol/（L · min）。则同时间段内，以 SO_3 浓度变化表示的反应速率为（　　）。
   A. 0.1mol/（L · min）　　B. 1mol/（L · min）
   C. 2mol/（L · min）　　D. 0.5mol/（L · min）
   E. 0.2mol/（L · min）
7. 若有一气相物质参与的可逆反应，下列因素对反应物的转化率一定无影响的是（　　）。
   A. 浓度　　B. 压力（对气相反应）
   C. 温度　　D. 催化剂
   E. 都有影响
8. 升高温度可以提高化学反应速率的原因是（　　）。
   A. 增加反应体系中单位体积反应物活化分子数
   B. 使反应物分子蒸发
   C. 减少反应物分子的碰撞机会
   D. 增加单位体积内反应物分子数
   E. 减少反应体系中单位体积反应物活化分子数
9. 一定条件下，当可逆反应 $PCl_3(g)+Cl_2(g) \rightleftharpoons PCl_5(g)$ 达到平衡状态时，下列选项正确的是（　　）。
   A. 反应物和生成物的分压相等
   B. 反应物和生成物物质的量相等
   C. 反应停止了

D. 外界条件不变则各物质浓度不变

E. 改变体系压力不会影响平衡状态

10. 向可逆反应体系中加入催化剂可以使体系内发生什么改变（　　）。

A. 使体系化学平衡发生正向移动

B. 改变反应达到平衡的时间

C. 改变了反应的吸放热状态

D. 使原来不能发生的反应可以发生

E. 使体系化学平衡发生逆向移动

11. 某可逆反应 $mA + nB \rightleftharpoons gG + hH - Q$，在 298 K 时的平衡常数为 K_1，在 398 K 时的平衡常数为 K_2，K_1 与 K_2 相比（　　）。

A. $K_1=K_2$　　B. $K_1>K_2$　　C. $K_1<K_2$

D. $10K_1=K_2$　　E. K_1 与 K_2 无法比较

12. 在达到平衡状态的可逆反应体系 $aA(g) + bB(g) \rightleftharpoons dD(s) + eE(g)$ 中，若减小体系总压力平衡逆向移动，则 a、b、d、e 之间的关系是（　　）。

A. $a+b=d+e$　　B. $a+b<d+e$　　C. $a+d=e$

D. $a+b<e$　　E. $a+b>e$

（二）多项选择题

1. 催化剂能够影响化学反应速率的原因是（　　）。

A. 降低了反应的活化能　　B. 增大了生成物浓度

C. 改变化学反应的历程　　D. 降低了生成物浓度

E. 增加了反应物活化分子百分数

2. 采取下列哪种措施，可以增加反应物分子中活化分子的数目（　　）。

A. 加入正催化剂　　B. 减小体系压力

C. 升高反应温度　　D. 增加反应物浓度

E. 降低反应温度

3. 已知合成氨的反应 $N_2(g) + 3H_2(g) \rightleftharpoons 2NH_3(g) + Q$，为提高反应物 H_2 的转化率，可采取的措施有（　　）。

A. 降低反应温度　　B. 加入催化剂

C. 增大体系压力　　D. 增大 N_2 的浓度

E. 增大 NH_3 的浓度

4. 欲使已达到平衡状态的可逆反应 $2SO_2(g) + O_2(g) \rightleftharpoons 2SO_3(g) + Q$，化学平衡正向移动，可采取的措施有（　　）。

A. 减小体系总压力　　B. 升高温度

C. 降低 SO_3 的浓度　　D. 降低温度

E. 加入催化剂

5. 一定温度下，反应 $D(g) + 2E(g) \rightleftharpoons 3F(g)$ 达到化学平衡状态的标志是（　　）。

A. D、E、F 的分子数之比为 1∶2∶3

B. D、E、F 的浓度均不再发生变化

C. F 的分解速率与生成速率相等

D. F 的分解速率与生成速率不等

E. 单位时间内生成 a mol D，同时生成 $2a$ mol E 加入催化剂

二、简答题

1. 已知乙醛的分解反应为：$CH_3CHO(g) \rightleftharpoons CH_4(g) + CO(g)$。在 303 K 下，乙醛不同浓度时的反应速率如下：

c_{CH_3CHO} / (mol/L)	0.10	0.20	0.30	0.40
v / [mol/(L·s)]	0.025	0.102	0.228	0.406

（1）请根据质量作用定律写出本反应的速率方程。

（2）请计算本反应的速率常数 k。

（3）若 $c_{CH_3CHO} = 0.25$ mol/L，请计算此条件时的反应速率。

2. 试写出下列反应的平衡常数表达式。

（1）$CH_4(g)+2O_2(g) \rightleftharpoons CO_2(g)+2H_2O(l)$

（2）$CaCO_3(s) \rightleftharpoons CaO(s) + CO_2(g)$

（3）$4H_2(g)+Fe_3O_4(s) \rightleftharpoons 3Fe(s) + 4H_2O(g)$

（4）$NH_4HCO_3(s) \rightleftharpoons NH_3(g) + CO_2(g) + H_2O(g)$

3. 已知可逆反应 $CO(g) + H_2O(g) \rightleftharpoons CO_2(g) + H_2(g)$，在 833 K 时反应的平衡常数为 1。若起始浓度 $c_{CO} = 2$ mol/L，$c_{H_2O} = 3$ mol/L，请计算 H_2O 的转化率。

（孙晓晶）

第5章
化学热力学基础

热力学是研究各物质在发生物理变化和化学变化过程中能量相互转换规律的一门科学。在化学反应的过程中常伴随着如下问题：①在一定条件下，哪些物质间能够发生化学反应；②若能发生化学反应，反应能进行到什么程度，反应进行的速度如何；③反应过程中的能量如何变化；④物质的结构和性能之间的关系等。这些问题中有一部分可以利用热力学知识来解释和判断。

把热力学理论应用到化学反应过程或与化学有关的物理过程中的学科称为化学热力学。热力学研究主要是建立在热力学第一定律和热力学第二定律两个经验定律的基础上。

化学热力学的研究有如下特点。

1. 化学热力学的研究对象是大量质点的体系，只考虑物质的宏观性质，不涉及物质微观结构。

2. 化学热力学只考虑起始状态到终末状态发生变化的结果，不需要知道变化过程的反应机理，就可以进行相关计算。也正因为它的简便使得热力学在许多领域被广泛应用。

3. 热力学只能指出某反应在什么条件下可以进行，却不能指出需要多长时间才能完成。即化学热力学不能解决反应的速率问题。

化学热力学主要研究化学反应过程中的能量变化、判断反应进行方向以及反应进行的限度。

本章重点介绍化学热力学的基本概念和基础理论。

第1节　热力学第一定律

一、基 本 概 念

（一）体系与环境

我们在进行实验研究时，常需要把研究对象（包括一定的物质和空间）与周围其他物体区分开来，所确定的研究对象称为体系（也称物系或系统），而与体系密切相关的周围部分称为环境。体系是人们为了研究问题方便而确定的，体系确定以后，环境也就确定了。体系和环境之间一般都有分界，这个分界可以是静止的也可以是动态的，可以是真实的也可以是虚拟的。

例如，研究氢氧化钠水溶液，其中氢氧化钠水溶液就是体系，而盛溶液的容器以及溶液上方的空气就是环境，这个体系和环境之间的分界是真实的。又如，在含有 N_2 和 He 混合气体中，若把 N_2 作为研究对象，则 He 就属于环境中的一部分，它和体系之间的分界就是虚拟的。

体系与环境之间可以进行物质和能量交换。根据物质和能量交换情况，体系可分为三种类型。

1. **敞开体系**　体系与环境之间既有物质交换，又有能量交换。

2. **封闭体系**　体系与环境之间没有物质交换，只有能量交换。

3. **隔离体系**　体系与环境之间既没有物质交换，也没有能量交换。

隔离体系（也称孤立体系）是一个相对的概念。绝对的隔离体系在实际中是不存在的，因为体系和环境之间的能量交换不可能完全避免，只能做到尽量减少。例如，用一敞口杯子盛热水，将杯中热水作为体系，此体系为敞开体系，如图 5-1A 所示。它既有水分子的逸出，又与环境进行了热量交换；若将杯子盖住，此体系变为封闭体系，如图 5-1B 所示。体系与环境只有热量交换没有物质交换；若将杯子改为绝缘保温杯，此时体系就接近隔离体系，如图 5-1C 所示。体系与环境既没有热量交换也没有物质交换。在化学热力学中，封闭体系是经常见到的体系。本书中若没有特别说明，习惯将化学反应作为封闭体系来讨论。

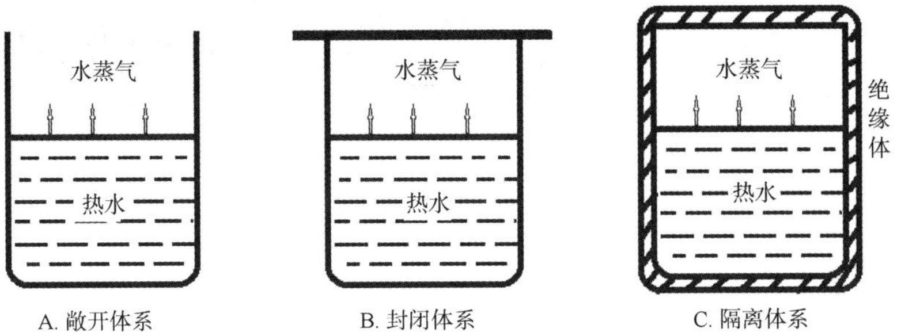

图 5-1 热水体系

案例 5-1

炎热的夏天，在一个空间不大的密闭室内，打开冰箱门会有凉意，但过一段时间后室内温度没有降低，反而会升高。

问题：为什么刚打开冰箱门时感觉有凉意，一段时间后室内的温度反而升高？

（二）状态和状态函数

体系的状态是指体系各种宏观性质的综合表现。物质的量（n）、温度（T）、压力（p）、密度（ρ）、体积（V）包括后面学到的热力学内能（U）、熵（S）等等都是体系的宏观状态性质。当体系宏观性质的数值不随时间变化而变化时，表明体系处于一定的状态；反之，当体系的状态确定后，对应的宏观性质的数值也就确定了。热力学上，将这些能够确定体系状态的宏观性质称为体系的状态函数。要注意的是，体系的状态性质、热力学性质、状态函数等都是描述体系宏观状态的不同称呼，可看作宏观性质的同义词，它们都表示体系自身的属性。

如某理想气体，温度 T=273 K、物质的量 n=1 mol、压力 p=1.013 kPa、体积 V=22.4 L，即表示该理想气体体系的一种状态，而 T、n、p、V 的具体值就是状态函数。

一个体系的状态确定后，体系的各个状态函数就有了确定的值。如果一个或几个状态函数发生改变，体系的状态也就随之改变，即体系就从一种状态改变为另一种状态。通常把体系发生改变前的状态称为始态，变化后的状态称为终态。热力学函数的变化值只取决于体系的始态和终态，与过程经历的途径无关。如果体系经历许多复杂的变化又回到始态，状态函数恢复到原来的数值，状态函数的变化值为零。

体系热力学性质可分为两类。

1. 广度性质 又称容量性质，该性质具有加和性，其数值与体系中物质的量成正比，如质量、体积、熵等。

2. 强度性质 该性质的数值与体系中物质的量无关，仅由体系中物质自身的特性决定，不具有加和性，如温度、压力、密度等。例如，两杯 20℃的水混合在一起，温度还是 20℃，不会上升到 40℃，所以温度属于强度性质。

体系内各部分强度性质都相同的体系称为均相体系（homogeneous system），各部分强度性质不同的体系称为非均相系统（heterogeneous system），又称复相体系。

（三）过程和途径

当体系从一个状态（始态）到另一个状态（终态）的变化称为过程。体系由始态到终态，完成一个变化过程，实现这个变化过程的具体步骤称为途径。根据过程发生时的条件，热力学中常见以下几个变化过程。

1. **恒温过程** 体系状态的变化是在恒温条件下进行的。

$$T_1（始态）= T_2（终态）= T 环境，\Delta T=0$$

2. **恒压过程** 体系状态的变化是在恒压条件下进行的。

$$p_1（始态）= p_2（终态）= p 环境，\Delta p=0$$

3. **恒容过程** 体系状态的变化是在恒容条件下进行的。

$$V_1（始态）= V_2（终态），\Delta V=0$$

4. **绝热过程** 体系状态的变化是在绝热条件下进行的。即状态变化过程中，体系与环境之间没有热传递的过程，但可能会有功传递，如体系被绝热壁包围或者体系内发生急剧变化（爆炸、压缩机内空气被压缩）等。

5. **环程过程** 也称循环过程，体系由一种状态出发，经过一系列的变化又回到原始状态，这种变化过程称环程过程。

过程和途径是密不可分的两个概念，有过程发生，必然存在途径，过程侧重于始态和终态的变化，而途径则侧重于变化的具体方式。体系由始态到终态的变化，可以通过不同的途径来完成。

例如，某一理想气体体系由始态（298 K，1.013 kPa）变到终态（328 K，10.13 kPa），可以采取以下两种途径：途径Ⅰ是先恒压加热，再恒温加压；途径Ⅱ是先恒温加压，再恒压加热，如图 5-2 所示。这两种不同变化途径的状态函数变化数值却是相同的。

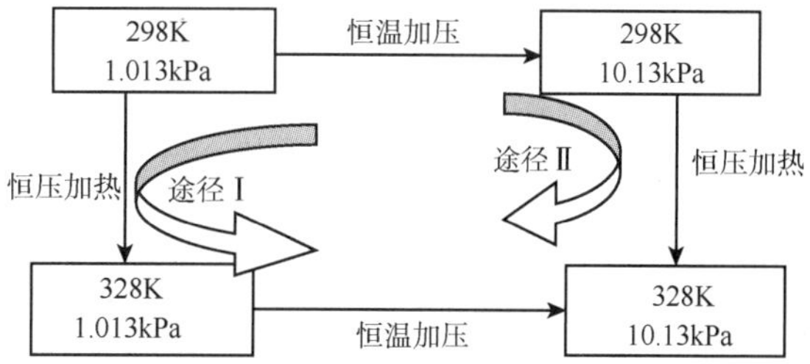

图 5-2 状态变化的过程与途径

（四）热和功

当体系状态发生改变时，体系和环境的能量也会随之变化。体系和环境之间的能量交换主要有两种方式：传热和做功。

由于温度变化而在体系和环境之间传递的能量称为热，用符号“Q”表示。除了热传递以外，其他各种形式被传递的能量全部称为功，用符号“W”表示。热和功的单位都用焦（J）或千焦（kJ）。

热力学中常把功分为体积功和非体积功。体积功也称膨胀功，是指当体系的体积发生变化时，为抵抗环境压力所做的功，数学表达式为 $W_{体积}=p_{外}V$。非体积功是指除体积功以外的其他功，如电功、机械功等。体积功在化学热力学中具有特殊意义，化学反应过程中常涉及的功主要是指体积功。

在热力学中常用热和功的正负号来表示热量和功的传递方向，规定如下。

1. **当体系从环境吸收热量** Q 取正值，即 $Q>0$；当体系放出热量给环境，Q 取负值，即 $Q<0$。
2. **当体系对环境做功** W 取负值，$W<0$；当环境对体系做功，W 取正值，$W>0$。

热和功都是指体系和环境之间能量的传递，只有在体系状态发生变化时才表现出来。与进行的过程和具体途径有关，因此热和功都不是状态函数。

（五）热力学能

内能也称热力学能，通常是指体系内各种形式能量的总和，用符号“U”表示。内能一般包括体系中所有微观粒子的势能、动能、化学能、电离能、核能等能量总和。但在一般热力学状态的变化过程中，物质的分子结构、原子结构和核结构不发生变化，所以可不考虑某些能量的改变。但当在热力学研究化学反应时，需要把化学能包括到内能中。

由于微观粒子运动的复杂性，具体包含的哪些能量无法说清楚。但理论上来讲任一状态下内能都有一定值，说明内能是属于状态函数。内能的绝对值目前尚无法测定，但它的变化值 ΔU，可以通过热和功的传递来计算。

考点： 1. 区分分体系和环境，并会判断不同的体系；2. 判断有些物理量属于强度性质还是广度性质；3. 判断状态函数和非状态函数

二、热力学第一定律

大量实践证明，自然界中的一切物质都具有一定的能量，能量既不会凭空产生，也不会凭空消失，只能从一个物体传递给另一个物体，或者从一种形式转化为另一种形式，在传递和转化过程中总能量保持不变，这一规律称为能量守恒定律。将能量守恒定律运用于宏观的热力学体系，称为热力学第一定律。

热力学中通常研究的是宏观上相对静止的体系，其并无整体运动，且可忽略外力场的影响，因此体系的能量只考虑它的内能（热力学能）。前面已讲过，热力学能属于状态函数，热力学能的绝对值无法测定，但可以利用热力学第一定律通过热和功的传递来计算它的变化值 ΔU。

如果一个封闭体系状态 1 时热力学能为 U_1，此时体系从环境吸收热量 Q，同时环境对体系做功 W。体系变成状态 2 时热力学能为 U_2，其热力学能的变化值 $\Delta U = U_2 - U_1$。根据热力学第一定律，该体系应有如下关系：

$$U_2 = U_1 + Q + W$$

$$U_2 - U_1 = Q + W$$

即

$$\Delta U = Q + W \tag{5-1}$$

对于一个封闭体系，式（5-1）就是热力学第一定律的数学表达式。该式表明：体系的状态发生变化时，其热力学能的改变值等于体系从环境吸收的热量和环境对体系所做的功之和。热量 Q 和功 W 的正负号仅表示能量的传递方向。当体系的状态发生变化时，其内能变化值 ΔU 等于体系收支能量的总和。

【例 5-1】 体系从状态 1 改变到状态 2 可有两种不同的途径：（Ⅰ）体系放出热量 397.5 J，同时环境对体系做功 167.4 J；（Ⅱ）体系对环境做功 83.68 J，同时放热 146.42 J。计算两种途径下的热力学能改变量。

解：（1）已知 $Q = -397.5$ J，$W = 167.4$ J，由式（5-1）得

$$\Delta U = -397.5 + 167.4 = -230.1(\text{J})$$

（2）已知 $Q = -146.42$，$W = -83.68$ J，由式（5-1）得

$$\Delta U = -146.42 - 83.68 = -230.1(\text{J})$$

由计算可知，从状态 1 到状态 2，经历的途径不同，即 Q 和 W 的数值不同，但热力学能的改变量相同。说明 Q 和 W 不是状态函数，而热力学能 U 是状态函数。

考点：1. 根据热力学第一定律的数学表达式，计算体系内能的变化；2. 正确判断 Q 和 W 的正负号

第 2 节　化学反应的热效应

一、反应热与焓

化学反应常伴随着能量的变化。在恒压或恒容且不做其他非体积功的条件下，当化学反应发生后，若使生成物的温度回到反应物的起始温度，此时体系所吸收或放出的热量称为该反应热效应，简称反应热。化学反应热是重要的热力学数据，是通过实验测得的。研究化学变化过程中的热效应具有重要的理论意义和实际意义。

（一）恒容反应热

反应热与化学反应过程有关，在恒容（体积不变）条件下的反应热称为恒容反应热（constant volume heat of reaction），用 Q_V 表示。在一个封闭体系中，若化学反应只做体积功，体积功等于压力与体积变化的乘积，即 $W = p_{外}\Delta V$。根据热力学第一定律：

$$\Delta U = Q_V + W$$

恒容条件下，由于 $\Delta V = 0$，故 $W = p_{外}\Delta V = 0$，即没有做体积功。

$$\Delta U = Q_V \tag{5-2}$$

式（5-2）表示在不做非体积功的恒容条件下，体系所吸收的热量全部用来增加体系的内能。恒容反应热等于体系内能的改变。

（二）恒压反应热

在恒压（压强不变）条件下的反应热称为恒压反应热（constant pressure heat of reaction），用 Q_p 表示。若反应在恒压条件下进行，设体系对外做功 p 为定值，体积由 V_1 变成 V_2，则 $W=p\Delta V$。

根据热力学第一定律，则有

$$\Delta U = Q_p + W = Q_p + p\Delta V$$
$$= Q_p - p(V_2 - V_1)$$
$$U_2 - U_1 = Q_p - p(V_2 - V_1)$$
$$Q_p = (U_2 + pV_2) - (U_1 + pV_1) \tag{5-3}$$

为了便于研究，在热力学中将（$U+pV$）组合定义为焓，用符号“H”表示。单位为 kJ，由于 U、V、p 都是体系的状态函数，因此焓 H 也是体系的状态函数，具有加和性。

$$H = U + pV \tag{5-4}$$
$$\Delta H = (U_2 + pV_2) - (U_1 + pV_1)$$

由式（5-3）和式（5-4）可得

$$Q_p = H_2 - H_1$$
$$Q_p = \Delta H \tag{5-5}$$

式中，H_1 和 H_2 分别为体系的始态和终态的焓；ΔH 为焓的变化值，简称焓变。式（5-5）表示，在不做非体积功的恒压条件下，体系所吸收的热量全部用来使体系的焓增加，即恒压反应热等于体系的焓变。若化学反应的 $\Delta H>0$，则 $Q_p>0$，表示此反应为吸热反应；$\Delta H<0$，则 $Q_p<0$，表示此反应为放热反应。

一般的化学反应通常在 1atm（或一定压力）的恒压条件下进行，许多反应都伴随着体积的变化。因此通常所说的反应热，若不做特别说明就等于焓变。

考点：1. 计算化学反应的恒容反应热或恒压反应热；2. 会根据反应热判断化学反应是放热反应还是吸热反应

二、热化学方程式

表示化学反应与热效应关系的方程式称为热化学方程式（thermochemical equation）。例如：

$$2H_2(g) + O_2(g) \xlongequal{\quad} 2H_2O(l) \qquad \Delta_r H_m^{\ominus} = -571.6\ \text{kJ/mol}$$
$$3H_2(g) + N_2(g) \xlongequal{\quad} 2NH_3(g) \qquad \Delta_r H_m^{\ominus} = -92.2\ \text{kJ/mol}$$

其中符号 $\Delta_r H_m^{\ominus}$ 表示化学反应的标准摩尔焓变，数值上等于恒压反应热，常用单位为 kJ/mol。其中“r”表示化学反应，“m”表示摩尔 mol，“$\ominus$”表示标准状态。热力学的标准状态如下。

1. 标准状态下的温度为 298.15 K。

2. 气态物质标准压力：$p^{\ominus}$=101.3 kPa，即标准压力下的理想气体。若为混合气体则是指各气体的分压为标准分压。

3. 溶液中溶质的标准状态：指溶质的浓度（严格讲应为活度）为 1 mol/L。

4. 纯液体或固体是指在一定温度、标准压力下的纯物质。溶剂可看作纯溶剂。

由于化学反应的热效应既与反应进行的条件（温度、压力等）有关，又与反应物和生成物的状态及物质的量有关。因此书写热化学反应方程式时，除了需注明反应热之外，还应注意以下几点。

1. 标明反应各物质的温度和压力。若在 298.15 K 和 101.3 kPa 条件下，可不标注。

2. 标明反应各物质的聚集状态。一般用小写英文字母 s、g、l、aq 分别表示固态、气态、液态和水溶液。

3. 标准摩尔焓变和热化学方程式对应，热化学方程式不同，其标准摩尔焓变也不同。但相互之间存在计量关系。例如：

$$2H_2(g)+O_2(g) \mathop{=\!=\!=} 2H_2O(g) \quad \Delta_r H_m^\ominus = -483.6\ kJ/mol$$

$$H_2(g)+\frac{1}{2}O_2(g) \mathop{=\!=\!=} H_2O(g) \quad \Delta_r H_m^\ominus = -241.8\ kJ/mol$$

$$H_2(g)+\frac{1}{2}O_2(g) \mathop{=\!=\!=} H_2O(l) \quad \Delta_r H_m^\ominus = -285.8\ kJ/mol$$

4. 相同条件下，可逆反应的正反应和逆反应的标准摩尔焓变的符号相反，绝对值相同。例如：

$$H_2O(g) \mathop{=\!=\!=} H_2(g)+\frac{1}{2}O_2(g) \quad \Delta_r H_m^\ominus = +241.8\ kJ/mol$$

$$H_2(g)+\frac{1}{2}O_2(g) \mathop{=\!=\!=} H_2O(g) \quad \Delta_r H_m^\ominus = -241.8\ kJ/mol$$

考点：1. 能够正确书写热化学方程式；2. 会计算同一化学反应的不同书写形式的热化学方程式所对应的标准摩尔焓变间的关系

三、热效应计算

化学反应热效应有的可以通过实验测得，有些无法用实验测得。不能直接测得的可以用热效应的相关方法来计算。

（一）赫斯定律

1840 年，俄国化学家赫斯（G. H. Hess）根据大量实验总结出如下规律：在一定条件下，化学反应的热效应仅与化学反应的始态和终态有关，与反应的具体完成步骤无关。也就是说，若一个反应可以分为几步进行，那么各分步反应的反应热之和等于这个反应一步发生时的反应热。赫斯定律的提出早于热力学第一定律，但却是热力学第一定律的必然结果。因为焓（或称热力学能）是状态函数，只要反应的始态和终态相同，则 ΔH（或 ΔU）就是定值，与反应途径无关。

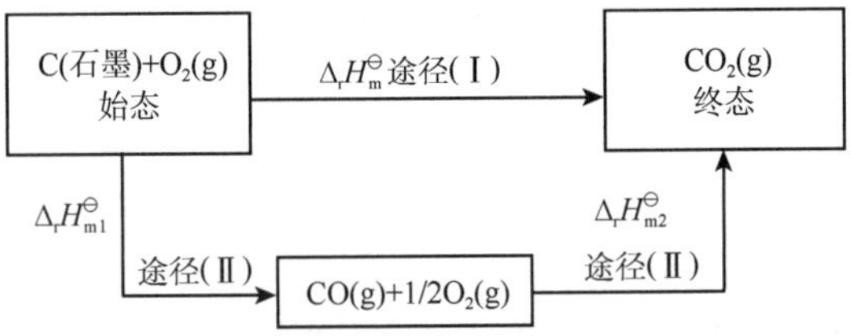

图 5-3 C(石墨)和 $O_2(g)$反应生成 $CO_2(g)$的热效应

使用赫斯定律处理具体问题时反应不做非体积功，而且是在恒容或恒压条件下进行。赫斯定律奠定了热化学基础，其重要意义在于可以利用易于测定的反应热来计算难以测定或不能测定的某些反应的反应热，而不一定需要按照原有反应设计的途径进行。

例如，在标准状态下，由 C(石墨)和 $O_2(g)$反应生成 CO_2 可通过以下两种途径来完成（图 5-3）。

如图 5-3 所示，途径(Ⅰ)是石墨直接氧化成 $CO_2(g)$，途径(Ⅱ)是石墨先氧化成 CO(g)，再进一步氧化成 $CO_2(g)$。途径(Ⅰ)和途径(Ⅱ)总的热效应是相同的，根据赫斯定律：

$$\Delta_r H_m^\ominus = \Delta_r H_{m1}^\ominus + \Delta_r H_{m2}^\ominus \tag{5-6}$$

由于石墨在燃烧过程中很难控制只生成 CO(g)而不生成 $CO_2(g)$，因此反应$C(石墨)+O_2(g) \mathop{=\!=\!=} CO_2(g)$的$\Delta_r H_{m1}^\ominus$很难从实验中直接测定。但通过式（5-6），我们可以通过另外两个反应的反应热计算得到。

【例 5-2】 在 298 K 时，下列反应的标准反应热：

（1）$C(石墨)+O_2(g) \mathop{=\!=\!=} CO_2(g) \quad \Delta_r H_{m1}^\ominus = -393.5\ kJ/mol$

（2）$CO(g)+\frac{1}{2}O_2(g) \mathop{=\!=\!=} CO_2(g) \quad \Delta_r H_{m2}^\ominus = -283.0\ kJ/mol$

试计算反应：（3）$C(石墨)+\frac{1}{2}O_2(g) \mathop{=\!=\!=} CO(g)$ 的 $\Delta_r H_{m3}^\ominus$

解：由于式（3）=式（1）−式（2），则：

$$\Delta_r H_{m3}^\ominus = \Delta_r H_{m1}^\ominus - \Delta_r H_{m2}^\ominus$$

$$\Delta_r H_{m3}^\ominus = \Delta_r H_{m1}^\ominus - \Delta_r H_{m2}^\ominus = -393.5-(-283.0) = -110.5(kJ/mol)$$

由例 5-2 可知，根据赫斯定律，当几个方程式之间存在一定的计量关系时，它们方程对应的标准摩尔焓变也具有相同的计量关系。例如，三个方程式（1）、（2）、（3），它们对应的标准摩尔焓变分别为 $\Delta_r H_{m1}^{\ominus}$、$\Delta_r H_{m2}^{\ominus}$、$\Delta_r H_{m3}^{\ominus}$。如果三个反应式之间存在（1）+2×（2）=（3）的关系，那么标准摩尔焓变也存在 $\Delta_r H_{m1}^{\ominus} + 2\Delta_r H_{m2}^{\ominus} = \Delta_r H_{m3}^{\ominus}$ 的关系。运用这一特性，能够在一些已测反应热数值的基础上，间接求得那些很难准确测定或无法直接测定的化学反应热。前面的例子就是根据赫斯定律间接计算出碳与氧合成一氧化碳的反应热。

（二）标准摩尔生成焓

由于恒压反应热 $Q_p=\Delta H$，如果知道化学反应中各反应物和生成物的焓值，就可以直接计算出化学反应的反应热。但由于我们无法测出物质焓的绝对值，因此人们采用规定相对标准的方法，利用各物质的相对焓值来计算化学反应热。

在一定温度 T（298.15 K 时可不标出）及标准状态下，由最稳定的单质生成 1 mol 某物质时的热效应称为该温度下此纯物质的标准摩尔生成焓（standard molar enthal py of formation），用符号 $\Delta_f H_m^{\ominus}$ 表示，其中“f”表示生成（formation），单位为 kJ/mol。一些常见物质在 298.15 K 时的标准摩尔生成焓见书后附录七和附录八。

下面反应的热效应可看作是 $CO_2(g)$的标准摩尔生成焓。

$$C(石墨) + O_2(g) \xlongequal{\quad} CO_2(g) \qquad \Delta_f H_m^{\ominus}(298.15\ K)=-393.51\ kJ/mol$$

即：$\Delta_f H_m^{\ominus}(CO_2，g，298.15\ K)=-393.51$ kJ/mol

根据标准摩尔生成焓定义可知，最稳定单质的标准摩尔生成焓为零。例如，$\Delta_f H_m^{\ominus}$(C 石墨，298.15 K)=0、$\Delta_f H_m^{\ominus}$(H_2，g，298.15 K)=0。而对于不同状态的固体物质来讲只有最稳定单质的标准摩尔生成焓才为零。例如单质碳，$\Delta_f H_m^{\ominus}$(C 石墨，298.15K)=0；而 $\Delta_f H_m^{\ominus}$(C 金刚石，298.15 K)=1896 kJ/mol，不为零。

根据标准摩尔生成焓的定义和赫斯定律，可推导出化学反应的标准摩尔焓变，即反应热效应的公式。对任一化学反应，其反应物和生成物的原子种类和个数是相同的，可以用同样的稳定单质来生成反应物和生成物，如图 5-4 所示，其中 $\Delta_r H_m^{\ominus}$ 指化学反应的标准摩尔焓变，$\sum(\nu_i \Delta_f H_{m,i}^{\ominus})_{反应物}$ 指化学反应中各反应物标准摩尔生成焓之和，$\sum(\nu_i \Delta_f H_{m,i}^{\ominus})_{生成物}$ 指化学反应中各生成物标准摩尔生成焓之和。

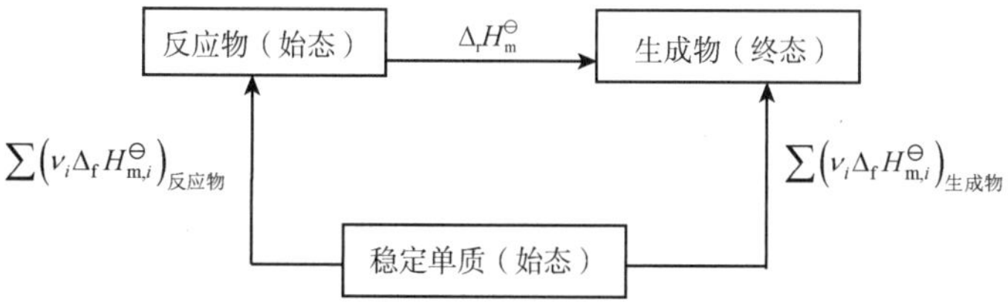

图 5-4　由标准摩尔生成焓计算反应标准摩尔焓变

由图 5-4 可知，化学反应同样可以设计成两条途径。途径(Ⅰ)是以稳定单质为始态，直接生成终态生成物；途径(Ⅱ)分两步，先从稳定单质生成始态反应物，再从始态反应物生成终态生成物。这两个途径所产生的热效应是相等的。由赫斯定律可推出：

$$\sum(\nu_i \Delta_f H_{m,i}^{\ominus})_{生成物} = \sum(\nu_i \Delta_f H_{m,i}^{\ominus})_{反应物} + \Delta_r H_m^{\ominus}$$

$$\Delta_r H_m^{\ominus} = \sum(\nu_i \Delta_f H_{m,i}^{\ominus})_{生成物} - \sum(\nu_i \Delta_f H_{m,i}^{\ominus})_{反应物} \qquad (5\text{-}7)$$

式中，ν_i 为反应方程式中各物质的化学计量数。该公式的意义为：化学反应的标准摩尔焓变等于生成物的标准摩尔生成焓之和减去反应物的标准摩尔生成焓之和。计算中应注意标准摩尔生成焓需乘以反应式中相应物质的化学计量数 ν_i。

【例 5-3】 葡萄糖的氧化能为人体生命活动提供能量，计算 298.15 K 时葡萄糖氧化反应的标准摩尔焓变。$C_6H_{12}O_6(s) + 6O_2(g) \xlongequal{\quad} 6CO_2(g) + 6H_2O(l)$

解：查附录七和附录八得到各物质的标准摩尔生成焓如下：

$$\Delta_f H_m^\ominus(C_6H_{12}O_6，s) = -1273.6\ kJ/mol;$$
$$\Delta_f H_m^\ominus(H_2O，l) = -285.8\ kJ/mol;$$
$$\Delta_f H_m^\ominus(CO_2，g) = -393.5\ kJ/mol$$

根据式（5-7），在 298.15K 时，

$$\begin{aligned}\Delta_r H_m^\ominus &= \sum(\nu_i \Delta_f H_{m,i}^\ominus)_{生成物} - \sum(\nu_i \Delta_f H_{m,i}^\ominus)_{反应物} \\ &= [6\Delta_f H_m^\ominus(CO_2,g) + 6\Delta_f H_m^\ominus(H_2O,l)] - [\Delta_f H_m^\ominus(C_6H_{12}O_6,s) + 6\Delta_f H_m^\ominus(O_2,g)] \\ &= [6\times(-393.5) + 6\times(-285.8)] - [-1273.3 + 6\times 0] \\ &= -2802.5(kJ/mol)\end{aligned}$$

（三）标准摩尔燃烧焓

大多数有机物很难甚至不能由稳定单质直接合成，因此有机物的标准摩尔生成焓难以测得。同时几乎所有有机物都易燃烧，而且燃烧热很容易通过实验测得，因此常用标准摩尔燃烧焓来计算有机化学反应的标准摩尔焓变。1mol 物质完全燃烧时产生的热效应，称为该物质的摩尔燃烧焓（也称燃烧热）。用符号 $\Delta_c H_m$ 表示。标准状态下的摩尔燃烧焓，称为标准摩尔燃烧焓（standard molar en-thalpy of combustion），用符号 $\Delta_c H_m^\ominus$ 表示，其中“c”表示燃烧（combustion），单位为 kJ/mol。这里所说的完全燃烧是指物质被燃烧后生成最稳定的化合物或单质，如 H 变为 $H_2O(l)$、C 变为 $CO_2(g)$、S 变为 $SO_2(g)$ 等等。由于反应已完全燃烧，所以反应后的生成物就不能再燃烧了，并规定这些生成物的标准摩尔燃烧焓为零。一些常见有机物在 298.15 K 时的标准摩尔燃烧焓见附录七和附录八。

利用标准摩尔燃烧焓，同样可求得反应的标准摩尔焓变。标准摩尔燃烧焓和标准摩尔焓变的关系如图5-5 所示。其中 $\Delta_r H_m^\ominus$ 指化学反应的标准摩尔焓变，$\sum(\nu_i \Delta_c H_{m,i}^\ominus)_{反应物}$ 指化学反应中各反应物标准摩尔燃烧焓之和，$\sum(\nu_i \Delta_c H_{m,i}^\ominus)_{生成物}$ 指化学反应中各生成物标准摩尔燃烧焓之和。

图 5-5 表示设计两条途径：途径(Ⅰ)是以反应物直接燃烧变为燃烧产物；途径(Ⅱ)先把反应物转变为生成物，再把生成物燃烧变成燃烧产物。这两条途径不同，但燃烧产物相同，所产生的热效应是相等的。由赫斯定律可推出：

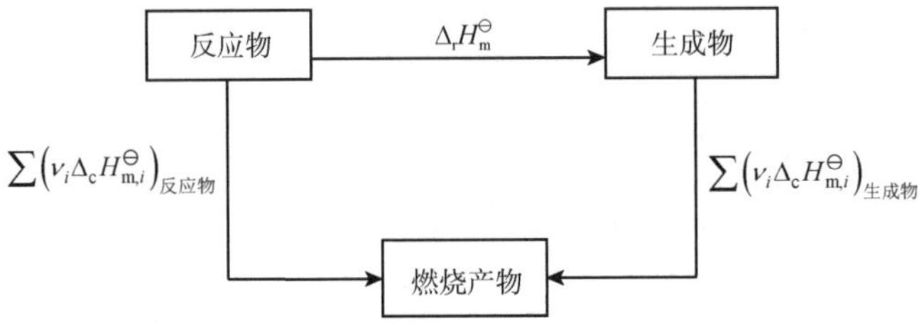

图 5-5 由标准摩尔燃烧焓计算反应标准摩尔焓变

$$\sum(\nu_i \Delta_c H_{m,i}^\ominus)_{反应物} = \Delta_r H_m^\ominus + \sum(\nu_i \Delta_c H_{m,i}^\ominus)_{生成物}$$
$$\Delta_r H_m^\ominus = \sum(\nu_i \Delta_c H_{m,i}^\ominus)_{反应物} - \sum(\nu_i \Delta_c H_{m,i}^\ominus)_{生成物} \quad (5\text{-}8)$$

式（5-8）表明，化学反应的标准摩尔焓变等于反应物的标准摩尔燃烧焓之和减去生成物的标准摩尔燃烧焓之和。与式（5-7）比较，注意两式中反应物和生成物前的正负号，其减数与被减数的关系正好相反。

考点：学会运用赫斯定律进行标准摩尔生成焓、标准摩尔反应焓和标准摩尔燃烧焓的相关计算

链 接 燃烧值的应用

标准状态下，1 mol 可燃物完全燃烧生成稳定的化合物时所放出的热量，称为该物质的燃烧热（标准摩尔燃烧焓）。一些有机化合物的燃烧热具有特殊意义，如煤炭、石油的热值（燃烧热）是判

断其质量优劣的重要指标之一；而蛋白质、脂肪和糖类（碳水化合物）的燃烧值，是判断其营养价值的重要指标。

第 3 节 热力学第二定律

热力学第一定律很好地解释了过程发生时的能量变化，而对于过程能否发生、进行的方向和限度则不能判断，而这些问题可以用热力学第二定律来解决。

一、自发过程

在一定条件下，不需要任何外力作用便可自动发生的过程，称为自发过程。自发过程一般都具有一定的方向性。自然界中自发过程有很多，如水往低处流、铁放在潮湿的空气中会生锈、热从高温物体传向低温物体等等。

自发过程的逆过程是非自发过程，非自发表示过程是不能自动进行的，自发过程是热力学的不可逆过程。例如，在没有外力的作用下水是不会从低处流向高处的；生锈的铁不处理锈是不会消失的。这些现象说明自发过程具有一定的方向性。同时自发过程的发生也不是无限制地进行的。存在温差的两个物体放在一起，热量会从高温物体自发传递给低温物体，但当两物体温差为零时，自发过程就停止了。再如，不同浓度的两个溶液混合，溶质总是从浓溶液向稀溶液扩散，当浓度达到一致时扩散停止。自发过程一般还具有做功的能力。例如，我国的三峡工程就是利用高处的水流下推动水轮机运转进行发电的。

自发过程有两个特点：一是自发过程有确定自发进行的方向和限度，即自发过程不可逆；二是自发过程可用来做有用功（非体积功）。

每个自发过程都有一个物理量来衡量其自发进行的方向和限度。例如，利用温度可以判断热传导过程的方向和限度；利用压力来判断气体膨胀过程的方向和限度等。那么在一定条件下，一个化学反应能否自发进行？反应进行的限度如何？也应该存在一个衡量的判断依据。经过大量研究发现，一般能自发进行的化学反应都具有两个特点：一是反应总是向能量降低的方向进行；二是反应总是向混乱度增大的方向进行。

二、熵与熵变

研究发现许多自发过程的发生都有混乱度增加的趋势，混乱度是指体系内部各质点运动的无序程度，质点的运动越无序，其混乱度就越大。

自发过程使混乱度增大这一客观规律在日常生活和工作中随处可见。因此，体系有趋向于增大混乱度的倾向，体系混乱度增大有利于反应自发进行。

我们把 O_2 和 N_2 两种气体分别单独存在一密闭容器的两边，中间用活塞分开，当打开活塞后，两气体自动混合，直到混合均匀为止。体系的始态是：氢气分子和氮气分子的运动相对有序；体系的终态是：两种气体混合均匀，有序性降低，两气体处在混合状态，即体系的混乱度明显增加了（图 5-6）。

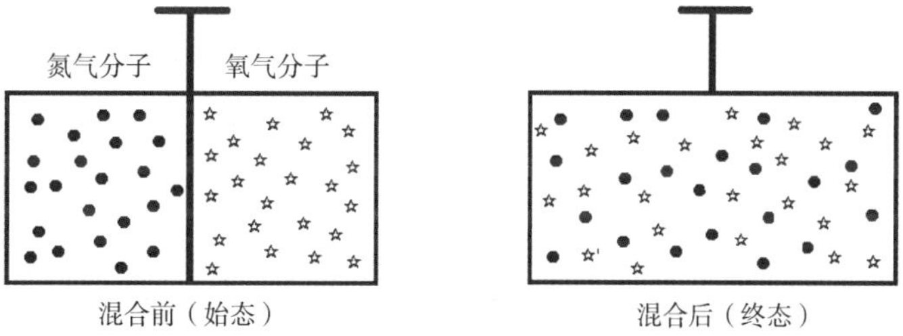

图 5-6 混乱度增加图

混乱度既是宏观现象，也是体系性质，热力学的混乱度可以用熵来表示。熵的符号为 S，单位为

J/K。熵同热力学焓及内能一样，都是体系的状态函数。体系的混乱度越大，其熵值越大；反之体系的混乱度越小，其熵值也越小。

热力学规定：在 0 K 时，任何纯物质完整晶体的熵值为零。根据这条规定，可通过实验和计算求得各种物质在指定温度下的熵值。如将某纯物质从 0 K 升温到 TK，该过程的熵变为 ΔS：

$$\Delta S = S_T - S_0 = S_T$$

S_T 为该物质的规定熵（也称绝对熵）。在标准状态下，1 mol 纯物质规定熵称为标准摩尔熵，用符号 $S_m^\ominus$ 表示，单位为 J/（K · mol）。一些常见物质在 298.15 K 时的标准摩尔熵（standard molar entropy）见附录七和附录八。

链 接 完美晶体

完美晶体是指原子或分子严格按照一定规律重复排列，长成结构完整（具有一定的周期性和对称性）的有序晶体。所谓“完美晶体”是指没有任何杂质和缺陷的规则晶体。实际中完美晶体是不存在的。

熵也是状态函数。化学反应过程的熵变，只和反应物（始态）和生成物（终态）有关，而与途径无关。与化学反应焓变的计算一样，赫斯定律同样适用于熵变计算。利用各种物质的标准摩尔熵值，可以方便地计算化学反应的标准摩尔熵变。计算公式为

$$\Delta_r S_m^\ominus = \sum(v_i S_{m,i}^\ominus)_{生成物} - \sum(v_i S_{m,i}^\ominus)_{反应物} \tag{5-9}$$

热力学第二定律指出：不可能把热从低温物体传到高温物体而不产生其他影响，或不可能从单一热源取热使之完全转换为有用的功而不产生其他影响，或不可逆热力学过程中熵的微增量总是大于零，又称“熵增定律”。这表明了在自然过程中，反应的自发过程总是向着总熵值（包括体系和环境的熵）增加的方向进行。所有物质在 298.15 K 的标准摩尔熵 $S_m^\ominus$ 均大于零，单质的标准摩尔熵不等于零，这点和单质的摩尔生成焓等于零不同。而整个反应的熵变存在如下规律：当 $\Delta S_m^\ominus > 0$ 时，表明反应能够正向自发进行；当 $\Delta S_m^\ominus = 0$ 时，反应处在平衡状态；当 $\Delta S_m^\ominus < 0$ 时，反应不能自发正向进行，而会逆向自发反应。

考点：1. 理解热力学第二定律；2. 计算热反应方程的熵变，并会利用熵变判断反应自发进行的方向

三、吉布斯自由能与化学反应方向

（一）吉布斯自由能

绝大多数自发进行的化学反应都趋向于让体系释放最多的热量，使体系能量最低。即体系的焓减少（$\Delta H<0$），反应自发进行。这种状况在大多数，特别是对温度不高的放热反应是适用的。但也有例外，有些吸热反应也能自发地进行。例如，碳酸钙分解反应：$CaCO_3(s) = CaO(s) + CO_2(g)$ $\Delta_r H_m^\ominus = 178.32$ kJ/mol。该反应在常温下不能自发进行，但当温度达到 840℃以上时则能够自发进行。说明有些吸热反应（$\Delta H>0$）在一定条件下也是能自发进行的，即 ΔH<0 并不是判断自发反应的唯一因素，前面讲到的自发过程中熵的增加是影响自发反应的另 因素。

焓变和熵变是影响反应是否自发进行的两个重要因素，为了讨论方便，需要一个新的函数，它既能综合体现焓和熵两个状态函数，又方便作为反应自发性的判据，1876 年美国物理学家吉布斯（Gibbs）提出了用自由能来综合熵和焓，定义如下：

$$G = H - TS \tag{5-10}$$

G 称为吉布斯自由能，简称自由能（free energy）。因为 H、T、S 都是状态函数，因此由它们组成的新的物理量 G 也是状态函数。

吉布斯自由能与焓一样无法确定其绝对值，但能得到其变化值 $\Delta_r G$，化学反应的吉布斯自由能变用 $\Delta_r G_m$ 表示，公式可转换为

$$\Delta_r G_m = \Delta_r H_m - T\Delta_r S_m \quad (5\text{-}11)$$

式（5-11）称为吉布斯-亥姆霍兹公式，式中 T 为热力学温度，$\Delta_r G_m$、$\Delta_r H_m$ 和 $\Delta_r S_m$ 分别指热力学某温度下的自由能变、焓变和熵变。吉布斯自由能是可以测得的，经热力学推导，在恒温、恒压且不做非体积功的条件下，吉布斯自由能变可作为化学反应的方向和限度的判据。

$\Delta_r G_m > 0$ 表明反应逆向自发进行；$\Delta_r G_m = 0$ 表明反应处于平衡状态；$\Delta_r G_m < 0$ 表明反应正向自发进行。

如果体系处于标准状态，则可用标准摩尔吉布斯自由能变 $\Delta_r G_m^{\ominus}$ 来判断标准状态下反应自发进行的方向。公式为

$$\Delta_r G_m^{\ominus} = \Delta_r H_m^{\ominus} - T\Delta_r S_m^{\ominus} \quad (5\text{-}12)$$

上述反应方向的判断依据仍然适用。自发进行的化学反应总是向吉布斯自由能减小的方向进行。

（二）标准状态下吉布斯自由能变的计算

化学热力学规定，在标准状态下，由稳定单质生成 1mol 某物质时的吉布斯自由能变，称为该物质的标准摩尔吉布斯自由能变（standard molar Gibbs function of formation），用符号 $\Delta_f G_m^{\ominus}$ 表示，单位为 kJ/mol。定义规定：最稳定单质的 $\Delta_f G_m^{\ominus}$（T）=0。一些常见物质的 $\Delta_f G_m^{\ominus}$ 见附录七和附录八。一般在计算过程中如不做特别说明，温度均指 298.15 K。

计算一个化学反应的标准摩尔吉布斯自由能变有两种方法：一是查各反应物和生成物的标准摩尔吉布斯自由能，通过公式计算得到。$\Delta_f G_m^{\ominus}$ 的计算与标准摩尔焓变计算公式形式相同，即

$$\Delta_r G_m^{\ominus} = \sum(\nu_i \Delta_f G_{m,i}^{\ominus})_{生成物} - \sum(\nu_i \Delta_f G_{m,i}^{\ominus})_{反应物} \quad (5\text{-}13)$$

另一种方法是直接用式（5-12）进行计算。

【例 5-4】 糖代谢的总反应为

$$C_{12}H_{22}O_{11}(s) + 12O_2(g) = 12CO_2(g) + 11H_2O(l)$$

计算该反应在 298.15K 时标准摩尔吉布斯自由能变，并判断反应能否自发进行。

解： 查附表五，各物质的标准摩尔吉布斯自由能变如下：

$$\Delta_f G_m^{\ominus}(CO_2,\ g) = -394.4\ \text{kJ/mol};\quad \Delta_f G_m^{\ominus}(H_2O,\ l) = -237.1\ \text{kJ/mol}$$

$$\Delta_f G_m^{\ominus}(C_{12}H_{22}O_{11},\ s) = -1544.6\ \text{kJ/mol}$$

根据式（5-13）可得

$$\begin{aligned}\Delta_r G_m^{\ominus} &= \sum(\nu_i \Delta_f G_{m,i}^{\ominus})_{生成物} - \sum(\nu_i \Delta_f G_{m,i}^{\ominus})_{反应物}\\ &= [12\Delta_f G_m^{\ominus}(CO_2,g) + 11\Delta_f G_m^{\ominus}(H_2O,l)] - [12\Delta_f G_m^{\ominus}(O_2,g) + \Delta_f G_m^{\ominus}(C_{12}H_{22}O_{11},s)]\\ &= [12\times(-394.4) + 11\times(-237.1)] - (12\times 0 - 1544.6)\\ &= -5796.3(\text{kJ/mol})\end{aligned}$$

由于 $\Delta_r G_m^{\ominus} < 0$，表明该反应在标准状态下可以自发正向进行。

（三）非标准状态下吉布斯自由能变的计算

利用化学反应的标准摩尔吉布斯自由能变可以判断标准状态下的反应进行方向。实际上许多化学反应并不是在标准状态下完成的，因此要利用非标准状态的吉布斯自由能变来判断反应进行的方向。那么如何计算非标准状态下的吉布斯自由能变呢?

本章只要求计算各物质在分压为 101.3 kPa 时的吉布斯自由能变,所以非标准状态只需考虑温度变化即可。由于温度对焓变和熵变的影响很小，在一般的计算中，可忽略它们随温度的变化，但吉布斯自由能受温度的影响很大，不能忽略。根据吉布斯公式（5-11）

$$\Delta_r G_m = \Delta_r H_m - T\Delta_r S_m$$

温度 T，101.3 kPa 时，$\Delta_r G_m^{\ominus}(T) = \Delta_r H_m^{\ominus}(T) - T\Delta_r S_m^{\ominus}(T)$

由于温度对焓变和熵变的影响很小，故可近似采用 298.15 K 时的标准摩尔焓变和标准摩尔熵变数

值来代替温度 T 时的焓变和熵变，因此温度 T 时的摩尔吉布斯自由能变，用近似公式表示如下：

$$\Delta_r G_m^\ominus(T) = \Delta_r H_m^\ominus(298.15\ \text{K}) - T\Delta_r S_m^\ominus(298.15\ \text{K}) \quad (5\text{-}14)$$

当熵变和焓变对反应自发方向的贡献互相矛盾时，反应的自发方向往往由反应温度决定。

（四）吉布斯-亥姆霍兹方程的应用

1. 估计自发反应的温度条件 由于焓和熵对化学反应的进行方向都有影响，现将化学反应类型分为如下四种。表 5-1 列出了不同焓变、熵变和自由能条件下反应温度对反应方向的影响。

表 5-1　恒压下温度对反应自发性的影响

	ΔH	ΔS	$\Delta G=\Delta H-T\Delta S$	自发进行的温度条件
类型Ⅰ	(−)	(+)	(−)	任何温度都是自发过程
类型Ⅱ	(+)	(−)	(+)	任何温度都是非自发过程
类型Ⅲ	(+)	(+)	低温（+）	低温时是非自发过程
			高温（−）	高温时是自发过程
类型Ⅳ	(−)	(−)	低温（−）	低温时是自发过程
			高温（+）	高温时是非自发过程

表 5-1 表明，对 ΔH 和 ΔS 符号相反的反应类型Ⅰ和类型Ⅱ，反应方向不受温度变化的影响。而当 ΔH 和 ΔS 符号相同的反应类型Ⅲ和类型Ⅳ，温度对反应方向起到决定作用。上面的例 5-6 也证明了这一点。

2. 计算反应方向的转变温度 当反应的 ΔH 和 ΔS 符号相同时，温度的变化会引起 ΔG 正负号的变化，从而导致化学反应的方向也发生变化。如 $\Delta H>0$，$\Delta S>0$ 的反应，随着温度的逐渐升高，ΔG 的变化从 $\Delta G>0$ 到 $\Delta G=0$ 再到 $\Delta G<0$。同理如 $\Delta H<0$，$\Delta S<0$ 的反应，随着温度的逐渐升高，ΔG 的变化从 $\Delta G<0$ 到 $\Delta G=0$ 再到 $\Delta G>0$。其中当 $\Delta G=0$ 时反应达到平衡，此时温度称为转变温度，转变温度可以用吉布斯-亥姆霍兹公式计算：

$$\Delta_r G_m^\ominus = \Delta_r H_m^\ominus - T\Delta_r S_m^\ominus \qquad \Delta_r G_m^\ominus = 0$$

$$T_{转变} = \frac{\Delta_r H_m^\ominus}{\Delta_r S_m^\ominus} \quad (5\text{-}15)$$

当 $\Delta_r H_m^\ominus<0$，$\Delta_r S_m^\ominus<0$ 时：若 $T<T_{转变}$，反应正向自发进行；若 $T>T_{转变}$，反应逆向自发进行。

当 $\Delta_r H_m^\ominus>0$，$\Delta_r S_m^\ominus>0$ 时：若 $T>T_{转变}$，反应逆向自发进行；若 $T<T_{转变}$，反应正向自发进行。

考点：1. 计算标准状态下吉布斯自由能变和非标准状态下吉布斯自由能变；2. 能够根据吉布斯自由能变的符号判断化学反应自发进行的方向；3. 估计自发反应的温度条件，并计算反应方向的转变温度

自测题

一、选择题

（一）单项选择题

1. 某体系对环境做了 20 kJ 的功，并传递了 5 kJ 热量给环境，则体系的内能增加了（　　）。

A. 25 kJ　　B. 15 kJ
C. −25 kJ　　D. −15 kJ
E. 20kJ

2. 下列物质中，$\Delta_f H_m^\ominus$ 不等于 0 的是（　　）。

A. Fe（s）　　B. Cl_2（g）
C. 石墨　　D. Ne（g）
E. O_2（g）

3. $2NH_3(g)+3Cl_2(g) \longrightarrow N_2(g)+6HCl(g)$，$\Delta_r H_m^\ominus=-4615$ kJ/mol，温度升高 30 K，则 $\Delta_r H_m^\ominus$ 应为（　　）。

A. <-461.5 kJ/mol　　B. $\ll -461.5$ kJ/mol
C. ≈ -461.5 kJ/mol　　D. $=-461.5$ kJ/mol
E. $\gg -461.5$ kJ/mol

4. 下列反应中，$\Delta_r G_m^\ominus$ 等于产物 $\Delta_f G_m^\ominus$ 的是（　　）。

A. $Ag^+(aq)+Br^-(aq) \longrightarrow AgBr(s)$
B. $2Ag(s)+Br_2(l) \longrightarrow 2AgBr(s)$
C. $Ag(s)+1/2Br_2(l) \longrightarrow AgBr(s)$

D. $Ag(s)+1/2Br_2(g) \xlongequal{} AgBr(s)$

E. $2Ag(aq)+Br_2(aq) \xlongequal{} 2AgBr(s)$

5. 下列属于状态函数的是（　　）。

A. Q　　B. H

C. ΔG　　D. ΔU

E. ΔT

6. 已知$MnO_2(s) \xlongequal{} MnO(s)+1/2O_2(g)$,$\Delta_r H_m^\ominus$ =134.8 kJ/mol，$MnO_2(s)+Mn(s) \xlongequal{} 2MnO(s)$，$\Delta_r H_m^\ominus$ =−250.1 kJ/mol，则，MnO_2的标准摩尔生成热$\Delta_f H_m^\ominus$（kJ/mol）为（　　）。

A. −591.7　　B. 317.5

C. 519.7　　D. −317.5

E. −384.9

7. 下列属于体系的强度性质的是（　　）。

A. 温度　　B. 熵

C. 热力学能　　D. 焓

E. 质量

8. 一个封闭体系从状态 1 到状态 2，经历了两条不同的途径，下列等式成立的是（　　）。

A. $U_1 = U_2$　　B. $Q_1 = Q_2$

C. $W_1 = W_2$　　D. $\Delta U = 0$

E. $T_1 = T_2$

9. 某一过程的$\Delta_r G_m^\ominus = 0$，该过程应满足的条件是（　　）。

A. 恒温、恒压、只做非体积功

B. 恒温、恒容、不做非体积功

C. 恒温、恒压、只做体积功

D. 恒温、恒容、不做体积功

E. 恒温、恒压

10. $2NO(g)+O_2(g) \xlongequal{} 2NO_2(g)$ 反应达到平衡时的温度为（　　）。[已知 $\Delta_r H_m^\ominus = -114$ kJ/mol，$\Delta_r S_m^\ominus = -146$ J/(K · mol)]

A. 1053 K　　B. 781 K

C. 1326 K　　D. 755 K

E. 985 K

（二）多项选择题

1. 对于封闭体系来说，当过程的始态与终态确定后，下列各项中有确定值的是（　　）。

A. Q　　B. ΔG

C. W　　D. ΔS

E. $Q+W$

2. 体系的下列各组物理量中都是状态函数的是（　　）。

A. $H\ S\ U\ m$　　B. $T\ p\ V\ Q$

C. $T\ p\ V\ n$　　D. $T\ p\ U\ W$

E. $p\ G\ S\ Q$

3. 在标准状态下，稳定单质的下列数值为 0 的是（　　）。

A. $\Delta_c H_m^\ominus$　　B. $\Delta_f H_m^\ominus$

C. $S_m^\ominus$　　D. $\Delta_f G_m^\ominus$

E. ΔU

4. 下述说法正确的是（　　）。

A. 焓是状态函数

B. 焓是人为规定的一种具有能量量纲的热力学函数

C. 在等压、不做非体积功的条件下，焓变与化学反应热相等

D. 焓是体系与环境进行热交换的能量

E. 焓变与反应的途径无关

二、填空题

1. 热力学第一定律的数学表达式 $\Delta U=Q+W$ 适用于________体系。

2. 任意写出三种属于热力学状态函数的物理量________。

3. 体系和环境之间的能量交换有________和________两种形式。

4. 有 A、B、C、D 四个反应，在 298.15K 时反应的热力学函数如下表：

反应	A	B	C	D
$\Delta_r H_m^\ominus$ /kJ	12.6	1.80	−126	−11.8
$\Delta_r S_m^\ominus$ /[J/(mol · K)]	28.0	−113	84.0	−4.0

则在标准状态下，任何温度都能自发进行的反应是________，任何温度都不能进行的反应是________；另两个反应，在温度高于________℃时可自发进行的反应是________，在温度低于________℃时可自发进行的反应是________。

三、计算题

1. 1 mol H_2O(l)在 373.15 K、$p^\ominus$ 下加热完全变成 373.15 K 的水蒸气，计算此过程的 Q、W、ΔU 和 ΔH? 已知完全蒸发 1 g H_2O 需供给 2.26 kJ 热量。

2. 利用标准摩尔生成焓计算下列反应的标准摩尔焓变 $\Delta_r H_m^\ominus$，并判断该反应是放热反应还是吸热反应。

$$2CO(g)+Fe_2O_3(s) \xlongequal{} 2Fe(s)+3CO_2(g)$$

3. 已知下面两个反应的 $\Delta_r H_m^\ominus$ 分别如下：

（1）$4NH_3(g)+5O_2(g) \xlongequal{} 4NO(g)+6H_2O(l)$

$\Delta_r H_m^\ominus = -1170$ kJ/mol

（2）$4NH_3(g)+3O_2(g) \xlongequal{} 2N_2(g)+6H_2O(l)$

$\Delta_r H_m^\ominus = -1530$ kJ/mol

试求：NO 的标准摩尔生成焓 $\Delta_r H_m^\ominus$。

4. 计算下列反应在 298 K 时的标准摩尔焓变，标准摩尔熵变，同时计算 373 K 时的标准摩尔自由能变。并判断反应能否自发进行。

$$1/2I_2(g)+1/2H_2(g) \rightleftharpoons HI(g)$$

（孙荣梅）

第 6 章

电解质溶液

溶液是由溶质和溶剂组成的，溶质分为电解质和非电解质。电解质在化学和实际生活中，通常以离子的形式广泛存在。与人体关系极为密切，在人的体液中含有多种电解质离子，如 Na^{+}、K^{+}、Ca^{2+}、Mg^{2+}、HCO_3^-、HPO_4^{2-}、有机酸、蛋白质等。其存在状态和浓度，直接影响到体液的渗透平衡和酸碱平衡，同时也对神经、肌肉等组织的生理、生化功能起着重要的调节作用。本章重点介绍电解质溶液的相关内容，对医学和药学的学习十分重要。

第 1 节　强电解质溶液理论

电解质（electrolyte）是指在水溶液中或熔融状态下能导电的化合物，其水溶液称为电解质溶液（electrolytic solution）。根据电解质在水溶液中的解离程度可分为强电解质（strong electrolyte）和弱电解质（weak electrolyte）两类。强电解质在水溶液中完全解离，其溶液导电能力强，以离子形式存在；弱电解质在水溶液中仅部分解离，以离子和分子形式存在，其溶液导电能力相对较弱。因此，电解质之间的反应实质上是离子反应，离子反应可分为酸碱反应、沉淀反应、配位反应、氧化还原反应四大类。本节学习强电解质溶液理论。

电解质的解离程度可以用解离度（α）来定量地表示，解离度是指电解质达到解离平衡时，已解离的分子数和原有的分子总数的比值。本节将讨论关于强电解质的某些理论。

一、离子相互作用理论

强电解质和弱电解质在溶液中的解离具有本质区别，强酸、强碱和大多数盐都是强电解质。强电解质在水溶液中是完全解离的，如 NaCl 强电解质，理论上解离度应为 100%。但溶液导电性实验结果表明，强电解质在溶液中的解离度＜100%。

1923 年德拜（P.Debye）和休克尔（E.Hückel）提出了离子相互作用理论，也就是 D-H 互吸理论。强电解质溶液中离子浓度较大，由于静电引力作用，每个离子都处在带相反电荷的离子包围中，称为“离子氛”（ion atmosphere）。每一个阳离子周围形成了带负电荷的离子氛，同样在每一个阴离子周围形成了带正电荷的离子氛。如图 6-1 所示，在一个阳离子周围，阴离子出现的概率要比阳离子大；在一个阴离子周围，阳离子出现的概率要比阴离子大。由于离子氛的存在，阴、阳离子间相互牵制，电场中迁移的速率减慢，所以导电性实验测得的解离度降低。

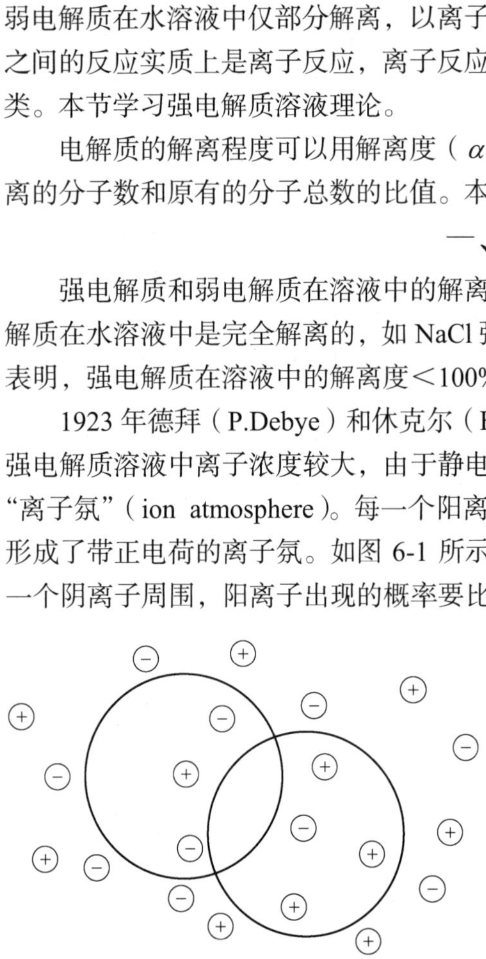

图 6-1　离子氛示意图

此外，在强电解质溶液中，还存在着离子缔合的现象。阴、阳离子会部分缔合成离子对（ion pair）作为独立单位运动。离子对的存在使溶液中自由离子浓度降低，导致溶液的导电性下降。只有在无限稀释的强电解质溶液中的离子才能完全独立、自由的运动。

由于强电解质的解离度的意义与弱电解质的解离度完全不同。弱电解质的解离度表示已解离分子所占的百分数；强电解质的解离度仅反映溶液中离子间相互牵制作用的强弱程度。因此，强电解质的解离度称为表观解离度。如表 6-1 所示几种强电解质的表观解离度。

表 6-1　几种强电解质的表观解离度（298.15 K 0.1 mol/L）

电解质	H_2SO_4	HCl	NaCl	KOH	NaOH
α /%	67	92	87	91	91

二、离子的活度和活度系数

（一）离子的活度和活度系数

在强电解质溶液中，由于离子氛和离子对的存在，与浓度有关的性质（如导电性、溶液的依数性等）受到影响，离子的有效浓度低于理论浓度，离子的有效浓度是指电解质溶液中离子实际发挥作用的离子浓度，称为活度（activity），用符号 α 表示。活度与离子的理论浓度 c 的关系为

$$\alpha=\gamma\cdot c \tag{6-1}$$

由表 6-2 可见，溶液浓度越大，单位体积内的离子数目越多，离子间的牵制作用越强，γ 就越小；反之亦然。当溶液浓度无限稀释时，离子间平均距离增大，离子间的相互牵制作用极弱，$\gamma\rightarrow1$，活度与浓度趋于一致。在近似计算中，通常将液态和固态的纯物质、中性分子、水以及弱电解质的活度系数均看作 1。

表 6-2　不同浓度 NaCl 溶液的活度和活度系数（298.15 K）

浓度/（mol/L）	活度系数（γ）	活度（α）
0.001	0.963	0.000963
0.01	0.906	0.00906
0.1	0.792	0.0792

（二）离子强度

活度系数不仅与溶液中离子的浓度有关，还与溶液中离子所带的电荷有关。为了定量地体现浓度和离子所带的电荷对活度系数的影响，提出离子强度 I 的概念，其定义为

$$I=\frac{1}{2}\sum_i b_i z_i^{\ 2}=\frac{1}{2}(b_1z_1^2+b_2z_2^2+b_3z_3^2+\cdots+b_iz_i^2) \tag{6-2}$$

式中，I 为离子强度，单位为 mol/kg；b_i 为 i 离子的质量摩尔浓度，单位为 mol/kg；z_i 为 i 离子的电荷数。由此可见，离子强度仅与溶液中的各离子的浓度和电荷数有关，而与离子本性无关。离子的浓度越大，电荷数越高，则溶液的离子强度越大；反之亦然。

I 反映了溶液中离子间作用力的强弱，I 值越大，离子间作用力越大，γ 就越小；反之，I 值越小，离子间作用力越小，γ 就越大。

【例 6-1】　计算 0.01 mol/kg $MgCl_2$ 溶液的离子强度。

解：b（Mg^{2+}）= 0.01 mol/kg，b（Cl^-）=0.02 mol/kg，z（Mg^{2+}）=2，z（Cl^-）=−1

$$I=\frac{1}{2}\sum b_iz_i^2=\frac{1}{2}[0.01\times2^2+0.02\times(-1)^2]=0.03(\text{mol/kg})$$

根据计算的离子强度，在化学手册等相关数据表中查到相应的 γ。对于稀溶液、弱电解质溶液、难溶性强电解质溶液做近似计算时，一般不考虑 I 的影响，均用浓度来代替活度，因为溶液中的离子浓度均很小，I 很小，γ 趋于 1。但在生物体中，电解质离子以一定的浓度和比例存在于体液和组织液中，I 对体内一些激素、酶、维生素的功能的影响不可忽略。例如，电化学分析法电泳检验血清蛋白必须考虑 I 的影响。

第 2 节　酸碱质子理论

酸碱是两类重要的化合物，在生产、生活和科学研究领域应用广泛。人们在研究酸碱的性质与组成、结构的关系方面，提出了一系列的酸碱理论。1887 年瑞典化学家阿伦尼乌斯（S.A.Arrhenius）提出酸碱电离理论，该理论将酸碱反应局限于水中，对非水体系和无溶剂体系物质的酸碱性均无法解释。1923 年丹麦化学家布朗斯特（J. N. Brønsted）和英国化学家劳里（T. M. Lowry）分别提出酸碱质子理论。这一理论不仅适用于水溶液，而且适用于非水体系和无溶剂体系。同年，美国物理学家路易斯（G. N. Lewis）提出路易斯酸碱理论，这些理论克服了酸碱电离理论的局限性，完善和发展了酸碱理论。

一、酸碱的概念和强度

（一）酸碱的概念

酸碱质子理论认为，凡能给出质子的物质是酸（acid）；凡能接受质子的物质是碱（base）；酸是质子的给予体（proton donor），碱是质子的接受体（proton acceptor）。酸和碱的对应关系可表示为

$$\text{酸} \rightleftharpoons \text{质子} + \text{碱}$$

$$HAc \rightleftharpoons H^+ + Ac^-$$

$$H_2CO_3 \rightleftharpoons H^+ + HCO_3^-$$

$$HCO_3^- \rightleftharpoons H^+ + CO_3^{2-}$$

$$H_2PO_4^- \rightleftharpoons H^+ + HPO_4^{2-}$$

$$NH_4^+ \rightleftharpoons NH_3 + H^+$$

酸碱质子理论扩大了酸碱的范围，酸和碱既可以是分子，也可以是阴、阳离子。有些物质如 $H_2PO_4^-$、HCO_3^-、H_2O 等既能给出质子又能接受质子，这类既能给出质子又能接受质子的物质，称为两性物质。因此，酸碱是相对的。

酸给出质子后成为该酸的共轭碱，碱接受质子后成为该碱的共轭酸，这种相互依存、相互转化的关系称为共轭关系。酸和碱只相差一个质子（H^+）的关系称为共轭酸碱对，如 $H_2PO_4^-/HPO_4^{2-}$、NH_4^+/NH_3 共轭酸碱对。

考点： 1. 根据酸碱质子理论判断物质的种类（酸、碱、两性）；2. 共轭酸碱对的书写

（二）酸碱的强度

酸、碱的强弱取决于其本身给出质子或接受质子能力的强弱。酸越强，给出质子的能力越强，其共轭碱接受质子的能力就越弱，即碱性越弱；反之，若酸的酸性很弱，其共轭碱的碱性就越强。

根据酸碱质子理论，酸碱性的强弱除与物质的本性有关外，还与反应对象及溶剂有关。同一种酸或碱在不同的溶剂中，所显示的相对强弱也不同。例如，HAc 在水中为弱酸性，在液氨中为强酸性；HNO_3 在水中为强酸性，在 H_2SO_4 中为碱性。可见，弱酸溶于碱性溶剂中，可增强其酸性；弱碱溶于酸性溶剂中，可增强其碱性。不同的酸或碱在相同的溶剂中的酸碱强度不同，相同的酸碱在不同的溶剂中的酸碱强度也有区别。

链 接　酸碱电子理论

1923 年，在提出质子理论的同年，美国物理学家路易斯根据酸碱电子层结构，提出了路易斯酸碱理论。

路易斯酸碱理论认为：凡能接受电子对的物质都称为酸；凡能给出电子对的物质都称为碱。因此，具有电子层结构不饱和的分子、原子或离子都可接受外来电子对，都可作为酸；任何给出电子对的分子、原子或离子都可作为碱。该理论还认为：中和反应是酸和碱形成配位键生成酸碱配合物

的反应。由于化合物中配位键的普遍存在，涉及许多有机反应和无溶剂系统，路易斯酸碱的范围极其广泛，因而不容易掌握酸碱的特征。

二、酸碱反应的实质

酸碱质子理论认为，酸碱反应的实质是两对共轭酸碱对之间质子的传递，其反应表示为

$$\text{酸1} + \text{碱2} \rightleftharpoons \text{酸2} + \text{碱1} \quad (H^+ \text{ 由酸1传递给碱2})$$

酸碱反应既可以在水溶液中进行，也可以在非水溶剂、无溶剂条件下进行。例如，HCl 与 NH_3 的反应：

$$HCl(g) + NH_3(g) \rightleftharpoons Cl^- + NH_4^+ \quad (H^+ \text{ 由 HCl 传递给 } NH_3)$$

上述反应中，HCl 给出质子转变成其共轭碱 Cl^-；NH_3 接受质子转变成其共轭酸 NH_4^+，这种质子的传递反应，只是质子从一种物质传递给另一种物质。

酸碱质子理论不仅扩大了酸和碱的范围，还将电离理论中的解离反应、中和反应、水解反应等都归属为质子传递的酸碱反应，如：

$$HAc + H_2O \rightleftharpoons H_3O^+ + Ac^-$$

$$HAc + NH_3 \rightleftharpoons NH_4^+ + Ac^-$$

$$Ac^- + H_2O \rightleftharpoons HAc + OH^-$$

酸碱反应的方向总是由较强的酸和较强的碱向生成较弱的酸和较弱的碱方向进行。

$$HCl + NH_3 \rightleftharpoons NH_4^+ + Cl^-$$

考点：酸碱反应的实质

第3节 水溶液中的酸碱解离平衡

一、水的质子自递反应和溶液的酸碱性

（一）水的质子自递反应

根据酸碱质子理论，水是两性物质，既可以给出质子，又可以接受质子。同样在水分子之间能够发生质子的传递反应，称为水的质子自递反应。反应方程式为

$$H_2O + H_2O \rightleftharpoons H_3O^+ + OH^-$$

在一定温度下，水的质子自递反应达到平衡时，其平衡常数可表示为

$$K_i = \frac{[H_3O^+][OH^-]}{[H_2O][H_2O]}$$

纯水或稀溶液中，$[H_2O]$可看作常数，与 K_i 合并成一个新常数 K_w，可用$[H^+]$代表$[H_3O^+]$，则得

$$K_w = [H^+][OH^-] \tag{6-3}$$

一定温度下，K_w 称为水的离子积常数，简称水的离子积。水的离子积常数不仅适用于纯水，也适用于稀水溶液。由于水的质子自递反应是吸热反应，所以 K_w 随着温度升高而增大，见表 6-3。根据实验测得，在 298.15 K 时，1 L 纯水中有 1.0×10^{-7} mol 的水分子发生解离。此条件下纯水中$[H^+]=[OH^-]=1.0\times10^{-7}$ mol/L，故 $K_w=1.0\times10^{-14}$。

表 6-3 不同温度下水的离子积常数

T/K	K_w	T/K	K_w
273	1.03×10^{-15}	298	1.27×10^{-14}
291	7.40×10^{-15}	323	5.60×10^{-14}
293	8.60×10^{-15}	353	3.40×10^{-13}
295	1.00×10^{-15}	373	7.40×10^{-13}

由表 6-3 可见，温度对水的离子积常数影响显著。例如，在 373 K 时水的离子积是 273 K 时的 7184 倍，室温范围内，K_w 值变化不明显。在冰醋酸和液氨中，也存在类似的质子自递平衡：

$$HAc + HAc \rightleftharpoons H_2Ac^+ + Ac^-$$

案例 6-1

维生素 C 注射液（5 mg/mL）的 pH 为 3.0，直接用于局部注射会产生疼痛感，因此，在制备时需要加入适量的 $NaHCO_3$，将 pH 调节在 5.5～6.0 之间，接近血液的 pH，以减轻维生素 C 注射液注射时引起的疼痛，又能增加其稳定性。

问题： 加入适量 $NaHCO_3$ 为什么能减轻维生素 C 注射液注射时引起的疼痛？

（二）溶液的酸碱性

K_w 反映了水溶液中$[H^+]$和$[OH^-]$之间的相互关系，在水溶液中同时存在$[H^+]$和$[OH^-]$，其含量不同，溶液的酸碱性不同。溶液的酸碱性对物质的性质具有显著影响，如药物的生理作用和稳定性，药物的合成和含量测定，临床检验和临床用药等都需要严格控制溶液的 pH。在 298.15 K 时，根据 $K_w = [H^+][OH^-] = 1.0\times10^{-14}$。即在纯水或者其他酸、碱的水溶液中，已知溶液的$[H^+]$，可以计算出$[OH^-]$。例如，298.15K 时，某物质的水溶液中，$[H^+]=1.0\times10^{-3}$，则$[OH^-]=1.0\times10^{-11}$。

根据溶液中的$[H^+]$或$[OH^-]$的大小，将溶液分为中性和碱性溶液。

中性溶液 $[H^+]=[OH^-]=1.0\times10^{-7}$ mol/L；

酸性溶液 $[H^+]>[OH^-]$，即 $[H^+]>1.0\times10^{-7}$ mol/L，$[OH^-]<1.0\times10^{-7}$ mol/L；

碱性溶液 $[H^+]<[OH^-]$，即 $[H^+]<1.0\times10^{-7}$ mol/L，$[OH^-]>1.0\times10^{-7}$ mol/L。

许多化学反应和生理现象在$[H^+]$（10^{-2}～10^{-8} mol/L）很小的溶液中，通常用$[H^+]$的负对数表示溶液的酸碱性，表示为

$$pH = -\lg[H^+] \tag{6-4}$$

溶液的酸碱性也可用 pOH 来表示。pOH 是指溶液中$[OH^-]$的负对数，表示为

$$pOH = -\lg[OH^-] \tag{6-5}$$

若式（6-3）两边取负对数，则得

$$pH + pOH = 14.00 \tag{6-6}$$

例如：$[H^+] = 1.0\times10^{-7}$ mol/L，则 $pH = -\lg(1.0\times10^{-7}) = 7.00$；

$[H^+] = 1.0\times10^{-5}$ mol/L，则 $pH = -\lg(1.0\times10^{-5}) = 5.00$；

$[OH^-] = 1.0\times10^{-2}$ mol/L，则 $pOH = -\lg(1.0\times10^{-2}) = 2.00$。

pH 是用来表示溶液酸碱性的一种标度。$[H^+]$越大，pH 越小，溶液的酸性越强，碱性越弱；反之亦然。溶液的酸碱性与 pH 的关系为：酸性溶液 pH＜7；中性溶液 pH=7；碱性溶液 pH＞7。

【例 6-2】 计算 0.001 mol/L NaOH 溶液的 pH。

解： NaOH 是强碱，在水溶液中完全解离。

$$c_{NaOH} = [OH^-] = 1.0\times10^{-3}\ \text{mol/L},\quad pOH = -\lg(1.0\times10^{-3}) = 3.00$$

$$pH = 14.00 - pOH = 14.00 - 3.00 = 11.00$$

考点：1. pH 的计算式；2. 溶液的酸碱性与 pH 的关系

二、弱酸、弱碱的解离平衡

弱电解质在水溶液中的解离过程，实质上是弱电解质与溶剂水分子之间的质子传递反应，分子与离子之间存在可逆平衡。

（一）解离平衡和解离常数

1. 一元弱酸、弱碱的解离平衡　弱电解质在水溶液中只有部分发生解离。在一定条件下，弱电解质达到解离平衡时，溶液中已解离的电解质组分离子浓度和未解离的弱电解质分子浓度均不再随时间而改变。例如，一元弱酸醋酸在溶液中的解离：

$$HAc + H_2O \rightleftharpoons H_3O^+ + Ac^-$$

可简写为

$$HAc \rightleftharpoons H^+ + Ac^-$$

少数的 HAc 分子在水分子的作用下解离成离子，同时溶液中部分 H^+和 Ac^-又不断地相互吸引而重新结合成 HAc 分子。

在一定温度下，当正反应速率与逆反应速率相等时，解离达到动态平衡，称为解离平衡。醋酸的解离平衡常数表达式为

$$K_i = \frac{[H_3O^+][Ac^-]}{[HAc][H_2O]}$$

在稀溶液中，$[H_2O]$可视为常数，将其与 K_i 合并，用常数 K_a 表示：

$$K_a = \frac{[H_3O^+][Ac^-]}{[HAc]}$$

K_i 为解离平衡常数，简称解离常数。通常弱酸的解离常数用 K_a 表示，弱碱的解离常数用 K_b 表示。

对于一元弱碱 $NH_3 \cdot H_2O$ 在水溶液中存在以下解离平衡：

$$NH_3 + H_2O \rightleftharpoons NH_4^+ + OH^-$$

解离常数为

$$K_b = \frac{[NH_4^+][OH^-]}{[NH_3]}$$

K_a 和 K_b 的大小表示了弱酸和弱碱在水溶液中的解离程度。K_a 或 K_b 越大，说明弱酸或弱碱解离程度越高，对应的弱酸或弱碱越强。

2. 多元弱酸、弱碱的解离平衡　凡能给出两个或两个以上质子的弱酸称为多元弱酸，如 H_2CO_3、H_2S、H_3PO_4 等。多元弱酸的解离是分步进行的，每一步解离都有相应的解离常数，通常用 K_{a1}、K_{a2}、K_{a3} 等表示。例如，三元弱酸 H_3PO_4 在水溶液中发生三步解离，即 K_{a1}、K_{a2}、K_{a3} 分别为 H_3PO_4 的第一步、第二步、第三步解离常数。

$$H_3PO_4 \rightleftharpoons H^+ + H_2PO_4^- \quad K_{a1} = \frac{[H^+][H_2PO_4^-]}{[H_3PO_4]} = 7.5 \times 10^{-3}$$

$$H_2PO_4^- \rightleftharpoons H^+ + HPO_4^{2-} \quad K_{a2} = \frac{[H^+][HPO_4^{2-}]}{[H_2PO_4^-]} = 6.3 \times 10^{-8}$$

$$HPO_4^{2-} \rightleftharpoons H^+ + PO_4^{3-} \quad K_{a3} = \frac{[H^+][PO_4^{3-}]}{[HPO_4^{2-}]} = 4.4 \times 10^{-13}$$

在多元弱酸的水溶液中，解离常数 K_{a1} 远大于 K_{a2} 和 K_{a3}。因此，溶液中 H^+主要来自于第一步解离，多元弱酸酸性的强弱取决于 K_{a1}，K_{a1} 越大多元弱酸的酸性越强。

同理，多元弱碱的解离情况与多元弱酸类似，其解离常数通常用 K_{b1}、K_{b2}、K_{b3} 等表示。多元弱碱

碱性的强弱取决于 K_{b1}，K_{b1} 越大多元弱碱的碱性越强。弱酸和弱碱的解离常数与化学平衡常数一样，与温度有关，而与浓度无关。

一定温度下，K_a（K_b）为一常数，其数值大小能表示酸（碱）的强弱，数值越大，酸（碱）的强度越大。附录二列出了常见弱酸、弱碱的标准解离常数（298.15 K）。

（二）解离常数与解离度的关系

解离度（degree of dissociation）是弱电解质解离程度的另一种表示方法，是在一定温度下，已解离的弱电解质分子数与解离前弱电解质分子总数之比。通常用 α 表示。

$$\alpha = \frac{\text{已解离的电解质分子数}}{\text{电解质分子总数}} \times 100\% \tag{6-7}$$

例如，在 298.15 K 时 0.1 mol/L HAc 水溶液的解离度为 1.33%，常见弱电解质的解离度见表 6-4。

表 6-4　常见弱电解质的解离度（0.1 mol/L，298.15 K）

电解质	化学式	解离度/%	电解质	化学式	解离度/%
醋酸	CH_3COOH	1.33	甲酸	HCOOH	4.24
碳酸	H_2CO_3	0.17	氨水	$NH_3 \cdot H_2O$	1.33

解离度的大小能有效地表示电解质的相对强弱。相同浓度的不同弱电解质，其解离度不同。电解质越弱，解离度越小。

解离常数和解离度是不同的两个概念，可以从不同的角度表示弱电解质的相对强弱。它们既有联系又有区别，解离常数是弱电解质的特征常数，是化学平衡常数的一种形式，不受浓度的影响。而解离度是与弱电解质的本性、温度、溶剂有关，并且受弱电解质的浓度影响。弱电解质解离度的大小取决于电解质的本性，弱电解质解离成离子时，一般需要吸热，升高温度，解离平衡向解离方向移动，从而使解离度增大；溶液浓度越小，阴、阳离子相互碰撞结合成分子的机会越少，则解离度越大。因此，在表示弱电解质的解离度时，必须指明溶液的浓度和温度。表 6-5 列出不同浓度下的 HAc 的解离度。

表 6-5　不同浓度下的 HAc 的解离度（298.15 K）

c /（mol/L）	0.1	0.02	5.91×10^{-5}	2.14×10^{-4}
α	0.0135	0.0299	0.0540	0.2477

考点：1. 弱电解质的解离平衡及解离平衡的移动；2. 影响解离常数、解离度大小的因素

解离度、解离常数和浓度之间有一定的关系。以一元弱酸 HA 解离平衡为例，设 HA 溶液的浓度为 c（mol/L）：

$$HA + H_2O \rightleftharpoons H_3O^+ + A^-$$

初始浓度：　c　　0　　0

平衡浓度：　$c-c\alpha$　　$c\alpha$　　$c\alpha$

可得

$$K_i = \frac{[H_3O^+][A^-]}{[HA]} = \frac{c\alpha \cdot c\alpha}{c - c\alpha} = \frac{c\alpha^2}{1-\alpha}$$

HA 属弱电解质，一般 $\alpha < 5\%$，则 $1-\alpha \approx 1$，所以

$$K_i = c\alpha^2 \text{ 或 } \alpha = \sqrt{\frac{K_i}{c}} \tag{6-8}$$

式（6-8）也称为稀释定律，在一定温度下（K_i 为定值），解离度随溶液的稀释（浓度减小）而增大。

如实验测得 298.15 K 时不同浓度的 HAc 溶液的解离常数，数值稳定在 1.76×10^{-5}，而其解离度则

随浓度的不同而不同，见表 6-6。

表 6-6 不同浓度醋酸溶液的解离度和解离常数（298.15 K）

HAc 溶液浓度/（mol/L）	解离度 α/%	解离常数 K_a
0.001	12.4	1.76×10^{-5}
0.1	1.33	1.76×10^{-5}
0.2	0.934	1.76×10^{-5}

案例 6-2

某医生在治疗发热患者时发现，口服弱酸性药物阿司匹林，起效迅速，解热镇痛效果良好；而将阿司匹林与碱性药物 $NaHCO_3$ 同时服用后解热镇痛效果较低甚至没有作用。

问题：1. 阿司匹林单独使用或与碱性药物 $NaHCO_3$ 同时服用，两种给药方案产生药效为何不同？

2. 酸碱性药物的解离程度主要与哪些因素有关？

三、共轭酸碱对 K_a 与 K_b 的关系

根据共轭酸碱理论，共轭酸碱对是通过一个质子的转移而相互转化的一对酸碱，其 K_a、K_b 之间存在一定的关系。例如，共轭酸碱对 HA-A^-在水溶液中存在如下解离平衡：

$$HA + H_2O \rightleftharpoons H_3O^+ + A^- \qquad K_{HA} = \frac{[H_3O^+][A^-]}{[HA]}$$

$$A^- + H_2O \rightleftharpoons HA + OH^- \qquad K_{A^-} = \frac{[HA][OH^-]}{[A^-]}$$

将其 K_{HA} 与 K_{A^-} 相乘，则得

$$K_{HA}K_{A^-} = [H^+][OH^-] = K_w$$

水溶液中，对于任何一对共轭酸碱对都有

$$K_aK_b = K_w \tag{6-9}$$

两边同时取负对数得

$$pK_a + pK_b = pK_w$$

上式表明，共轭酸碱对的 K_a 与 K_b 成反比，酸越弱，其共轭碱越强；反之亦然。如果已知弱酸的 K_a（或弱碱 K_b）可求出其共轭碱的 K_b（或共轭酸 K_a）。

【例 6-3】 已知 298.15 K 时，HAc 的 K_a=1.76×10^{-5}，$NH_3\cdot H_2O$ 的 K_b=1.76×10^{-5}，分别计算 Ac^- 的 K_b 和 NH_4^+ 的 K_a。

解：Ac^--HAc 是一对共轭酸碱对，

$$K_{Ac^-} = \frac{K_w}{K_a} = \frac{1\times10^{-14}}{1.76\times10^{-5}} \approx 5.68\times10^{-10}$$

NH_4^+是 $NH_3\cdot H_2O$ 的共轭酸，

$$K_{NH_4^+} = \frac{K_w}{K_b} = \frac{1\times10^{-14}}{1.76\times10^{-5}} \approx 5.68\times10^{-10}$$

以磷酸为例，说明多元弱酸与对应多元弱碱间的各级解离常数的关系：

$$H_3PO_4 \underset{K_{b3}}{\overset{K_{a1}}{\rightleftharpoons}} H_2PO_4^- \underset{K_{b2}}{\overset{K_{a2}}{\rightleftharpoons}} HPO_4^{2-} \underset{K_{b1}}{\overset{K_{a3}}{\rightleftharpoons}} PO_4^{3-}$$

$$K_{a1}K_{b3} = K_{a2}K_{b2} = K_{a3}K_{b1} = K_w$$

考点：共轭酸碱解离常数 K_a、K_b 的关系

四、同离子效应和盐效应

（一）同离子效应

弱电解质的解离平衡是一种动态平衡，当外界条件发生改变时，会引起平衡发生移动。弱电解质的解离程度有所改变。例如，在 HAc 水溶液中存在以下平衡：

$$HAc \rightleftharpoons H^+ + Ac^-$$

在上述平衡系统中加入与 HAc 含有相同离子的强电解质 NaAc，由于 NaAc 在溶液中完全解离，使溶液中的$[Ac^-]$增大，解离平衡向左移动，抑制了 HAc 的解离，使 HAc 的解离度减小。

在弱电解质溶液中，加入与弱电解质具有相同离子的强电解质时，使弱电解质的解离度降低的现象，称为同离子效应（common ion effect）。

例如，在氨水中加入少量强电解质 NH_4Cl，溶液中$[NH_4^+]$增大，解离平衡向左移动，降低了氨水的解离度，产生同离子效应。

$$NH_3 + H_2O \rightleftharpoons OH^- + NH_4^+$$

$$NH_4Cl \longrightarrow Cl^- + NH_4^+$$

在氨水溶液中加入酚酞，溶液显红色，说明氨水溶液显碱性；在此溶液中加入少量的氯化铵晶体，红色变淡，说明$[OH^-]$减小，溶液的碱性减弱。这是因为 NH_4Cl 是强电解质，在水溶液中完全解离，使溶液中$[NH_4^+]$增大，大量的NH_4^+同 OH^-结合生成 $NH_3 \cdot H_2O$，使溶液中的$[OH^-]$减小。因此，由于 NH_4Cl 的加入，$NH_3 \cdot H_2O$ 的解离平衡向逆反应方向移动，降低了 $NH_3 \cdot H_2O$ 的解离度，同离子效应可用于缓冲溶液的配制，在药物分析中也可用来控制溶液中某种离子的浓度。

（二）盐效应

在弱电解质溶液中，加入与弱电解质不含相同离子的强电解质，使弱电解质的解离度增大的现象，称为盐效应（salt effect）。

例如，向 0.10 mol/L 的 HAc 溶液中，加入固体 NaCl，使其浓度为 0.10 mol/L，则 HAc 的解离度由 1.33%增大到 1.68%。这是因为 NaCl 溶于水后，完全解离成 Na^+和 Cl^-，使溶液中的离子数目骤增，溶液中离子间的相互牵制作用增强，H^+与 Ac^-结合生成 HAc 的速率减小，因而增大了解离度，使醋酸的解离平衡向正反应方向移动。

盐效应与同离子效应的作用相反。在产生同离子效应的同时，必然伴随着盐效应的发生，但同离子效应远大于盐效应，所以在离子浓度较小的溶液中，常忽略盐效应的影响。

考点：1. 同离子效应的定义及判断依据；2. 盐效应的定义

第 4 节　酸碱溶液的 pH 计算

强酸、强碱在水溶液中完全解离，通常可忽略水的质子自递作用，pH 可直接用其质子浓度进行计算。而弱酸、弱碱溶液由于存在其解离平衡，pH 计算则比较复杂。

一、一元弱酸、弱碱溶液 pH 计算

在一元弱酸或弱碱水溶液中，同时存在着弱酸或弱碱本身的解离平衡及溶剂水的质子自递平衡。

$$HAc + H_2O \rightleftharpoons H_3O^+ + Ac^-$$

$$H_2O + H_2O \rightleftharpoons H_3O^+ + OH^-$$

其中$[HAc]$、$[H_3O^+]$、$[Ac^-]$和$[OH^-]$都是未知的，要精确计算相当复杂。由于水的解离程度很低，弱酸解离产生的 H_3O^+又抑制了水的解离。当弱酸的 $c \cdot K_a \geqslant 20K_w$ 时，可以忽略水的解离对$[H_3O^+]$的影

响，只考虑弱酸的解离。

以 HAc 为例，设 HAc 溶液的起始浓度为 c，

$$HAc + H_2O \rightleftharpoons H_3O^+ + Ac^-$$

平衡时：　$c-[H_3O^+]$　　$[H_3O^+]$　　$[H_3O^+]$

$$K_a = \frac{[H_3O^+][Ac^-]}{[HAc]} = \frac{[H_3O^+]^2}{c-[H_3O^+]}$$

由于，$[H_3O^+]\approx[Ac^-]$、$[HAc]\approx c-[H_3O^+]$

$$[H_3O^+] = -\frac{K_a}{2} + \sqrt{\frac{K_a^2}{4} + K_a \cdot c} \qquad (6\text{-}10)$$

式（6-10）是一元弱酸溶液$[H_3O^+]$计算的近似公式，适用条件是 $c \cdot K_a \geqslant 20K_w$ 和 $c/K_a < 500$。

当 $c/K_a \geqslant 500$ 时，平衡体系中$[H_3O^+]$远小于 c，$[HAc]=c-[H_3O^+]\approx c$

$$[H_3O^+] = \sqrt{K_a \cdot c} \qquad (6\text{-}11)$$

【例 6-4】 计算 298.15 K 时，0.10 mol/L HF 溶液中的 pH。（已知 $K_a=6.3\times10^{-4}$）

解：$\frac{c}{K_a} = \frac{0.10}{6.3\times10^{-4}} < 500$，

用式（6.10）计算，

$$[H_3O^+] = -\frac{K_a}{2} + \sqrt{\frac{K_a^2}{4} + K_a \cdot c}$$

$$= -\frac{6.3\times10^{-4}}{2} + \sqrt{\frac{(6.3\times10^{-4})^2}{4} + 6.3\times10^{-4}\times0.10}$$

$$= 7.6\times10^{-3}(\text{mol/L})$$

$$pH = -\lg[H_3O^+] = -\lg(7.6\times10^{-3}) = 2.12$$

【例 6-5】 计算 298.15 K 时，0.10 mol/L HAc 溶液的 pH 和 α。（HAc 的 $K_a=1.76\times10^{-5}$）。解：因为 $c \cdot K_a=0.10\ \text{mol/L}\times1.76\times10^{-5}>20K_w$

$$\frac{c}{K_a} = \frac{0.10}{1.76\times10^{-5}} > 500$$

可用最简公式计算。

$$[H_3O^+] = \sqrt{cK_a} = \sqrt{0.10\times1.76\times10^{-5}}$$

$$= 1.33\times10^{-3}(\text{mol/L})$$

$$pH = -\lg[H_3O^+] = -\lg(1.33\times10^{-3}) = 2.88$$

$$\alpha = = \frac{[H_3O^+]}{c}\times100\% = \frac{1.33\times10^{-3}}{0.10} = 1.33\%$$

【例 6-6】 计算 298.15 K 时，0.10 mol/L NH_4Cl 溶液的 pH。（NH_4^+ 的 $K_a=5.68\times10^{-10}$）

解：NH_4Cl 在水溶液中完全解离为 NH_4^+ 和 Cl^-，NH_4^+ 的 c 为 0.10 mol/L。

因为，$cK_a = 0.10\times5.68\times10^{-10} > 20K_w$，

$$\frac{c}{K_a} = \frac{0.10}{5.68\times10^{-10}} > 500$$

所以 $[H_3O^+] = \sqrt{cK_a} = \sqrt{0.10\times5.68\times10^{-10}} = 7.5\times10^{-6}(\text{mol/L})$

$$pH = -\lg[H_3O^+] = -\lg(7.5\times10^{-6}) = 5.12$$

同理，对于一元弱碱溶液，与一元弱酸的解离过程相似，得出$[OH^-]$近似计算公式。

当 $c \cdot K_b \geqslant 20K_w$ 和 $c/K_b < 500$ 时：

$$[OH^-]=-\frac{K_b}{2}+\sqrt{\frac{K_b^2}{4}+K_b\cdot c} \tag{6-12}$$

当 $c\cdot K_b\geqslant 20K_w$ 且 $c/K_b\geqslant 500$ 时：

$$[OH^-]=\sqrt{c\cdot K_b} \tag{6-13}$$

【例 6-7】 计算 283 K 时，1.25 g/L 平喘药左旋麻黄碱溶液的 pH。($M_{L\text{-}C_{10}H_{15}ON}$=165.0 g/mol，$K_b$=9.08×$10^{-5}$)

解：左旋麻黄碱溶液浓度，$c_B=\frac{\rho_B}{M_B}=\frac{1.00}{165.0}=7.58\times10^{-3}(mol/L)$

因为 $$\frac{c}{K_b}=\frac{7.58\times10^{-3}}{9.08\times10^{-5}}<500$$

用式（6-12）计算

$$[OH^-]=-\frac{K_b}{2}+\sqrt{\frac{K_b^2}{4}+K_b\cdot c}$$
$$=-\frac{9.08\times10^{-5}}{2}+\sqrt{\frac{(9.08\times10^{-5})^2}{4}+9.08\times10^{-5}\times7.58\times10^{-3}}$$
$$=8.3\times10^{-4}(mol/L)$$
$$pOH=-\lg[OH^-]=-\lg(8.3\times10^{-4})=3.08$$
$$pH=10.92$$

【例 6-8】 计算 298.15 K 时，0.10 mol/L $NH_3\cdot H_2O$ 溶液的 pH。($NH_3\cdot H_2O$ 的 K_b=1.76×10^{-5})

解：因为 $c\cdot K_b$=0.10×1.76×10^{-5}>$20K_w$，

$$\frac{c}{K_b}=\frac{0.10}{1.76\times10^{-5}}>500$$

可以进行近似计算：

$$[OH^-]=\sqrt{K_b\cdot c}=\sqrt{0.10\times1.76\times10^{-5}}=1.33\times10^{-3}(mol/L)$$
$$pOH=-\lg[OH^-]=-\lg(1.33\times10^{-3})=2.88$$

则：
$$pH=14-pOH=11.12$$

二、多元弱酸、弱碱溶液 pH 计算

在多元弱酸或多元弱碱的溶液中，通常 H^+ 或 OH^-主要来源于第一步解离。一般情况下，多元弱酸或多元弱碱溶液中$[H^+]$或$[OH^-]$的计算，可按一元弱酸或一元弱碱处理。

多元弱酸溶液：当 $cK_{a1}\geqslant 20K_w$，$\frac{c}{K_{a1}}\geqslant 500$ 时：

$$[H_3O^+]=\sqrt{cK_{a1}} \tag{6-14}$$

多元弱碱溶液：当 $cK_{b1}\geqslant 20K_w$，$\frac{c}{K_{b1}}\geqslant 500$ 时：

$$[OH^-]=\sqrt{cK_{b1}} \tag{6-15}$$

【例 6-9】 计算 298.15 K 时，0.10 mol/L Na_2CO_3 溶液的 pH。

解：Na_2CO_3 溶液的质子转移平衡：

$$CO_3^{2-}+H_2O \rightleftharpoons HCO_3^-+OH^- \qquad K_{b1}=\frac{K_w}{K_{a_2}}=\frac{1.0\times10^{-14}}{5.6\times10^{-11}}\approx1.79\times10^{-4}$$

$$HCO_3^-+H_2O \rightleftharpoons H_2CO_3+OH^- \qquad K_{b_2}=\frac{K_w}{K_{a1}}=\frac{1.0\times10^{-14}}{4.3\times10^{-7}}\approx2.3\times10^{-8}$$

$$cK_{b1}=0.10\times1.79\times10^{-4}>20K_w \quad 且 \frac{c}{K_{b1}}=\frac{0.10}{1.79\times10^{-4}}\geqslant500$$

$$[OH^-]=\sqrt{cK_{b1}}=\sqrt{1.79\times10^{-4}\times0.10}=4.2\times10^{-3}(mol/L)$$

$$pH=14-pOH, pOH=-\lg[OH^-]=-\lg(4.2\times10^{-3})=2.33$$

$$pH=14-2.33=11.67$$

三、两性物质水溶液的 pH 计算

对于 $NaHCO_3$、NaH_2PO_4、K_2HPO_4 等两性物质来说，一般进行如下近似处理：对于 HA^-、H_2A^- 类型的两性物质，当 $cK_{a2}\geqslant20K_w$ 且 $\frac{c}{K_{a1}}>20$ 时：

$$[H_3O^+]=\sqrt{K_{a1}K_{a2}} \tag{6-16}$$

对于 HA^{2-}类型的两性物质，当 $cK_{a3}\geqslant20K_w$ 且 $\frac{c}{K_{a2}}>20$ 时：

$$[H_3O^+]=\sqrt{K_{a2}K_{a3}} \tag{6-17}$$

【例 6-10】 计算 298.15 K 时，0.10 mol/L NaH_2PO_4、Na_2HPO_4 溶液的 pH。（H_3PO_4 的 $K_{a1}=7.5\times10^{-3}$，$K_{a2}=6.3\times10^{-8}$，$K_{a3}=4.4\times10^{-13}$）

解：NaH_2PO_4 因为 $cK_{a2}=0.1\times6.2\times10^{-8}>20K_w$，$\frac{c}{K_{a1}}=\frac{0.1}{6.9\times10^{-3}}>20$

所以 $[H_3O^+]=\sqrt{K_{a1}K_{a2}}=\sqrt{7.5\times10^{-3}\times6.3\times10^{-8}}=2.17\times10^{-5}(mol/L)$

$$pH=-\lg[H^+]=-\lg(2.17\times10^{-5})=4.66$$

Na_2HPO_4 因为 $cK_{a3}=0.1\times4.4\times10^{-13}>20K_w$，$\frac{c}{K_{a2}}=\frac{0.1}{6.3\times10^{-8}}>20$

所以 $[H_3O^+]=\sqrt{K_{a2}K_{a3}}=\sqrt{6.3\times10^{-8}\times4.4\times10^{-13}}=1.66\times10^{-10}(mol/L)$

$$pH=-\lg[H^+]=-\lg(1.66\times10^{-10})=9.78$$

【例 6-11】 计算 298.15 K 时，0.10 mol/L $NaHCO_3$ 溶液的 pH。（H_2CO_3 的 $K_{a1}=4.3\times10^{-7}$，$K_{a2}=5.61\times10^{-11}$）

解：因为 $cK_{a2}=0.1\times5.61\times10^{-11}>20K_w$，$\frac{c}{K_{a1}}=\frac{0.1}{4.30\times10^{-7}}>20$

所以 $[H_3O^+]=\sqrt{K_{a1}K_{a2}}=\sqrt{4.30\times10^{-7}\times5.61\times10^{-11}}=4.90\times10^{-9}(mol/L)$

$$pH=-\lg[H^+]=-\lg(4.99\times10^{-9})=8.31$$

考点：强酸、强碱、一元弱酸、一元弱碱溶液 pH 的计算

四、酸碱指示剂

酸碱指示剂（acid-base indicator）一般多为有机弱酸或有机弱碱，因其解离的离子与其分子在 pH 不同的酸或碱中具有不同的颜色，所以能指示溶液的酸碱性。如酚酞、石蕊和甲基橙这类物质，在不同 pH 溶液中显示不同颜色。它们在水溶液中都存在酸式和碱式两种结构形式，即为两性物质。下面以酚酞为例分析它的变色原理。

酚酞属有机弱酸，其水溶液中存在如下平衡：

$$HIn + H_2O \rightleftharpoons H_3O^+ + In^-$$

分子（无色）　　　　离子（红色）

其中，HIn 为酸式结构，In^- 为碱式结构。当向酚酞溶液中加入酸，$[H^+]$增大，pH 减小（pH≤5.0），酚酞的解离平衡向左移动，离子减少，分子增多，溶液显示分子的无色；当向酚酞溶液中加入碱，$[H^+]$

减小，pH 增大（pH≥8.0），酚酞的解离平衡向右移动，分子减少，离子增多，溶液就显示离子的红色。由此可见，酚酞指示剂由无色变为红色时，溶液的 pH 由 5.0 变化到 8.0。指示剂由一种颜色转变到另一种颜色时溶液的 pH 变化范围称为指示剂的变色范围。常用酸碱指示剂的变色范围见表 6-7。

表 6-7 常用酸碱指示剂的变色范围及颜色变化

指示剂	变色范围（pH）	颜色变化
酚酞	8.0～10.0	无色～红色
石蕊	5.0～8.0	红色～蓝色
甲基橙	3.1～4.4	红色～黄色
甲基红	4.4～6.2	红色～黄色
溴麝香草酚蓝	6.2～7.6	黄色～蓝色
溴酚蓝	3.0～4.6	黄色～蓝紫色
中性红	6.8～8.0	红色～黄色

表 6-7 中 pH 小的颜色为指示剂的酸式色，pH 大的颜色为指示剂的碱式色。指示剂对酸碱越敏感越好，也就是说指示剂的变色范围越窄越好。

用酸碱指示剂测定溶液的 pH 在化学实验及生产过程的分析化验中应用广泛，但测定结果比较粗略，精确地测定溶液的 pH 时，可以使用 pH 酸度计。

第 5 节 缓冲溶液

生物体内发生的各种化学反应需要在适宜而稳定的 pH 范围才能正常进行。人体生命活动依赖的酶由稳定的 pH 环境发挥其活性；药物的制备、药物在生物体内发生的反应等；缓冲溶液常用于控制溶液的 pH。

一、缓冲溶液和缓冲作用原理

（一）缓冲溶液和缓冲作用

在以下两种溶液中，分别加入 1 mol/L HCl 或 1 mol/L NaOH 时，溶液的 pH 变化见表 6-8。

表 6-8 常用酸碱指示剂的变色范围及颜色变化

溶液	0.1 mol/L NaCl	0.1 mol/L HAc-NaAc
加入酸（碱）前溶液的 pH	7.0	4.75
加入酸后溶液的 pH	3.0	4.74
加入碱后溶液的 pH	11.0	4.76
溶液 pH 的变化	改变 4 个 pH 单位	改变 0.01 个 pH 单位

实验表明，在纯水或稀 NaCl 溶液中加入少量 HCl 或 NaOH 溶液，溶液的 pH 都会发生显著改变；而在 HAc 和 NaAc 混合溶液加入少量 HCl 或 NaOH 溶液，溶液的 pH 几乎不变，同样用水适当稀释时，HAc 和 NaAc 混合溶液的 pH 也几乎不变。这说明 HAc 和 NaAc 混合溶液具有抵抗外来少量强酸、强碱或适当稀释的能力。这种能抵抗外来少量强酸、强碱或适当稀释，而保持其 pH 几乎不变的作用称为缓冲作用，具有缓冲作用的溶液称为缓冲溶液（buffer solution）。

（二）缓冲溶液的组成

缓冲溶液之所以具有缓冲作用，是由具有足够浓度、适当比例的共轭酸碱对的两种物质组成。即抗酸成分和抗碱成分。通常把组成缓冲溶液的共轭酸碱对称为缓冲对或缓冲系。常见的缓冲系主要有三种类型。

1. 弱酸及其对应的盐

弱酸（抗碱成分）	对应的盐（抗酸成分）
HAc	$NaAc$
H_2CO_3	$NaHCO_3$
H_3PO_4	NaH_2PO_4

2. 弱碱及其对应的盐

弱碱（抗酸成分）	对应的盐（抗碱成分）
$NH_3 \cdot H_2O$	NH_4Cl

3. 多元弱酸的酸式盐及其对应的次级盐

多元弱酸的酸式盐（抗碱成分）	对应次级盐（抗酸成分）
NaH_2PO_4	Na_2HPO_4
Na_2HPO_4	Na_3PO_4
$NaHCO_3$	Na_2CO_3

考点：缓冲对的主要类型

（三）缓冲作用原理

缓冲溶液具有缓冲作用，本质上是平衡移动原理在酸碱解离平衡中的应用。现以 HAc-NaAc 缓冲溶液为例，讨论缓冲作用的原理。

在 HAc-NaAc 缓冲系中，NaAc 是强电解质，在溶液中完全解离为 Na^+和 Ac^-；而 HAc 是弱电解质，解离度很小，并且由于来自 NaAc 的同离子效应，抑制了 HAc 的解离，HAc 几乎以分子状态存在于溶液中。因此，在 HAc-NaAc 缓冲系中存在大量的 HAc 和 Ac^-，而且 HAc 和 Ac^-为共轭酸碱对，水溶液中质子传递平衡如下：

$$\underset{\text{（大量）}}{HAc} + H_2O \rightleftharpoons H_3O^+ + \underset{\text{（大量）}}{Ac^-}$$

当向 HAc-NaAc 缓冲系中加入少量强酸时，溶液中大量的 Ac^-与外来的 H^+结合生成 HAc，使上述平衡向左移动，H_3O^+浓度没有明显升高，溶液的 pH 几乎保持不变。即抗酸离子反应：

$$H^+ + Ac^- \rightleftharpoons HAc$$

共轭碱 Ac^-抵抗外来的少量的酸，是抗酸成分。

当向 HAc-NaAc 缓冲系中加入少量强碱时，溶液中的 H_3O^+与外来少量 OH^-结合成 H_2O，溶液中减少的 H_3O^+由大量 HAc 的解离来补充，使上述平衡向右移动。而溶液中 H_3O^+浓度没有明显降低，溶液的 pH 几乎保持不变。即抗碱离子反应：

$$OH^- + HAc \rightleftharpoons Ac^- + H_2O$$

共轭酸 HAc 抵抗外来的少量的碱，是抗碱成分。

由此可见，缓冲作用是在有足量的抗酸成分和抗碱成分共存的缓冲体系中，通过共轭酸碱对之间的质子传递平衡移动来实现的。

但必须指出，缓冲溶液的缓冲作用是有一定限度的。当加入过多的酸或碱时，使缓冲溶液中的抗酸成分或抗碱成分几乎耗尽，缓冲溶液则会失去缓冲作用，溶液的 pH 将会明显改变。

二、缓冲溶液 pH 的计算

缓冲溶液是一个共轭酸碱体系，是由共轭酸（HA）及其共轭碱（A^-）组成，在水溶液中存在质子传递平衡：

$$HA + H_2O \rightleftharpoons H_3O^+ + A^-$$

平衡常数为

$$K_a = \frac{[H_3O^+][A^-]}{[HA]}$$

等式两边各取负对数得

$$pH = pK_a + \lg\frac{[A^-]}{[HA]} \quad 或 \quad pH = pK_a + \lg\frac{[共轭碱]}{[共轭酸]} \tag{6-18}$$

式（6-18）称为亨德森-哈塞尔巴尔赫方程，也称缓冲公式，[HA]和[A⁻]均为平衡浓度。$\frac{[共轭碱]}{[共轭酸]}$称为缓冲比。由于在 HA 和 A^-缓冲体系中产生同离子效应，HA 解离很少，因此，[HA]和[A^-]可以分别用初始浓度 c_a 和 c_b 表示，上式可近似为

$$pH = pK_a + \lg\frac{c_b}{c_a} \tag{6-19}$$

式（6-19）是计算缓冲溶液 pH 的近似公式。式中 $\frac{c_b}{c_a}$ 称为缓冲比，$c_a + c_b$ 称为缓冲溶液的总浓度。

由计算公式可知：

（1）缓冲溶液的 pH 主要取决于弱酸的 pK_a，其次是缓冲比。

（2）温度一定时，pK_a 只与物质的本性有关，缓冲系确定后，缓冲溶液的 pH 将随着缓冲比的改变而变化。当缓冲比为 1 时，pH=pK_a。

（3）适当稀释缓冲溶液，因缓冲比不变，缓冲溶液的 pH 也基本不变，即缓冲溶液具有一定的抗稀释能力。

【例 6-12】 0.20 mol/L 的 HAc 溶液和 0.20 mol/L 的 NaAc 溶液等体积混合配成 100 ml 缓冲溶液，已知 HAc 的 pK_a=4.75，求：（1）此缓冲溶液的 pH；（2）在此溶液中加入 1 ml 0.1 mol/L HCl 溶液后的 pH；（3）在此溶液中加入 1 ml 0.1 mol/L NaOH 溶液后的 pH。

解：（1）缓冲系为 HAc-NaAc，HAc 的 pK_a=4.75，

$$pH = pK_a + \lg\frac{[Ac^-]}{[HAc]} = pK_a + \lg\frac{c_{Ac^-}}{c_{HAC}}$$

$$= 4.75 + \lg\frac{0.20/2}{0.20/2} = 4.75$$

（2）加入 1 ml 1.0 mol/L HCl，HCl 解离的 H^+与 Ac^-生成 HAc，则：

$$[HAc] = \frac{0.2}{2} + \frac{1\times0.1}{100+1.0} = 0.101$$

$$[Ac^-] = \frac{0.2}{2} - \frac{1\times0.1}{100+1.0} = 0.099$$

$$pH = 4.75 + \lg\frac{0.099}{0.101} = 4.74$$

溶液的 pH 比原来降低了约 0.01 个单位，几乎未改变。

（3）加入 1 ml 1.0 mol/L NaOH，OH^-与 HAc 生成水，则：

$$[HAc] = \frac{0.2}{2} - \frac{1\times0.1}{100+1.0} = 0.099$$

$$[Ac^-] = \frac{0.2}{2} + \frac{1\times0.1}{100+1.0} = 0.101$$

$$pH = 4.75 + \lg\frac{0.101}{0.099} = 4.76$$

溶液的 pH 比原来升高了约 0.01 个单位，几乎未改变。

【例 6-13】 0.10 mol/L NH_3 和 0.05 mol/L NH_4Cl 组成的缓冲溶液的 pH。（已知 NH_3 的 K_b=1.76×10^{-5}）

解：共轭酸NH_4^+的$K_a=\dfrac{K_w}{K_b}=\dfrac{1.0\times10^{-14}}{1.76\times10^{-5}}=5.68\times10^{-10}$，$pK_a$=9.25，

$$pH=pK_a+\lg\frac{[NH_3]}{[NH_4^+]}=pK_a+\lg\frac{c_b}{c_a}=9.25+\lg\frac{0.10}{0.05}=9.55$$

【例6-14】 将10 mol 0.10 mol/L的NaH_2PO_4和10 ml 0.2 mol/L的Na_2HPO_4混合，求此混合溶液的pH。

解：此溶液为缓冲溶液，查表知，$H_2PO_4^-$的pK_a=7.21，

$$c_{NaH_2PO_4}=\frac{10\times0.10}{20}=0.05(mol/L)$$

$$c_{Na_2HPO_4}=\frac{10\times0.20}{20}=0.10(mol/L)$$

$$pH=pKa+\lg\frac{[HPO_4^{2-}]}{[H_2PO_4^-]}=pKa+\lg\frac{c_b}{c_a}=7.21+\lg\frac{0.10}{0.05}$$
$$=7.21+0.30=7.51$$

考点：各种缓冲溶液pH的计算

三、缓冲溶液的缓冲能力

（一）缓冲容量

任何缓冲溶液的缓冲能力都有一定限度，常用缓冲容量（buffer capacity）来表示。缓冲容量是使1 L（或1 ml）缓冲溶液的pH改变一个单位所加入一元强酸或一元强碱的物质的量（mol或mmol），常用β表示。

$$\beta=\frac{n}{V\,|\Delta pH|}\tag{6-20}$$

式中，n为加入酸碱的物质的量；V为缓冲溶液的体积；ΔpH为pH的改变量。缓冲容量越大，说明缓冲溶液的缓冲能力越强。

（二）影响缓冲容量的因素

同一缓冲系，缓冲容量的大小取决于缓冲溶液的总浓度（$c_{总}=c_a+c_b$）和缓冲比。

1. 当缓冲比一定时，缓冲容量与总浓度成正比。缓冲溶液的总浓度越大，溶液中所含的抗酸抗碱成分越多，缓冲能力越强，见表6-9。

表6-9　缓冲容量与总浓度的关系

溶液	[Ac⁻]/(mol/L)	[HAc]/(mol/L)	缓冲比	c(总浓度)/(mol/L)	β/[mol/(L·pH)]
1	0.025	0.025	1	0.05	0.029
2	0.05	0.05	1	0.10	0.058
3	0.10	0.10	1	0.20	0.115

2. 在缓冲溶液总浓度一定时，缓冲比越接近于1，缓冲容量β越大。当缓冲比等于1，即pH=pK_a时，缓冲容量β最大，见表6-10。

表6-10　缓冲容量与缓冲比的关系

溶液	[Ac⁻]/(mol/L)	[HAc]/(mol/L)	缓冲比	c(总浓度)/(mol/L)	β/[mol/(L·pH)]
1	0.01	0.09	1∶9	0.10	0.021
2	0.02	0.08	2∶8	0.10	0.037
3	0.03	0.07	3∶7	0.10	0.048

对于缓冲溶液，将具有缓冲作用的pH范围，称为其缓冲范围，即：

$$pH = pK_a \pm 1$$

虽然溶液中有弱酸和弱酸盐（或弱碱和弱碱盐），若 pH 不在上述范围内，则该缓冲溶液已失去缓冲作用。

当缓冲溶液的总浓度一定时，缓冲比一般控制在至 1/10～10 之间，即溶液的 pH 在 pK_a−1 到 pK_a+1 之间时，溶液具有较强的缓冲能力。通常将具有缓冲作用的 pH 范围，称为缓冲溶液的缓冲范围，即 $pH = pK_a \pm 1$，例如，HAc 的 pK_a=4.75，则 HAc-NaAc 缓冲溶液的缓冲范围为 pH 在 3.75～5.75 之间。不同的缓冲系由于 pK_a 不同，其缓冲范围也不同，见表 6-11。

表 6-11 常用的缓冲溶液及其缓冲范围

缓冲系	pK_a	缓冲范围
$H_2C_8H_4O_4$（邻苯二甲酸）-NaOH	2.89	2.2～4.0
HAc-NaAc	4.75	3.7～5.6
$KHC_8H_4O_4$（邻苯二甲酸氢钾）-NaOH	5.51	4.0～5.8
KH_2PO_4-Na_2HPO_4	7.21	5.8～8.0
$NH_3 \cdot H_2O$-NH_4Cl	9.25	8.3～10.2
$NaHCO_3$-Na_2CO_3	10.25	9.2～11.0

考点：缓冲溶液的缓冲范围。

四、缓冲溶液的配制

在临床医药生产及医学研究等实际工作中，常需要配制一定 pH 和具有一定缓冲能力的缓冲溶液，一般遵循以下原则和步骤。

1. 选择合适的缓冲系 选择缓冲系要考虑两个因素。一是所需配制的缓冲溶液的 pH 在所选缓冲系的缓冲范围（$pK_a \pm 1$）之内，并尽量接近共轭酸的 pK_a，所配缓冲溶液有较大的缓冲容量。例如，配制 pH 为 5.0 的缓冲溶液，因为 HAc 的 pK_a=4.75，可选择 HAc-NaAc 缓冲系。二是所选缓冲系的物质应无毒、稳定，对主反应无干扰等。

2. 缓冲溶液的总浓度要适当 缓冲溶液的总浓度太低，缓冲容量过小；总浓度太高，既会造成浪费，又会导致离子强度大而对反应体系产生副作用。因此，在实际应用中，一般总浓度控制在 0.05～0.2 mol/L。

3. 计算需要缓冲系的量 选择好缓冲系后，根据 pH 公式计算所需共轭酸及共轭碱的量或体积。为配制方便，常使用相同浓度的共轭酸和共轭碱（$c_{HA}=c_{A^-}$）。例如：设缓冲溶液总体积为 V，则 $V=V_{HA}+V_{A^-}$。

缓冲溶液的 pH 为

$$pH = pK_a + \lg\frac{V_{A^-}}{V_{HA}} \qquad (6\text{-}21)$$

根据上述公式，可求得配制一定体积缓冲溶液所需的缓冲对的体积比。

【例 6-15】 如何配制 1000 ml pH 为 5.00 的缓冲溶液?

解：根据 pH=5.10，查表选择 HAc-NaAc 缓冲系（pK_a=4.75）。用浓度相同的 HAc 和 NaAc 按一定体积比混合。

根据
$$pH = pK_a + \lg\frac{V_{Ac^-}}{V_{HAc}}$$

$$5.00 = 4.75 + \lg\frac{V_{Ac^-}}{V_{HAc}}$$

$$\frac{V_{Ac^-}}{V_{HAc}} = 1.78$$

因为　$V_{HAc}+V_{Ac^-}=1000\ ml$

所以　$V_{HAc}=359\ ml\quad V_{Ac^-}=640\ ml$

取等浓度的 HAc 溶液 359 ml 与 NaAc 溶液 640 ml 混合，即得 pH 为 5.10 的缓冲溶液。

应指出，用缓冲溶液公式计算得到的 pH 与实际测得的 pH 稍有差异，这是因为计算公式忽略了溶液中各离子、分子间的相互影响。如果实验要求严格，配制后可用 pH 计测定和校准缓冲溶液，必要时外加少量相应酸或碱使与要求的 pH 一致。

医学和药用缓冲溶液的配制还需维持一定的离子强度和渗透浓度，常采用添加适量的 NaCl 来调整。例如，细胞培养，常用的一种磷酸盐缓冲溶液，具体配方如下：

7.9 g NaCl + 0.20 g KCl + 1.8 g K_2HPO_4 + 0.24 g KH_2PO_4（或 1.44 g Na_2HPO_4）溶于 800 ml 蒸馏水中，用 HCl 调节溶液的 pH 至 7.2，最后加蒸馏水定容至 1 L。保存在冰箱中即可。

缓冲溶液中的 Na_2HPO_4 和 KH_2PO_4 的加入量是为了保证溶液的 pH，而 NaCl 和 KCl 是为了调节体系的离子强度为 0.16 mol/kg，并使其溶液与生理盐水为等渗溶液。血细胞染色也需要 pH=6.86 磷酸盐缓冲溶液：0.30KH_2PO_4 和 Na_2HPO_4 0.20 g 蒸馏水加至 1 L。配好后磷酸盐溶液校正 pH，塞紧瓶口储存。也可配成浓缩 10 倍的储存液，应用时再稀释。

标准缓冲溶液（standard buffer solution）是由化学试剂和纯水按照要求配制而成，它具有相对稳定的 pH，用于 pH 酸度计校准和对照。一些常用标准缓冲溶液的 pH 及温度见表 6-12。

表 6-12　标准缓冲溶液的 pH

温度/℃	草酸盐标准缓冲溶液	邻苯二甲酸盐标准缓冲溶液	磷酸盐标准缓冲溶液	硼酸盐标准缓冲溶液
0	1.67	4.00	6.98	9.46
5	1.67	4.00	6.95	9.40
10	1.67	4.00	6.92	9.33
15	1.67	4.00	6.90	9.27
20	1.68	4.00	6.88	9.22
25	1.68	4.01	6.86	9.18
30	1.69	4.01	6.85	9.14

注：数据主要录自中华人民共和国国家标准《化学试剂 pH 值测定通则》（GB/T 9724—2007）

案例 6-3

《中国药典》规定，滴眼剂应符合 pH 5.0～9.0，pH 不当可引起刺激性，增加泪液的分泌，导致药物流失，甚至损伤角膜。为避免过强的刺激性和使药物稳定，在滴眼剂的处方设计中常用缓冲溶液来稳定药液的 pH。现配制 pH 为 5.0～9.0 的滴眼剂，有下列缓冲系供选择：

A. 磷酸盐缓冲液（pK_{a1}=2，16，pK_{a2}=7.21，pK_{a3}=12.32）

B. 乳酸盐缓冲液（pK_a=3.86）

C. 枸橼酸盐缓冲液（pK_{a1}=3.13，pK_{a2}=4.76，pK_{a3}=6.40）

D. 硼酸盐缓冲液（pK_{a1}=9.27）

E. NH_3-NH_4Cl 缓冲液（pK_a=9.25）

问题： 1. 可以选择哪些缓冲体系？

2. 所选缓冲系的缓冲能力最强时的 pH 是多少？

五、缓冲溶液在医药上的应用

（一）血液中的缓冲系

缓冲溶液在生命活动中具有重要的意义。人体内的各种体液需要保持稳定的 pH，细胞、组织才能进行正常的物质代谢和生理活动。例如，成人胃蛋白酶的适宜 pH 范围在 1.5～2.0，pH>4 时失去活性。

正常人体血液的 pH 维持在 7.35～7.45 之间。若 pH＜7.35，提示酸中毒；若 pH＞7.45；提示碱中毒。无论是酸中毒还是碱中毒，都会引起不良的后果，严重时将危及生命。在正常人体内进行新陈代谢的过程中，几乎每一种代谢的结果都有酸产生。如有机食物被完全氧化而产生碳酸，嘌呤被氧化而产生尿酸，糖无氧酵解而产生乳酸等。这些酸从组织扩散进入血液，可使血液的酸性增强，但实际上血液的 pH 能保持在恒定范围内，是由于血液是一个缓冲能力很强的缓冲溶液，包含多对缓冲系，主要的缓冲对有：H_2CO_3-$NaHCO_3$、NaH_2PO_4-Na_2HPO_4、Na-蛋白质-H-蛋白质。红细胞的缓冲体系含有下列缓冲对：H_2CO_3-$KHCO_3$、KH_2PO_4-K_2HPO_4、K-蛋白质-H-蛋白质。

在这些缓冲对中，碳酸和碳酸氢盐缓冲对浓度最大，缓冲作用最强。血液中的碳酸缓冲系的缓冲作用与肺、肾的调节作用的关系为

$$H_2O + CO_2 \rightleftharpoons H_2CO_3 \rightleftharpoons H^+ + HCO_3^-$$

当体内物质代谢产生的酸性物质增多时，$[H^+]$增加，上述平衡向左移动，生成的 H_2CO_3 则进一步分解成 H_2O 和 CO_2，体内通过加速呼吸经肺排除多余的 CO_2，其次加速 H^+的排泄和延长肾内 HCO_3^- 的停留时间，使血浆中的 HCO_3^- 和 H_2CO_3 浓度没有明显的变化，从而使血浆 pH 基本保持恒定。当体内碱性物质增多时，$[OH^-]$增加，上述平衡向右移动，$[H_2CO_3]$减小，$[HCO_3^-]$增大，体内通过降低肺部的 CO_2 排出量和加快肾对 HCO_3^- 的排泄来调节，使血浆中的 HCO_3^- 和 H_2CO_3 浓度基本不变，从而维持血浆正常的 pH。

案例 6-4

临床根据血气分析检测甲、乙两人血浆中的浓度分别为

甲：$[HCO_3^-]$=55.0 mmol/L　$[H_2CO_3]$=1.37 mmol/L

乙：$[HCO_3^-]$=21.6 mmol/L　$[H_2CO_3]$=1.35 mmol/L

问题：判断甲、乙两人血浆 pH 是否正常？

总之，正常人体血液的 pH 能够维持在 7.35～7.45 范围内，由于体内各种缓冲系的缓冲作用及肺的呼吸作用和肾脏的调节功能等。当机体发生某种疾病导致酸或碱过多，超出体内的缓冲极限，可能会导致酸中毒和碱中毒。出现酸中毒时，临床上常用碳酸氢钠溶液和乳酸钠溶液来纠正；当出现碱中毒时，常用氯化铵溶液来纠正。

（二）缓冲溶液在制药上的应用

缓冲溶液对药剂生产、药物稳定性、物质的溶解等方面通常需要选择适当的缓冲系来稳定其 pH。例如，葡萄糖、盐酸普鲁卡因等注射液，其 pH 在灭菌后发生改变，常采用盐酸、枸橼酸、酒石酸、枸橼酸钠等物质的稀溶液进行调节，使 pH 维持在 4～9 之间。药用维生素 C 溶液的 pH 为 3.0，直接用于人体局部注射会导致疼痛，常用 $NaHCO_3$ 调节其 pH 在 5.6～6.6 范围内。人的泪液也具有一定的缓冲作用，其 pH 在 7.3～7.5 之间，滴眼剂 pH 如果不合适，会对眼黏膜产生刺激，眼睛感到不适，甚至导致炎症，因此在配制滴眼剂时，加入缓冲物质如磷酸盐缓冲溶液，调节其 pH。在配制抗生素注射液时常加入适量的维生素 C 与甘氨酸钠缓冲溶液，以减少对机体的刺激，而且有利于机体对药物的吸收。对药物制剂进行药理、生理、生化实验时，都需要使用缓冲溶液。

自测题

一、选择题

（一）单项选择题

1. 下列各组物质中，全部是弱电解质的是（　　）。
   A. 醋酸、氨水、盐酸
   B. 氢氰酸、硫酸、硝酸银
   C. 氢氧化钾、氨水、碳酸
   D. 氢氰酸、碳酸、氨水
   E. 氢硫酸、盐酸、氨水

2. 在 $H_2CO_3 \rightleftharpoons H^+ + HCO_3^-$ 平衡体系中，能使解离平衡向左移动的条件是（　　）。

A. 加氢氧化钠　B. 加盐酸
C. 加水　D. 升高温度
E. 降低温度

3. 在 0.1 mol/L 氨水中，要使其解离度和 pH 都减小，应加入的物质是（　）。
A. NH_3　B. H_2O
C. NaOH　D. NH_4Cl
E. NaCl

4. 下列溶液中酸性最强的是（　）。
A. pH=5　B. $[H^+]=10^{-4}$ mol/L
C. $[OH^-]=10^{-8}$ mol/L　D. $[OH^-]=10^{-10}$ mol/L
E. $[OH^-]=10^{-12}$ mol/L

5. 已知成人胃液的 pH=1，婴儿的胃液 pH=5，则成人胃液中$[H^+]$是婴儿胃液中$[H^+]$的（　）。
A. 5 倍　B. 20%
C. $1/10^4$　D. 10^4 倍
E. 10^5 倍

6. 下列各组物质不能组成缓冲系的是（　）。
A. $NaHCO_3$-Na_2CO_3　B. NaOH-NaCl
C. KH_2PO_4-K_2HPO_4　D. HAc-NaAc
E. NH_3-NH_4Cl

7. 血液的血浆中存在很多缓冲对，其中浓度最大的缓冲对是（　）。
A. H_2CO_3-$NaHCO_3$
B. NaH_2PO_4-Na_2HPO_4
C. KH_2PO_4-K_2HPO_4
D. 血浆蛋白-Na-血浆蛋白
E. 血浆蛋白-K-血浆蛋白

8. $H_2PO_4^-$ 的共轭碱是（　）。
A. H_3PO_4　B. HPO_4^{2-}
C. PO_4^{3-}　D. OH^-
E. H^+

9. 根据质子理论，下列物质中不具有两性的物质是（　）。
A. HCO_3^-　B. HPO_4^{2-}
C. CO_3^{2-}　D. HS^-
E. $H_2PO_4^-$

10. 按照质子理论，Na_2HPO_4 是（　）。
A. 中性物质　B. 酸性物质
C. 碱性物质　D. 两性物质
E. 无法判断

11. 在下述各组相应的酸碱组分中，组成共轭酸碱关系的是（　）。
A. $H_2AsO_4^-$-AsO_4^{3-}　B. H_2CO_3-CO_3^{2-}
C. $NH_3 \cdot H_2O$-NH_4Cl　D. $H_2PO_4^-$ - PO_4^{3-}
E. 无法判断

12. 在 25℃，HCN 的 $K_a=5.0\times10^{-10}$，其共轭碱的 K_b 为（　）。
A. 2.0×10^{-4}　B. 5.0×10^{-10}
C. 5.0×10^{-24}　D. 2.0×10^{-5}
E. 2.0×10^{-24}

13. 在一定温度下，稀释某弱酸溶液，则（　）。
A. α 不变，K_a 增大　B. α 减小，K_a 不变
C. α 增大，K_a 不变　D. α 不变，K_a 减小
E. α 不变，K_a 不变

14. 已知 0.01 mol/L 某弱酸 HA 有 1%解离，其解离常数为（　）。
A. 1×10^{-6}　B. 1×10^{-5}
C. 1×10^{-4}　D. 1×10^{-3}
E. 1×10^{-2}

15. 向 0.05 mol/L HAc 溶液中添加溶质，使溶液的总浓度变为 0.1 mol/L，则（　）。
A. 解离常数增大　B. 解离常数减小
C. 解离度减小　D. 解离度增大
E. 无法判断

16. 1 L 0.8 mmol/L HAc 溶液，要使解离度增加 1 倍，若不考虑活度变化，应将原溶液稀释到（　）升。
A. 2　B. 3　C. 4.5
D. 5　E. 4

17. 在 1 mol/L $NH_3 \cdot H_2O$ 溶液中，加入下列物质能产生同离子效应的是（　）。
A. 加固体 NH_4Cl　B. 加 NaOH
C. 加水　D. 加 0.1 mol/L HCl
E. NaCl

18. 在水溶液中共轭酸碱对的 K_a 和 K_b 的关系是（　）。
A. $K_a=K_b$　B. $K_aK_b=1$
C. $K_a/K_b=K_w$　D. $K_aK_b=K_w$
E. 无法判断

19. 用纯水将下列溶液稀释为 1/10 时，其中 pH 变化最小的是（　）。
A. 0.1 mol/L HCl 溶液
B. 0.1 mol/L $NH_3 \cdot H_2O$ 溶液
C. 0.1 mol/L HAc 溶液
D. 0.1 mol/L HAc 溶液+0.1 mol/L NaAc 溶液
E. 0.1 mol/L NaCl 溶液

20. 欲配制 pH=9 的缓冲溶液，应选用的缓冲对是（　）。
A. NH_4^+ - NH_3（$K_b=1\times10^{-5}$）
B. HAc-NaAc（$K_a=1\times10^{-5}$）
C. HCOOH-HCOONa（$K_a=1\times10^{-4}$）
D. HNO_2-$NaNO_2$（$K_a=5\times10^{-4}$）
E. NaH_2PO_4-Na_2HPO_4（$K_a=6.3\times10^{-8}$）

21. 某酸碱指示剂的 $K_{HIn}=1\times10^{-4}$，则从理论上推算，其 pH 变色范围是（　）。
A. 4～5　B. 4～6
C. 3～5　D. 5～6
E. 5～7

22. 临床上纠正酸中毒可使用（　）。
A. 生理盐水　B. 葡萄糖溶液

C. $NaHCO_3$溶液　D. NH_4Cl溶液
E. 水

23. 临床上纠正碱中毒可使用（　　）。
A. 生理盐水　B. $NaHCO_3$溶液
C. 葡萄糖溶液　D. NH_4Cl溶液
E. 水

24. 在下列何种溶剂中，盐酸、高氯酸、醋酸和苯甲酸的强度都相同（　　）。
A. 纯水　B. 液氨
C. 浓硫酸　D. 甲基异丁酮
E. 乙醇

（二）多项选择题

1. 下列与缓冲溶液的缓冲容量大小有关的因素是(　　)。
A. 缓冲溶液的 pH 范围
B. 缓冲溶液的总浓度
C. 缓冲溶液组分的浓度比
D. 外加的酸量
E. 外加的碱量

2. 根据酸碱质子理论，下列离子中既可作酸，又可作碱的是（　　）。
A. NH_4^+　B. SO_4^{2-}
C. HPO_4^{2-}　D. Ac^-
E. HCO_3^-

3. 下列物质属于共轭酸碱对的是（　　）。
A. H_3PO_4 - $H_2PO_4^-$　B. HS^- - S^{2-}
C. HAc - Cl^-　D. H_2SO_4 - SO_4^{2-}
E. HCl - Ac^-

4. 向 500 ml 浓度为 0.20 mol/L $NH_3 \cdot H_2O$ 溶液中，加入少量 NH_4Cl 晶体，则溶液中（　　）。
A. pH 增大
B. NH_3 的解离常数 K_b 减小
C. pH 减小
D. NH_3 的解离度减小
E. pH 不变

5. 常温时，酸性水溶液中（　　）。
A. 只有 H^+存在　B. H^+与 OH^-同时存在
C. pH＞7　D. pH＜7
E. pH≤7

6. 下列叙述，观点正确的是（　　）。
A. 溶液中$[H^+]$越大，pH 越小
B. 温度升高，K_w 增大
C. 溶液中$[OH^-]$越大，pH 越小
D. K_a、K_b 与浓度无关
E. 浓盐酸溶液中，没有 OH^-存在

7. 在醋酸溶液中加入哪种物质不会发生同离子效应（　　）。
A. 醋酸钠　B. 氯化铵
C. 盐酸　D. 碳酸钠
E. 氢氧化钾

8. 不属于缓冲对的为（　　）。
A. HAc-NaAc　B. $NH_3 \cdot H_2O$-NH_4Ac
C. H_3PO_4-NaH_2PO_4　D. NaH_2PO_4-Na_3PO_4
E. HCl-NaCl

9. 下列叙述正确的是（　　）。
A. K_a 受温度影响，与浓度无关
B. 弱酸的浓度越大，其解离度就越小
C. 弱碱的浓度越小，其解离度就越小
D. 只有在纯水中$[H^+][OH^-]=K_w$
E. 只有满足 $c \cdot K_a > 20K_w$ 且 $c/K_a > 500$ 的条件时，才能用近似公式计算一元弱酸的 pH

10. 下述观点正确的是（　　）。
A. 酸碱反应的实质是质子的转移
B. 酸失去质子后转化成碱
C. 酸越弱，其共轭碱也越强
D. 酸越强，其共轭碱也越强
E. 化合物中没有盐的概念，酸、碱及盐都是强电解质

二、简答题

1. 质子理论和电离理论相比较，最主要的不同点是什么？
2. 写出下列物质的共扼碱：
HCl，H_3O^+，H_2CO_3，$H_2PO_4^-$，NH_4^+，H_2S
3. 写出下列物质的共轭酸：
OH^-，NH_3，CH_3CH_2OH，$[Al(H_2O)_5OH]^{2+}$，CO_3^{2-}
4. 什么是缓冲溶液？试以 $H_2PO_4^-$- HPO_4^{2-} 缓冲系为例，说明缓冲作用的原理。
5. 什么是缓冲容量？影响缓冲容量的主要因素有哪些？

三、实例分析

1. 计算下列溶液的 pH：
（1）0.010 mol/L 的 NaOH 溶液；
（2）0.010 mol/L 的 $NH_3 \cdot H_2O$ 溶液；
（3）0.5 mol/L 的 HAc 溶液；
（4）0.1 mol/L 的 $NaHCO_3$ 溶液；
（5）0.20 mol/L 的氯化铵溶液；
（6）0.1 mol/L 的 HAc 和 0.1 mol/L 的 NaAc 等体积混合溶液；
（7）10 ml 0.20 mol/L $NH_3 \cdot H_2O$ 溶液中加入 10 ml 0.20 mol/L NH_4Cl 溶液；
（8）0.20 mol/L 的氨水与 0.20 mol/L 醋酸钠等体积混合。
2. 欲配制 pH = 4.50 的缓冲溶液，计算应在 1.00 L 浓度为 1.00 mol/L HAc 的溶液中加入多少克 $NaAc \cdot 3H_2O$ 固体？（摩尔质量为 136 g/mol）
3. 将 100 ml 0.1 mol/L 盐酸溶液加入 400 ml 0.10 mol/L 氨水中，求混合溶液的 pH。
4. 将物质的量之比为 1∶3 的 Na_2HPO_4 和 NaH_2PO_4 混合成水溶液，计算溶液的 pH。

（姜　斌）

第7章

沉淀溶解平衡

第1节　溶解度原理

电解质在水中的溶解度各不相同，有的很大，有的很小。在一定温度下某固态物质在100g溶剂中达到饱和状态时所溶解的质量，称为这种物质在这种溶剂中的溶解度。通常溶解度指的是在水中的溶解度，按物质在水中的溶解度不同，将物质分为以下类型。

难溶物质：溶解度小于0.01 g/100g；

微溶物质：溶解度为0.01～1 g/100g；

可溶物质：溶解度为1～10 g/100g；

易溶物质：溶解度大于10 g/100g。

电解质根据其在水溶液中解离程度不同可分为强电解质和弱电解质两类。在强电解质中，有一部分在水中的溶解度很小，但是溶于水中的部分是全部解离的，这类电解质称为难溶强电解质，如AgCl、$CaCO_3$等。在难溶强电解质的水溶液中，存在两相化学平衡，即沉淀溶解平衡。

在药物的制备、分离、纯化、定性鉴别与定量分析中经常利用沉淀溶解平衡原理。在医学中也有不少运用实例，如人体内尿结石的形成、骨骼的修复、龋齿的产生与防治等，都与沉淀溶解平衡原理相关。

一、溶度积常数

任何难溶电解质在水中都会溶解，在一定温度和压力下，固液两相达到平衡状态时，溶质粒子脱离固体表面成为离子进入溶液的过程称为溶解（dissolution）；溶液中离子重新结合成为固体并从溶液中析出的过程称为沉淀（precipitation）。溶解和沉淀是一对可逆反应，当难溶强电解质的溶解与沉淀速率相等时，达到一个动态平衡状态，称为沉淀溶解平衡，此时溶液是饱和溶液。

例如，在一定温度下，将AgCl固体投入水中，Ag^+和Cl^-在水中的沉淀溶解平衡可写成：

$$AgCl(s) \rightleftharpoons Ag^+ + Cl^-$$

该反应的平衡常数可表示如下：

$$K = [Ag^+] + [Cl^-]$$

由于AgCl是固体，K是常数，用K_{sp}来表示。$K_{sp} = [Ag^+][Cl^-]$

K_{sp}称为溶度积常数，简称溶度积（solubility product）。对于不同类型的难溶强电解质，溶度积的表达式不同。例如：

（1）AB型：如$BaSO_4$，$BaSO_4(s) \rightleftharpoons Ba^{2+} + SO_4^{2-}$

$$K_{sp} = [Ba^{2+}][SO_4^{2-}]$$

（2）AB_2型：如CaF_2，$CaF_2(s) \rightleftharpoons Ca^{2+} + 2F^-$

$$K_{sp} = [Ca^{2+}][F^-]^2$$

（3）A_2B 型：如 Ag_2CrO_4，$Ag_2CrO_4(s) \rightleftharpoons 2Ag^+ + CrO_4^{2-}$

$$K_{sp} = [Ag^+]^2[CrO_4^{2-}]$$

对于难溶强电解质 A_mB_n，其沉淀溶解平衡的通式和溶度积可表示为

$$A_mB_n(s) \rightleftharpoons mA^{n+} + nB^{m-}$$

$$K_{sp} = [A^{n+}]^m[B^{m-}]^n$$

在一定温度下，K_{sp} 的大小反映了难溶强电解质的溶解能力和沉淀能力。当化学式的组成中阴阳离子个数比相同时，K_{sp} 的大小只与温度有关，与难溶强电解质的质量无关。K_{sp} 的大小可以用来比较难溶强电解质的溶解度，但是不同类型的难溶强电解质不能用 K_{sp} 比较溶解度大小。K_{sp} 数值的大小可以通过实验测定，表 7-1 列出了一些常见难溶强电解质的溶度积。

考点： 溶度积常数的表达式及应用

表 7-1 一些常见难溶强电解质的溶度积（298 K）

名称	化学式	K_{sp}	名称	化学式	K_{sp}
硫酸钡	$BaSO_4$	1.08×10^{-10}	硫化铜	CuS	6.3×10^{-36}
氟化钙	CaF_2	3.45×10^{-11}	氢氧化锰	$Mn(OH)_2$	1.9×10^{-13}
铬酸银	Ag_2CrO_4	1.12×10^{-12}	氢氧化铁	$Fe(OH)_3$	2.79×10^{-39}
氯化银	$AgCl$	1.77×10^{-10}	磷酸钙	$Ca_3(PO_4)_2$	2.07×10^{-33}
氢氧化镁	$Mg(OH)_2$	5.61×10^{-12}	醋酸银	$AgAc$	1.94×10^{-3}
碘化银	AgI	8.52×10^{-17}	溴化银	$AgBr$	5.35×10^{-13}
硫酸铜	$CuSO_4$	4.93×10^{-5}	碳酸钡	$BaCO_3$	2.58×10^{-9}
碳酸钙	$CaCO_3$	3.36×10^{-9}	氢氧化铜	$Cu(OH)_2$	2.2×10^{-20}

二、溶度积与溶解度的关系

溶度积与溶解度（solubility）都可以表示难溶强电解质的溶解能力，但它们是两个不同的概念，它们之间可以相互换算。溶度积反映了难溶强电解质在水中的溶解能力，只与温度相关。溶解度 S 是指在一定温度下，一定量的饱和溶液中溶解溶质的含量，单位是 mol/L。溶解度大的电解质，溶液中离子浓度就大，溶解度小的电解质，溶液中离子浓度就小。需要强调的是，虽然溶度积的大小与溶液中离子浓度的大小有关，但不能认为溶解度大的难溶强电解质，其溶度积（K_{sp}）就大，溶解度小的难溶强电解质，其溶度积（K_{sp}）就小。要根据难溶强电解质的类型来比较，因为不同类型的难溶强电解质的 K_{sp} 表达式不同，见表 7-2。

表 7-2 几种类型难溶强电解质溶度积与溶解度比较（298.15 K）

难溶强电解质	难溶强电解质类型	溶度积（K_{sp}）	溶解度/（mol/L）
$AgCl$	AB	1.77×10^{-10}	1.33×10^{-5}
$BaSO_4$	AB	1.08×10^{-10}	1.04×10^{-5}
CaF_2	AB_2	3.45×10^{-11}	2.05×10^{-4}
Ag_2CrO_4	A_2B	1.12×10^{-12}	6.54×10^{-5}

【例 7-1】 298.15 K 时，AgCl 的溶解度 S 为 1.33×10^{-5} mol/L，计算 AgCl 的溶度积 K_{sp}。

解：

$$AgCl(s) \rightleftharpoons Ag^+ + Cl^-$$

$$K_{sp}(AgCl) = [Ag^+][Cl^-]$$

由于 1 mol AgCl 溶解后能生成 1 mol Ag^+和 1 mol Cl^-。因此在 AgCl 饱和溶液中有：$[Ag^+]=[Cl^-]=$

1.33×10^{-5} mol/L。

$$K_{sp}(AgCl)=[Ag^+][Cl^-]=1.33\times10^{-5}\times1.33\times10^{-5}=1.77\times10^{-10}$$

【例 7-2】 298 K 时 Ag_2CrO_4 的溶度积为 1.12×10^{-12}，计算 Ag_2CrO_4 的溶解度。

解： 设 Ag_2CrO_4 的溶解度是 x mol/L，

$$Ag_2CrO_4(s) \rightleftharpoons 2Ag^+ + CrO_4^{2-}$$

平衡时，$[Ag^+]=2x$ mol/L，$[CrO_4^{2-}]=x$ mol/L，

$$K_{sp}(Ag_2CrO_4)=[Ag^+]^2[CrO_4^{2-}]=(2x)^2x=4x^3=1.12\times10^{-12}$$

$$x=6.54\times10^{-5}\ \text{mol/L}$$

【例 7-3】 已知 298 K 时 Ag_2CrO_4 的 K_{sp} 为 1.12×10^{-12}，AgCl 的 K_{sp} 为 1.77×10^{-10}，试比较两者溶解度的大小。

解： 由于这两种难溶强电解质不是同一种类型，我们不能直接从溶度积的大小判断其溶解度的大小，应首先计算其溶解度，再比较大小。

设：Ag_2CrO_4 的溶解度是 x mol/L，

$$Ag_2CrO_4(s) \rightleftharpoons 2Ag^+ + CrO_4^{2-}$$

达到沉淀溶解平衡时，$[Ag^+]=2x$ mol/L，$[CrO_4^{2-}]=x$ mol/L，

$$K_{sp}(Ag_2CrO_4)=[Ag^+]^2\left[CrO_4^{2-}\right]=(2x)^2x=4x^3=1.12\times10^{-12}$$

得

$$x=6.54\times10^{-5}\ \text{mol/L}$$

然后计算 AgCl 的溶解度：

设 AgCl 的溶解度是 x_1 mol/L，

$$AgCl(s) \rightleftharpoons Ag^+ + Cl^-$$

达到沉淀溶解平衡时，$[Ag^+]=x_1$ mol/L，$[Cl^-]=x_1$ mol/L，

$$K_{sp}(Ag_2CrO_4)=[Ag^+][Cl^-]=x_1^{\ 2}=1.77\times10^{-10}$$

得

$$x_1=1.33\times10^{-5}\ \text{mol/L}$$

由计算结果可知，Ag_2CrO_4 的溶度积比 AgCl 的溶度积小，但溶解度却比 AgCl 的溶解度大，究其原因是两者属于不同类型，Ag_2CrO_4 是 A_2B 型，而 AgCl 是 AB 型。因此对不同类型的难溶强电解质，不能由 K_{sp} 值直接比较溶解能力的大小，必须计算出溶解度后才能进行比较；而对相同类型的难溶强电解质，相同温度下才能由 K_{sp} 值的大小直接比较溶解能力的大小。需要强调的是，必须是难溶强电解质才能用此方法进行简单换算，其溶解度必须很小，在水溶液中解离出来的阴阳离子不能有任何副反应或副反应程度很小。

考点： 通过计算理解溶度积常数与难溶强电解质溶解度的关系

案例 7-1

龋齿是口腔科最常见的疾病之一，俗称虫牙、蛀牙，是在口腔内细菌的作用下牙齿脱钙和有机质分解，在牙齿上形成孔洞的一种疾病。在儿童中龋齿患病高达 90%以上，被世界卫生组织列为重点防治的重大疾病。龋齿的发生与防治与沉淀溶解平衡密切相关。在牙齿表面有一层釉质，其主要成分是羟磷灰石[$Ca_5(PO_4)_3OH$]，该物质坚硬难溶（$K_{sp}=6.8\times10^{-37}$），对牙齿起保护作用。但在酸性条件下（进餐后食物在口腔中发酵生成有机酸），羟磷灰石被缓慢溶解，牙齿保护层被破坏，龋齿因此产生。使用含氟牙膏使羟磷灰石生成更难溶而抗酸的氟磷灰石[$Ca_5(PO_4)_3F$]（$K_{sp}=1.0\times10^{-60}$）保护了牙齿，对龋齿的发生具有防治作用。

问题： 为什么成年人应使用含氟牙膏？

三、溶度积规则

沉淀溶解平衡与其他化学平衡一样是一个动态平衡，当反应条件变化时会导致平衡的移动，而沉淀溶解平衡移动的基本规律称为溶度积规则。在一定温度下，当难溶强电解质处于沉淀溶解平衡状态时，该饱和溶液中各离子浓度幂的乘积为溶度积，用 K_{sp} 表示。当难溶强电解质处于任何状态时，我们把溶液中各离子浓度幂的乘积称为离子积（ionic product），用 Q 表示。需要注意的是，K_{sp} 与 Q 具有相同的表达式，但意义不同。在一定温度下，K_{sp} 是在饱和溶液这一特定条件下，是一个常数，而 Q 是在任意条件下，其数值是不固定的，随离子浓度变化而变化，只有在溶液处于饱和状态时，Q 才与 K_{sp} 相同。在任意条件下，Q 与 K_{sp} 的关系有以下三种情况。

1. $Q<K_{sp}$　表示溶液为不饱和溶液，体系处于不平衡状态，平衡向沉淀溶解方向移动，直到形成饱和溶液。

2. $Q=K_{sp}$　表示溶液为饱和溶液，体系处于平衡状态。

3. $Q>K_{sp}$　表示溶液为过饱和溶液，体系处于不平衡状态，平衡向沉淀生成方向移动，直到形成饱和溶液。

上述用 Q 与 K_{sp} 的关系来判断沉淀生成或溶解的规则称为溶度积规则，它是难溶强电解质沉淀溶解平衡移动规律的概括，在一定条件下，某溶液中是否有沉淀生成或溶解，可以通过溶度积规则来判断。

由于影响沉淀溶解平衡的因素较多，因此由计算得出的结果可能与实际情况略有出入。例如，计算结果 $Q>K_{sp}$，但未观察到有沉淀生成，这可能是由于：①Q 是按浓度计算而不是按活度计算的；②由于溶液中没有结晶中心，即使溶液过饱和，也暂时没有沉淀析出；③只有当溶液中沉淀物达到一定量时，才能观察到沉淀物的析出。

考点：通过溶度积常数与离子积大小判断溶液状态

第 2 节　沉淀的生成与溶解

溶度积规则是难溶强电解质关于沉淀生成与溶解平衡移动规律的总结，因此控制离子浓度就可以使溶液生成沉淀或使沉淀溶解。溶度积规则主要应用于判断沉淀的生成与溶解，使反应向需要的方向进行。

一、沉淀的生成

根据溶度积规则，当 $Q>K_{sp}$ 时，平衡向生成沉淀的方向移动。因此，要生成沉淀就要增加难溶强电解质的离子浓度，使离子积大于溶度积，这是沉淀生成的必要条件。因此在难溶强电解质饱和溶液中，加入含有与体系相同离子的易溶强电解质，使沉淀溶解平衡向沉淀生成的方向移动，导致难溶强电解质沉淀析出的现象被称为沉淀溶解平衡的同离子效应。同离子效应的运用在实际生产中很常见，如用沉淀剂洗涤沉淀，以避免沉淀物质因溶解而有更多得损失；采用适量加大沉淀剂的用量能使被测组分沉淀得更完全。

在计算过程中，判断两种溶液混合后能否生成沉淀，可以先计算出混合后与沉淀有关的离子浓度，求出离子积，将离子积与溶度积进行比较即可。

【例 7-4】 将 0.001 mol/L NaCl 和 0.001 mol/L $AgNO_3$ 溶液等体积混合，是否有 AgCl 沉淀生成？（AgCl 的 $K_{sp}=1.77\times10^{-10}$）

解：两溶液等体积混合，体积增大一倍，浓度减小一半，即

$$[Ag^+]=[Cl^-]=1/2\times0.001\text{ mol/L}=0.0005\text{ mol/L}$$

$$Q=[Ag^+]\times[Cl^-]=0.0005\times0.0005=2.5\times10^{-7}$$

因为 $Q>K_{sp}$，所以有 AgCl 沉淀生成。

【例 7-5】 如果将上例中 NaCl 和 $AgNO_3$ 溶液各稀释 100 倍后再等体积混合，是否有 AgCl 沉淀生成？（AgCl 的 K_{sp}=1.77×10^{-10}）

解：稀释 100 倍后 NaCl 和 $AgNO_3$ 的浓度为

$$[NaCl]=[AgNO_3]=1\times10^{-5}\ mol/L$$

等体积混合后，浓度减半，即 $[Ag^+]=[Cl^-]=1/2\times1\times10^{-5}\ mol/L=5\times10^{-6}\ mol/L$

$$Q=[Ag^+]\times[Cl^-]=5\times10^{-6}\times5\times10^{-6}=2.5\times10^{-11}$$

因为 $Q<K_{sp}$，所以无 AgCl 沉淀生成。

【例 7-6】 向 0.01 mol/L 的硝酸银溶液中滴入盐酸溶液（不考虑溶液体积的变化），问：

（1）当氯离子浓度为多少时开始生成氯化银沉淀？

（2）加入过量的盐酸溶液，反应完成后，溶液中氯离子浓度为 0.01 mol/L，此时溶液中银离子是否沉淀完全？（AgCl 的 K_{sp}=1.77×10^{-10}）

解：（1）向 0.01 mol/L 的硝酸银溶液中滴入盐酸溶液，根据溶度积规则，当溶液中的 Cl^- 浓度增大到能使 AgCl 的 $Q\geqslant K_{sp}$ 时，就会生成沉淀，即

$$Q=[Ag^+]\times[Cl^-]=0.01\times[Cl^-]\geqslant K_{sp}$$

$$[Cl^-]\geqslant1.77\times10^{-8}\ mol/L$$

当 $[Cl^-]\geqslant1.77\times10^{-8}$ mol/L 时，溶液中开始生成沉淀，沉淀生成后，Ag^+浓度会逐渐降低，如要银离子继续析出，必须增大 Cl^-的浓度，使两种离子浓度的离子积再次超过溶度积。

（2）当溶液中氯离子浓度为 0.01 mol/L 时，溶液中 Ag^+浓度可根据溶度积规则计算：

$$[Ag^+]=\frac{K_{sp}}{[Cl^-]}=1.77\times10^{-8}\ mol/L$$

此时银离子浓度已经非常小，只有 1.77×10^{-8} mol/L，由此可以认为银离子已经被沉淀完全。

在一定温度下，K_{sp} 为一常数，所以溶液中不可能有一种离子的浓度会等于 0，一般来说，残留在溶液中的离子浓度小于 10^{-5} mol/L 时，认为该离子沉淀完全，因此可以用沉淀反应来分离溶液中的某种离子，具体内容将在分析化学中深入学习。

考点：通过计算判断沉淀是否生成

案例 7-2

$BaSO_4$ 是唯一可供内服的钡盐药物。由于钡的相对原子质量大，X 射线不能透过钡原子，硫酸钡不溶于水和酸（Ba^{2+}对人体有害），因此可以用作 X 光造影剂，诊断胃肠道疾病。参看《中国药典》2020 版，硫酸钡的制备反应式如下：

$$BaSO_4+Na_2SO_4 = BaSO_4\downarrow+2NaCl$$

反应所得的沉淀经过过滤、洗涤、干燥后检查其杂质，测定其含量，符合药典的质量标准才可供药用。

问：能否用 $BaCO_3$ 作为钡餐药物，为什么？

二、沉淀的溶解

在实际工作中，经常遇到需要使难溶强电解质沉淀溶解的问题，根据溶度积规则，要使沉淀溶解，只要降低难溶强电解质饱和溶液的离子浓度，使 $Q<K_{sp}$，沉淀就可以溶解，直到建立起新的沉淀溶解平衡。而加入不含相同离子的强电解质，增大了溶液的离子强度，使难溶强电解质沉淀的溶解度增加的现象称为盐效应（salt effect），在难溶强电解质溶液中加入易溶强电解质，溶液中离子总数明显增多，离子强度增大，由于溶液中正负离子相互牵制作用增强，形成沉淀的离子结合机会减少，这时沉淀溶解平衡向沉淀溶解的方向移动，使难溶强电解质的溶解度增大，必须注意的是盐效应的作用不如同离子效应大，因此在有同离子效应存在的体系经常忽略盐效应的影响。

沉淀的溶解主要有以下三种途径降低离子浓度使 $Q<K_{sp}$。

1. 生成弱电解质使沉淀溶解 利用酸、碱或某些盐类与难溶强电解质离子结合生成弱电解质（如弱酸、弱碱、水）可以使该难溶强电解质的沉淀溶解。

（1）生成弱酸：许多难溶的弱酸盐如硫化物、碳酸盐、草酸盐、铬酸盐、磷酸盐等，它们能与强酸或较强的酸反应，生成难解离的弱酸，使沉淀溶解平衡向溶解的方向移动，使沉淀溶解。

$$CaCO_3(s) \rightleftharpoons Ca^{2+} + CO_3^{2-}$$
$$+$$
$$HCl = 2Cl^{+} + 2H^{+}$$
$$\Updownarrow$$
$$H_2CO_3$$

（2）生成弱碱：某些难溶氢氧化物如 $Mg(OH)_2$ 可溶于铵盐，因为铵盐溶于水解离出 NH_4^+ 与难溶强电解质溶液中的 OH^- 发生反应生成 $NH_3 \cdot H_2O$，降低了 OH^- 的浓度，使 $Q<K_{sp}$，促使 $Mg(OH)_2$ 沉淀溶解。

$$Mg(OH)_2(s) \rightleftharpoons Mg^{2+} + 2OH^-$$
$$+$$
$$2NH_4Cl = 2Cl^{+} + 2NH_4^+$$
$$\Updownarrow$$
$$2NH_3 \cdot H_2O$$

（3）生成水：难溶氢氧化物如 $Mg(OH)_2$ 也可溶于酸生成水，使溶液中的 OH^- 的浓度降低，使 $Q<K_{sp}$，促使 $Mg(OH)_2$ 沉淀溶解。如果加入的酸足够多，可以使 $Mg(OH)_2$ 沉淀不断溶解，直至沉淀完全溶解。

$$Mg(OH)_2(s) \rightleftharpoons Mg^{2+} + 2OH^-$$
$$+$$
$$2HCl = 2Cl^{+} + 2H^{+}$$
$$\Updownarrow$$
$$2H_2O$$

所以利用化学反应使难溶强电解质中离子生成弱电解质，是使沉淀溶解的常用方法。

2. 利用氧化还原反应使沉淀溶解 加入一种氧化剂或还原剂，使难溶强电解质的某一离子发生氧化还原反应从而降低难溶强电解质的离子浓度，使 $Q<K_{sp}$，从而使沉淀发生溶解。例如，CuS 不溶于盐酸，但溶于 HNO_3，因为 S^{2-} 被 HNO_3 氧化生成单质硫，导致溶液中 S^{2-} 浓度降低，$[Cu^{2+}][S^{2-}]<K_{sp}$，沉淀溶解。反应如下：

$$3CuS(s) + 8HNO_3 = 3Cu(NO_3)_2 + 3S\downarrow + 2NO\uparrow + 4H_2O$$

3. 生成配合物使沉淀溶解 在难溶强电解质中加入配位剂，可使难溶强电解质的某一离子形成配离子，从而降低难溶强电解质的离子浓度导致沉淀溶解。例如，AgCl 沉淀溶于氨水，是因为生成了更难解离且易溶于水的配离子 $[Ag(NH_3)_2]^+$，使溶液中 Ag^+ 的浓度降低，$Q<K_{sp}$ 沉淀逐步溶解（详见第 9 章配位化合物）。

以上使沉淀溶解的几种方法，都是降低难溶强电解质组分离子浓度，使 $Q<K_{sp}$。

考点：沉淀溶解的类型及原理

三、沉淀的转化

借助某种试剂，将一种难溶强电解质转变为另一种难溶强电解质的过程称为沉淀的转化。沉淀的转化在实际生产中具有重要意义。例如，在烧水锅炉中常易产生以 $CaSO_4$ 为主要成分的水垢，必须及时清除，否则会对生产带来危害。但是 $CaSO_4$ 既难溶于水又难溶于酸，不易除去。必须利用沉淀转化的原理，先用 Na_2CO_3 溶液处理，将 $CaSO_4$ 沉淀转化为可溶于酸的 $CaCO_3$ 沉淀，再用盐酸就可以除去 $CaCO_3$ 了。反应如下：

$$CaSO_4 + Na_2CO_3 = CaCO_3 + Na_2SO_4$$

$$CaCO_3 + 2HCl = CaCl_2 + H_2O + CO_2\uparrow$$

沉淀转化的实质是沉淀溶解平衡的移动，一般来说，溶解度大的沉淀转化为溶解度小的沉淀容易实现，两种难溶强电解质的溶解度相差越大，沉淀转化越完全。但是将溶解度小的难溶强电解质转化为溶解度大的难溶强电解质比较困难。

氟化物对龋齿防治的化学原理就是沉淀的转化。牙齿表面有一薄层，称为牙釉质。牙釉质是由难溶的羟磷灰石[$Ca_5(PO_4)_3(OH)$]组成，它在唾液中存在沉淀溶解平衡：

$$Ca_5(PO_4)_3(OH) \rightleftharpoons 5Ca^{2+} + 3PO_4^{3-} + OH^-$$

正常情况下，此反应向右进行的程度很小，当口腔内食物（如糖类）在细菌和酶的作用下生成有机酸（如乳酸），有机酸与羟磷灰石中的 OH^- 中和生成水，使羟磷灰石的沉淀溶解平衡向沉淀溶解的方向移动，导致牙齿釉质空洞，形成龋齿。防止龋齿的最好方法是养成良好的习惯，多吃低糖食物和坚持饭后立即刷牙。如果在牙膏中加入氟离子（如 NaF 或 SnF_2），氟离子能与牙齿釉质里的 Ca^{2+} 和 PO_4^{3-} 反应生成更难溶的氟磷灰石[$Ca_5(PO_4)_3F$]，其 K_{sp} 为 1.0×10^{-60}，沉淀在牙齿表面：

$$5Ca^{2+} + 3PO_4^{3-} + F^- \rightleftharpoons Ca_5(PO_4)_3F$$

又因为 F^- 是比 OH^- 更弱的碱，氟磷灰石比羟磷灰石更难溶于酸，因此能抵抗食物在口腔中转化成的酸，从而有效保护我们的牙齿，降低龋齿发生率。

考点：沉淀转化原理

四、分步沉淀

在实际工作中，溶液中往往同时含有多种离子，当加入某种沉淀剂时，几种离子均可发生沉淀反应，生成不同的难溶强电解质沉淀。这种在混合溶液中，逐渐加入某种试剂，使不同离子按先后顺序沉淀析出的现象称为分步沉淀（fractional precipitation）。对于沉淀出现的先后顺序可以用溶度积规则进行判断，最先满足 $Q>K_{sp}$ 的物质最先沉淀出来。

【例 7-7】 在浓度都为 0.1 mol/L 的含 Cl^- 和 I^- 的混合溶液中，逐渐滴加 $AgNO_3$ 溶液，哪种离子首先沉淀？为什么？当 AgCl 开始沉淀时，溶液中 I^- 浓度是多少？（AgCl 的 $K_{sp}=1.77\times10^{-10}$，AgI 的 $K_{sp}=8.51\times10^{-17}$）

解：

$$AgCl(s) \rightleftharpoons Ag^+ + Cl^-$$

$$AgI(s) \rightleftharpoons Ag^+ + I^-$$

当 Cl^- 开始沉淀时，计算所需要的 Ag^+ 浓度为

$$[Ag^+]=\frac{K_{sp}}{[Cl^-]}=\frac{1.77\times10^{-10}}{0.1}=1.77\times10^{-9}(mol/L)$$

因此，生成 AgCl 沉淀时溶液中 Ag^+ 的浓度需要达到 1.77×10^{-9} mol/L。

当 I^- 开始沉淀时，计算所需要的 Ag^+ 浓度为：

$$[Ag^+]=\frac{K_{sp}}{[I^-]}=\frac{8.51\times10^{-17}}{0.1}=8.51\times10^{-16}(mol/L)$$

因此，生成 AgCl 沉淀时溶液中 Ag^+ 的浓度需要达到 8.51×10^{-16} mol/L。

由此可见，沉淀 I^- 所需要的 Ag^+ 浓度比沉淀 Cl^- 所需要的 Ag^+ 要小近 10^6，所以逐滴加入 $AgNO_3$ 溶液时，AgI 先沉淀，AgCl 后沉淀。

当 AgCl 开始沉淀时，溶液中 Ag^+的浓度为 1.77×10^{-9} mol/L，此时溶液中 I^- 的浓度为

$$[I^-]=\frac{K_{sp}}{[Ag^+]}=\frac{8.51\times10^{-17}}{1.77\times10^{-10}}=4.81\times10^{-8}(mol/L)$$

当 AgCl 沉淀开始生成时，I^- 的浓度为 4.81×10^{-8} mol/L，此时溶液中剩余的 I^-浓度已非常小，可以认为 I^-沉淀完全，从而达到分离混合溶液中 Cl^-与 I^-的目的，两种沉淀的溶度积相差越大，分离越完全，效果越好。所以根据溶度积规则，适当控制条件可以达到分离纯化的目的。

分步沉淀的次序与 K_{sp} 和沉淀类型有关。沉淀类型相同的，如被沉淀离子浓度相同，K_{sp} 小的先沉淀，K_{sp} 大的后沉淀，溶度积相差越大，沉淀分离效果越好；沉淀类型不同的，就需要通过计算确定。此外，被沉淀离子浓度不同，也能改变分步沉淀的次序。

沉淀的生成、溶解、转化本质上都是沉淀溶解平衡的移动，影响平衡移动的因素主要有以下几方面。①浓度：降低离子浓度，平衡向沉淀溶解方向移动；②温度：升温，多数平衡向沉淀溶解方向移动；③加入相同离子，平衡向沉淀生成方向移动；④加入可与溶液中某些离子反应生成更难溶或更难电离物质或气体等，使平衡向溶解方向移动。

考点：通过计算判断沉淀次序

第 3 节　沉淀溶解平衡在医药学中的运用

一、沉淀溶解平衡在药物制备中的运用

难溶药物的制备和易溶药物中某些杂质成分的去除往往就是利用沉淀溶解平衡反应来完成。难溶无机药物的制备，原则上是通过两种易溶电解质溶液互相混合发生沉淀反应制得。在制备过程中，控制适当的反应条件如反应物的物质的量、反应温度、反应 pH 及反应物加入次序等，经分离、纯化、杂质检测与含量测定等步骤，才能获得符合中国质量要求的药品满足临床应用。现以《中国药典》硫酸钡和氢氧化铝制剂的精制为例说明如下。

（一）硫酸钡的制备

硫酸钡不溶于水和酸，且 X 射线不能透过钡离子，因此是 X 射线检查胃肠道疾病的诊断用药，然而 Ba^{2+} 有毒，能使蛋白质变性而失去生理功能，所以可溶性钡盐，如 $BaCl_2$、$Ba(NO_3)_2$ 及在酸性胃液中能溶解的 $BaCO_3$ 等钡盐都不能作造影剂。而 $BaSO_4$ 由于难溶于酸也难溶于水，所以常用作 X 射线透视胃肠道的造影剂，俗称“钡餐”。

其制备方法是用氯化钡和硫酸钠为原料，发生如下反应：

$$BaCl_2+Na_2SO_4 \rightleftharpoons BaSO_4\downarrow+2NaCl$$

由于硫酸钡沉淀颗粒很细不易过滤分离，因此反应的最佳条件是加热 $BaCl_2$ 稀溶液，边搅拌边缓慢加入 Na_2SO_4，等 $BaSO_4$ 沉淀析出后与溶液再放置一段时间，使细小晶体溶解，粗大晶体长大，这个过程称为沉淀的陈化。然后过滤、洗涤、干燥、杂质检测、含量测定，符合药典要求才能供药用。

（二）氢氧化铝的制备

氢氧化铝是一种常见抗酸药，用于治疗胃酸过多、胃溃疡、十二指肠溃疡等疾病的治疗。临床上的氢氧化铝制剂常见的有：复方氢氧化铝（斯达舒、胃舒平）、维 U 颠茄铝胶囊等。其制备方法是硫酸铝与碳酸钠反应如下：

$$Al_2(SO_4)_3+3Na_2CO_3+3H_2O \rightleftharpoons 2Al(OH)_3\downarrow+3Na_2SO_4+3CO_2\uparrow$$

由于氢氧化铝为胶状沉淀，因此反应需要在较高温度的浓溶液中快速进行。形成氢氧化铝沉淀后，不必陈化立即过滤、洗涤、干燥、杂质检测、含量测定，符合药典标准方可药用。

二、沉淀溶解平衡在药物质量监控中的运用

药物质量的好坏关系到用药的安全与有效，因此药物质量控制具有重要意义。为了保证人们用药

安全、有效，必须确保药物质量符合《中国药典》的药品质量标准。在药物质量监控中不少检测手段就是运用了沉淀溶解平衡原理。例如，新版药典上记载临床上注射用水中氯化物杂质的定量测定是采用Cl^- 在酸性条件下与硝酸银溶液生成白色沉淀，与标准氯化钠溶液在相同条件下生成的白色沉淀比较，从而判断氯化物杂质含量是否超标。再比如，药典上记载药品中硫酸盐杂质的定量测定是利用氯化钡在酸性条件下与硫酸盐溶液生成白色沉淀，与标准硫酸盐与氯化钡溶液在相同条件下生成的白色沉淀比较，从而判断药品中硫酸盐杂质含量是否超标。

另外，在药典中药品杂质检查项目还包括重金属离子检查，也是利用沉淀溶解平衡的原理来检测的。药品中的重金属离子常见的包括铅、汞、镉、铜、银等。而铅在人体中较易积蓄中毒，因此这里以铅的含量检测方法为例。该方法以生成 PbS 沉淀反应为原理，用硫代乙酰胺在 pH = 3.5 的醋酸盐缓冲溶液中水解生成 H_2S，与待测液中的铅离子生成棕色的沉淀，形成硫化铅的棕色浑浊液，与标准 PbS 的棕色浑浊液进行比较，从而判断药品中铅的含量是否超标。

三、沉淀溶解平衡在医学中的运用

人的尿液中含有$C_2O_4^{2-}$、PO_4^{3-}、Ca^{2+}、Mg^{2+}、NH_4^+、H^+、OH^-等离子。其中部分离子之间会发生反应生成沉淀，比如$C_2O_4^{2-}$和Ca^{2+}形成CaC_2O_4沉淀，PO_4^{3-}和Ca^{2+}形成$Ca_3(PO_4)_2$沉淀，这些沉淀是尿结石的主要成分。在人体血液中$C_2O_4^{2-}$和Ca^{2+}通常是过饱和的，却难以形成CaC_2O_4沉淀，这是由于血液中存在的蛋白质，它是能阻止上述沉淀结晶的高分子胶体物质。由于蛋白质的保护，血液中尽管$Q>K_{sp}$，却仍无沉淀生成。血液经过肾小球过滤后，成为原始尿液，蛋白质等高分子物质无法透过肾小球，仍然保留在血液中，而在新生成的尿液中这些结晶沉淀的物质缺乏蛋白质的保护，从而使$C_2O_4^{2-}$和Ca^{2+}在肾小管内形成CaC_2O_4沉淀，这种现象在尿道中也可能发生。如果形成的结石较小，尿液停留时间短，微小结石容易随尿液排出，不会堵塞通道。但某些人尿液中CaC_2O_4结晶沉淀物质浓度过高，或者尿液流动速率太慢，尿液在尿道中停留时间过长，就容易形成尿道结石。因此医学上经常采用加快排尿速率（缩短尿液的停留时间）、加大尿量（减少$C_2O_4^{2-}$和Ca^{2+}的浓度）从而降低CaC_2O_4沉淀结晶浓度等办法防治结石。生活中多饮水也是防治结石的好方法。

自测题

一、选择题

（一）单项选择题

1. Ag_2S 的溶度积常数表达式正确的是（　　）。

A. $K_{sp}=2[Ag^+][S^{2-}]$　　B. $K_{sp}=[Ag^+][S^{2-}]^2$

C. $K_{sp}=[Ag^+]^2[S^{2-}]$　　D. $K_{sp}=[Ag^+]^2[S^{2-}]^2$

E. $K_{sp}=[Ag^+][S^{2-}]$

2. 在 100 ml 0.01 mol/L 的 KCl 溶液中，加入 1 mL 0.01 mol/L 的 $AgNO_3$ 溶液，下列说法正确的是（AgCl 的 $K_{sp}=1.8\times10^{-10}$）（　　）。

A. AgCl 沉淀析出　　B. 无 AgCl 沉淀析出

C. 无法确定　　D. 有沉淀但不是 AgCl

E. 沉淀析出后溶解

3. 工业废水中常含有Cu^{2+}、Cd^{2+}、Pb^{2+}等重金属离子，可通过加入过量的难溶强电解质 FeS、MnS，使这些金属离子形成硫化物沉淀去除。根据以上事实，可推知 FeS、MnS 具有的相关性质是（　　）。

A. 在水中的溶解能力大于 CuS、CdS、PbS

B. 在水中的溶解能力小于 CuS、CdS、PbS

C. 在水中的溶解能力与 CuS、CdS、PbS 相同

D. 二者均具有较强的吸附性

E. 无法判断在水中的溶解能力大小

4. 某温度下的 AgCl 饱和溶液中，当$[Ag^+]$分别为 0.01 mol/L 和 0.001 mol/L 时，其溶度积常数 K_{sp}（　　）。

A. 相同　　B. 不同

C. 无法判断　　D. 前者大于后者

E. 后者大于前者

5. 对水垢的主要成分是 $CaCO_3$ 和 $Mg(OH)_2$ 而不是 $CaCO_3$ 和 $MgCO_3$ 的原因解释，其中正确的有（　　）。

A. $Mg(OH)_2$ 的溶度积大于 $MgCO_3$ 的溶度积，且在水中发生了沉淀转化

B. $Mg(OH)_2$ 的溶度积小于 $MgCO_3$ 的溶度积，且在水中发生了沉淀转化

C. $Mg(OH)_2$ 的溶度积大于 $MgCO_3$ 的溶度积，水中没有发生沉淀转化

D. $Mg(OH)_2$的溶度积小于$MgCO_3$的溶度积，水中没有发生沉淀转化

E. 无法判断$Mg(OH)_2$的溶度积与$MgCO_3$的溶度积的关系

6. 在Ag_2CrO_4的饱和溶液中加入HNO_3溶液，则（　　）。

A. 沉淀增加　B. 沉淀溶解　C. 无现象发生　D. 不能确定　E. 沉淀转化

（二）多项选择题

1. 使难溶电解质沉淀溶解通常可以采取的方法是（　　）。

A. 生成弱电解质　B. 生成强电解质　C. 生成配合物　D. 发生氧化还原反应　E. 更换溶剂法。

2. 铬酸钾指示剂法滴定条件是（　　）。

A. 加入适量的指示剂　B. 控制溶液的酸度　C. 增加滴定液　D. 充分振摇　E. 预先分离干扰离子

3. 能用于沉淀滴定法进行定量分析的化学反应，必须具备的条件是（　　）。

A. 反应生成沉淀的溶解度必须很小

B. 沉淀反应必须迅速定量地完成

C. 在沉淀过程中无明显的吸附现象

D. 有适当方法确定滴定终点

E. 指示剂用量越多越好

4. 下列可用银量法测定的是（　　）。

A. Cl^-　B. Br^-　C. I^-　D. SCN^-　E. Ag^+

5. 用银量法测定$BaCl_2$中的Cl^-，可选用的指示剂是（　　）。

A. K_2CrO_4　B. 荧光黄　C. $NH_4Fe(SO_4)_2 \cdot 12H_2O$　D. $NH_4Fe(SO_4)_2 \cdot 6H_2O$　E. 酚酞

二、填空题

1. 难溶强电解质的饱和溶液 K_{sp}________Q；不饱和溶液中 K_{sp}________Q；过饱和溶液中 K_{sp}________Q。

2. 对于相同类型的难溶强电解质，若 K_{sp} 大的溶解度________，K_{sp} 小的溶解度________。

3. 已知 K_{sp}（CuS）$=6.3\times10^{-36}$，其溶解度为________mol/L。

4. 判断难溶强电解质离子分步沉淀的先后顺序是 K_{sp}________先沉淀，K_{sp}________后沉淀。

三、简答题

1. 请说出溶度积与溶解度的区别与联系。

2. 请简要叙述溶度积规则。

四、计算题

在分析化学上用铬酸钾作指示剂的银量法称为“莫尔法”。工业上常用莫尔法分析水中的氯离子含量。此法是用硝酸银作滴定剂，当在水中逐滴加入硝酸银时，生成白色氯化银沉淀析出。继续滴加硝酸银，当开始出现砖红色的铬酸银沉淀时，即为滴定终点。假如待测水样中$[Cl^-]=7.1\times10^{-5}$ mol/L，$[CrO_4^{2-}]=5.0\times10^{-5}$ mol/L。

（1）请问氯化银和铬酸银哪个先沉淀？

（2）当铬酸银开始沉淀时，水样中的氯离子是否沉淀完全？

（崔霖芸）

在配位化合物中，除了由一个中心离子（或原子）和若干单齿配位体形成的简单配合物之外，还有螯合物、多核配合物（含有两个或多个中心离子的配合物）等。螯合物（chelate）是由中心原子和多齿配位体结合而成的具有环状结构的配合物。“螯合”即成环的意思，如螃蟹的两个螯把形成体（中心离子）钳住似的，故称螯合物。例如，Cu^{2+}的配位数是4，与双齿配位体乙二胺配位，形成配离子$[Cu(en)_2]^{2+}$（图8-4）。在这一螯合物中有两个五元环，每一个环都是由2个碳原子、2个氮原子和中心离子组成。

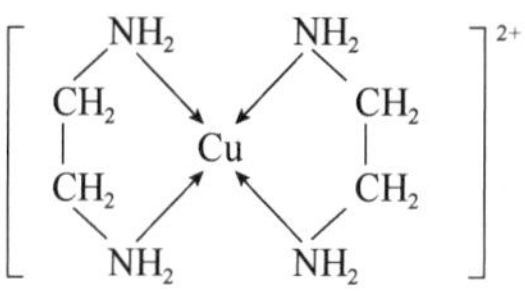

图8-4　配离子$[Cu(en)_2]^{2+}$的结构图

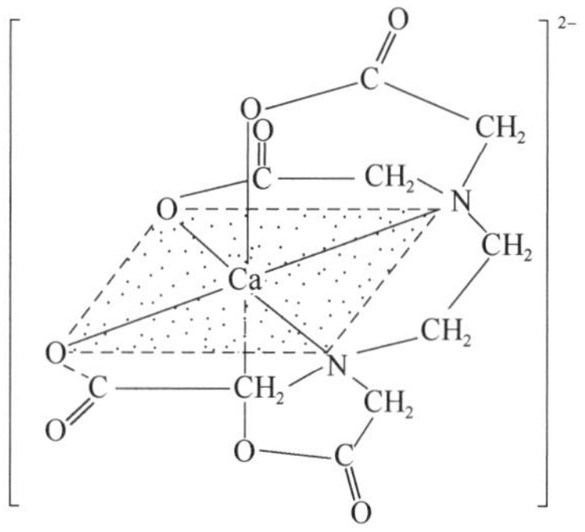

图8-5　EDTA与Ca^{2+}形成稳定螯合物CaY^{2-}的结构图

通常将提供多齿配体的配位剂称为螯合剂，螯合物的环称为螯环。一个配位体与中心离子形成的螯环数目越多，螯合物越稳定。例如，EDTA中有2个氨基氮原子和4个羧基氧原子，因而是包含6个配位原子的六齿配位体，能与除了Na^+、K^+、Rb^+、Cs^+等离子以外的大多数金属离子形成螯合物，其中许多具有非常好的稳定性。Ca^{2+}一般不易形成配合物，但EDTA与Ca^{2+}可以形成非常稳定的螯合物。结构如图8-5所示，其中含有5个五元环，因此它具有很高的稳定性。

EDTA和金属离子的螯合反应迅速，并且生成的螯合物结构稳定，易溶于水。因此，临床上常用EDTA作解毒剂，治疗机体重金属离子Pb^{2+}、Pt^{2+}、Hg^{2+}等中毒；分析化学上，利用EDTA进行配位滴定，测定某些药物或食品中金属离子的含量。在药物制剂工作中，使用螯合物掩蔽金属离子，消除金属离子对药物氧化的催化作用。

螯合物与普通配位化合物不同，要形成螯合物必须具备三个条件。

（1）螯合物的中心离子必须有空轨道，能接受配位体提供的孤对电子。

（2）螯合剂必须含有2个或2个以上能够给出孤对电子的配位原子，以便与中心离子形成环状结构。

（3）相邻的两个配位原子之间必须间隔2个或3个其他原子，以便形成稳定的五元环或六元环。

考点：螯合物的定义及形成条件

第2节　配合物价键理论

在配合物中，中心离子与配体之间结合力是什么？为什么中心离子只能与一定数目的配体结合？为什么不同的配离子会有不同的颜色？配离子具有怎样的空间构型？如何解释配离子的磁性？上述问题都可以用配合物的化学键理论来解释。配合物的化学键理论主要有价键理论、晶体场理论和配位场理论，本节就只介绍简明易懂、使用较为广泛的价键理论。

一、价键理论基本要点

配合物的价键理论是美国化学家鲍林（Pauling）于1931年提出来的，他把杂化轨道理论应用到配合物上，逐渐形成配合物价键理论，较好地解释了中心离子与配位原子间的价键本质、空间构型和配位数。其基本要点如下。

（1）在配合物中，中心离子（原子）与配位体之间的成键，既不像离子键那样成键原子间存在着电子的得失，也不像共价键那样由成键原子各自提供单个电子组成共用电子对而结合。在中心离子（原子）与配位体成键形成配合物时，中心离子（原子）用其杂化了的空轨道来接受配位体中配位原子提供的孤对电子，实际是中心离子空的杂化轨道与配位原子具有孤对电子的原子轨道相互重叠成键，这种键称为配位键（coordination bond），通常以L→M表示。其中配位体L为电子对给予体，配合物中心离子M为电子对接受体。

（2）为了提高成键能力，中心离子所提供的空轨道必须先进行杂化，形成数目相等、能量相同且具有一定空间伸展方向的新杂化轨道，接受配位原子提供的价电子对。使中心原子的杂化轨道与配位原子的孤对电子轨道在键轴方向重叠成键。

（3）配合物的空间构型，取决于中心原子所提供杂化轨道的数目和类型。

在很多情况下，还不能用价键理论来预测配合物的空间构型和中心原子杂化类型，往往是在取得了配合物的空间构型及磁性等实验数据后，再用价键理论来解释。

考点：价键理论的基本要点

二、内轨型配合物与外轨型配合物

过渡元素作为中心原子时，其价电子空轨道往往包括次外层的 d 轨道，根据中心原子杂化时所提供的空轨道所属的电子层不同，配合物可以分为两种。一种是中心原子全部用最外层电子空轨道（*n*s，*n*p，*n*d）进行杂化成键，所形成的配合物称为外轨型配合物（outer-orbital coordination compound）；另一种是中心原子用次外层 d 轨道，即（*n*–1）d 轨道和最外层的 *n*s，*n*p 轨道进行杂化成键，所形成的配合物称为内轨型配合物（inner-orbital coordination compound）。例如，中心原子采取 sp、sp^3、sp^3d^2 杂化轨道成键形成配位数为 2、4、6 的配合物都是外轨型配合物；中心原子采取 dsp^2 或 d^2sp^3 杂化轨道成键形成配位数为 4、6 的配合物都是内轨型配合物。典型的杂化方式有以下几种：

（1）sp 杂化，以$[Ag(NH_3)_2]^+$ 配离子为例。

Ag^+的外电子层结构为

Ag^+价层的 5s 和 5p 轨道是空的，Ag^+与 2 个 NH_3 分子形成配离子时，Ag^+将提供 1 个 5s 空轨道和 1 个 5p 空轨道进行 sp 杂化，2 个 NH_3 分子中 N 原子上的具有孤对电子的轨道分别与 Ag^+的 2 个空的 sp 杂化轨道重叠成键。

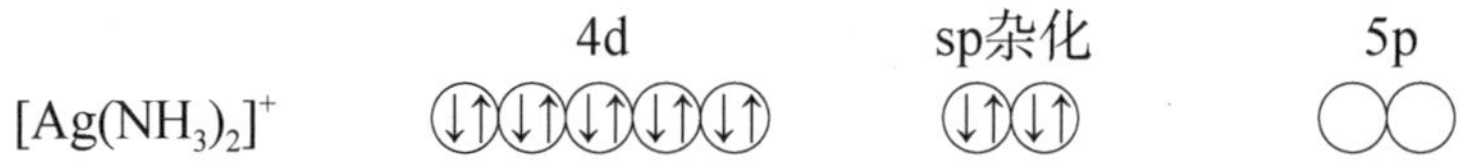

sp 杂化轨道的夹角是 180°，$[Ag(NH_3)_2]^+$ 配离子为直线型。因为 Ag^+是用外层 5s 轨道和 5p 轨道杂化的，所以$[Ag(NH_3)_2]^+$属于外轨型离子。

（2）sp^3 杂化，以$[Zn(NH_3)_4]^{2+}$配离子为例。

Zn^{2+}价层的 4s 和 4p 轨道是空的，Zn^{2+}与 4 个 NH_3 分子形成配离子时，Zn^{2+}提供 1 个 4s 空轨道和 3 个 4p 空轨道进行 sp^3 杂化，形成 4 个 sp^3 空杂化轨道。分别与 4 个 NH_3 分子中 N 原子上的具有孤对电子的轨道重叠成键。

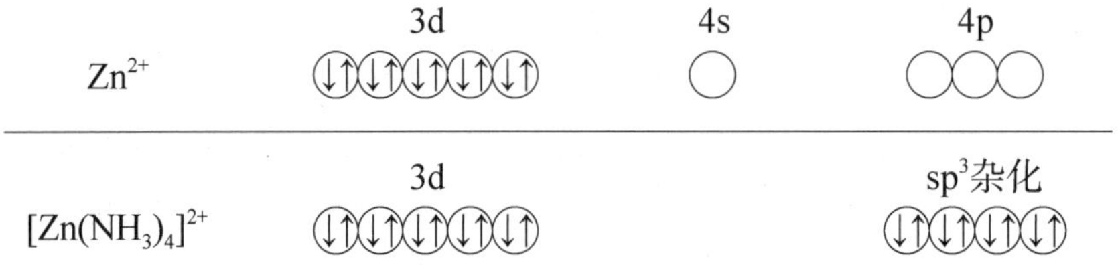

sp^3 杂化轨道的夹角是 109°28′，指向正四面体的四个顶点，因此$[Zn(NH_3)_4]^{2+}$配离子的空间构型为正四面体形，属于外轨型配离子。

（3）sp^3d^2 杂化，以$[FeF_6]^{3-}$配离子为例。

当 Fe^{3+}与 F^-成键时，Fe^{3+}的 3d 轨道保持不变，外层的 1 个 4s 空轨道，3 个 4p 空轨道，2 个 4d 空轨道进行 sp^3d^2 轨道杂化，形成 6 个新的 sp^3d^2 杂化轨道，分别与 6 个 F^-中的孤对电子所在的轨道重叠成键。6 个杂化轨道在空间中分别指向正八面体的 6 个顶点，因此$[FeF_6]^{3-}$配离子为正八面体形，属于外轨型配离子。

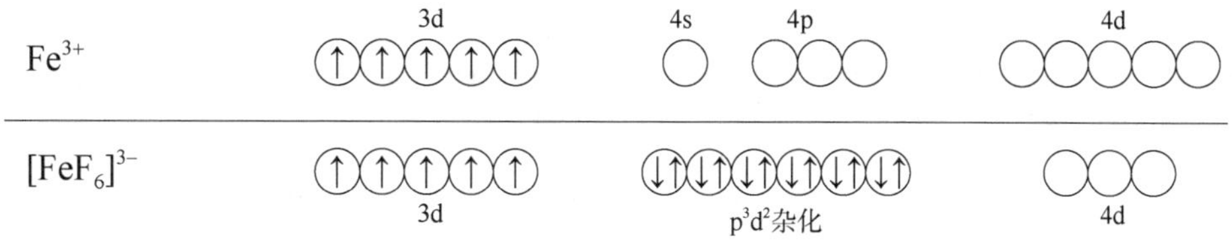

（4）dsp^2 杂化，以 $[Ni(CN)_4]^{2-}$ 配离子为例。

Ni^{2+}价层的 4s 和 4p 轨道是空的，在 CN^-的作用下，Ni^{2+}的 3d 电子进行重新排布，空出 1 个 3d 轨道与外层的 1 个 4s、2 个 4p 空轨道进行 dsp^2 杂化，形成 4 个新的 dsp^2 杂化轨道，分别与 4 个 CN^-中由 C 原子提供的 4 个孤对电子所在的轨道重叠成键。

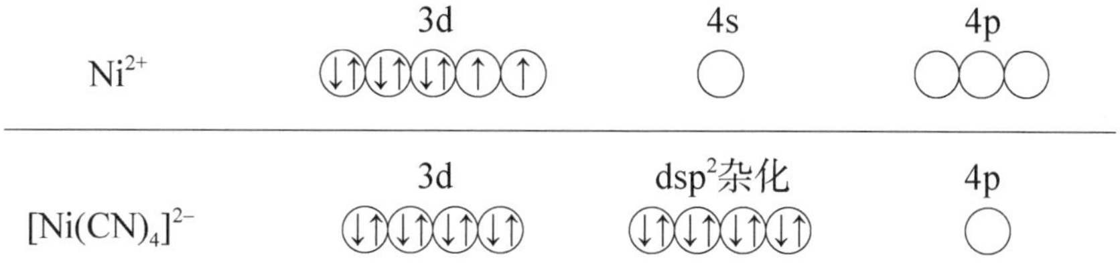

dsp^2 杂化轨道的夹角是 90°，指向平面正方形的四个顶点，因此$[Ni(CN)_4]^{2-}$配离子的空间构型为平面正方形，属于内轨型配离子。

（5）d^2sp^3 杂化，以$[Fe(CN)_6]^{3-}$配离子为例。

当 Fe^{3+}与 CN^-成键时，在 CN^-的作用下，Fe^{3+}的 3d 电子发生重排，空出的 2 个 3d 轨道与 1 个 4s 轨道、3 个 4p 轨道进行杂化，生成 6 个新的 d^2sp^3 杂化轨道，分别与 6 个 CN^-中的 C 原子提供的孤对电子所在的轨道重叠成键。

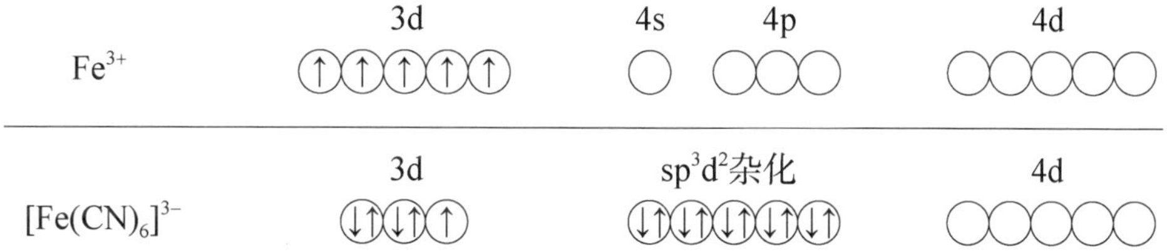

6 个杂化轨道在空间分别指向正八面体的 6 个顶点，因此$[Fe(CN)_6]^{3-}$配离子也为正八面体形，属于内轨型配离子。

通过以上的例子可以看出，配离子的空间构型取决于中心离子空轨道杂化的方式。根据价键理论，配合物中的配位键属于共价键，因而具有一定的方向性和饱和性。现将常见的配离子中心离子轨道杂化方式及对应的空间构型列于表 8-3 中。

表 8-3 中心离子轨道杂化类型与配合物空间构型的关系

配位数	轨道杂化类型	空间构型	结构示意图	举例	配离子类型
2	sp	直线型	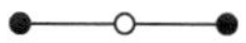	$[Ag(NH_3)_2]^+$、$[Cu(NH_3)_2]^{2+}$、$[Cu(CN)_2]^-$	外轨型
3	sp^2	平面三角形	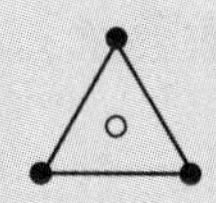	$[CO_3]^{2-}$、$[NO_3]^-$、$[CuCl_3]^{2-}$、$[HgI_3]^-$	外轨型
4	sp^3	四面体	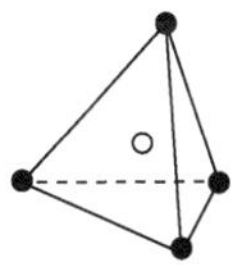	$[ZnCl_4]^{2-}$、$[FeCl_4]^-$、$[BF_4]^-$、$[Ni(NH_3)_4]^{2+}$	外轨型
	spd^2	平面正方形	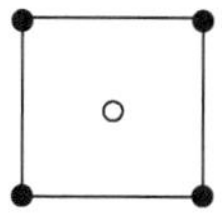	$[Pt(NH_3)_2Cl_2]$、$[Cu(NH_3)_4]^{2+}$、$[Ni(CN)_4]^{2-}$	内轨型
	sp^2d			$[PdCl_4]^{2-}$	外轨型

续表

配位数	轨道杂化类型	空间构型	结构示意图	举例	配离子类型
5	dsp^3	三角双锥	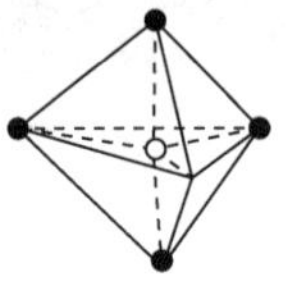	$[Fe(CO)_5]$、$[Ni(CN)_5]^{3-}$	内轨型
	d^2sp^2	正方锥形	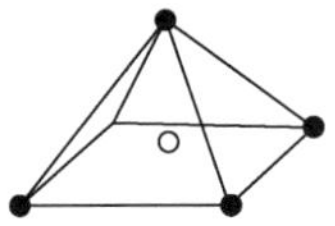	$[SbF_5]^{2-}$	内轨型
	d^4s			$[TiF_5]^{2-}$	内轨型
6	d^2sp^3	正八面体	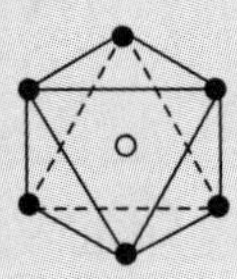	$[Fe(CN)_6]^{4-}$、$[Fe(CN)_6]^{3-}$、$[Co(NH_3)_6]^{3+}$	内轨型
	sp^3d^2			$[AlF_6]^{3-}$、$[Co(NH_3)_6]^{2+}$、$[Ni(NH_3)_6]^{2+}$	外轨型
7	d^3sp^3	五角双锥		$[ZrF_7]^{3-}$、$[UO_2F_5]^{3-}$	内轨型
8	d^4sp^3	正十二面体	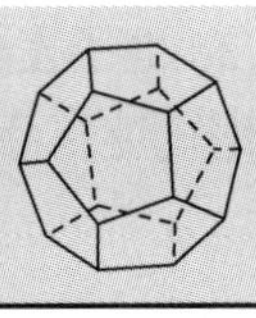	$[Mo(CN)_8]^{4-}$、$[W(CN)_8]^{4-}$	内轨型

考点：根据杂化方式判断配合物的类型

三、配合物的磁性

金属配合物的磁性可以用晶体场理论进行简单的说明和解释。晶体场理论和价键理论不同，认为配体的孤对电子并没有进入中心原子的原子轨道，它们与中心原子的核产生静电引力的同时，还会对中心原子的 d 轨道产生斥力，使原来能量相同而简并的 5 个 d 轨道的能量不再相同，分裂成能量较低的或能量较高的 d 轨道组。配合物的中心原子在晶体场作用下会发生能级分裂，d 电子填入分裂后的轨道。根据晶体场分裂能和电子成对能的相对大小，可以确定电子的排布情况，从而判断出配合物是高自旋还是低自旋（中心原子含有未成对电子数较多的配合物称为高自旋型配合物，含有未成对电子数较少的配合物称为低自旋型配合物，由此说明配合物的磁性。例如，电子构型为 d^6 的 Fe^{2+}形成的配合物$[Fe(H_2O)_6]^{2+}$为顺磁性，$[Fe(CN)_6]^{4-}$为反磁性。这是因为在$[Fe(H_2O)_6]^{2+}$中 H_2O 为弱场配体，分裂能小于成键能，配合物为高自旋型，有 4 个未成对电子，表现为顺磁性；在$[Fe(CN)_6]^{4-}$中 CN^-为强场配体，分裂能大于成键能，配合物为低自旋型，表现为反磁性。

利用磁天平可以判断各种物质的磁矩，比较磁矩的实测值和理论计算值，可以判断中心原子的未成对电子，对于分析和解释配位化合物的成键情况有重要意义。物质的磁矩用符号 μ 表示，磁矩与分子中单电子数 n 有如下关系：

$$\mu=\sqrt{n(n+2)}\,\mu_B$$

式中，μ_B 为磁矩单位，称为玻尔磁子。表 8-4 列出了磁矩的近似值。

表 8-4　磁矩的近似值

单电子数（n）	1	2	3	4	5	6	7
磁矩（μ）	1.73	2.83	3.87	4.90	5.92	6.93	7.94

考点：高自旋型配合物和低自旋型配合物的判断

第3节 配位平衡

中心离子与配体生成的配离子或配位分子的反应称为配位反应，而配离子或配位分子解离出中心原子和配体的反应称为解离反应。在水溶液中，配合物的解离有两种情况：一是配合物内界与外界之间的完全解离，解离成配离子和外界离子；另一种是配离子的部分解离，即中心离子与配体之间的部分解离（类似于弱电解质的解离）。

一、配位平衡和稳定常数

（一）配位平衡

配位单元的中心离子与配体之间是以配位键结合，在水溶液中很少解离。如前所述，在$[Cu(NH_3)_4]SO_4$溶液中加入少量Ba^{2+}，可以观察到白色的$BaSO_4$沉淀产生，而加入NaOH溶液却并无$Cu(OH)_2$沉淀产生。但若加入Na_2S溶液，则有黑色的CuS沉淀产生（$K_{sp}^{\ominus}[Cu(OH)_2]=2.2\times10^{-20}$，$K_{sp}^{\ominus}(CuS)=6.3\times10^{-36}$）。这说明$[Cu(NH_3)_4]^{2+}$在水溶液中像弱电解质一样，能部分解离出极少量的$Cu^{2+}$，同时$Cu^{2+}$与$NH_3$又可以结合成$[Cu(NH_3)_4]^{2+}$。因此，在一定条件下，当配位反应速率与解离反应速率相等时，配合物就达到了配位解离平衡，简称为配位平衡。

在$[Cu(NH_3)_4]SO_4$溶液中，存在如下平衡：

$$[Cu(NH_3)_4]^{2+} \underset{配位}{\overset{解离}{\rightleftharpoons}} Cu^{2+} + 4NH_3$$

考点：配位平衡的定义

（二）配合物的稳定常数和不稳定常数

根据平衡移动原理，对于上述解离反应，其标准反应平衡常数表达式为

$$K_d = \frac{[Cu^{2+}][NH_3]^4}{[Cu(NH_3)_4]^{2+}} = 4.79\times10^{-14}$$

这个平衡常数称为配离子的不稳定常数，又称解离常数（dissociation constant），通常用$K_{不稳}$（或K_d）来表示。$K_{不稳}$越大，表示配离子越不稳定，在溶液中也越容易解离。$K_{不稳}$是表征配离子的解离平衡的，通常也以配离子形成反应的标准反应平衡常数来表征配离子的稳定性。其标准反应平衡常数称为配合物的稳定常数，又称形成常数（formation constant），通常以$K_{不稳}$（或K_f）表示。

$$Cu^{2+} + 4NH_3 \rightleftharpoons [Cu(NH_3)_4]^{2+}$$

$$K_{稳} = \frac{[Cu(NH_3)_4]^{2+}}{[Cu^{2+}][NH_3]^4}$$

$K_{稳}^{\ominus}$越大，表示配离子越容易形成，配离子越稳定。显然，不稳定常数和稳定常数表示的是同一事物的两个方面，它们互为倒数，即

$$K_{稳} = 1/K_{不稳}$$

在溶液中，配离子的生成和解离都是分级进行的，这类似于多元弱酸的逐级解离和生成反应。每一级反应都有一个相应的平衡常数，称为配离子的逐级稳定或解离常数。仍以$[Cu(NH_3)_4]^{2+}$的解离为例，则有

$$[Cu(NH_3)_4]^{2+} \rightleftharpoons [Cu(NH_3)_3]^{2+} + NH_3$$

$$K_1 = \frac{[Cu(NH_3)_3]^{2+}[NH_3]}{[Cu(NH_3)_4]^{2+}} = 5.01\times10^{-3}$$

$$[Cu(NH_3)_3]^{2+} \rightleftharpoons [Cu(NH_3)_2]^{2+} + NH_3$$

$$K_2 = \frac{[Cu(NH_3)_2]^{2+}[NH_3]}{[Cu(NH_3)_3]^{2+}} = 9.12\times10^{-4}$$

$$[Cu(NH_3)_2]^{2+} \rightleftharpoons [Cu(NH_3)]^{2+} + NH_3$$

$$K_3 = \frac{[Cu(NH_3)]^{2+}[NH_3]}{[Cu(NH_3)_2]^{2+}} = 2.14 \times 10^{-4}$$

$$[Cu(NH_3)]^{2+} \rightleftharpoons Cu^{2+} + NH_3$$

$$K_4 = \frac{[Cu^{2+}][NH_3]}{[Cu(NH_3)]^{2+}} = 4.90 \times 10^{-5}$$

K_1、K_2、K_3、K_4 称为配离子的逐级不稳定常数。

$$K_{不稳} = K_1 \times K_2 \times K_3 \times K_4 = 4.79 \times 10^{-14}$$

同理可以推得总稳定常数与逐级稳定常数的关系。一些常见配离子的不稳定常数列于表 8-5 中。

表 8-5 部分配离子的不稳定常数（$K_{不稳}$）

配离子	$K^{\ominus}_{不稳}$	配离子	$K^{\ominus}_{不稳}$
$[Ag(CN)_2]^-$	7.94×10^{-22}	$[Cu(CN)_2]^-$	1.0×10^{-24}
$[Ag(NH_3)_2]^+$	8.91×10^{-8}	$[Fe(CNS)_2]^+$	4.36×10^{-4}
$[AlF_6]^{3-}$	1.44×10^{-20}	$[FeF_6]^{3-}$	1.0×10^{-16}
$[Ca\text{-}EDTA]^{2-}$	1.0×10^{-11}	$[HgCl_4]^{2-}$	8.51×10^{-16}
$[Cd(NH_3)_4]^{2+}$	7.58×10^{-8}	$[Mg\text{-}EDTA]^{2-}$	2.29×10^{-9}
$[Cd(CN)_4]^{2-}$	1.66×10^{-19}	$[HgI_4]^{2-}$	1.48×10^{-30}
$[Co(NH_3)_6]^{3+}$	6.31×10^{-36}	$[Zn(NH_3)_4]^{2+}$	3.47×10^{-10}
$[Co(SCN)_4]^{2-}$	1.00×10^{-3}	$[Ni(CN)_4]^{2-}$	5.01×10^{-32}

不稳定常数（或稳定常数）是配合物的一个重要性质，配合物的不稳定常数大多是由实验测得的。随着离子强度、温度等条件的不同，以及所测方法精确度的不同，都会引起结果的差异，但基本上还是比较接近的。计算配合物溶液中离子浓度时，应该考虑各级配离子的存在，但计算非常麻烦。由于在实际工作中，一般总是使用过量的配位剂，此时低配位数的各级配离子浓度很小，可忽略不计。用总的 $K_{稳}$（或 $K_{不稳}$）计算，误差也不会很大。

考点：配合物稳定常数和不稳定常数的表达

（三）配合物稳定常数的应用

1. 比较同类型配合物的稳定性 对同类型的配合物，即配位体数目相同的配合物，$K_{稳}$ 越大，配合物稳定性越强。例如：

$$[Ag(NH_3)_2]^+ \qquad K_{稳} = 1.7 \times 10^7$$

$$[Ag(CN)_2]^- \qquad K_{稳} = 5.6 \times 10^{18}$$

很明显，$[Ag(CN)_2]^-$ 比 $[Ag(NH_3)_2]^+$ 稳定得多。对于不同类型的配合物，不能通过简单比较 $K_{稳}$ 大小的方法比较两者的稳定性，而只能通过计算，求出中心离子的浓度，从而比较其稳定性。

2. 计算配合物溶液中各种组分的浓度

【例 8-1】 室温下，将 0.02 mol/L 的 $CuSO_4$ 溶液与 0.28 mol/L 的氨水等体积混合，当溶液达配位平衡时，求溶液中 Cu^{2+}、$NH_3 \cdot H_2O$、$[Cu(NH_3)_4]^{2+}$ 的浓度各为多少？已知 $K_{稳}$（$[Cu(NH_3)_4]^{2+}$）$= 2.09 \times 10^{13}$。

解：两种溶液等体积混合后，浓度均变为原来的一半，即 c（Cu^{2+}）=0.01 mol/L，c（$NH_3 \cdot H_2O$）=0.14 mol/L。因为 $K_{稳} = 2.09 \times 10^{13}$，数值较大且氨水过量较多，可假定 Cu^{2+} 全部转化为 $[Cu(NH_3)_4]^{2+}$，溶液中存在的少量 Cu^{2+} 由 $[Cu(NH_3)_4]^{2+}$ 解离而得。

设溶液达平衡后，Cu^{2+} 的浓度为 x mol/L，则

$$Cu^{2+} + 4NH_3 \rightleftharpoons [Cu(NH_3)_4]^{2+}$$

平衡浓度/（mol/L）　　x　　0.10+4x　　0.01−x

代入稳定常数表达式，得

$$K^{\ominus}_{稳} = \frac{c([Cu(NH_3)_4]^{2+})/c^{\ominus}}{\{c(Cu^{2+})/c^{\ominus}\}\{c(NH_3)/c^{\ominus}\}^4} = \frac{0.01-x}{x(0.10+4x)^4} = 2.09\times10^{13}$$

由于稳定常数数值很大，且氨水过量，所以$[Cu(NH_3)_4]^{2+}$解离度很小，可近似认为 $0.10+4x\approx0.10$，$0.01-x\approx0.01$。则

$$K^{\ominus}_{稳} = \frac{0.01}{x(0.01)^4} = 2.09\times10^{13}$$

计算得 $x = 4.8\times10^{-12}$，即溶液达配位平衡后，溶液中各组分的浓度：

$c(Cu^{2+})=4.8\times10^{-12}$ mol/L，$c(NH_3\cdot H_2O)=0.10$ mol/L，$c([Cu(NH_3)_4]^{2+}) = 0.01$ mol/L。

考点： 利用稳定常数比较配合物的稳定性，并计算浓度

二、配位平衡的移动

若以 M 表示金属离子，L 表示配体，ML 表示配位化合物，则配位平衡反应式简写为

$$M^{n+} + aL^- \rightleftharpoons ML_a^{n-a}$$

根据平衡移动的原理，改变金属离子或配体的浓度均会使平衡发生移动，从而导致配离子的生成或解离。若增加金属离子或配体浓度会增加配合物的稳定性，但若降低金属离子或配体浓度时就导致配离子的解离。例如，加入某种沉淀剂，使金属离子生成难溶化合物或者当配体是弱酸根离子时，改变溶液的酸度使弱酸根离子（A-）离子生成难电离的弱酸，都可以使平衡左移。下面将讨论配位平衡与酸碱解离平衡、沉淀溶解平衡、氧化还原平衡等的关系。

（一）配位平衡与酸碱解离平衡

1. 配体的酸效应　当配合物的配位体为 F^-、CN^-、SCN^-和 NH_3 以及有机酸根离子时，加入强酸，易生成难解离的弱酸分子，从而使配位平衡向解离的方向移动，导致配合物的稳定性降低，这种现象称为酸效应（acid effect）。例如，将 AgCl 沉淀溶于氨水中所得的$[Ag(NH_3)_2]^+$配离子中，加入 HNO_3 时，会使$[Ag(NH_3)_2]^+$被破坏，重新生成 AgCl 沉淀，这正是配位平衡与酸碱平衡竞争的结果：

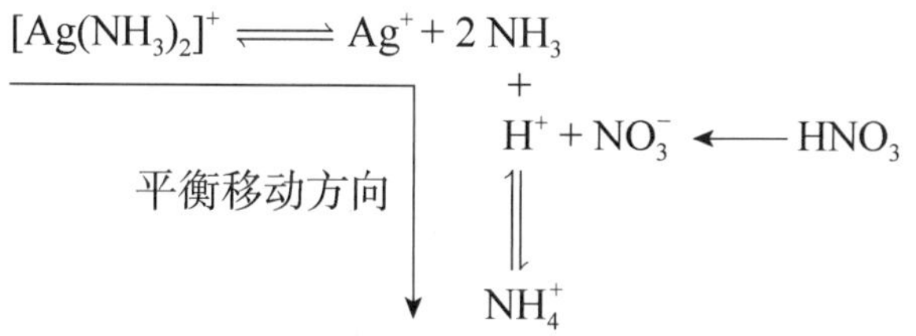

即　　$$[Ag(NH_3)_2]^+ + 2H^+ \rightleftharpoons Ag^+ + 2NH_4^+$$

这里反应的实质是 H^+与 Ag^+争夺配位体 NH_3。再如$[FeF_6]^{3-}$配离子中，加入 H^+，可以生成弱酸 HF，同样存在着配位平衡与酸碱平衡的竞争。增大溶液的酸度（或降低溶液 pH），使配位平衡向解离方向移动，能够降低配合物稳定性。同样，降低溶液的酸度（或增大溶液 pH），可以使配位平衡向配位方向移动，增加配合物的稳定性。

在生成配合物溶液的过程中，为了避免酸效应的影响，常控制溶液的酸度（pH）在一定范围内。这是利用配合物进行定性鉴定或定量分析时必须注意的重要条件之一。例如，Fe^{3+}（aq）与水杨酸（$HO\cdot C_6H_4\cdot COOH$）在不同 pH 条件下能生成有色螯合物（表 8-6），比色分析中用缓冲溶液控制溶液 pH，使 Fe^{3+}与水杨酸根离子（缩写为 Sal^-）基本上只生成某一种组成的螯合物，通过比较螯合物颜色深浅来测定 Fe^{3+}的浓度。

表 8-6 不同 pH 条件下 Fe^{3+}（aq）与 Sal^-生成有色螯合物

pH>9	pH 4~8	pH 2~3
$[Fe(Sal)_3]^{3-}$	$[Fe(Sal)_2]^-$	$[Fe(Sal)]^+$
黄色	红褐色	紫红色

2. 金属离子的水解效应 大多数过渡金属离子在水溶液中有明显的水解作用，这实质上是金属离子生成羟基配合物的反应。例如，$[FeF_6]^{3-}$配离子中 Fe^{3+}可能发生如下的水解反应：

$$Fe^{3+} + H_2O \rightleftharpoons [Fe(OH)]^{2+} + H^+$$

$$[Fe(OH)]^{2+} + H_2O \rightleftharpoons [Fe(OH)_2]^+ + H^+$$

$$[Fe(OH)]_2{}^+ + H_2O \rightleftharpoons [Fe(OH)_3] + H^+$$

显然溶液的酸度越小，水解平衡右移越多，水解反应越彻底，最后生成 $Fe(OH)_3$ 沉淀，从而使溶液中游离金属离子浓度降低，故$[FeF_6]^{3-}$配离子在酸度小的溶液中遭到破坏，可见金属离子的水解反应也会对配合平衡有影响。若要防止金属离子的水解，应当增加溶液的酸度来抑制水解，防止游离金属离子浓度的降低，从而有利于配合物的形成，这种现象一般称为金属离子的水解效应（hydrolysis effect）。

从上述两种效应来看，酸度对配合物稳定性的影响是复杂的，既要考虑配位体的酸效应，又要考虑金属离子的水解效应。酸度大，水解程度小，金属离子浓度大，有利于配离子的形成；但配体浓度小，又不利于配离子的形成。因为酸效应和水解效应两者的作用刚好相反，酸度对配体和金属离子浓度的影响也完全相反，所以在考虑酸度对配合物稳定性的影响时要全面地考虑这些因素。一般每种配合物均有其最适宜的酸度范围，调节溶液的 pH 可导致配合物的形成或破坏，实际工作中十分有用。

（二）配位平衡与沉淀溶解平衡

沉淀生成能使配位平衡发生移动，配合物生成也能使沉淀溶解平衡发生移动。在配位平衡中加入某种沉淀剂，它若与该配合物的中心离子生成难溶化合物，则沉淀剂或多或少地导致配离子的破坏。例如，在$[Ag(CN)_2]^-$配离子中加入 Na_2S 溶液，就有 Ag_2S 沉淀生成。

$$2[Ag(CN)_2]^- + S^{2-} \rightleftharpoons Ag_2S\downarrow + 4CN^-$$

平衡常数

$$K_{稳} = \frac{[CN^-]^4[Ag^+]^2}{[Ag(CN)_2^-][S^{2-}][Ag^+]^2} = 1/[K^2([Ag(CN)_2]^-) \cdot K_{sp}(Ag_2S)] = 1/[(1.3\times10^{21})^2\times1.6\times10^{-49}] = 6.3\times10^9$$

平衡常数 $K_{稳}$ 较大，说明反应进行得较完全，S^{2-}能夺取$[Ag(CN)_2]^-$中的 Ag^+。又如：$[Ag(CN)_2]^-$配离子中加入 NaCl 溶液，就没有 AgCl 沉淀生成。

$$[Ag(CN)_2]^- + Cl^- \rightleftharpoons AgCl(s) + 2CN^-$$

$$K_{稳} = \frac{[CN^-]^2[Ag^+]}{[Ag(CN)_2^-][Cl^-][Ag^+]} = 1/[K([Ag(CN)_2]^-) \cdot K_{sp}(AgCl)] = 1/(1.3\times10^{21}\times1.8\times10^{-10}) = 4.3\times10^{-12}$$

$K_{稳}$ 很小说明正反应几乎不能进行，而逆反应进行得较完全。即 Cl^-不能夺取$[Ag(CN)_2]^-$中的 Ag^+，相反，AgCl 可溶于 CN^-溶液中。可见，在配位平衡和沉淀平衡的竞争中总反应方向取决于 $K_{稳}$ 和 K_{sp} 的大小，即 $K_{稳}$ 越小，K_{sp} 越小配合物越易电离生成沉淀；$K_{稳}$ 越大，K_{sp} 越大沉淀越易溶解生成配离子。

（三）配位平衡与氧化还原平衡

配位平衡与氧化还原平衡之间的影响也是相互的。若在配离子溶液中加入某种氧化剂或还原剂，能与配位体或中心离子发生氧化还原反应，则会使配位平衡向着解离的方向移动，从而破坏配离子的存在。而金属离子在形成配合物后，溶液中金属离子的浓度降低，根据能斯特公式可知，金属配离子-金属电对的电极电势比该金属离子-金属电对的电极电势要低。例如，Fe^{3+}能氧化 I^-生成 Fe^{2+}和紫黑色 I_2 固体。

$$Fe^{3+} + I^- \longrightarrow Fe^{2+} + \frac{1}{2} I_2(s)$$

$$E^{\ominus} = \varphi^{\ominus}_{Fe^{3+}/Fe^{2+}} - \varphi^{\ominus}_{I_2/I^-} = 0.77 - 0.54 = 0.23\ (V) > 0.20\ (V)$$

故反应正向进行。若上述体系中加入足量 KCN 溶液，由于 CN^-与 Fe^{2+}和 Fe^{3+}都能生成稳定配合物 $[Fe(CN)_6]^{4-}$和$[Fe(CN)_6]^{3-}$，后者的稳定性更大（$K_稳$（$[Fe(CN)_6]^{4-}$）为 1.0×10^{35}，$K_稳$（$[Fe(CN)_6]^{4-}$）为 1.0×10^{42}）使 Fe^{3+}浓度降低更多，于是上述反应逆向进行。即

$$[Fe(CN)_6]^{3-} + I^- \longleftarrow [Fe(CN)_6]^{4-} + \frac{1}{2} I_2(s)$$

这可用 Fe^{3+}/Fe^{2+}电对的电极电势说明。

$$\varphi_{Fe^{3+}/Fe^{2+}} = \varphi^{\ominus}_{Fe^{3+}/Fe^{2+}} + 0.0591\lg\frac{[Fe^{3+}]}{[Fe^{2+}]}$$

对于$[Fe(CN)_6]^{3-}$

$$[Fe^{3+}] = \frac{[Fe(CN)_6^{3-}]}{[CN^-]^6 \cdot K_稳([Fe(CN)_6]^{3-})}$$

对于$[Fe(CN)_6]^{4-}$

$$[Fe^{2+}] = \frac{[Fe(CN)_6^{4-}]}{[CN^-]^6 \cdot K_稳([Fe(CN)_6]^{4-})}$$

当$[Fe(CN)_6{}^{4-}]=[Fe(CN)_6{}^{3-}]=[CN^-]=1$ mol/L（即标准态）时，代入 Fe^{3+}/Fe^{+}电对的能斯特方程式，有

$$\varphi_{Fe^{3+}/Fe^{2+}} = 0.77 + 0.0591\lg\frac{K_稳([Fe(CN)_6]^{4-})}{K_稳([Fe(CN)_6]^{3-})} = 0.77 + 0.0591\lg\frac{1.0\times10^{35}}{1.0\times10^{42}} = 0.36\ (V)$$

此即电对$[Fe(CN)_6]^{3-}/[Fe(CN)_6]^{4-}$的标准电极电势，常列入标准电极电势表中备直接查用。由于：$\varphi^{\ominus}_{[Fe(CN)_6]^{3-}/[Fe(CN)_6]^{4-}} = 0.54V$，所以上述反应逆向进行。

由此题可以看出，由于配合物的生成，降低了氧化型物质的浓度，使其电极电势降低，甚至影响到氧化还原反应的方向。

（四）配位平衡之间的影响

当溶液中存在两种能与同一金属离子形成配离子的配位体时，或者存在两种金属离子能与同一配位体形成配离子时，都会发生相互间的争夺与平衡转化。转化主要取决于配离子稳定性的大小，平衡总是向着生成稳定性较强的配离子的方向转化。即两个配离子的稳定常数相差越大，转化越完全。

【例 8-2】 试求下列配离子转换反应的平衡常数：

（1）$[Ag(NH_3)_2]^+ + 2CN^- \rightleftharpoons [Ag(CN)_2]^- + 2NH_3$

（2）$[Ag(NH_3)_2]^+ + 2SCN^- \rightleftharpoons [Ag(SCN)_2]^- + 2NH_3$

已知：$K_稳([Ag(NH_3)_2]^+) = 1.7\times10^7$；$K_稳([Ag(CN)_2]^-) = 5.6\times10^{18}$；$K_稳([Ag(SCN)_2]^-) = 3.7\times10^7$。

解：（1）反应平衡常数表达式：

$$K_稳 = \frac{[Ag(CN)_2]^- \cdot [NH_3]^2}{[Ag(NH_3)_2]^+ \cdot [CN^-]^2}$$

即

$$K_稳 = \frac{[Ag(CN)_2]^- \cdot [NH_3]}{[Ag(NH_3)_2]^+ \cdot [CN^-]^2}$$

$$= \frac{[Ag(CN)_2]^- \cdot [NH_3]^2 \cdot [Ag]}{[Ag(NH_3)_2]^+ \cdot [CN^-]^2 \cdot [Ag]}$$

$$= \frac{K_稳([Ag(CN)_2]^-)}{K_稳([Ag(NH_3)_2]^+)} = \frac{5.6\times10^{18}}{1.7\times10^7} = 3.3\times10^{11}$$

（2）反应平衡常数同样可求得

$$K_{稳}=\frac{[Ag(SCN)_2]^- \cdot [NH_3]^2}{[Ag(NH_3)_2]^- \cdot [SCN^-]^2}=\frac{K_{稳}([Ag(SCN)_2]^-)}{K_{稳}([Ag(NH_3)_2]^+)}=\frac{3.7\times10^7}{1.7\times10^7}=2.2$$

由上可知，配离子间转化反应的平衡常数等于产物配离子的稳定常数与反应物配离子的稳定常数之比。平衡常数 $K_{稳}^{\ominus}$ 较大，说明两种配离子的稳定常数相差较大，反应向右进行的倾向较大，转化较完全；平衡常数 $K_{稳}^{\ominus}$ 较小，说明两种配离子的稳定常数相差不大，反应向右进行的倾向不大。

考点：配位平衡移动的因素

第 4 节　配合物在医药中的应用

配位化合物组成非常的繁杂，存在非常的普遍，且在医药学理论及应用方面也是非常重要的一类化合物。随着新医药学的发展可以发现，配位化合物不仅在生命过程中起核心的作用，还普遍应用在药物的分析和生化的检验等方面。本节主要从配合物作为药物、金属解毒剂、抗凝血剂和抑菌剂以及配合物在临床检验和生化实验中的应用等四个方面分别来阐述配位化合物在医药领域中的应用。

一、配合物药物的应用

有些具有治疗作用的金属离子因其毒性大、刺激性强、难吸收性等缺点而不能直接在临床上应用，但若把它们变成配合物就能降低毒性和刺激性，利于吸收，如柠檬酸铁配合物可以治疗缺铁性贫血；酒石酸锑钾不仅可以治疗糖尿病，而且和维生素 B_{12} 等含钴螯合物一样可用于治疗血吸虫病等。同时多数抗微生物的药物属于配体，当其和金属离子（原子）配位后形成的配合物往往能增强其活性，如丙基异烟肼与一些金属配合物抗结核杆菌的能力比丙基异烟肼更强，其原因可能是配合物的形成提高了药物的脂溶性和透过细胞膜的能力，从而活性更高。病毒是病原微生物中最小的一种，其核心是核酸，外壳是蛋白质，不具有细胞结构。大多数病毒不能独立自营生活，必须依靠宿主的酶系统才能使其本身繁殖。某些金属配合物有抗病毒的活性，病毒的核酸和蛋白质均为配体，能与金属配合物作用，或占据细胞表面防止病毒的吸附，或防止病毒在细胞内的再生，从而阻止病毒的繁殖。例如，磺胺嘧啶银作为一种抗菌剂被广泛用于严重烧伤时的抗菌消毒以防止细菌感染，有广谱活性。

自发现顺铂类药物具有抗癌活性以来，金属配合物的药用性引起了人们的广泛关注，开辟了金属配合物抗癌药物研究的新领域。随着人们对金属配合物的药理作用认识的进一步深入，新的高效、低毒、具有抗癌活性的金属配合物不断被合成出来。其中包括某些新型铂配合物、有机锡配合物、有机锗配合物、茂钛衍生物、稀土配合物、多酸化合物等。

除了作为药物以外，有效成分的金属配合物在药物分析中也有应用。根据天然药物有效成分与金属元素或其他配体间形成的配合物的理化性质，如荧光特性等，可以对天然药物中有效成分进行定量分析。

二、配合物金属解毒剂的应用

由于环境污染、职业性中毒以及金属代谢障碍均能造成体内 Hg、Pb、Cd、As、Be 等有害元素的积累以及 Fe、Ga、Cu 等必需元素的过量而引起金属中毒。为使有害或过量金属元素从体内排出，常选用一些药物，它能和这些金属生成水溶性大、稳定性强而无毒的配合物从体内排出，这种药物称为金属解毒剂（metal antidote）。例如，D-青霉胺、半胱霉酸、金精三羧酸在机体内可分别结合 Ca^{2+}、Ba^{2+}，形成水溶性配合物排出体外；2, 3-二巯基丙醇可从机体内排除汞、金、镉、铅、锇、锑、砷等离子。EDTA 是分析化学中应用很广的配合滴定剂，在机体内可排出钙、铅、铜、铝、金离子，其中最为有效的是治疗血钙过多和职业性铅中毒，如 Ca-EDTA 治疗铅中毒，是利用其稳定性小于 Pb-EDTA，Ca-EDTA 中的 Ca^{2+}可被 Pb^{2+}取代而成为无毒的、可溶性的 Pb-EDTA 配合物经肾排出。对于放射性核素，如 DT-PA，EHDP 等螯合剂具有良好的亲和性，尤其表现在对锕系、镧系金属元素有良好的促排效果。

三、配合物抗凝血剂和抑菌剂的应用

为防止血液凝固，可采用少量 EDTA 的钠盐，或者采用枸橼酸钠可螯合血液中的 Ca^{2+}。同时由于配位剂能结合细菌所必需的金属离子成为稳定的配合物，使细菌不能赖以生存，且有助于保存，故常用 EDTA 作抑菌剂配合金属离子，防止生物碱、维生素、肾上腺素等药物被细菌破坏而变质。

四、配合物在临床检验和生化实验中的应用

利用配合物反应生成具有某种特殊颜色的配离子，根据不同颜色的深浅可进行定性和定量分析。例如，测定尿中铅的含量，常用二硫腙与 Pb^{2+}生成红色螯合物，然后进行比色分析；Fe^{3+}可用硫氰酸盐和其生成血红色配合物来检验；检验人体是否是有机汞中毒，取检液酸化后，加入二苯氨基脲醇溶液，若出现紫色或蓝紫色，即说明有 Hg^{2+}存在；测定血清铜的含量，可在血清中加入三氯乙酸除去蛋白质后，滤液中加入二乙胺基二硫代甲酸钠生成黄色配合物，就可用比色法测其含量。

配位化合物虽然在医药方面有了一定的发展，它在生命科学中的发展也起到了举足轻重的作用，但在研究抗癌药物方面还基本处于试验阶段，人们对于很多配合物的抗癌机理仍不是很清楚。但是，随着配位化合物的逐步发展以及同其他学科的融合，相信一定可以创造出更多的人类财富。

考点：配合物作为药物、金属解毒剂、抗凝血剂和抑菌剂等应用

自测题

一、选择题

（一）单项选择题

1. 下列离子不能成为中心离子的是（　　）。
   A. Cu^{2+}　B. Fe^{3+}　C. Ag^{+}
   D. NH_4^+　E. Co^{3+}
2. 与中心离子通过配位键相结合的中性分子或阴离子称为（　　）。
   A. 配离子　B. 配位体　C. 配合物
   D. 反离子　E. 中心离子
3. 配合物$[Pt(CN)_4(NO_2)I]^{2-}$中心离子 Pt^{3+}的配位数为（　　）。
   A. 4　B. 6　C. 7
   D. 3　E. 2
4. EDTA 分子中的配位原子数是（　　）。
   A. 2 个　B. 4 个　C. 6 个
   D. 8 个　E. 7 个
5. 下列具有相同配位数的一组配合物是（　　）。
   A. $[Co(en)_3]Cl_3$，$[Co(en)_2(NO_2)_2]$
   B. $K_2[Co(NCS)_4]$，$K_3[Co(C_2O_4)_2Cl_2]$
   C. $[Pt(NH_3)_2Cl_2]$，$[Pt(en)_2Cl_2]^{2+}$
   D. $[Cu(H_2O)_2Cl_2]$，$[Ni(en)_2(NO_2)_2]$
   E. $[Pt(CN)_4(NO_2)Br]^{2-}$，$[Cr(H_2O)_3Cl_2]^{+}$
6. 关于内轨型与外轨型配合物，下列说法不正确的是（　　）。
   A. 中心离子（或原子）在形成外轨型配合物时，是 ns、np 或外层 ns、np、nd 轨道杂化；在形成内轨型配合物时，是（n–1）d、ns、np 轨道杂化
   B. 形成外轨型配合物时，中心离子（或原子）的 d 电子排布不变，而形成内轨型配合物时，中心离子（或原子）的 d 电子常发生重排
   C. 同一中心离子形成相同配位数的配离子时，内轨型配合物比外轨型配合物更稳定
   D. 同一中心离子形成相同配位数的配离子时，外轨型配合物比内轨型配合物更稳定
   E. 中心原子采取 sp、sp^3、sp^3d^2 杂化轨道成键形成配位数为 2、4、6 的配合物都是外轨型配合物
7. 往$[FeF_6]^{3-}$溶液中加入 H_2SO_4，溶液由无色变为黄色的现象称为（　　）。
   A. 配位效应　B. 同离子效应
   C. 螯合效应　D. 酸效应
   E. 盐效应
8. 反应 AgCl（s）+2NH$_3$ $\rightleftharpoons$ $[Ag(NH_3)_2]^{+}$+Cl^{-}的标准平衡常数是（　　）。
   A. $K_{稳} \cdot K_{sp}$　B. $K_{稳} / K_{sp}$　C. $K_{稳} + K_{sp}$
   D. $K_{稳} - K_{sp}$　E. $K_{sp} / K_{稳}$
9. 在 Cu+4NH$_3$ $\rightleftharpoons$ $[Cu(NH_3)_4]^{2+}$平衡体系中，加入少量 HCl，平衡移动的方向是（　　）。
   A. 向左　B. 向右
   C. 不移动　D. 先向左再向右
   E. 先向右再向左
10. 某钴氨配合物，配位数为 6，用 $AgNO_3$ 溶液沉淀所含 Cl^- 时，能得到相当于总含氯量的 2/3，则该化合物是(　　)。
   A. $[CoCl(NH_3)_5]Cl_2$　B. $[CoCl_2(NH_3)_4]Cl$
   C. $[CoCl_3(NH_3)_3]$　D. $[Co(NH_3)_6]Cl_3$
   E. $[CoCl(NH_3)_4]Cl_2$

（二）多项选择题

1. 下列可以作为中心离子的是（　　）。

A. Fe^{3+}　　B. Fe^{2+}　　C. Cu^{2+}

D. Si^{4+}　　E. Zn^{2+}

2. 下列可以作为配体的是（　　）。

A. CH_4　　B. H_2O　　C. NH_3

D. SCN^-　　E. NO（硝基）

3. 配合物的组成包括（　　）。

A. 中心离子（原子）　　B. 配位体

C. 配位数　　D. 配离子的电荷

E. 配位原子

4. 配合物子医药中的应用包括（　　）。

A. 作为药物的应用　　B. 作为金属解毒剂的应用

C. 作为抗凝血剂的应用　　D. 作为抑菌剂的应用

E. 在临床检验和生化实验中的应用

5. 已知$[Ni(CN)_4]^{2-}$中Ni^{2+}以dsp^2杂化轨道与CN^-成键的空间构型为（　　）。

A. 正四面体　　B. 八面体　　C. 四面体

D. 平面正方形　　E. 三角双锥

二、填空题

1. 配合物$[Co(NH_3)_5(H_2O)]Cl_3$的中心离子是________，配位体有________、________，配位原子是________、________，配位数是________，配离子电荷为________，命名为________。

2. 填写下表：

化学式	中心离子	配位体	配位原子	配位数	命名
$H_2[PtCl_4]$					
$K_2[Co(SCN)_4]$					
$[Fe(H_2O)_6]^{2+}$					
$K[PtCl_5(NH_3)]$					
$[Co(en)_3]Cl_3$					
$Na[Cr(SCN)_4(NH_3)_2]$					

3. 配合物$PtCl_4 \cdot 2NH_3$的水溶液不能导电，加入$AgNO_3$溶液不产生沉淀，所以其化学式为________，命名为________。

4. 外轨型配合物多为________自旋配合物，内轨型配合物多为________自旋配合物。

5. 形成螯合物的条件是________、________、________。

6. 在实际工作中，除可以用$K^{\ominus}_{不稳}$常数表示配离子的稳定性以外，也常用稳定常数表示配离子的稳定性，$K^{\ominus}_{稳}$和$K^{\ominus}_{不稳}$的关系是________。

三、判断题（对的划√，错的划×）

1. 配合物中，配位体的总数就是中心离子的配位数。（　　）

2. 中心离子都带正电荷。（　　）

3. 螯合物的配体是多齿配体，与中心离子形成环状结构，故螯合物稳定性强。（　　）

4. 配离子在水溶液中的解离过程是逐级进行的。（　　）

5. $K^{\ominus}_{稳}$数值越大，表示配离子解离程度越小，配离子越稳定。（　　）

6. 外界离子都是带负电荷。（　　）

7. 配位数指中心原子与配位体形成的配位键数在数值上等于配位体个数。（　　）

四、简答题

1. 写出下列各物质的化学式：

（1）二氯 · 四水合铁（Ⅲ）离子；

（2）六氯合锰（Ⅲ）酸钾；

（3）氯化二氯 · 三氨 · 水合钴（Ⅲ）；

2. 有两种钴（Ⅲ）配合物组成均为$Co(NH_3)_5Cl(SO_4)$，但分别只与$BaCl_2$和$AgNO_3$生成沉淀。请写出两个配合物的化学结构式。

五、计算题

1. $[Cu(NH_3)_4]^{2+}$的$K_{稳}=2.1\times10^3$，试计算 0.1 mol/L 的$[Cu(NH_3)_4]SO_4$溶液中Cu^{2+}的浓度。

2. 已知$[Zn(CN)_4]^{2-}$的$K_{稳}=5.0\times10^{16}$，ZnS 的$K_{sp}=2.93\times10^{-25}$。在 0.01 mol/L 的$[Zn(CN)_4]^{2-}$溶液中通入$H_2S$至$[S^{2-}]=2.0\times10^{-15}$ mol/L，是否有 ZnS 沉淀生成？

（陈晓靓）

第9章

氧化还原反应与电极电势

根据化学反应过程中是否有电子的转移（或电子对偏移），化学反应可以分为两类：一类是有电子转移（或电子对偏移）的氧化还原反应；另一类是无电子转移（或电子对偏移）的非氧化还原反应。氧化还原反应是一类广泛存在的重要反应，在医药行业中具有极其重要的应用。在药品检测中，基于氧化还原反应的氧化还原滴定法应用广泛，如维生素C含量的测定、磺胺嘧啶含量测定等，测定中发生的反应都是氧化还原反应。

第1节　氧化还原反应概述

一、氧　化　数

在氧化还原反应中，电子的转移引起原子的价电子层结构的变化，为了描述元素原子带电状态不同，引入了氧化数（oxidation number）的概念。氧化数是化合物中某原子的形式电荷数，这种形式电荷是假设把原子间的成键电子指定给电负性较大的原子而求得。在共价化合物中，因为成键过程没有电子的得失，所以元素原子的氧化数并不是原子实际所带的电荷数。

确定元素原子的氧化数一般遵循如下规则。

（1）单质的氧化数为零。

（2）简单离子（即单原子离子）的氧化数与该离子的电荷数相等。

（3）在中性分子中，各元素氧化数的代数和为零。在多原子离子中，各元素氧化数的代数和等于离子所带的电荷数。

（4）氧的氧化数一般为–2；在过氧化物中氧化数为–1；在超氧化物（如 KO_2）中氧化数为 1/2；在氧的氟化物（如 OF_2）中氧化数为+2。

（5）氢在化合物中的氧化数一般为+1；在活泼金属氢化物（如 NaH）、硼氢化物（如 B_2H_6）中氧化数为–1。

（6）氟在化合物中的氧化数皆为–1。

【例 9-1】 计算 H_2SO_4、$S_2O_3^{2-}$、$S_4O_6^{2-}$ 中 S 的氧化数。

解： 设 S 的氧化数为 x，已知 H 的氧化数为+1，O 的氧化数为–2。

根据化合物分子中各元素原子的氧化数的代数和等于零；多原子离子中各元素原子的氧化数的代数和等于该离子所带的电荷数，可得

H_2SO_4 中：$2\times(+1)+x+4\times(-2)=0$　　　$x=+6$

$S_2O_3^{2-}$ 中：$2x+3\times(-2)=-2$　　　$x=+2$

$S_4O_6^{2-}$ 中：$4x+6\times(-2)=-2$　　　$x=+2.5$

即 H_2SO_4、$S_2O_3^{2-}$、$S_4O_6^{2-}$ 中硫的氧化数分别为+6、+2、+2.5。

【例 9-2】 计算 Fe_3O_4 中 Fe 的氧化数。

解： 设 Fe 的氧化数为 x，已知 O 的氧化数为–2。

根据化合物分子中各元素原子的氧化数的代数和等于零，可得

Fe_3O_4中：$3x+4\times(-2)=0$　　　　　　　　$x=+\frac{8}{3}$

氧化数并不是一个元素原子所带的真实电荷数，而是形式电荷数，是该元素所有原子所带电荷代数和的平均值，通过计算得到，氧化数可以是整数，也可以是分数或小数。

氧化数与元素的化合价含义是不相同的。从分子结构来看，化合价是离子型化合物的电价数或共价型化合物的共价数，所以不可能有分数。化合价虽然比氧化数更能反映分子内部的基本属性，但在分子式的书写和反应式的配平中，氧化数的概念更有实用价值。

考点：氧化数的求算

二、氧化还原反应

元素氧化数在化学反应前后发生变化的反应称为氧化还原反应。例如，硫酸铜与锌的反应是氧化还原反应，反应中各元素原子氧化数的变化情况如下：

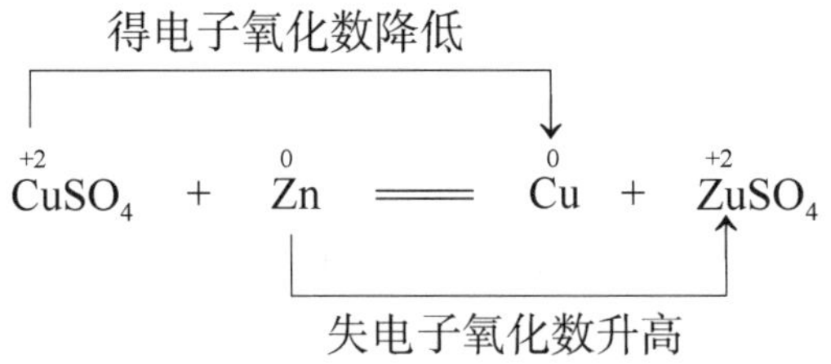

氧化还原反应包括氧化反应与还原反应两个过程，得电子氧化数降低的过程称为还原反应；失去电子氧化数升高的过程称为氧化反应。氧化还原反应的本质是电子的得失或者电子对的偏移。

在上述反应中，Zn 失去电子，生成 Zn^{2+}，发生氧化反应。其氧化半反应为 $Zn-2e^- \rightleftharpoons Zn^{2+}$

Cu^{2+}得到电子，生成 Cu，发生还原反应。其还原半反应为 $Cu^{2+}+2e^- \rightleftharpoons Cu$

在半反应中，同一元素的两个不同氧化值的物质组成电对。其中氧化值较大的物质称为氧化态或氧化型，以 Ox 表示；氧化值较小的物质称为还原态或还原型，以 Red 表示。书写电对时，通常氧化型物质写在左侧，还原型物质写在右侧，中间用斜线“/”隔开，即一对电对表示为：氧化型/还原型，或“Ox/Red”，如 Cu^{2+}/Cu、Zn^{2+}/Zn 等。

氧化型/还原型，或“Ox/Red”称为氧化还原电对。在氧化还原电对中氧化型物质和还原型物质之间存在以下转化关系：

$$Ox+ne^- \rightleftharpoons Red$$

在氧化还原反应中，能氧化其他物质的物质，称为氧化剂；能还原其他物质的物质，称为还原剂。氧化剂氧化其他物质，而本身被还原，得电子氧化数降低；还原剂能还原其他物质，本身被氧化，失电子氧化数升高。例如，下列反应：

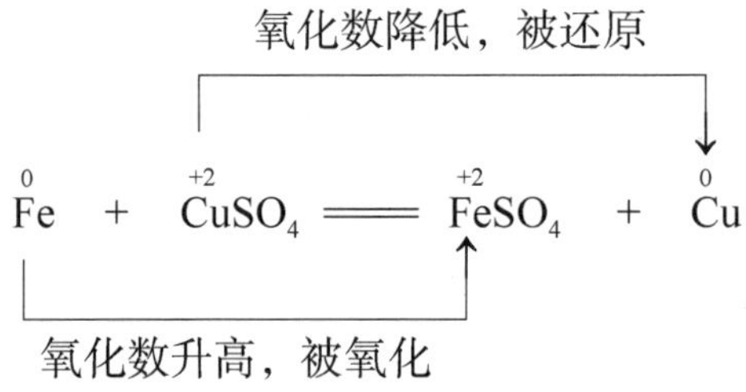

$CuSO_4$中 Cu 得到电子，氧化数从+2 降到 0，自身被还原，$CuSO_4$是氧化剂；Fe 失去电子，氧化数从 0 升高到+2，自身被氧化，Fe 是还原剂。

一般来说，性质活泼，容易得电子的物质，在氧化还原反应中容易被还原，往往成为氧化剂。而容易失电子的物质，容易被氧化而成为还原剂。

判断一个物质是氧化剂还是还原剂一般可以依据以下原则：

（1）当元素的氧化数是最高值时，因为它本身的氧化态不能再升高，故该元素只能作氧化剂。反之，当元素的氧化数为其最低值时，它的氧化数不能再降低，故该元素只能作还原剂。需要指出的是，元素氧化数的高低只是该物质能否作为氧化剂或还原剂的必要条件，但不是决定因素。例如，H_3PO_4 中 P 虽达到最高氧化数+5，但它不是氧化剂；F^-中的 F 虽是最低氧化数，但它并不是还原剂。

（2）处于中间氧化数的元素，既可作氧化剂，也可作还原剂，视具体反应对象的氧化还原性而定。

（3）反应条件、介质的酸碱性也会影响物质的氧化还原性。例如，单质 C 在高温时是强还原剂，但在常温下还原性不明显。

考点：判断氧化剂和还原剂

三、氧化还原反应方程式的配平

常用的配平氧化还原反应方程式的方法有氧化数法和离子-电子法。

1. 氧化数法　氧化数法配平氧化还原反应方程式的原则是：氧化剂中元素氧化数降低的总数等于还原剂中元素氧化数升高的总数，现以高锰酸钾和亚硫酸钾在稀硫酸溶液中的反应为例，说明氧化数法的具体配平步骤。

（1）写出反应物和生成物：$KMnO_4+K_2SO_3+H_2SO_4$（稀）$\longrightarrow MnSO_4+K_2SO_4$

（2）标出氧化数有变化的元素，计算出反应前后氧化数变化的数值，并使氧化数升、降值相等：

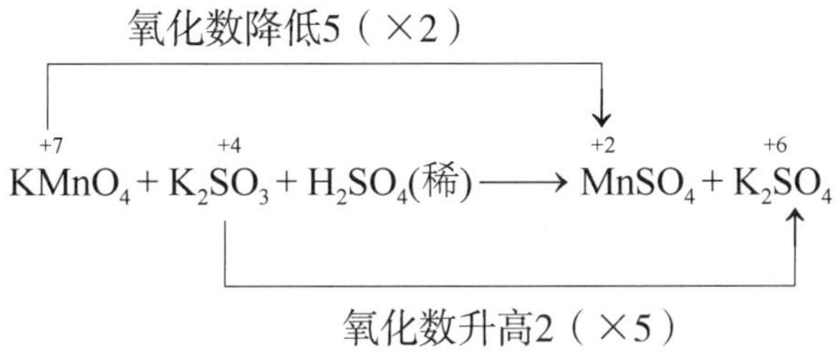

（3）根据氧化剂中元素氧化数降低的数值必须与还原剂中元素氧化数升高的数值相等的原则，在氧化剂和还原剂前面乘上适当的系数：

$$2KMnO_4+5K_2SO_3+H_2SO_4(\text{稀})\longrightarrow 2MnSO_4+5K_2SO_4$$

（4）配平反应前后氧化数没有变化的原子。一般先配平除氢和氧以外的其他原子，然后再检查两边的原子数，必要时加水分子进行平衡。

上式中左边有 12 个 K 原子，而右边只有 10 个 K 原子，所以右边应加上 1 个 K_2SO_4 分子；为使方程式两边 SO_4^{2-} 的数目相等，左边需要 3 分子 H_2SO_4；这样方程式左边有 6 个 H 原子，所以右边应加上 3 个 H_2O 分子，即

$$2KMnO_4+5K_2SO_3+3H_2SO_4(\text{稀}) = 2MnSO_4+6K_2SO_4+3H_2O$$

（5）最后核对氧原子数。上式中两边的氧原子数相等，说明方程式已配平。

对于反应前后氧原子数不等的情况，配平时，往往需要添加 H^+、OH^-或 H_2O。但在添加时必须考虑介质的性质，在酸性条件下的反应，不能加入 OH^-或生成 OH^-；在碱性条件下的反应，则不能加入 H^+或生成 H^+。

【例 9-3】　用氧化值法配平 $KMnO_4+HCl \longrightarrow MnCl_2+Cl_2$ 反应方程式。

解：（1）写出反应物和生成物的化学式，并标出氧化值有变化的元素，计算出反应前后氧化值的变化。其中，氧化值增加或减小的数值，以数字前面加“+”或“−”号表示。

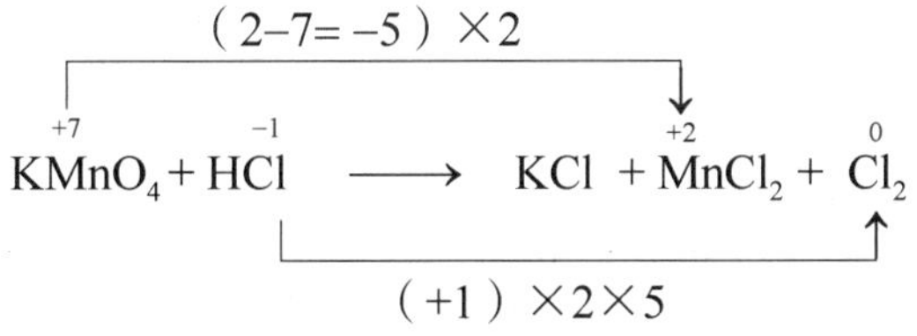

（2）根据氧化值法的配平原则，确定氧化剂和还原剂化学式前面的系数，得到下列不完全的方程式：

$$2KMnO_4+16HCl \longrightarrow 2KCl+2MnCl_2+5Cl_2\uparrow$$

（3）根据反应式两边同种原子的总数相等的原则，逐一调整系数，用观察法配平反应式两边其他原子数目。通常先配平非氢非氧原子，然后再核对方程式两边 H 原子和 O 原子总数是否相等。由于左边多 16 个 H 原子和 8 个 O 原子，右边应加 8 个水分子，得到配平的氧化还原方程式：

$$2KMnO_4+16HCl = 2KCl+2MnCl_2+5Cl_2\uparrow+8H_2O$$

2. 离子-电子法 离子-电子法配平氧化还原方程式的原则是：氧化剂获得电子的总数等于还原剂失去电子的总数。以高锰酸钾和亚硫酸钾在稀硫酸溶液中的反应为例，说明离子-电子法的具体配平步骤。

（1）将氧化还原反应式改写成离子方程式：

$$MnO_4^-+SO_3^{2-} \longrightarrow Mn^{2+}+SO_4^{2-}$$

（2）将未配平的离子方程式写为两个“半反应式”：

氧化剂的还原反应 $MnO_4^- \longrightarrow Mn^{2+}$

还原剂的氧化反应 $SO_3^{2-} \longrightarrow SO_4^{2-}$

（3）分别配平两个半反应式，使半反应式两边的原子数和电荷数相等：

$$\text{还原反应}\quad MnO_4^-+8H^++5e^- = Mn^{2+}+4H_2O$$

该半反应式中生成物 Mn^{2+} 比反应物 MnO_4^- 少 4 个 O 原子，因该反应在酸性介质中进行，所以生成物一边应加 4 个 H_2O 分子，则反应物一边应加 8 个 H^+。反应物一边 MnO_4^- 和 8 个 H^+ 的总电荷数为+7，生成物一边 Mn^{2+} 的总电荷数为+2，所以反应物一边应加 5 个电子，使半反应式两边的原子数和电荷数均相等。

$$\text{氧化反应}\quad SO_3^{2-}+H_2O = SO_4^{2-}+2H^++2e^-$$

该反应式中反应物 SO_3^{2-} 比生成物 SO_4^{2-} 少 1 个 O 原子，所以反应物一边应加 1 个 H_2O 分子，同时生成 2 个 H^+。反应物一边 SO_3^{2-} 的总电荷数为−2，生成物一边 SO_4^{2-} 和 2 个 H^+ 的总电荷数为 0，所以生成物一边应加 2 个电子，使半反应式配平。

（4）根据氧化剂获得电子的总数必须与还原剂失去电子的总数相等的原则，将两个半反应式乘上适当的系数，然后将两式相加，得配平的离子方程式：

$$2MnO_4^-+5SO_3^{2-}+6H^+ = 2Mn^{2+}+5SO_4^{2-}+3H_2O$$

（5）加上未参与氧化还原反应的离子，可改写为分子方程式：

$$2KMnO_4+5K_2SO_3+3H_2SO_4(\text{稀}) = 2MnSO_4+6K_2SO_4+3H_2O$$

【例 9-4】 用离子-电子法配平 $KMnO_4$ 在稀 H_2SO_4 溶液中氧化 $FeSO_4$ 的反应方程式。

解：（1）写出未配平的离子反应式：

$$MnO_4^-+Fe^{2+} \longrightarrow Mn^{2+}+Fe^{3+}$$

（2）将上述离子反应式拆分成氧化和还原两个半反应。

$$\text{还原半反应：}MnO_4^- \longrightarrow Mn^{2+}$$

$$\text{氧化半反应：}Fe^{2+} \longrightarrow Fe^{3+}$$

（3）根据物料平衡和电荷平衡，分别配平两个半反应，使每个半反应两边的各种元素的原子总数和电荷数相等。

$$\text{还原反应：}MnO_4^-+8H^++5e^- = Mn^{2+}+4H_2O \qquad (a)$$

$$\text{氧化反应：}2Fe^{2+}-2e^- = 2Fe^{3+} \qquad (b)$$

（4）根据氧化剂和还原剂得失电子数相等的原则，确定两个半反应的最小公倍数，两反应式相加得配平的离子方程式。

式（a）×2 为　　$2MnO_4^- + 16H^+ + 10e^- \longrightarrow 2Mn^{2+} + 8H_2O$

式（b）×5 为　　$10Fe^{2+} - 10e^- \longrightarrow 10Fe^{3+}$

两式相加得　　$2MnO_4^- + 16H^+ + 10Fe^{2+} = 2Mn^{2+} + 10Fe^{3+} + 8H_2O$

（5）将配平的离子方程式写为分子方程式，注意反应前后氧化值没有变化的离子的配平。

$$2KMnO_4 + 10FeSO_4 + 8H_2SO_4 = 2MnSO_4 + 5Fe_2(SO_4)_3 + K_2SO_4 + 8H_2O$$

氧化数法和离子-电子法各有特点。氧化数法配平简单的氧化还原反应比较迅速，它的适用范围比较广泛，不限于水溶液中的反应，离子-电子法配平时不需要知道元素的氧化数，特别对有介质参与的复杂反应的配平比较方便，但只适用于配平水溶液中的反应。

考点：氧化还原反应方程式的配平

第 2 节　原电池与电极电势

一、原　电　池

案例 9-1

如图 9-1 所示为同学们自制的土豆电池。土豆电池是一个简单的原电池。你也可以自己动手做一下这样一个简单的原电池。

问题：请分析这个土豆电池的工作原理是什么？

如图 9-2 所示，在两个烧杯中，分别盛放 $ZnSO_4$ 溶液和 $CuSO_4$ 溶液。在 $ZnSO_4$ 的烧杯中插入一块 Zn 片，在 $CuSO_4$ 溶液的烧杯中插入一块 Cu 片，将两个烧杯中的溶液用盐桥（倒置的装满饱和 KCl 溶液和琼脂做成冻胶的 U 形管）连接起来。用导线串联 Zn 片和 Cu 片，并在导线中间接上检流计。当合上开关 K 时，就会看到检流计的指针发生偏转，这说明在外电路中有电流通过。这种借助氧化还原反应产生电流，将化学能转变成电能的装置称为原电池（primary cell）。原电池的工作原理是电子的流动，本质就是氧化还原反应。

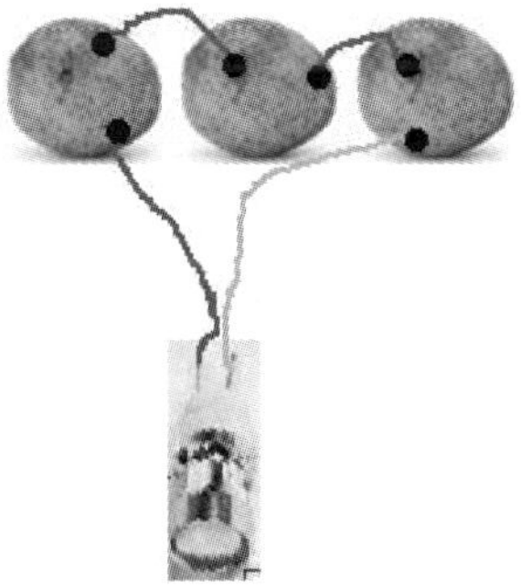

图 9-1　自制土豆电池

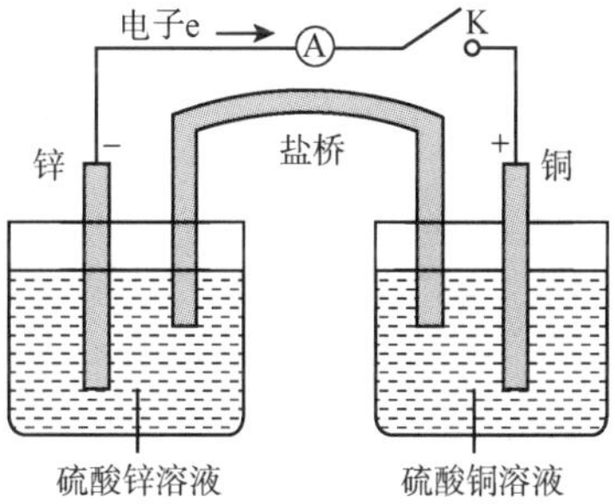

图 9-2　Cu-Zn 原电池装置图

链　接　盐桥的作用

盐桥（salt bridge）是为了减小液接电位，转移离子而在两种溶液之间连接的高浓度电解质溶液。盐桥常出现在原电池中，是由琼脂和饱和氯化钾或饱和硝酸钾溶液构成的。盐桥的作用：①形成闭合回路（即离子通道）；②平衡电荷（即离子库）。

原电池由两部分组成，如上述铜锌原电池中的 Cu 片和 $CuSO_4$ 溶液为一部分，Zn 片和 $ZnSO_4$ 溶液为另一部分，它们分别称为半电池或一个电极。Cu 片和 $CuSO_4$ 溶液组成的部分称为铜电极（铜半电池），Zn 片和 $ZnSO_4$ 溶液组成的部分称为锌电极（锌半电池）。在铜电极中，Cu^{2+}和 Cu 是一个氧化还原电对，Cu^{2+}是 Cu 的氧化态，Cu 是 Cu^{2+}的还原态，可以写作 Cu^{2+}/Cu，而锌电极可以写为 Zn^{2+}/Zn。

原电池工作时，实际上是发生了一个氧化还原反应。其工作的原理是：

锌电极 $Zn-2e^- \rightleftharpoons Zn^{2+}$

铜电极 $Cu^{2+}+2e^- \rightleftharpoons Cu$

锌电极失掉两个电子，变成锌离子，溶解于硫酸锌溶液中，锌片上的电子，通过导线流动到铜电极。在铜电极，硫酸铜溶液中的铜离子得电子，变成单质铜，沉积到铜片上。所以在锌电极发生的是锌的氧化反应，而在铜电极发生的是铜的还原反应。

在一个电极或半电池上发生的反应称为电极反应或半电池反应。

电子由锌电极流向铜电极，电子流动方向与电流方向相反，电流由正极流向负极，故在铜锌原电池中，锌电极是负极，氧化数升高，发生氧化反应是还原剂；铜电极是正极，氧化数降低，发生还原反应，是氧化剂。

通过盐桥，阴离子向硫酸锌方向移动，中和富余的锌离子；阳离子向硫酸铜方向移动，中和富余的硫酸根离子，使溶液始终保持电中性，反应得以持续进行。

原电池反应是两个电极反应之和，如：

$$Zn + Cu^{2+} \rightleftharpoons Zn^{2+} + Cu$$

为方便书写与识别，原电池经常使用符号来表示。铜锌原电池的电池符号可以表示为

$$(-)\ Zn(s)\ |\ ZnSO_4(c_1)\ \|\ CuSO_4(c_2)\ |\ Cu(s)\ (+)$$

原电池符号的书写应遵循以下规则：

（1）负极写在左边，正极写在右边。

（2）写电极的化学组成时，溶液要注明其浓度；气体则要注明其分压。

（3）用“|”表示电极与溶液的界面；用“,”区分同一相中的不同组分；用“‖”表示盐桥。

（4）若使用石墨、铂等惰性电极，在电池符号中也应该表示出来。

【例 9-5】 写出电池反应 $Cr_2O_7^{2-}+6Cl^-+14H^+ \rightleftharpoons 2Cr^{3+}+3Cl_2\uparrow+7H_2O$ 的原电池符号。

解：将氧化还原反应分解成两个半反应。

还原反应： $Cr_2O_7^{2-}+14H^++6e^- \rightleftharpoons 2Cr^{3+}+7H_2O$

氧化反应： $2Cl^- \rightleftharpoons Cl_2\uparrow+2e^-$

故 $Cr_2O_7^{2-}/Cr^{3+}$电对为正极，Cl_2/Cl^-电对为负极。

原电池符号：

$$(-)\ C\ |\ Cl_2(p)\ |\ Cl^-(c_1)\ \|\ H^+(c_2)\ Cr^{3+}(c_3)\ Cr_2O_7^{2-}(c_4)\ |\ C\ (+)$$

其中 c_1、c_2、c_3、c_4分别表示各离子的浓度。

【例 9-6】 已知原电池：$(-)\ Pt\ |\ Sn^{2+}(c_1),\ Sn^{4+}(c_2)\ \|\ Fe^{3+}(c_3),\ Fe^{2+}(c_4)\ |\ Pt\ (+)$，写出其电极反应及电池反应式。

解：电极反应式： 负极 $Sn^{2+} \rightleftharpoons Sn^{4+}+2e^-$（氧化）

正极 $Fe^{3+}+e^- \rightleftharpoons Fe^{2+}$（还原）

电池反应式： $2Fe^{3+}+Sn^{2+} \rightleftharpoons 2Fe^{2+}+Sn^{4+}$

考点：写出电极反应和电池反应

二、电极电势

案例 9-2

在铜锌原电池中，电流从铜极流向锌极，说明铜极电势比锌极电势高。

问题：为什么这两个电极的电势不等，电极电势又是如何产生的？

（一）电极电势的产生

金属原子有失去电子，变成金属离子溶解到溶液中的趋势。金属越活泼、溶液越稀，则其溶解到溶液中的趋势越大。同理，溶液中的金属离子，也有获得电子，变成金属单质，沉积到电极上的趋势。这两种倾向最终达到平衡。

$$M \rightleftharpoons M^{n+} + ne^-$$

在一定条件下，若金属原子失去电子的倾向大于金属离子获得电子的倾向，有更多的金属离子进入溶液中，金属表面就会有富余的电子而带负电荷。在富余电子的吸引下，溶液中的金属离子会较多地分布于金属表面附近，于是在溶液和金属两相之间的界面层就会形成一个双电层[图 9-3（a）]。反之，若金属原子失去电子的倾向小于金属离子获得电子的倾向，有更多的金属单质沉积，金属表面就会有富余的阳离子而带正电荷。在富余阳离子的吸引下，溶液中的阴离子会较多地分布于金属表面附近，于是在溶液和金属两相之间的界面层就会形成一个双电层[图 9-3（b）]。这种产生在双电层之间的电势差称为金属电极的电极电势（electrode potential）。

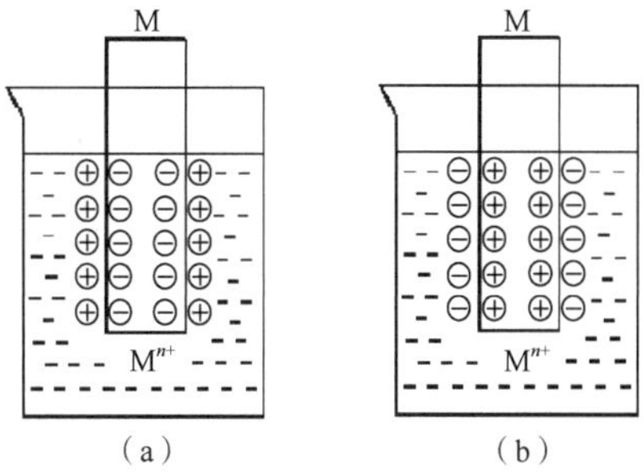

图 9-3 电极电势的产生示意图

电流和水流一样，由电极电势高的一极流向电极电势低的一极。串联两个电极组成原电池，有电流产生，说明两个电极的电极电势不相等。原电池中两个电极的电极电势之差称为原电池的电动势，用 E 表示。

$$E = \varphi_+ - \varphi_-$$

式中，φ_+ 为正极的电极电势；φ_- 为负极的电极电势。

单个电极的电极电势无法测量，但两个电极的电极电势之差可以测量得到。故可以选定特定的电极作为标准，通过电极电势之差，获得电极的电极电势相对值。

国际纯粹与应用化学联合会（IUPAC）建议，采用标准氢电极作为标准电极，测量其他电极的电极电势。

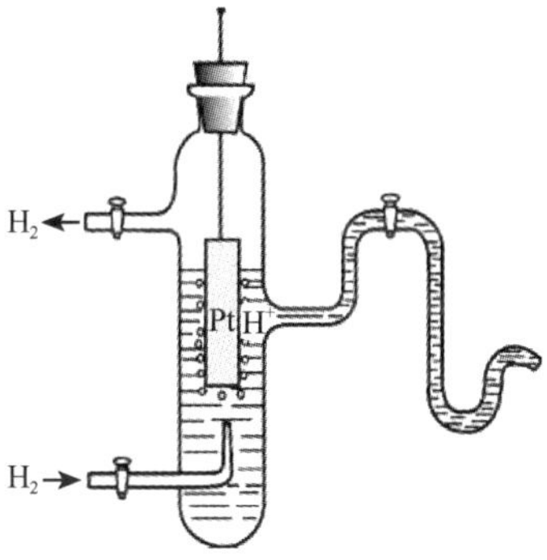

图 9-4 标准氢电极

标准氢电极的结构如图 9-4 所示。将镀有铂黑的金属铂片浸入到 H^+ 浓度（严格说应为活度）为 1 mol/L 的溶液中，并通入纯氢气，保持压力为 101.325 kPa，即形成标准氢电极。在铂电极的反应如下：

$$2H^+(aq) + 2e^- \rightleftharpoons H_2(g)$$

电极电势与温度有关，规定在 298.15K 时，标准氢电极的电极电势为 0，即

$$\varphi^{\ominus}_{H^+/H_2} = 0.0000V$$

（二）标准电极电势

把标准状态下某电极与标准氢电极组成原电池，该电极与标准氢电极的电极电势之差，称为该电极的标准电极电势，用符号 $\varphi^{\ominus}$ 表示，单位为 V。

标准状态是指温度为 298.15K 下，电极的离子浓度（严格说应为活度）为 1 mol/L，气体的分压为 101.325 kPa，液体或固体都是纯净物质。

如果组成原电池的两个电极都为标准电极，则该原电池为标准电池。其电极电势为标准电极电势，用符号 $E^{\ominus}$ 表示，即

$$E^{\ominus} = \varphi^{\ominus}_+ - \varphi^{\ominus}_-$$

例如，对铜电极标准电极电势进行测定时，将标准氢电极与标准铜电极组成原电池：

$$(-)\ Pt\,|\,H_2(101.325\text{ kPa})\,|\,H^+(1\text{ mol/L})\,\|\,Cu^{2+}(1\text{ mol/L})\,|\,Cu\ (+)$$

测得该电池的标准电动势 $E^{\ominus} = 0.3419V$

$$E^{\ominus} = \varphi^{\ominus}_{Cu^{2+}/Cu} - \varphi^{\ominus}_{H^+/H_2}$$

$\varphi^{\ominus}_{H^+/H_2}$=0.0000V，即铜电极的标准电极电势为$\varphi^{\ominus}_{Cu^{2+}/Cu}$=0.3419V。

用同样的方法可以测得其他各种电极的标准电极电势（也可用热力学方法计算得到），并将其按一定的方式汇集在一起就构成了标准电极电势表。

使用标准电极电势表时应注意以下几点。

（1）在标准电极电势表中，电极反应表示为

$$氧化型+ne^- \rightleftharpoons 还原型$$

在氧化还原电对中，氧化型和还原型是互相依存的。但要注意的是：同一种物质在某一电对中是氧化型，在另一电对中却可能是还原型。例如，Sn^{2+}在$Sn^{2+}+2e^- \rightleftharpoons Sn$（$\varphi^{\ominus}$ =−0.1375V）中是氧化型，但在$Sn^{4+}+2e^- \rightleftharpoons Sn^{2+}$（$\varphi^{\ominus}$ = +0.151V）中是还原型。

（2）从电极电势表中可以看出，自上而下 $\varphi^{\ominus}$ 值逐渐增大。说明氧化型物质的氧化能力依次增强，而还原型物质的还原能力依次减弱。较强的氧化剂其对应的还原剂的还原能力较弱，较强的还原剂其对应的氧化剂的氧化能力较弱。

（3）可以根据表中数据判断标态下氧化还原反应的方向：较强的氧化剂和较强的还原剂可自发反应，生成其相对应的较弱的还原剂和较弱的氧化剂。例如：

$$Br_2（液）+2Fe^{2+} \rightleftharpoons 2Br^-+2Fe^{3+}$$

由于$\varphi^{\ominus}_{Br_2/Br^-}$=1.066V 较高，$\varphi^{\ominus}_{Fe^{3+}/Fe^{2+}}$ = 0.771V 较低，所以较强的氧化剂Br_2（液）与较强的还原剂Fe^{2+}发生反应，变成相对应的较弱的还原剂Br^-与较弱的氧化剂Fe^{3+}。

（4）标准电极电势的数据与电极反应的方向及系数无关，它是一个强度性质，只反映了氧化还原电对得失电子的趋势。

例如：$\frac{1}{2}Cl_2（g）+e^- \rightleftharpoons Cl^-$　　$\varphi^{\ominus}_{Cl_2/Cl^-}$ = 1.3583V

也可以书写为$2Cl^- - 2e^- \rightleftharpoons Cl_2（g）$　　$\varphi^{\ominus}_{Cl_2/Cl^-}$ = 1.3583V

（5）电极反应中有H+出现均查酸表，有OH^-出现均查碱表，若没有H^+或OH^-出现时，可以从存在状态来考虑。

例如：$Fe^{3+}+e^- \rightleftharpoons Fe^{2+}$，此反应只能在酸性溶液中存在，故查酸表。另外，若电极反应不受H^+、OH^-的影响，其电极电势也列在酸表中，例如：

$$Na^++e^- \rightleftharpoons Na \qquad \varphi^{\ominus}_{Na^+/Na}=-2.71V$$

表 9-1 列出了一些常见的氧化还原电对的标准电极电势。

表 9-1　部分常用电对的标准电极电势值（298.15K）

电极反应	φ / V	电极反应	φ / V
$Zn^{2+} + 2e^- \rightleftharpoons Zn$	−0.7618	$I_2 + 2e^- \rightleftharpoons 2I^-$	0.5345
$2CO_2 + 2H^+ + 2e^- \rightleftharpoons H_2C_2O_4$	−0.49	$O_2 + 2H^+ + 2e^- \rightleftharpoons H_2O_2$	0.695
$2H^+ + 2e^- \rightleftharpoons H_2$	0.0000	$Fe^{3+} + e^- \rightleftharpoons Fe^{2+}$	0.771
$Sn^{4+} + 2e^- \rightleftharpoons Sn^{2+}$	0.151	$MnO_2 + 4H^+ + 2e^- \rightleftharpoons Mn^{2+} + 2H_2O$	1.224
$Cu^{2+} + 2e^- \rightleftharpoons Cu$	0.3419	$MnO_4^- + 8H^+ + 5e^- \rightleftharpoons Mn^{2+} + 4H_2O$	1.51

三、能斯特方程式

标准电极电势是在标准状态下测得的，而绝大多数氧化还原反应都是在非标准状态下进行的。电极电势的大小，不仅取决于电对本身的性质，还与温度、溶液中的相关离子浓度、气体的分压等因素有关。德国科学家能斯特（Nernst）从理论上推导出电极电势与反应温度、浓度等因素的关系。

对于任意一个氧化还原反应来说，均由两个电对 Ox_1/Red_1 和 Ox_2/Red_2 组成，可表示为

$$Ox_1+Red_2 \rightleftharpoons Ox_2+Red_1$$

电对的电极电势计算公式即能斯特方程式，为

$$\varphi = \varphi^{\ominus} + \frac{RT}{nF}\ln\frac{c_{ox}}{c_{Red}} \quad (9\text{-}1)$$

式中，$\varphi^{\ominus}$ 为电对的标准电极电势；R 为摩尔气体常数，8.314 J/(K · mol)；F 为法拉第常数，96487C/mol；n 为电池反应中电子的转移数；T 为热力学温度；c_{Ox} 为氧化态的浓度；c_{Red} 为还原态的浓度。

当温度为 298.15K 时，将各常数值代入式（9-1），并将自然对数换算成常用对数，可简化为

$$\varphi = \varphi^{\ominus} + \frac{0.0592}{n}\lg\frac{c_{Ox}}{c_{Red}} \quad (9\text{-}2)$$

从能斯特方程式可看出，当温度一定时，电极电势主要与标准电极电势 $\varphi^{\ominus}$ 有关，另外还与 $\frac{c_{Ox}}{c_{Red}}$ 的比值有关。

（一）浓度对电极电势的影响

从式（9.2）可以看出，在一定温度下，改变氧化型或还原型物质的浓度，会导致 $\frac{c_{Ox}}{c_{Red}}$ 的比值变化，进而电极电势数值也会变化。氧化型浓度越大、还原型浓度越小，φ 值越大；还原型浓度越大、氧化型浓度越小，φ 值越小。但在一般情况下，直接加大或减小参与反应的物质的浓度对电极电势影响不会很大，电极电势的大小主要还是取决于体现电极本性的 $\varphi^{\ominus}$ 值。但当氧化型、还原型的浓度受其他平衡的影响变化较大或在反应式中其相关物质的系数较大时，电极电势的变化将会较大。

【例 9-7】　已知电极反应：$Sn^{4+}+2e^- \rightleftharpoons Sn^{2+}$　$\varphi^{\ominus} = 0.151V$

试求：（1）$c(Sn^{4+})= 0.1$ mol/L，$c(Sn^{2+})=1$ mol/L；

（2）$c(Sn^{4+})= 1$ mol/L，$c(Sn^{2+})=0.1$ mol/L 时的电极电势值。

解：（1）$\varphi_{Sn^{4+}/Sn^{2+}} = \varphi^{\ominus} + \frac{0.0592}{n}\lg\frac{c(Sn^{4+})}{c(Sn^{2+})}$

$=0.151+\frac{0.0592}{2}\lg\frac{0.1}{1}=0.121V < \varphi^{\ominus}$

（2）$\varphi^{\ominus}_{Sn^{4+}/Sn^{2+}} = 0.151+\frac{0.0592}{2}\lg\frac{1}{0.1}=0.181V > \varphi^{\ominus}$

上述例题说明浓度对电极电势的影响规律：降低氧化型物质浓度或增大还原型物质浓度，电极电势值减小；反之，增大氧化型物质浓度或降低还原型物质浓度，电极电势值增大。

书写能斯特方程式的表达式时应注意以下两点。

（1）如果电对中的物质是固体、纯液体或水时，它们的浓度为常数，不写入能斯特方程中。例如：

$$MnO_4^- +8H^+ +5e^- \rightleftharpoons Mn^{2+} + 4H_2O$$

$$\varphi_{MnO_4^-/Mn^{2+}} = \varphi^{\ominus}_{MnO_4^-/Mn^{2+}} + \frac{0.0592}{5}\lg\frac{c_{MnO_4^-}\cdot c_{H^+}^8}{c_{Mn^{2+}}}$$

（2）如果反应中有气体参加，应将气体的分压与标准压力的数值代入能斯特方程中。例如：

$$O_2 +4H^+ +4e^- \rightleftharpoons 2H_2O$$

$$\varphi_{O_2/H_2O_2} = \varphi^{\ominus}_{O_2/H_2O_2} + \frac{0.0592}{4}\lg\frac{p_{O_2}\cdot c_{H^+}^4}{p^{\ominus}}$$

（二）酸度对电极电势的影响

当大多数含氧酸或含氧酸盐作为氧化剂时，溶液酸度的提高总是使电对的 φ 值增大，有利于增强

它们的氧化能力。反之，一些较低氧化态的含氧酸及其盐，或氢氧化物的还原能力总是随着溶液碱性的加强而增强。

【例 9-8】 已知 298.15K 时，电极反应为 $MnO_4^- + 8H^+ + 5e^- \rightleftharpoons Mn^{2+} + 4H_2O$，$\varphi^{\ominus}_{MnO_4^-/Mn^{2+}} = 1.51V$，$c_{MnO_4^-} = c_{Mn^{2+}}$，计算 $c_{H^+} = 1.0\ mol/L$ 和 $c_{H^+} = 1.0 \times 10^{-2}\ mol/L$ 时 $\varphi_{MnO_4^-/Mn^{2+}}$ 的值。

解：据式（9-2）可得

$$\varphi_{MnO_4^-/Mn^{2+}} = \varphi^{\ominus}_{MnO_4^-/Mn^{2+}} + \frac{0.0592}{5}\lg\frac{c_{MnO_4^-}c^8_{H^+}}{c_{Mn^{2+}}}$$

当 $c_{H^+} = 1.0\ mol/L$ 时，$\varphi_{MnO_4^-/Mn^{2+}} = 1.51 + \frac{0.0592}{5}\lg\frac{1.0 \times 1.0^8}{1.0} = 1.51$（V）

当 $c_{H^+} = 1.0 \times 10^{-2}\ mol/L$ 时，$\varphi_{MnO_4^-/Mn^{2+}} = 1.51 + \frac{0.0592}{5}\lg\frac{1.0 \times (1.0 \times 10^{-2})^8}{1.0} = 1.32$（V）

从以上计算可以看出，电极的电极电势除了受氧化态物质和还原态物质浓度的影响外，还与溶液酸度有关。

链接 能斯特

能斯特（H. W. Nernst），德国物理化学家，24 岁时开始发表有关电化学方面的论文，25 岁时发表了成名作，即著名的能斯特方程式（1889 年）并建立了金属双电层理论。由于阐述了热力学第三定律和在电化学方面取得的巨大成就，1920 年他获得了诺贝尔化学奖。

（三）沉淀生成对电极电势的影响

如果在反应体系中加入某一种沉淀剂，由于沉淀的生成，必然降低氧化型或还原型离子的浓度，则电极电势值将发生改变。

（四）配合物生成对电极电势的影响

若配位化合物的生成造成某一电极的氧化型物质或者还原型物质浓度改变，则可能导致此电极的电极电势数据改变。如下述电对：

$$Ag^+ + e^- \rightleftharpoons Ag,\quad \varphi^{\ominus} = +0.7996V$$

当在该体系中加入氨水时，由于 Ag^+ 和 NH_3 分子生成了难解离的 $[Ag(NH_3)_2]^+$ 配离子：

$$Ag^+ + 2NH_3 \rightleftharpoons [Ag(NH_3)_2]^+$$

溶液中 Ag^+ 浓度降低，因而电极电势值也随之下降。若所加配位剂使生成的配离子越稳定，则银离子浓度降低越多，电极电势值越小，银离子的氧化能力越弱。

一般来说，难溶化合物或配合物的生成使氧化型的离子浓度减小时，电极电势值会变小，氧化型物质的氧化能力减小，还原型物质的还原能力加大。若难溶化合物或配合物的生成使还原型的离子浓度减小时，电极电势值会变大，氧化型物质的氧化性加大，还原型物质的还原性减小。

考点：电极电势的求算

第 3 节 电极电势的应用

一、比较氧化剂和还原剂的相对强弱

电极电势的高低反映了氧化还原电对得失电子的难易，$\varphi^{\ominus}$ 值越大，氧化态物质的氧化能力越强，其对应的还原态物质的还原能力越弱；$\varphi^{\ominus}$ 值越小，还原型物质的还原能力越强，其对应的氧化型物质的氧化能力越弱。标准状态下氧化剂和还原剂的相对强弱可直接通过比较 $\varphi^{\ominus}$ 值的大小得出。

【例 9-9】 指出下列电对在标准状态时最强的氧化剂和还原剂，并排出下列电对中氧化能力和还

原能力强弱的顺序：

$$Cu^{2+}/Cu、Fe^{3+}/Fe^{2+}、MnO_4^-/Mn^{2+}、I_2/I^-、Sn^{2+}/Sn$$

解：查表可知，以上电对的标准电极电势如下：

$$Cu^{2+}+2e^- \rightleftharpoons Cu \qquad \varphi^\ominus = 0.337V$$

$$Fe^{3+}+e^- \rightleftharpoons Fe^{2+} \qquad \varphi^\ominus = 0.771V$$

$$MnO_4^-+8H^++5e^- \rightleftharpoons Mn^{2+}+4H_2O \qquad \varphi^\ominus = 1.51V$$

$$I_2+2e^- \rightleftharpoons 2\,I^- \qquad \varphi^\ominus = 0.535V$$

$$Sn^{2+}+2e^- \rightleftharpoons Sn \qquad \varphi^\ominus = -0.136V$$

由此可见电对 MnO_4^-/Mn^{2+}的 $\varphi^\ominus$ 值最大，在标准状态下，氧化型 MnO_4^- 是最强的氧化剂；电对 Sn^{2+}/Sn 的 $\varphi^\ominus$ 值最小，在标准状态下，还原型 Sn 是最强的还原剂。

在标准状态下，各物质氧化能力由强到弱的顺序为

$$MnO_4^- > Fe^{3+} > I_2 > Cu^{2+} > Sn^{2+}$$

在标准状态下，各物质还原能力由强到弱的顺序为

$$Sn > Cu > I^- > Fe^{2+} > Mn^{2+}$$

【例 9-10】 已知

$$I_2+2e^- = 2I^- \qquad \varphi^\ominus = +0.535V$$

$$Fe^{3+}+e^- = Fe^{2+} \qquad \varphi^\ominus = +0.771V$$

试回答哪些物质可以作还原剂，哪些物质可以作氧化剂？请排列各氧化型物质的氧化能力及还原型物质的还原能力的强弱顺序。

解：氧化还原电对中其氧化型可作氧化剂 Fe^{3+}、I_2；

氧化还原电对中其还原型可作还原剂 Fe^{2+}、I^-。

各氧化型物质的氧化能力从强到弱为 $Fe^{3+}>I_2$；

各还原型物质的还原能力从强到弱为 $I^->Fe^{2+}$。

考点：比较氧化剂和还原剂的相对强弱

二、判断氧化还原反应进行的方向和进行的程度

氧化还原反应的本质是电子的转移。电子由失电子趋势大的还原剂向得电子趋势大的氧化剂方向转移，即只有在正负极存在电极电势差的情况下，电子才有可能由电极电势高的方向流向电极电势低的方向，氧化还原反应才能得以顺利进行。其反应的方向为

$$强氧化剂+强还原剂 \rightleftharpoons 弱还原剂+弱氧化剂$$

【例 9-11】 试判断反应 $Fe^{2+}+Ce^{4+} \rightleftharpoons Fe^{3+}+Ce^{3+}$在标准状态下进行的方向。

解：查表知，对于反应 $Fe^{2+}+Ce^{4+} \rightleftharpoons Fe^{3+}+Ce^{3+}$

$$\varphi^\ominus_{Fe^{3+}/Fe^{2+}} = +0.771V$$

$$\varphi^\ominus_{Ce^{4+}/Ce^{3+}} = +1.72V$$

由电极电势可知，在上述反应中 Ce^{4+}和 Fe^{3+}都是氧化剂，且 Ce^{4+}的氧化性比 Fe^{3+}强；Fe^{2+}和 Ce^{3+}都是还原剂，且 Fe^{2+}的还原性比 Ce^{3+}强。所以氧化还原反应可以在 Ce^{4+}和 Fe^{2+}之间发生，即

$$Fe^{2+}+Ce^{4+} \rightleftharpoons Fe^{3+}+Ce^{3+}$$

氧化还原反应总是在电极电势大的电对中的氧化态和电极电势小的电对中的还原态之间进行。氧化剂和还原剂电极电势差越大，反应进行的趋势就越大，反应程度就会越完全。

氧化还原反应和其他化学反应一样，也可以用反应的平衡常数定量地说明反应进行的程度。不过氧化还原反应平衡常数的计算，有它的特点和规律。现以铜铅原电池为例进行说明。

$$电池反应式：Pb + Cu^{2+} \rightleftharpoons Pb^{2+} + Cu$$

当反应开始时，假设各离子浓度都为 1 mol/L（标准电极），两个半电池的电极电势分别为

正极：　$Cu^{2+}+2e^- \rightleftharpoons Cu$　　$\varphi^\ominus = 0.3419V$

负极：　$Pb - 2e^- \rightleftharpoons Pb^{2+}$　　$\varphi^\ominus = -0.1262V$

随着电池反应的进行 $c(Pb^{2+})$ 不断增加，$c(Cu^{2+})$ 不断减少。若反应温度为 25℃，根据能斯特方程，它们的电极电势分别为

$$\varphi_{Pb^{2+}/Pb} = \varphi^\ominus_{Pb^{2+}/Pb} + \frac{0.0592}{2}\lg c(Pb^{2+})$$

$$\varphi_{Cu^{2+}/Cu} = \varphi^\ominus_{Cu^{2+}/Cu} + \frac{0.0592}{2}\lg c(Cu^{2+})$$

浓度的改变导致铅电极的电极电势值逐渐增大，铜电极的电极电势值逐渐减小。最后两电极的电势相等，原电池的电动势等于零，氧化还原反应达到平衡状态，此时各离子的浓度均为平衡浓度，即

$$\varphi_{Pb^{2+}/Pb} = \varphi^\ominus_{Pb^{2+}/Pb} + \frac{0.0592}{2}\lg[Pb^{2+}]$$

$$\varphi_{Cu^{2+}/Cu} = \varphi^\ominus_{Cu^{2+}/Cu} + \frac{0.0592}{2}\lg[Cu^{2+}]$$

反应在 25℃时的平衡常数表达式为 $K^\ominus = \frac{[Pb^{2+}]}{[Cu^{2+}]}$，则上式整理为

$$\lg K^\ominus = \frac{2[\varphi^\ominus_{Cu^{2+}/Cu} - \varphi^\ominus_{Pb^{2+}/Pb}]}{0.0592}$$

$$= \frac{2}{0.0592} \times (0.3419+0.1262)$$

$$= 15.18\ (V)$$

$$K^\ominus = 6.64 \times 10^{15}$$

$K^\ominus$ 值很大，说明铅置换铜的反应可以进行完全。由此可见，利用电极反应的标准电势可以计算相应氧化还原反应的平衡常数 $K^\ominus$。

将上述推导推广应用到所有氧化还原反应，得 298.15K，氧化还原反应的平衡常数 $K^\ominus$ 的计算通式为

$$\lg K^\ominus = \frac{n[\varphi^\ominus_+ - \varphi^\ominus_-]}{0.0592} = \frac{n\varphi^\ominus_{MF}}{0.0592}$$

式中：n 为配平的氧化还原反应式中电子转移的数目。

显然，从式中可以看出，$\varphi^\ominus_+$ 与 $\varphi^\ominus_-$ 的差值越大，$K^\ominus_+$ 越大，即氧化剂和还原剂间进行的氧化还原反应越完全。在温度一定时，氧化还原反应的标准平衡常数与标准电动势 $E^\ominus_{MF}$ 及转移的电子数有关。即氧化还原反应的标准平衡常数只与氧化剂和还原剂的本性有关，而与反应物的浓度无关。计算表明，对于 n=2 的反应，$E^\ominus_{MF}$=+0.2V 时，或者当 n=1，$E^\ominus_{MF}$=+0.4V 时，均有 $K^\ominus > 10^6$，此平衡常数已较大，可以认为反应已进行得相当完全。

【例 9-12】 已知：　$Cu^{2+}+2e^- \rightleftharpoons Cu$　$\varphi^\ominus = 0.3419V$

$Zn^{2+}+2e^- \rightleftharpoons Zn$　$\varphi^\ominus = -0.7618V$

求电池反应：$Cu^{2+}+Zn \rightleftharpoons Cu+Zn^{2+}$ 在 298.15K 时的平衡常数 $K^\ominus$，并判断反应进行的程度。

解：

$$\lg K^\ominus = \frac{n[\varphi^\ominus_+ - \varphi^\ominus_-]}{0.0592} = \frac{2[\varphi^\ominus_{Cu^{2+}/Cu} - \varphi^\ominus_{Zn^{2+}/Zn}]}{0.0592}$$

$$=\frac{2\times[0.3419-(-0.7618)]}{0.0592}$$

$$=37.29\ (V)$$

$$K^{\ominus}=1.95\times10^{37}$$

$K^{\ominus}$ 很大，说明该反应向右进行得很彻底。

考点：判断氧化还原反应进行的方向和进行的程度

三、元素标准电势图及应用

（一）元素电势图

大多数非金属元素和过渡元素可以有多种氧化值，同一元素的不同氧化值物质其氧化能力或还原能力不同。为了能更清楚地表示同一元素各种不同氧化值物质的氧化还原能力以及它们之间的关系，拉特默（W. M. Latimer）提出将它们的标准电极电势以图解方式表示，此图称为元素电势图或者拉特默图。画元素电势图时，将某一元素的各种氧化值按从高到低（或从低到高）的顺序排列，在能构成电对的两种氧化值之间用直线连接起来并在直线上标明相应电对的标准电极电势值。根据溶液 pH 的不同，元素电势图又可以分为两大类：$\varphi_A^{\ominus}$ 表示溶液 pH=0 时相应电对的标准电极电势。$\varphi_B^{\ominus}$ 表示溶液 pH=14 时相应电对的标准电极电势。书写某一元素的电势图时，既可以将全部氧化值列出，也可以根据需要列出其中的一部分。

例如，铁的元素电势图为

酸性介质（$\varphi_A^{\ominus}$/V）$FeO_4^{2-}\ \xrightarrow{+0.20}\ Fe^{3+}\ \xrightarrow{+0.771}\ Fe^{2+}\ \xrightarrow{-0.447}\ Fe$（$Fe^{3+}$ 至 Fe：−0.037）

碱性介质（$\varphi_B^{\ominus}$/V）$FeO_4^{2-}\ \xrightarrow{+0.9}\ Fe(OH)_3\ \xrightarrow{-0.56}\ Fe(OH)_2\ \xrightarrow{-0.88}\ Fe$

元素电势图不仅可以表明一种元素各氧化值之间的电极电势高低和相互关系，还可以判断哪些氧化值物质在酸性或碱性溶液中能稳定存在。

（二）元素电势图的应用

1. 判断歧化反应能否发生　歧化反应是一种自身氧化还原反应，是指氧化作用和还原作用发生在同一分子内部处于同一氧化态的元素上，使该元素的原子（或离子）一部分被氧化，另一部分被还原。

例如，某元素的三种氧化值组成两个电对，按其氧化值由高到低排列为

$$A\ \xrightarrow{E_{左}^{\ominus}}\ B\ \xrightarrow{E_{右}^{\ominus}}\ C$$

$$\xrightarrow{\text{氧化态降低}}$$

假设 B 能发生歧化反应，那么 B 获得电子还原为 C，作为电池的正极；B 失去电子氧化为 A，作为电池的负极，所以

$$E_{MF}^{\ominus}=E_{正}^{\ominus}-E_{负}^{\ominus}=E_{右}^{\ominus}-E_{左}^{\ominus}>0$$

$$E_{右}^{\ominus}>E_{左}^{\ominus}$$

假设 B 不能发生歧化反应，则

$$E_{MF}^{\ominus}=E_{正}^{\ominus}-E_{负}^{\ominus}=E_{右}^{\ominus}-E_{左}^{\ominus}<0$$

$$E_{右}^{\ominus}<E_{左}^{\ominus}$$

根据以上原则可以判断 Cl_2 是否能够发生歧化反应。

$\varphi_B^{\ominus}$/V　　$ClO^-\ \xrightarrow{+0.26}\ Cl_2\ \xrightarrow{+1.3583}\ Cl^-$（$ClO^-$ 至 Cl^-：+0.81）

因为 $E^{\ominus}_{右} > E^{\ominus}_{左}$，所以在碱性溶液中，$Cl_2$不稳定，它将发生下列歧化反应：

$$Cl_2+2OH^- \rightleftharpoons ClO^- + Cl^- + H_2O$$

2. 从已知电对的 $E^{\ominus}$ 值求未知电对的 $E^{\ominus}$ 值 利用元素电势图，可由几个相邻电对的已知标准电极电势，求出其他电对的标准电极电势。

第4节 电势法应用

一、离子选择性电极

离子选择性电极又称薄膜电极，是电位分析中应用最广泛的指示电极。它是一种电化学传感器，能对离子中特定离子产生选择性响应，其电极电位可用能斯特方程表示：

$$\Delta\varphi_{M} = K \pm \frac{RT}{nF}\ln a(A) \tag{9-3}$$

式中，$\Delta\varphi_M$为膜电极电位；A 为被测离子，A 为阳离子时选+号，A 为阴离子时选–号，此类膜电极会在后面作详细讨论。

金属-金属离子电极、金属难溶盐电极和惰性电极虽可作为指示电极使用，但其性能上受到溶液中氧化剂、还原剂等许多因素的影响，没有得到广泛应用，正逐渐被离子选择性电极取代。

链 接 金属类指示电极

指示电极是能对溶液中待测离子的活度产生灵敏响应的电极，而且响应速度快，并能很快地达到平衡，干扰物质少，且较易消除。常见的指示电极有金属类电极和离子选择性电极。

常见的金属类电极有以下三类。

1. 金属-金属离子电极（第一类电极）由金属与该金属离子溶液所构成的。

2. 金属难溶盐电极（第二类电极）由金属及其难溶盐浸入此难溶盐的阴离子溶液中所构成的。

3. 惰性电极（零类电极）由金、铂、石墨等惰性导体浸入含有氧化还原电对的溶液中所构成，也称均相氧化还原电极。

二、电势法测定溶液的 pH

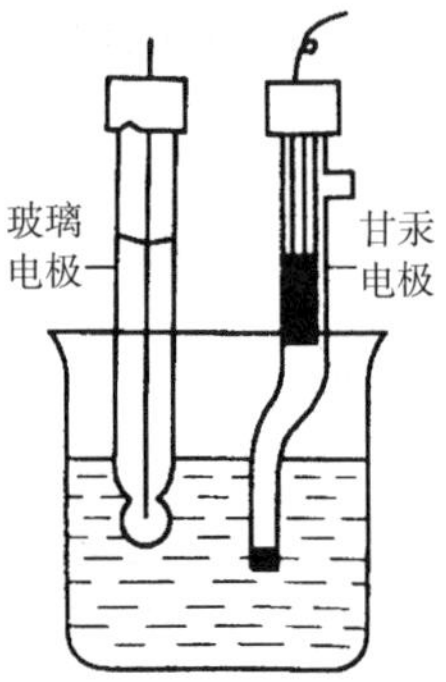

图9-5 测定pH的电池示意图

1. 基本原理 一般最常用直接电位法测定溶液的 pH，测定时，用 pH 玻璃电极作指示电极（负极），饱和甘汞电极作参比电极（正极），与待测试液组成工作电池，如图 9-5 所示。

（–）Ag｜AgCl ｜HCl｜玻璃膜｜试液‖KCl（饱和）｜ Hg_2Cl_2｜Hg（+）

电位电动势：

$$E = \varphi_{甘汞} - \varphi_{玻璃} + \Delta\varphi_{L} \tag{9-4}$$

式中，$\Delta\phi_L$ 为液体接界电位，是由于浓度或组成不同的两溶液接触时，正负离子扩散速度不同而产生的接界电位差，在电位分析法中不可忽略，但温度一定时值为一常数，得

$$E = \varphi_{甘汞} - K_2 + (2.303RT / F)\mathrm{pH} + \Delta\varphi_{L} \tag{9-5}$$

式中，$\varphi_{甘汞}$、K_2 和 $\Delta\varphi_L$ 在一定条件下为定值，设其代数和等于常数 K'，则上式可表示为

$$E = K' + (2.303RT / F)\mathrm{pH} \tag{9-6}$$

298.15K 时，可表示为

$$E = K' + 0.0592\,\mathrm{V}\ \ \mathrm{pH} \tag{9-7}$$

由此可以看出，电池的电动势与试液的 pH 呈直线关系，这就是直接电位法测定 pH 的依据。

2. 测量方法 由于式（9-7）中 K' 的值难以测量与计算，因此在实际工作中，不能用式（9-7）直接计算待测溶液的 pH，而是用一个已知 pH 的标准缓冲溶液作为基准，并分别比较由标准缓冲溶液和待测试液所组成的两个工作电池的电动势，才可确定待测试液的 pH。

设有两种溶液 X 和 S，其中 X 代表试液，S 代表标准缓冲溶液，两试液分别与两支电极组成的电池如下：

pH 玻璃电极｜标准缓冲溶液 S 或试液 X‖甘汞电极

则两工作电池的电动势分别为

$$E_S = K'_S + (2.303RT/F)\text{pH}_S \quad (9\text{-}8)$$

$$E_X = K'_X + (2.303RT/F)\text{pH}_X \quad (9\text{-}9)$$

若测量 E_S 和 E_X 时的条件相同，则 $K'_S = K'_X$，将以上两式相减可得

$$\text{pH}_X = \text{pH}_S + \frac{E_X - E_S}{2.303RT/F} \quad (9\text{-}10)$$

式（9-10）表明，通过比较 E_S 和 E_X，即可求出试液的 pH。

测量 pH 的仪器——酸度计，就是根据这一原理设计制造的。常用的酸度计有 pHS-3B、3C 型精密酸度计、pXD-2、DWS-51 型离子计和 DD-2 型电极电位仪等仪器。

链 接 直接电位法测定溶液 pH 注意事项

直接电位法测定溶液 pH 时，为了提高酸度计的分析精度，减小测量误差，延长仪器的使用寿命，必须注意以下几点。

（1）玻璃电极使用前应在蒸馏水中浸泡 24 h 左右，使不对称电位趋于稳定；应保证玻璃泡无裂纹、泡内充满溶液（无气泡）、内参比电极应浸泡在溶液中。使用时要防止硬物摩擦、碰撞玻璃泡。

（2）甘汞电极内应充满饱和氯化钾溶液（无气泡），并有少量氯化钾晶体存在，否则应从测管口补充饱和氯化钾溶液。测量时应先将电极上下部的橡皮帽脱去，测量结束时及时套上。

（3）安装电极应使甘汞电极下端低于玻璃电极（保护玻璃球泡）；甘汞电极内氯化钾液面应高于试液液面（防止试液渗入甘汞电极内）。

（4）试液 pH_X 与温度 T 有关，测定过程中应使溶液的温度恒定。

（5）由于测量要在 $K'_S = K'_X$ 的条件下进行，为满足条件，“定位”时所选标准缓冲液的 pH_S 应与试液的 pH_X 尽量接近，并且两溶液的温度要尽量一致。

链 接 微生物燃料电池

微生物燃料电池（microbial fuel cell，MFC）是一种利用微生物将有机物中的化学能直接转化成电能的装置。其基本工作原理是：在阳极室厌氧环境下，有机物在微生物作用下分解并释放出电子和质子，电子依靠合适的电子传递介体在生物组分和阳极之间进行有效传递，并通过外电路传递到阴极形成电流，而质子通过质子交换膜传递到阴极，氧化剂（一般为氧气）在阴极得到电子被还原与质子结合成水。

根据电子传递方式进行分类，微生物燃料电池可分为直接的和间接的微生物燃料电池。所谓直接的是指燃料在电极上氧化的同时，电子直接从燃料分子转移到电极，再由生物催化剂直接催化电极表面的反应，这种反应在化学中称为氧化还原反应；微生物燃料电池如果燃料是在电解液中或其他处所反应，电子通过氧化还原介体传递到电极上的电池就称为间接微生物燃料电池。根据电池中是否需要添加电子传递介体又可分为有介体和无介体微生物燃料电池。

与现有的其他利用有机物产能的技术相比，微生物燃料电池具有操作上和功能上的优势：首先，它将底物直接转化为电能，保证了具有高的能量转化效率；其次，不同于现有的所有生物能处理，微生物燃料电池在常温环境条件下能够有效运作；第三，微生物燃料电池不需要进行废气处理，因

为它所产生的废气主要组分是二氧化碳，一般条件下不具有可再利用的能量；第四，微生物燃料电池不需要输入较大能量，因为若是单室微生物燃料电池仅需通风就可以被动地补充阴极气体；第五，在缺乏电力基础设施的局部地区，微生物燃料电池具有广泛应用的潜力，同时也扩大了用来满足我们对能源需求的燃料的多样性。

考点： 直接电位法测定溶液 pH

自测题

一、选择题

（一）单项选择题

1. MnO_4^- 中 Mn 元素的氧化数是（　　）。

A. +3　B. +4　C. +5　D. +6　E. +7

2. 在氧化还原反应中 $Cl_2+NaOH === NaClO+NaCl+H_2O$ 中，Cl_2（　　）。

A. 是还原剂
B. 是氧化剂
C. 既是氧化剂又是还原剂
D. 既不是氧化剂又不是还原剂
E. 以上都不对

3. 已知 $E^{\ominus}_{Cl_2/Cl^-}=1.36V$，$E^{\ominus}_{Br_2/Br^-}=1.08V$，$E^{\ominus}_{I_2/I^-}=0.54V$，则还原能力次序正确的为（　　）。

A. $Br^->Cl^->I^-$　B. $I^->Br^->Cl^-$
C. $Cl^-<I^-<Br^-$　D. $Br^-<Cl^-<I^-$
E. $I^-<Br^-<Cl^-$

4. 由 $\varphi^{\ominus}_{I_2/I^-}=0.54V$ 和 $\varphi^{\ominus}_{Fe^{3+}/Fe^{2+}}=0.77V$，可知（　　）。

A. Fe^{2+}与 I_2 能反应　B. Fe^{2+}比 I^-还原能力强
C. Fe^{3+}与 I^-不能反应　D. Fe^{3+}与 I^-能反应
E. 以上都不对

5. 已知$\varphi^{\ominus}_{MnO_4^-/Mn^{2+}}=1.51V$，$\varphi^{\ominus}_{Fe^{3+}/Fe^{2+}}=0.77V$，$\varphi^{\ominus}_{I_2/I^-}=0.54V$，则 MnO_4^-、Fe^{3+}、I_2 的氧化能力的强弱顺序为（　　）。

A. $MnO_4^->Fe^{3+}>I_2$　B. $MnO_4^->I_2>Fe^{3+}$
C. $Fe^{3+}>MnO_4^->I_2$　D. $MnO_4^-<Fe^{3+}<I_2$
E. 以上都不对

6. 下列说法正确的是（　　）。

A. 在化学反应中某元素由化合态变为游离态，该元素一定被还原了
B. 失电子能力难的原子获得电子的能力一定强
C. 金属单质在反应中只作为还原剂
D. 非金属单质在反应中不作为氧化剂
E. 以上都不对

7. 盐酸具有的化学性质是（　　）。

A. 只有还原性
B. 只有酸性
C. 只有氧化性
D. 有酸性、氧化性、还原性
E. 没有酸性、氧化性、还原性

8. 在标准状况下，查表后判断下列物质中还原能力最强的是（　　）。

A. I^-　B. F^-
C. Br^-　D. Cl^-
E. S^{2-}

9. 在酸性溶液中，下列哪种物质不能使 $KMnO_4$ 溶液褪色：

A. SO_3^{2-}　B. $C_2O_4^{2-}$
C. I^-　D. CO_3^{2-}
E. H_2O

10. 一个电对中，氧化态的氧化能力越强，则其共轭还原态的还原能力（　　）。

A. 无法确定　B. 越强
C. 越弱　D. 影响不大
E. 以上都不对

（二）多项选择题

1. 某氧化还原反应组装成原电池，下列说法错误的是（　　）。

A. 氧化还原反应达平衡时平衡常数 $K^{\ominus}$ 为 0
B. 负极是还原态物质失电子，正极是氧化态物质得电子
C. 负极发生还原反应，正极发生氧化反应
D. 氧化还原反应达平衡时标准电动势 $E^{\ominus}$ 为零
E. 电子从正极流向负极

2. 下列有关氧化值的叙述中，正确的是（　　）。

A. 中性分子的所有元素的氧化数之和为零
B. H 的氧化数在化合物中不一定是+1，O 的氧化数不一定是−2
C. 氧化值可以是整数或分数
D. 在单质分子中，元素的氧化值为零
E. H 的氧化数总是+1，O 的氧化数总是−2

3. 下列电对中书写正确的是（　　）。

A. Zn^{2+}/Zn　B. Fe^{2+}/Fe
C. Mn^{2+}/MnO_4^-　D. H^+/H_2
E. Cu^{2+}/Cu

4. 用标准电极电势判断下列反应方向，向逆反应方向进行的是（　　）。

A. $Fe^{3+}+Cu^{+} \rightleftharpoons Fe^{2+}+Cu^{2+}$

B. $2Ce^{3+}+H_3AsO_4+2H^{+} \rightleftharpoons 2Ce^{4+}+H_3AsO_3+H_2O$

C. $MnO_4^{-}+5H_2O_2+6H^{+} \rightleftharpoons 2Mn^{2+}+5O_2+8H_2O$

D. $2Fe^{3+}+Cd \rightleftharpoons 2Fe^{2+}+Cd^{2+}$

E. $Br_2+2Fe^{2+} \rightleftharpoons 2Fe^{3+}+2Br^{-}$

5. 在 $Cu^{2+}+Zn \rightleftharpoons Zn^{2+}+Cu$ 原电池中，要降低电池电动势可以采用的方法是（ ）。

A. 降低溶液中锌离子的浓度

B. 降低铜离子的浓度

C. 增大氢离子的浓度

D. 增大锌离子的浓度

E. 升高温度

6. 下列物质中，可与 $KMnO_4$ 发生氧化还原反应的有（ ）。

A. $Na_2C_2O_4$　　B. CH_3COOH

C. H_2O_2　　D. $FeSO_4$

E. NaOH

二、填空题

1. 原电池通过_______反应将_______直接转化为电能。
2. 在化学反应中，若反应前后元素氧化数发生变化，一定有_______转移，这类反应就属于_______反应。元素氧化数升高，表明这种物质_______电子，发生了_______反应，这种物质是_______剂。元素氧化数降低，表明这种物质_______电子，发生了_______反应，这种物质是_______剂。
3. 下列物质中 Cd^{2+}、Cd、Al^{3+}、Zn、Cl_2、Fe^{2+}、Sn、MnO_4^{-}（酸性溶液）中，能作为氧化剂的物质有_______，氧化性最强的物质是_______，还原性最强的物质是_______。
4. 已知 $\varphi^{\ominus}_{MnO_4^{-}/Mn^{2+}}=1.51V$，$\varphi^{\ominus}_{Fe^{3+}/Fe^{2+}}=0.77V$，$\varphi^{\ominus}_{F_2/F^{-}}=2.87V$，在标准状态下，上述三个电对中，最强的氧化剂是_______，最强的还原剂是_______。

三、判断题

1. 电极的 $\varphi^{\ominus}$ 值越大，表明氧化态越容易得到电子，是越强的氧化剂。（ ）
2. 标准氢电极的电极电势为零，是实际测定的结果。（ ）
3. 在由铜片和 $CuSO_4$ 溶液、银片和 $AgNO_3$ 溶液组成的原电池中，如将 $CuSO_4$ 溶液加水稀释，原电池的电动势会减少。（ ）
4. 在任一原电池内，正极总是有金属沉淀出来，负极总是有金属溶解下来成为阳离子。（ ）
5. 在酸性介质中，$Cl^{-} \longrightarrow Cl_2$，配平的半反应式为 $Cl_2+2e^{-} \rightleftharpoons 2Cl^{-}$。（ ）
6. 同一元素在不同化合物中，氧化值越高，其得电子能力越强；氧化值越低，其失电子能力越强。（ ）
7. 原电池电动势随着反应进行不断减少。同样，两电极的电极电势值也随之不断减小。（ ）
8. 对于某电极，如 H^{+}或 OH^{-}参加反应，则溶液的 pH 改变时，其电极电势也将发生改变。（ ）

四、简答题

1. 什么是元素的氧化数？请举例说明。
2. 写出下列各分子或离子中 P 的氧化数：

H_3PO_4，P_4O_6，P_2H_4，H_3PO_3，HPO_4^{2-}

3. 写出下列反应的半电池反应：

$$Zn+Cu^{2+} \rightleftharpoons Zn^{2+}+Cu$$

$$H_2+2Fe^{3+} \rightleftharpoons 2H^{+}+2Fe^{2+}$$

4. 配平方程式：

$$Cu+HNO_3 \longrightarrow Cu(NO_3)_2+NO+H_2O$$

$$I_2+NaS_2O_3 \longrightarrow Na_2S_4O_6+NaI$$

五、计算题

已知某原电池的反应 $3HClO_2(aq)+2Cr^{3+}(aq)+4H_2O \rightleftharpoons 3HClO+Cr_2O_7^{2-}(aq)+8H^{+}(aq)$，试计算该原电池的电动势，已知 $\varphi^{\ominus}_{HClO_2/HClO}=1.673V$，$\varphi^{\ominus}_{Cr_2O_7^{2-}/Cr^{3+}}=1.36V$。

（勇飞飞）

第10章

常见非金属元素及其化合物

在目前已发现的118种元素中，非金属元素占了22种。在周期表中，除氢以外，其他非金属元素都位于p区右上角。本章将主要介绍非金属元素氟、氯、溴、碘、氧、硫、氮、磷、砷、碳、硼等单质及其重要化合物的性质。

第1节　卤族元素

卤族元素（halogen）位于元素周期表中第ⅦA族，包括氟、氯、溴、碘、砹五种元素。因它们均易与碱金属生成典型的盐，故称为卤族元素，简称卤素。砹为放射性元素，大多由人工合成，本章不做介绍。

卤素原子的最外电子层有7个电子，较易获得一个电子形成氧化值为–1的化合物。在元素周期表中，卤素具有较大的电负性和最小的原子半径，所以是各周期中最活泼的非金属。随着卤素原子半径的增大其得电子能力逐渐减弱，而失电子能力逐渐增强。除氟外，其他卤素原子均能形成+1、+3、+5、+7的化合物。由于它们能显示出多种不同的氧化态，因此氧化还原性是本族元素的主要特征（表10-1）。

表10-1　卤素的基本性质

性质	氟（F）	氯（Cl）	溴（Br）	碘（I）
原子序数	9	17	35	53
相对原子质量	18.99	35.45	79.90	126.90
价电子构型	$2s^22p^5$	$3s^23p^5$	$4s^24p^5$	$5s^25p^5$
共价半径/pm	64	99	114	133
离子半径/pm	136	181	195	216
主要氧化数	–1	–1，+1，+3，+5，+7	–1，+1，+3，+5，+7	–1，+1，+3，+5，+7
电负性	3.98	3.16	2.96	2.66

链接　卤素的生物学效应

氟为牙齿和骨骼的必需成分，适量的氟有助于钙、磷的利用，促进骨的形成，增加骨硬度，以及增加牙的耐酸蚀能力。缺少氟易发生龋齿，而摄入过量的氟会干扰磷与钙的代谢，造成骨骼组织氟异常增加，引起氟骨症。此外摄入过量氟还会引起氟斑牙，使牙齿变脆，易于脱落，出现有色斑点。

氯在体内多以Cl^-的形式存在，它在体内和K^+、Na^+互相配合，对维持体内渗透压、酸碱平衡和电荷平衡有重要作用。此外，氯还能激活唾液中的淀粉酶。

碘是构成甲状腺素的必需成分，甲状腺素的功能是维持生长及智力发育和调节能量代谢。碘缺乏和碘过量都对人体不利。碘缺乏会导致地方性甲状腺肿及呆小症。为防治地方性甲状腺肿，应食用加碘盐。长期碘摄入过量会导致高碘性甲状腺肿等疾病。

一、卤化氢和卤化物

（一）卤化氢和氢卤酸

卤素的氢化物又称卤化氢，其水溶液为氢卤酸。卤化氢都是具有强烈刺激性臭味的无色气体，在空气中与水蒸气结合形成细小的酸雾而“冒烟”。它们的一些物理性质见表 10-2。

表 10-2 卤化氢的物理性质

性质	氟化氢（HF）	氯化氢（HCl）	溴化氢（HBr）	碘化氢（HI）
熔点/K	189.9	158.2	184.5	222.2
沸点/K	292.54	188.1	206	237.62
溶解度*/g	35.3	42	49	57
键能/（kJ/mol）	565	431	362	299
表观电离度/0.1 mol/L（298 K）	8.5	92.6	93.5	95

*表示 293 K、101.3 kPa 时，每 100 g 水中所能溶解的质量。

强酸性和卤离子的还原性是氢卤酸的主要化学性质。除氢氟酸外，其他氢卤酸都是强酸，且酸性按 HCl＜HBr＜HI 依次增强。卤离子的还原能力按 F^-＜Cl^-＜Br^-＜I^-的顺序依次增强。例如：氢碘酸在常温时即可被空气中的氧气所氧化；而氢溴酸和氧的反应进行得很慢；盐酸不能被氧气所氧化，但在强氧化剂作用下可以表现出还原性；而氢氟酸没有还原性。

$$4HI + O_2 \xlongequal{\quad} 2I_2 + 2H_2O$$

$$4HBr + O_2 \xlongequal{\quad} 2Br_2 + 2H_2O\text{（慢）}$$

氢卤酸中应用最广泛的是盐酸，它属于挥发性强酸。市售浓盐酸的含量约为 37%，为无色液体。工业用盐酸中，因含少量铁离子而略呈黄色。人体和动物胃液中含盐酸约 0.5%，它有助于食物消化和杀灭病菌。

氢氟酸的特殊性质是与二氧化硅或硅酸盐反应生成气态氟化硅：

$$SiO_2 + 4HF \xlongequal{\quad} SiF_4\uparrow + 2H_2O$$

$$CaSiO_3 + 6HF \xlongequal{\quad} SiF_4\uparrow + CaF_2 + 3H_2O$$

根据氢氟酸这一特性，常用于玻璃器皿的刻蚀标记，也用于分析化学中硅的含量测定。因此不能用玻璃或陶瓷容器储存氢氟酸，通常储存在塑料器皿中。

（二）卤化物

卤素与电负性较小的元素形成的化合物称为卤化物，卤化物可分为金属卤化物和非金属卤化物。前者多为离子型卤化物，具有离子化合物的特点，常见的有氯化钠、氯化钾、氯化钙等。氯化钠溶于水配制成浓度为 9.0 g/L 的生理盐水，用于出血过多、严重腹泻等所引起的缺水症，也可用于洗涤伤口。氯化钾常用于治疗各种原因所致的钾缺乏症和低血钾症，也可作为利尿药的辅助药。无水氯化钙常用作干燥剂，在临床上可用于钙缺乏症和抗过敏药。

二、含氧酸及其盐

氟的含氧酸为次氟酸（HFO），而氯、溴和碘均有四种类型的含氧酸，它们是次卤酸（HXO）、亚卤酸（HXO_2）、卤酸（HXO_3）和高卤酸（HXO_4），见表 10-3。

表 10-3 卤素的含氧酸

名称	氟	氯	溴	碘
次卤酸	HFO	HClO	HBrO	HIO
亚卤酸	—	$HClO_2$	$HBrO_2$	—
卤酸	—	$HClO_3$	$HBrO_3$	HIO_3
高卤酸	—	$HClO_4$	$HBrO_4$	HIO_4、H_5IO_6等

卤素的含氧酸和含氧酸盐的许多重要性质，如酸性、氧化性、热稳定性、阴离子的强度等，都随着分子中氧原子数的改变而呈现规律性的变化，见表 10-4。以氯的含氧酸和含氧酸盐为代表，其规律为：按 $HClO—HClO_2—HClO_3—HClO_4$ 的顺序，随着分子中氧原子数的增多，酸和盐的热稳定性及酸强度在增大，而氧化性和阴离子碱强度却在减弱；盐的热稳定性比相应的酸的热稳定性高，但其氧化性比酸弱。

表 10-4　氯的含氧酸及其钠盐的性质变化规律

氧化态	酸	热稳定性和酸强度	氧化性	盐	热稳定性	氧化性和阴离子碱强度
+1	HClO			NaClO		
+3	$HClO_2$	由上向下	由上向下	$NaClO_2$	由上向下	由上向下
+5	$HClO_3$	逐渐增大	逐渐减弱	$NaClO_3$	逐渐增大	逐渐减弱
+7	$HClO_4$			$NaClO_4$		

在卤素含氧酸及其盐中，比较重要的是氯的含氧酸及其盐。例如，次氯酸及其盐、氯酸及其盐和高氯酸及其盐等。

（一）次氯酸及其盐

次氯酸（HClO）是一元弱酸（K_a=4.6×10^{-11}），性质不稳定，易分解。

1. 光照时分解　基于这个反应，次氯酸具有漂白和杀菌等作用。

$$2HClO = 2HCl + O_2\uparrow$$

2. 在溶液中分解

$$3HClO = 2HCl + HClO_3$$

将氯气通入熟石灰中，可制漂白粉。

$$2Cl_2 + 2Ca(OH)_2 = CaCl_2 + Ca(ClO)_2 + 2H_2O$$

漂白粉是次氯酸钙、碱式氯化钙的混合物，其有效成分是次氯酸钙，为常用的杀菌消毒剂。次氯酸盐遇酸会产生次氯酸，具有与次氯酸相同的作用。

$$Ca(ClO)_2 + H_2O + CO_2 = CaCO_3 + 2HClO$$

$$Ca(ClO)_2 + 2HCl = CaCl_2 + 2HClO$$

（二）氯酸及其盐

氯酸（$HClO_3$）是强酸，其酸性近似于盐酸。氯酸仅存在于溶液中，含量高于 40%即可分解。

$$8HClO_3 = 2Cl_2\uparrow + 3O_2\uparrow + 4HClO_4 + 2H_2O$$

氯酸钾是最常见的氯酸盐。在催化剂 MnO_2 的作用下，200℃时氯酸钾即可分解产生氧气，该反应是实验室制备 O_2 的方法之一。

$$2KClO_3 = 2KCl + 3O_2\uparrow$$

氯酸钾是强氧化剂，与易燃物（如碳、磷、硫）混合，受撞击或摩擦即产生爆炸。因此可利用它制造炸药、火柴、烟火等。

（三）高氯酸及其盐

高氯酸（$HClO_4$）是最强的无机酸之一，也是强氧化剂，能稳定地存在于冷稀溶液中。在分析化学中，高氯酸的冰醋酸溶液是非水酸碱滴定常采用的标准溶液，可以用于对许多药品的含量测定。纯高氯酸为无色、黏稠的液体，与易燃物相遇会发生猛烈爆炸。

高氯酸盐较稳定，不易分解，其氧化性弱于氯酸盐。高氯酸盐一般易溶于水，只有高氯酸钾等少数难溶于水，在分析化学中利用此性质可定量地测定钾。有些高氯酸盐有显著的水合作用，如无水 $Ba(ClO_4)$和 $Mg(ClO_4)$等都是优良的干燥剂和脱水剂。

三、拟 卤 素

拟卤素是指由两个或两个以上电负性较大的元素组成的原子团，由于形成这些原子团的分子或离子的性质与卤素单质或卤素离子相似，故称为拟卤素。

重要的拟卤素有氰$(CN)_2$、硫氰$(SCN)_2$和氧氰$(OCN)_2$等，它们的游离态以二聚体存在。常温下都是无色有刺激性的气体，有挥发性，与其对应的阴离子是氰根离子（CN^-）、硫氰根离子（SCN^-）、氰酸根离子（OCN^-）等。

拟卤素与卤素具有相似的性质。

1. 拟卤素的氢化物都是气体，溶于水生成氢拟卤酸 除氢氰酸为弱酸（$K_a = 6.2\times10^{-10}$）外，其他均为强酸。

2. 拟卤素能与金属生成盐

$$2Fe + 3(SCN)_2 = 2Fe(SCN)_3$$

3. 拟卤素在水或碱中能发生歧化反应

$$(CN)_2 + H_2O = HCN + HOCN$$

$$(CN)_2 + 2OH^- = CN^- + OCN^- + H_2O$$

4. 拟卤素离子具有还原性

$$MnO_2 + 4H^+ + 2SCN^- = Mn^{2+} + (SCN)_2 + 2H_2O$$

5. 拟卤素离子是较好的配位剂

$$Fe^{3+} + 6SCN^- = [Fe(SCN)_6]^{3-}$$

所有氰化物均为剧毒品，CN^-能使人体中枢神经麻痹，毫克数量级即致死，使用时要特别注意。处理含氰化物的废液时，可利用其配位性或还原性，加入硫酸亚铁，使其生成无毒的$K_4[Fe(SCN)_6]$，或加入次氯酸钾氧化为无毒的 KCNO。

硫氰酸盐大多易溶于水，其中硫氰化钾和硫氰化氨是常用的化学试剂，也是检出Fe^{3+}的特效而灵敏的试剂。

考点：氟、氯、溴、碘等单质及其重要化合物的性质

第2节 氧 族 元 素

元素周期表中第ⅥA 族包括氧、硫、硒、碲、钋五种元素，也称氧族元素（chalcogen），其中硒、碲是稀有元素，钋是放射性元素。本节重点讨论氧、硫及其化合物。

氧族元素与电负性较小的元素化合时，较易获得两个电子形成氧化值为−2 的化合物。氧族元素的原子半径、电负性等随核电荷数的增加呈现规律性递变，见表 10-5。它们的非金属性比卤素弱，其中氧、硫是非金属，硒、碲是两性元素，钋是典型的金属。

表 10-5 氧族元素的基本性质

性质	氧（O）	硫（S）	硒（Se）	碲（Te）	钋（Po）
原子序数	8	16	34	52	84
价电子构型	$2s^22p^4$	$3s^23p^4$	$4s^24p^4$	$5s^25p^4$	$6s^26p^4$
电负性	3.44	2.58	2.55	2.10	2.00
主要氧化值	−2、0	−2、0、+2 +4、+6	−2、0、+2 +4、+6	−2、0、+2 +4、+6	—

一、臭氧与过氧化氢

（一）臭氧

在自然界，大气中的闪电、机器运转中的火花等都能产生臭氧（O_3）。常温下臭氧是具有鱼腥气味的淡蓝色气体。微量臭氧对人体健康有益，它不仅能杀菌，还能刺激中枢神经，加速血液循环。当大气中的含量大于 1×10^{-6} 时，就会引起头痛、疲劳等症状。臭氧还具有保护地面的生物免遭强紫外线照射而受伤害的作用。

链 接 国际保护臭氧层日

在距离地面 25～30 km 的大气平流层存在臭氧层保护层，它能吸收太阳光的紫外辐射，对地面上的生物有保护作用。但近年来，人类使用矿物材料和排入的氟利昂和哈龙等物质，引起臭氧过多分解，使臭氧层遭到破坏，在南极的上空还出现了臭氧层空洞，使皮肤癌患者增加。所以在 1995 年 1 月 23 日，联合国决定每年的 9 月 16 日为国际保护臭氧层日。

臭氧是一种强吸热性物质，易放热分解出氧，反应异常激烈，即使在室温下低浓度的臭氧也能缓慢分解。臭氧具有极强的氧化性，尤其在酸性溶液中，臭氧的氧化性仅次于 F_2 和原子氧。在常温下，臭氧会缓慢分解成氧气。

$$O_3 + 2H^+ + 2e^- \Longrightarrow O_2 + H_2O$$

$$2I^- + H_2O + O_3 \Longrightarrow 2OH^- + O_2 + I_2$$

可利用臭氧与碘离子的反应，测定反应生成的 I_2 来定量分析气体中 O_3 的含量。通常利用臭氧的强氧化性作漂白剂和消毒剂，还用它处理工厂的废水（如电镀生产中的废水含 CN^-）和污水。

（二）过氧化氢

过氧化氢（H_2O_2）俗称双氧水。它是一种淡蓝色的黏稠状液体，能与水以任意比例混合。过氧化氢分子间存在氢键缔合作用，使它具有较高的熔点（−1℃）和沸点（150℃）。通常所用的双氧水为过氧化氢的水溶液，市售商品浓度一般为 3%和 30%。

过氧化氢分子中氧的氧化值为−1，因此过氧化氢既有氧化性又有还原性，其具体化学性质主要表现如下。

1. 受热分解 极纯的过氧化氢相当稳定。当遇光、加热或少量重金属离子及碱性介质存在时都会加速分解，若加热到 153℃以上，则发生剧烈的爆炸分解。因此，过氧化氢应保存在棕色瓶中，放置在阴凉处。

$$2H_2O_2 \Longrightarrow 2H_2O + O_2$$

2. 氧化还原性 一般情况下过氧化氢为强氧化剂，若遇更强的氧化剂时，则为还原剂。

$$2I^- + 2H^+ + H_2O_2 \Longrightarrow 2H_2O + I_2$$

$$Cl_2 + H_2O_2 \Longrightarrow 2Cl^- + 2H^+ + O_2$$

$$2MnO_4^- + 6H^+ + 5H_2O_2 \Longrightarrow 2Mn^{2+} + 8H_2O + 5O_2$$

3. 弱酸性 过氧化氢是一种极弱的二元酸（$K_{a1} = 2.2\times10^{-12}$）。其作为氧化剂的产物是 H_2O，作为还原剂的产物为 O_2，过氧化氢在水溶液中反应后，本身不留下其他物质，是一种不污染溶液的“洁净”试剂，主要用作纸浆、棉织物、羊毛等的漂白剂。在医药方面，过氧化氢稀释液可作为消毒杀菌剂，用于洗涤伤口、漱口等。

二、硫及其化合物

（一）单质硫

自然界以单质硫和化合态硫两种形式存在，天然的单质硫存在于火山地区和地壳的岩层中。硫不溶于水，微溶于乙醇，易溶于二硫化碳中。硫经沸腾变成黄色蒸气再急速冷却，直接凝成硫的小晶体粉末，称为硫磺，即药用的升华硫。硫有多种同素异形体，主要有斜方硫、单斜硫和弹性硫三种。硫的化学性质比较活泼，主要表现为氧化性和还原性。

1. 硫与单质的反应 单质硫能与大多数的金属（除金、铂等外）和卤素（除 I_2 外）、氧、氢、碳、磷等非金属直接化合。

$$2Ag + S = Ag_2S$$
$$Hg + S = HgS$$
$$Cl_2 + S = SCl_2$$

2. 硫与氧化性酸、强碱和某些盐的反应

$$2H_2SO_4(浓) + S = 3SO_2\uparrow + 2H_2O$$
$$6KOH + 3S = 2K_2S + K_2SO_3 + 3H_2O$$
$$Na_2SO_3 + S = Na_2S_2O_3$$

硫主要用于制造硫酸，也用于橡胶制品、纸张、火柴、焰火、硫酸盐、黑火药、药剂和农药等制造业中。

（二）硫的化合物

化合态硫主要有硫化氢、金属硫化物、硫的含氧酸及其盐。

1. 硫化氢 自然界中硫化氢常含于火山喷出的气体和矿泉中。有机体腐败时，由于蛋白质分解便有硫化氢产生。在精炼石油时，也有大量硫化氢逸出，造成环境污染。

实验室中常用硫化亚铁与稀盐酸或稀硫酸反应来制备硫化氢气体。

$$FeS + 2HCl = FeCl_2 + H_2S\uparrow$$

硫化氢是一种无色有臭鸡蛋气味的有毒气体。人体吸入微量硫化氢时，会有头昏恶心的症状，若吸入量过多会昏迷致死，主要是因为硫化氢能与血红素中的 Fe^{2+}结合生成 FeS 沉淀，使 Fe^{2+}失去正常的生理作用。硫化氢能溶于水，其水溶液呈酸性，称为氢硫酸，主要化学性质如下。

（1）弱酸性：氢硫酸为二元弱酸（$K_{a1} = 1.0\times10^{-7}$，$K_{a2} = 7.1\times10^{-15}$）。

（2）还原性：氢硫酸能与氧化剂反应。

$$O_2 + 2H_2S = 2H_2O + 2S\downarrow$$
$$H_2SO_4(浓)+H_2S = SO_2+S\downarrow+2H_2O$$
$$4H_2O+4Cl_2+H_2S = H_2SO_4+8HCl$$

氢硫酸易被氧化，空气中的氧就能使它氧化而析出硫，故氢硫酸溶液搁置时间长会变浑浊。

2. 金属硫化物 金属硫化物可看作氢硫酸的正盐和酸式盐，如硫化钠（Na_2S）和硫氢化钠（NaHS）。酸式盐都易溶于水，正盐中除碱金属的硫化物易溶于水，碱土金属如 CaS、SrS、BaS 等微溶于水外，大多难溶于水。难溶于水的金属硫化物在酸中的溶解情况有以下三种。

（1）能溶于 HCl 的硫化物有 FeS、ZnS、MnS、PbS 等，是一些具有较大 K_{sp} 的硫化物。

$$ZnS+2HCl = ZnCl_2+H_2S\uparrow$$

（2）能溶于 HNO_3 的硫化物有 CuS、PbS、Ag_2S 等，它们是一些具有较小 K_{sp} 的硫化物。

$$3CuS+2NO_3^-+8H^+ = 3Cu^{2+}+3S\downarrow+2NO\uparrow+4H_2O$$

（3）溶于王水的硫化物只有 HgS，因为其 K_{sp} 非常小。

$$3HgS+2NO_3^-+12Cl^-+8H^+ = 3[HgCl_4]^{2-}+3S\downarrow+2NO\uparrow+4H_2O$$

在金属硫化物的性质中，重要的就是它们在水中或酸中的溶解情况，以及它们大多数具有的特殊颜色，根据它们的溶解性和颜色不同，在分析化学中常用来鉴别和分离各种金属离子。

3. 亚硫酸及其盐 二氧化硫和水化合生成亚硫酸。亚硫酸很不稳定，容易分解生成水和二氧化硫。

$$H_2SO_3 \xlongequal{} SO_2\uparrow + H_2O$$

亚硫酸是二元弱酸，具有酸的通性，成盐后除碱金属和铵盐易溶于水外，其余的盐为难溶或微溶。亚硫酸及其盐中的硫处于中间氧化态，因此既具有氧化性又具有还原性，但以还原性为主，只有在强还原剂存在时才表现氧化性。

$$2MnO_4^- + 6H^+ + 5SO_3^{2-} \xlongequal{} 2Mn^{2+} + 3H_2O + 5SO_4^{2-}$$

$$H_2SO_3 + 2H_2S \xlongequal{} 3S\downarrow + 3H_2O$$

4. 硫酸及其盐 纯硫酸是无色的油状液体，10.2℃时凝固。市售浓硫酸含量为98.3%，密度为1.84 g/cm^3，沸点为338℃，属高沸点酸。

浓硫酸除了具有酸的通性外，还具有吸水性和脱水性。浓硫酸不但能强烈地吸收水分，还能从一些有机物（包括皮肤、纤维织物）中夺取与水分子组成相当的氢原子和氧原子，使这些有机物脱水而炭化，使用时必须特别注意。此外，浓硫酸还是一种强氧化性酸，尤其在加热时能氧化许多金属和非金属。

$$2H_2SO_4(浓) + C \xlongequal{} CO_2\uparrow + 2SO_2\uparrow + 2H_2O$$

$$2H_2SO_4(浓) + Cu \xlongequal{} CuSO_4 + SO_2\uparrow + 2H_2O$$

但金和铂即使加热也不与浓硫酸反应。此外，铁和铝等金属不与冷的浓硫酸反应，因为铁、铝在冷浓硫酸中会被钝化，所以可用铁器或铝器储存浓硫酸。稀硫酸具有一般无机强酸的性质。

硫酸盐可分为正盐和酸式盐，但只有钾、钠、钙、镁等才能生成正盐和酸式盐，其他金属只能生成正盐。硫酸盐基本上为离子化合物，大多数易溶于水，只有锶、钡、铅的硫酸盐难溶于水，钙、银的硫酸盐微溶于水。硫酸盐易形成复盐，如 $K_2SO_4 \cdot Al_2(SO_4)_3 \cdot 24H_2O$（明矾）、$K_2SO_4 \cdot Cr_2(SO_4)_3 \cdot 24H_2O$（铬钾矾）等。大多数硫酸盐还含有结晶水，如 $CuSO_4 \cdot 5H_2O$、$MgSO_4 \cdot 7H_2O$ 等，含结晶水的硫酸盐一般易溶于水。

常见的酸式硫酸盐有 $KHSO_4$ 和 $NaHSO_4$，易溶于水，溶液显酸性。酸式硫酸盐脱水生成焦硫酸盐。

$$2NaHSO_4 \xlongequal{} Na_2S_2O_7 + H_2O$$

5. 硫代硫酸及其盐 由于硫代硫酸不稳定，易分解，因此常用其盐。硫代硫酸钠（$Na_2S_2O_3 \cdot 5H_2O$）俗称大苏打或海波，它是无色、透明的晶体，易溶于水。硫代硫酸钠在中性或碱性溶液中很稳定，但在酸性溶液中迅速分解。

$$Na_2S_2O_3 + 2HCl \xlongequal{} 2NaCl + S\downarrow + SO_2\uparrow + H_2O$$

硫代硫酸钠是中等强度的还原剂，与 I_2 作用时，它被氧化为连四硫酸钠，该反应是定量分析中碘量法的基本反应。

$$2Na_2S_2O_3 + I_2 \xlongequal{} Na_2S_4O_6 + 2NaI$$

硫代硫酸盐有很强的配位性，$S_2O_3^{2-}$ 可作为配体与金属离子形成配合物。

$$2S_2O_3^{2-} + AgX \xlongequal{} [Ag(S_2O_3)_2]^{3-} + X^-$$

考点：氧、硫等单质及其重要化合物的性质

第3节 氮族元素

元素周期表中第ⅤA族包括氮、磷、砷、锑、铋五种元素，称为氮族元素（nitrogen group）。本族元素的性质随核电荷数递增呈规律性递变：氮是典型非金属，磷是不强的非金属，砷和锑是两性元素，铋是金属。其基本性质见表10-6。

表 10-6　氮族元素的基本性质

性质	氮（N）	磷（P）	砷（As）	锑（Sb）	铋（Bi）
原子序数	7	15	33	51	83
相对原子质量	14.01	30.97	74.92	121.75	208.98
价电子构型	$2s^22p^3$	$3s^23p^3$	$4s^24p^3$	$5s^25p^3$	$6s^26p^3$
电负性	3.04	2.19	2.18	2.05	2.02
主要氧化值	+1、+2、+3、+4、+5	−3、+3、+5	−3、+3、+5	+3、+5	+3、+5

氮在自然界主要以游离态存在于空气中，约占空气总体积的 78%，也以化合态形式存在于多种无机物和有机物中，它是组成动植物体的蛋白质不可缺少的重要元素。磷是生命元素，它存在于细胞、蛋白质、骨骼和牙齿中，磷是细胞核的重要成分，磷酸和糖结合而成的核苷酸，是遗传基因的物质基础，直接关系到变化万千的生物世界。砷广泛分布于自然界中，含砷的矿物有 150 多种。本节重点讨论氮、磷和砷及其化合物。

一、氨和铵盐

（一）氨

常温下，氨（NH_3）为无色有刺激性气味的气体，是极性分子，极易溶于水。在 20℃时，1 L 水中能溶解 700 L 的氨，氨的水溶液称为氨水。一般市售浓氨水含 NH_3 约 28%。

常见氨的主要化学性质如下。

1. 加合反应　由于氮原子存在孤对电子对，氨是电子对的给予体，能与电子对接受体发生加合反应。

$$NH_3+HNO_3 = NH_4NO_3$$

氨的加合作用很强，能与许多金属离子加合成配离子，如$[Ag(NH_3)_2]^+$、$[Cu(NH_3)_4]^{2+}$等，还能与盐加合成晶形氨合物，如 $CaCl_2 \cdot 8NH_3$、$CaSO_4 \cdot 4NH_3$ 等。

2. 氧化反应　氨中氮原子的氧化值为−3，是氮的最低氧化值，因此氨具有还原性。

$$4NH_3+3O_2 = 2N_2+6H_2O$$

在铂催化剂作用下，氨被氧化成一氧化氮，这个反应称为氨的催化氧化，是工业制硝酸的基础。

$$4NH_3+5O_2 = 4NO+6H_2O$$

在高温下，氨能将某些金属氧化物还原为金属或低氧化态物质。

$$2NH_3+3CuO = 3Cu+N_2+3H_2O$$

3. 取代反应　氨分子中的氢原子可被其他原子或原子团取代，如氨基化钠（$NaNH_2$）、亚氨基化钙（CaNH）、氮化镁（Mg_2N_3）。许多金属的氨基化物、亚氨基化物和氮化物均易发生爆炸，故在制备和使用时要十分小心。例如，大量含$[Ag(NH_3)_2]^+$的溶液不宜久存，就因为该溶液在放置过程中会分解产生易爆炸的 Ag_3N。

（二）铵盐

铵盐是氨和酸加合的产物。铵盐都是晶体，大多易溶于水，在水溶液中能水解。固态铵盐受热极易分解，按组成铵盐的酸的性质不同，可分为以下三种类型。

挥发性酸组成的铵盐，受热时会有氨和酸（或酸酐）逸出。

$$NH_4Cl = NH_3\uparrow+HCl\uparrow$$

难挥发性酸组成的铵盐，受热时则只有氨气逸出。

$$(NH_4)_3PO_4 = 3NH_3\uparrow+H_3PO_4$$

氧化性酸组成的铵盐，受热时分解出的氨被酸氧化。若此反应加热到 300℃，则 N_2O 又会分解为 N_2 和 O_2。

$$NH_4NO_3 = N_2O\uparrow+2H_2O$$

二、硝酸及其盐

（一）硝酸

纯硝酸是无色液体，易挥发，性质很不稳定，在常温下见光会分解，受热时分解得更快。为了防止硝酸的分解，通常将其盛放在棕色瓶、阴凉处。市售的浓硝酸含 HNO_3 约 69%。

硝酸为一元强酸，除了具有酸的通性外，其主要表现为强氧化性。由于硝酸中氮处于最高氧化值（+5），以及硝酸分子不稳定易放出氧，因此硝酸具有极强的氧化能力，不论稀硝酸还是浓硝酸都有氧化性，几乎能与所有的金属（除金、铂等外）或非金属发生氧化还原反应。硝酸作氧化剂时，本身被还原成各种低氧化态的产物，究竟是哪一种，这与硝酸的浓度、还原剂的性质和反应温度等因素有关，大致规律如下。

1. 浓硝酸反应的产物是 NO_2，稀硝酸的产物是 NO。

$$Cu+4HNO_3(\text{浓}) = Cu(NO_3)_2+2NO_2\uparrow+2H_2O$$

$$3Cu+8HNO_3(\text{稀}) = 3Cu(NO_3)_2+2NO\uparrow+4H_2O$$

2. 活泼金属与稀硝酸反应产物可以是 N_2O，若与更稀的硝酸反应则生成铵盐。

$$4Zn+10HNO_3(\text{稀}) = 4Zn(NO_3)_2+N_2O\uparrow+5H_2O$$

$$4Zn+10HNO_3(\text{极稀}) = 4Zn(NO_3)_2+NH_4NO_3+3H_2O$$

浓硝酸对铁、铝等金属有钝化作用，铁、铝可用作储存浓硝酸的容器。

（二）硝酸盐

硝酸盐大多为晶体，易溶于水。硝酸盐在高温时有强氧化作用，但它们的水溶液没有氧化性，若将溶液酸化，则具有氧化性。

硝酸盐性质不稳定，受热易分解。各种硝酸盐受热分解的产物，因金属活泼性不同而不同，一般可分为三类：活泼金属（电位序在镁之前）的硝酸盐受热分解时，放出氧气并生成亚硝酸盐；较活泼金属（电位序在镁、铜之间）硝酸盐受热分解时，生成金属氧化物并放出二氧化氮和氧气；不活泼金属（电位序在铜之后）硝酸盐受热分解时，生成金属单质同时放出二氧化氮和氧气。

在实际工作中，配制所需金属离子试剂溶液时，常选用硝酸盐是因为它易溶于水而且易于除去 NO_3^-。

三、磷　和　砷

（一）磷及其化合物

1. 磷单质　磷有多种同素异形体，常见的有白磷、红磷和黑磷。纯白磷是无色透明的晶体，遇光逐渐变为黄色，因而又称黄磷。黄磷有剧毒，误食 0.1 g 就能致死。白磷不溶于水，易溶于二硫化碳 CS_2 中。它和空气接触时缓慢氧化，部分反应能量以光能的形式放出，这便是白磷在暗处发光的原因。当白磷在空气中缓慢氧化，使表面积聚的温度达到 313 K 时，便达到了白磷的燃点，发生自燃。因此白磷一般要储存在水中以隔绝空气。将白磷隔绝空气在 673 K 加热数小时就可以转化为红磷，它是一种暗红色的粉末，不溶于水、碱和 CS_2 中，没有毒性。黑磷是磷的一种最稳定的变体，其具有石墨状的片层结构并能导电，所以黑磷有“金属磷”之称。

白磷可以被氢气还原生成磷化氢，可以剧烈地与卤素单质反应，在氯气中也能自燃生成三氯化磷和五氯化磷，能被硝酸氧化成磷酸。白磷溶解在热的浓碱中，歧化生成磷化氢和次磷酸盐。白磷还可以把金、银、铜和铅从它们的盐中取代出来，例如白磷与热的铜盐反应生成磷化亚铜，在冷溶液中则析出铜。硫酸铜是白磷中毒的解毒剂，如白磷不慎沾到皮肤上，可用 $CuSO_4$ 溶液冲洗来解毒。

2. 磷的化合物

（1）磷化氢：磷化氢 PH_3 是一种无色剧毒的气体，有类似大蒜的臭味。磷化氢也称为膦。PH_3 在水中的溶解度比 NH_3 小得多，在 290 K 时，每 100 L 水能溶解 26 L 的 PH_3。PH_3 水溶液的碱性也比氨水弱，生成的水合物 $PH_3\cdot H_2O$，相当于 $NH_3\cdot H_2O$ 的类似物。PH_3 可作强还原剂；PH_3 和它的取代衍

生物 PR_3 能与过渡元素形成多种配位化合物，其配位能力比 NH_3 或胺强得多，如 $CuCl \cdot PH_3$、$PtCl_2 \cdot 2P(CH_3)_3$ 等。

（2）磷的氧化物：磷在常温下慢慢氧化，或在空气中燃烧，均可生成三氧化二磷 P_2O_3。三氧化二磷是有滑腻感的白色吸潮性蜡状固体，具有很强的毒性。三氧化二磷溶于冷水中缓慢地生成亚磷酸，在热水中歧化生成磷酸并放出磷化氢气体。

磷在充分的氧气中燃烧，可以生成五氧化二磷 P_4O_{10}。五氧化二磷是白色粉末状固体，有很强的吸水性，在空气中很快就潮解，因此它是一种最强的干燥剂。它与水作用激烈，放出大量热，生成 P（Ⅴ）的各种含氧酸。

（3）磷的含氧酸及其盐：磷能生成多种氧化数的含氧酸和含氧酸盐，其中以 P（Ⅴ）的含氧酸和含氧酸盐最为重要。

市售磷酸是含 H_3PO_4 为 82%的黏稠状的浓溶液，其溶液黏度较大是由于溶液中存在氢键。由于加热 H_3PO_4 会逐渐脱水，因此 H_3PO_4 没有沸点，能与水以任何比例混溶。H_3PO_4 是具有中等酸性强度的三元酸，几乎没有氧化性；磷酸根离子具有很强的配合能力，能与许多金属离子生成可溶性的配合物；磷酸受强热时脱水，依次生成焦磷酸、三磷酸和多聚的偏磷酸。

磷酸的钠、钾、铵盐及磷酸的二氢盐都易溶于水，而磷酸的一氢盐和正盐，除钠、钾、铵盐以外都难溶于水，如溶解度 $Ca(H_2PO_4)_2 > CaHPO_4 > Ca_3(PO_4)_2$。由于 H_3PO_4 是中强酸，它的碱金属盐都易于水解。其中，PO_4^{3-} 的水溶液显强碱性，HPO_4^{2-} 的水溶液显碱性，$H_2PO_4^-$ 的水溶液显酸性。磷酸正盐比较稳定，一般不易分解。但磷酸一氢盐或二氢盐受热却容易脱水分解。

链 接 磷的生物学效应

磷对生物体的遗传代谢、生长发育、能量供应等生命活动有十分重要的作用。

磷是生物体所有细胞的必需元素。磷脂是细胞膜上的主要脂类组成成分，与膜的通透性有关。磷能刺激神经肌肉，使心脏和肌肉有规律地收缩。磷能帮助细胞分裂、增殖及蛋白的合成，将遗传特征从上一代传至下一代。磷离子对于碳水化合物、脂类和蛋白质的代谢是必需的，它作为辅助因子作用于广大的酶体系，也存在于高能磷酸化合物中，如有机磷酸盐、腺苷三磷酸（ATP）、磷酸肌酸等具有储存和转移能量的作用。在骨的发育与成熟过程中，钙和磷的平衡有助于无机盐的利用。磷酸盐能调节维生素 D 的代谢，维持钙的内环境稳定。

（二）砷及其化合物

1. 砷单质 砷有黄砷、灰砷和黑砷三种同素异形体，在室温下，最稳定的是灰砷，灰砷具有金属的外形，能传热、导电，但性脆，熔点低，易挥发。将砷蒸气迅速冷却得到黄砷，黄砷呈明显的非金属性，不溶于水，易溶于 CS_2。用液态空气冷却砷蒸气，可得到无定形黑砷。

常温下，砷在空气和水中比较稳定。在加热的条件下，砷能与卤素、氧和硫等非金属化合生成砷的化合物，与强氧化剂氟反应还能生成五氟化砷。稀硝酸和浓硝酸能分别把砷氧化成 H_3AsO_3 和 H_3AsO_4，热、浓硫酸能将砷氧化成 As_4O_6。熔融的碱能和砷反应生成亚砷酸盐。在高温条件下，砷能与大多数金属反应，生成合金或金属互化物。

2. 砷的化合物

（1）砷化氢：砷化氢是剧毒的、有恶臭的无色气体。它在热力学上不稳定，但在室温下分解缓慢，一般在 523～573K 时就分解为单质。单质析出聚集在器皿的冷却部位形成亮黑色的“砷镜”。砷化氢的还原性极强，能与大多数无机氧化剂反应，如与 $AgNO_3$ 反应便有黑色 Ag 析出。

（2）砷主要有 AsX_3 和 AsX_5 两种类型的卤化物。AsX_3 是液体或低熔点的固体，其熔点、沸点、密度基本上随原子量递增而递增。AsX_3 在水溶液中强烈水解，水解产物是亚砷酸和相应的氢卤酸。

考点： 氮、磷、砷等单质及其重要化合物的性质

第4节 碳 和 硼

一、碳及其化合物

元素周期表中第ⅣA族包括碳、硅、锗、锡、铅五种元素，称为碳族元素（carbon group），其中碳、硅是非金属，锗、锡是两性元素，铅以金属性为主。碳族元素的一些基本性质见表10-7。

表10-7 碳族元素的基本性质

性质	碳（C）	硅（Si）	锗（Ge）	锡（Sn）	铅（Pb）
原子序数	6	14	32	50	82
相对原子质量	12.01	28.09	75.29	118.0	207.2
价电子构型	$2s^22p^2$	$3s^23p^2$	$4s^24p^2$	$5s^25p^2$	$6s^26p^2$
电负性	2.55	1.90	2.01	1.96	1.90
主要氧化值	−2、−4、+2、+4	+2、+4	+2、+4	+2、+4	+2、+4

在自然界中碳以游离态和化合态两种方式存在，且分布很广，化合态的碳种类很多，空气中的二氧化碳、地壳中的各种碳酸盐、煤、石油以及动植物体内的糖、脂肪、蛋白质、纤维素和其他有机物都是含碳的化合物，可以说碳是生命世界的栋梁。

（一）碳单质

单质碳有定形碳和无定形碳两种，前者有金刚石、石墨、C_{60}等，而后者有木炭、焦炭、活性炭等，它们都属同素异形体。这里仅介绍单质碳的化学性质。

在常温下，碳的化学性质不活泼，不受空气、酸、碱的作用。但在高温下，碳主要表现为还原性。

1. 碳与氧、硫、氢等非金属反应 碳在氧气或空气中充分燃烧，生成二氧化碳，同时放出大量热量。

$$C+O_2 = CO_2$$

在空气不足时，生成一氧化碳。

$$2C+O_2 = 2CO$$

木炭加热到1200℃以上时，能与氢化合，生成甲烷。

$$C+2H_2 = CH_4$$

2. 碳与金属反应 碳和钙在电炉里加热可生成碳化钙，又称电石，是制造乙炔气体的原料。

$$2C+Ca = CaC_2$$

3. 碳与某些氧化物反应 在加热时，碳能从氧化铜中把铜还原出来。

$$C+CuO = Cu+CO\uparrow$$

水蒸气通过红热的碳时，生成一氧化碳和氢气。

$$C+H_2O = H_2+CO$$

（二）碳的化合物

碳的化合物主要有一氧化碳、二氧化碳、碳酸及碳酸盐。

1. 一氧化碳 一氧化碳是无色无味的气体，难溶于水。一氧化碳有剧毒，当空气中的CO含量达0.1%时，可引起中毒甚至致死。一氧化碳中毒的原因是它与血液中携氧的血红蛋白结合，形成非常稳定的配合物，使血红蛋白丧失携氧的能力，造成组织窒息。

一氧化碳的主要表现为易燃性和还原性，一氧化碳在空气中燃烧时产生浅蓝色火焰，生成二氧化碳的同时还放出大量的热。一氧化碳在高温下可还原铁离子，如

$$2CO+O_2 = 2CO_2$$

$$Fe_2O_3+3CO = 2Fe+3CO_2$$

2. 二氧化碳 二氧化碳是无色无臭略带酸味的气体，能溶于水，在20℃时，1体积水约能溶解1

体积的二氧化碳。二氧化碳易液化和固化，固体二氧化碳称为干冰，是一种制冷剂。

二氧化碳化学性质不活泼，在高温下才能和一些金属反应。

$$CO_2+2Mg \xlongequal{\quad} 2MgO+C$$

二氧化碳不能燃烧，也不支持燃烧，故可作灭火剂用。此外，它在近代发展的临界状态化学中常被用作介质来分离中草药成分。

3. 碳酸及碳酸盐　碳酸为二元弱酸（$K_{a1}=4.30\times10^{-7}$，$K_{a2}=5.61\times10^{-11}$），仅存于水溶液中。它溶于水后只有一小部分转化成碳酸，大部分仍以水合分子形式存在。

碳酸盐有正盐和酸式盐两种，它们的主要化学性质如下。

（1）溶解性：所有酸式盐都溶于水，正盐中只有铵盐和钾、钠的碳酸盐溶于水，其余均不溶。

（2）酸碱性：所有可溶性的碳酸盐和其酸式盐，水溶液均呈碱性，是由于这些盐都发生水解，也因为被水解的盐溶液显碱性，所以用碳酸盐溶液与某些金属离子反应时，产物不是这些金属的碳酸盐，而是氢氧化物或碱式碳酸盐。这主要由形成的碳酸盐和氢氧化物或碱式碳酸盐的溶解度大小决定。

$$3CO_3^{2-}+2Al^{3+}+3H_2O \xlongequal{\quad} 2Al(OH)_3\downarrow+3CO_2\uparrow$$

$$2CO_3^{2-}+2Cu^{2+}+H_2O \xlongequal{\quad} Cu_2(OH)_2CO_3+CO_2\uparrow$$

除 Al^{3+}外，Fe^{3+}、Cr^{3+}与碳酸钠溶液反应时，生成的是氢氧化铜沉淀，Mg^{2+}、Zn^{2+}、Pb^{2+}、Fe^{2+}与Cu^{2+}一样，与碳酸钠溶液反应，也生成碱式碳酸盐沉淀。

二、硼及其化合物

元素周期表中第ⅢA 族包括硼、铝、镓、铟、铊五种元素，称为硼族元素，其中硼是非金属元素，铝是两性元素，其余均为典型的金属元素。硼族元素的一些基本性质见表 10-8。

表 10-8　硼族元素的基本性质

性质	硼（B）	铝（Al）	镓（Ga）	铟（In）	铊（Tl）
原子序数	5	13	31	49	81
相对原子质量	10.81	26.98	69.72	114.8	204.4
价电子构型	$2s^22p^1$	$3s^23p^1$	$4s^24p^1$	$5s^25p^1$	$6s^26p^1$
电负性	2.04	1.61	1.81	1.78	1.62
主要氧化值	+3	+3	+1、+3	+1、+3	+1、+3

（一）硼单质

单质硼有多种同素异形体，晶体硼呈灰黑色，较惰性。无定形硼为棕色粉末，性质较活泼，可以参与多种化学反应。与非金属（N_2、O_2、X_2 等单质）可发生反应；具有还原性，如在赤热的条件下与水蒸气作用生成硼酸和氢气，与热的浓 H_2SO_4 或浓 HNO_3 作用生成硼酸；与强碱作用，在氧化剂存在下，硼和强碱共熔得到偏硼酸盐；与金属作用，高温下硼几乎能与所有的金属反应生成金属硼化物。

（二）硼的化合物

1. 硼氢化物　硼不能直接与氢化合，但可以通过间接反应生成一系列的共价型氢化物，这类氢化物的物理性质类似于烷烃，故称之为硼烷，其中最简单的一种是乙硼烷 B_2H_6（室温下为无色气体）。

硼烷多数有毒，有令人不适的特殊气味，不稳定。B_2H_6 是非常活泼的物质，暴露于空气中易燃烧或爆炸，并放出大量的热；可作强还原剂，能与强氧化剂反应，如与卤素反应生成卤化硼。B_2H_6 易水解释放出 H_2，生成硼酸。

2. 卤化物　卤素在加热条件下都能与硼直接反应生成三卤化硼，如 BCl_3、BBr_3、BF_3，BBr_3 和 BI_3 会见光部分分解呈浅黄色，且 BBr_3 为挥发性液体，BI_3 为固体。

3. 硼氧化合物　硼被称为亲氧元素，硼氧化合物有很高的稳定性。单质 B 在空气中加热可生成硼酸，高温加热 H_3BO_3 可脱水生成玻璃态的 B_2O_3。B_2O_3 有很强的吸水性，在潮湿的空气中同水结合转化成硼酸，因此可以用作干燥剂。常见的B_2O_3有无定形和晶体两种，二者密度不同，晶体具有较高的稳定性。

熔融的 B_2O_3 能够与许多金属氧化物完全或部分互溶生成具有特征颜色的玻璃状硼酸盐，如 $NiO \cdot B_2O_3$ 显绿色，$CuO \cdot B_2O_3$ 显蓝色；B_2O_3 与 NH_3 加热到一定温度时可反应制得氮化硼$(BN)_{2X}$，其结构与石墨相同；B_2O_3 与 H_2O 结合生成硼酸，常见的有硼酸 H_3BO_3 与偏硼酸 HBO_2 以及四硼酸 $H_2B_4O_7$。

4. 硼酸和硼酸盐

（1）硼酸：H_3BO_3 是白色片状晶体，微溶于水，加热时其溶解度将增大。H_3BO_3 是一元弱酸，它的弱酸性并不是它本身可电离出质子，而是由于 B 是缺电子原子，它可加合来自 H_2O 分子中的 OH^- 而释放出离子。硼酸和甲醇或乙醇在浓 H_2SO_4 存在的条件下，生成硼酸酯，硼酸酯在高温下燃烧挥发，产生特有的绿色火焰，此反应可用于鉴别硼酸、硼酸盐等化合物。硼酸加热脱水分解过程中，先转变为偏硼酸 HBO_3，继续加热变成 B_2O_3。

（2）硼砂：硼砂是最常见的四硼酸盐 $Na_2B_4O_5(OH)_4 \cdot 8H_2O$，工业上一般把它的化学式写成 $Na_2B_4O_7 \cdot 10H_2O$。硼砂是无色半透明的晶体或白色结晶粉末。熔融状态的硼砂同 B_2O_3 一样，也有硼珠反应，也能溶解一些金属氧化物，并依金属的不同而显现出特征颜色，如与 CoO 反应生成宝石蓝色的 $2NaBO_2 \cdot Co(BO_2)_2$。硼砂是强碱弱酸盐，可溶于水，在水溶液中水解而显颇强的碱性。

链 接 硼的生物学效应

硼是维持骨的健康和钙、磷、镁正常代谢所需要的微量元素之一。对停经后妇女防止钙质流失、预防骨质疏松症具有功效，硼的缺乏会加重维生素 D 的缺乏；另外，硼也有助于提高男性睾丸甾酮分泌量，强化肌肉，是运动员不可缺少的营养素。硼还有改善脑功能，提高反应能力的作用。虽然大多数人并不缺硼，但老年人有必要注意适当摄取。

硼、硼酸、硼砂都是低毒类蓄积性毒物，每天口服 100 mg，可引起慢性中毒，肝、肾脏受到损坏，脑和肺出现水肿。

考点：氮、磷、砷、碳、硼等单质及其重要化合物的性质

自测题

一、选择题

（一）单项选择题

1. 下列氢化物的酸性从小到大的顺序，正确的是（　　）。
   A. HCl＞H_2S＞HF＞H_2O
   B. HCl＞HF＞H_2S＞H_2O
   C. HF＞HCl＞HBr＞HI
   D. HCl＞HF＞HBr＞HI
   E. HCl＞HBr＞HI＞HF
2. 磷的单质中，热力学上最稳定的是（　　）。
   A. 红磷　　B. 白磷
   C. 黑磷　　D. 黄磷
   E. 都稳定
3. P_4O_6 称为三氧化二磷，它可以（　　）。
   A. 溶解于冷水中，生成 H_3PO_3
   B. 溶解于冷水中，生成 H_3PO_4
   C. 溶解于热水中，生成 H_3PO_3
   D. 溶解于 NaOH 溶液，生成 PH_3 气体
   E. 以上说法都不对
4. 关于硫代硫酸钠的说法，正确的是（　　）。
   A. 在酸中不分解
   B. 在溶液中可氧化非金属单质
   C. 与 I_2 反应得 SO_4^{2-}
   D. 可以作为络合剂（即配体）
   E. 以上说法都不对
5. 硼的独特性质表现在（　　）。
   A. 能生成正氧化态化合物如 BN，其他非金属则不能
   B. 能生成负氧化态化合物，其他非金属则不能
   C. 能生成大分子
   D. 在简单的二元化合物中总是缺电子的
   E. 以上说法都不对
6. 以下含氧酸中，二元酸是（　　）。
   A. 焦磷酸　　B. 次磷酸
   C. 亚磷酸　　D. 磷酸
   E. 偏磷酸
7. 下列元素性质最相似的是（　　）。

A. B 和 Al　　B. B 和 Si
C. B 和 Mg　　D. B 和 C
E. Al 和 Si

8. $HClO$、$HClO_3$、$HClO_4$ 的酸性大小排列顺序正确的是（　　）。
A. $HClO_4>HClO_3>HClO$
B. $HClO>HClO_3>HClO_4$
C. $HClO_3>HClO_4>HClO$
D. $HClO_4>HClO>HClO_3$
E. $HClO>HClO_4>HClO_3$

9. 在含有 Br^- 的酸性溶液中加入 Fe^{3+} 的溶液时产生(　　)。
A. $FeBr_3$　　B. $FeBr_2$
C. $Fe(OH)_3$　　D. Fe^{2+} 和 Br_2
E. 二者不发生反应

10. 下列化合物中，不能由单质直接化合的是（　　）。
A. $FeCl_3$　　B. NO_2
C. NH_3　　D. PCl_3
E. P_2O_5

11. 关于卤素，下列说法中正确的是（　　）。
A. 卤素单质最突出的化学性质是还原性
B. 卤素是元素周期表中电负性最强的元素，具有较强的化学活泼性
C. 卤素单质的化学活泼性以 $Cl_2>F_2>Br_2>I_2$ 的顺序依次递减
D. 卤素的歧化反应与溶液的酸度有关，该反应在酸性介质中易于发生
E. 卤素单质的氧化性从 F_2 到 I_2 依次增强

（二）多项选择题

1. 关于硫的化合物，下列说法中正确的是（　　）。
A. H_2S 是一种无色有毒的气体，有臭鸡蛋气味，是一种大气污染物
B. H_2S 具有较强的还原性，可被 SO_2 等氧化剂氧化成单质 S
C. 氢硫酸是强酸
D. Na_2S 溶液显强碱性，可作为强碱使用
E. 金属硫化物可看作氢硫酸的正盐和酸式盐，如 Na_2S 和 NaHS

2. 关于硼的下列说法中正确的是（　　）。
A. 单质硼有多种同素异形体
B. 硼能直接与氢化合生成一系列的共价型氢化物
C. 硼氧化合物有很高的稳定性
D. H_3BO_3 是一元弱酸
E. 硼在自然界主要以化合态存在，如硼酸、硼砂

3. 关于卤化氢，下列说法中正确的是（　　）。
A. 卤化氢都是具有强烈刺激性臭味的无色气体
B. 氢卤酸的酸性按 $HCl<HBr<HI$ 依次增强
C. 卤离子的还原能力按 $F^-<Cl^-<Br^-<I^-$ 的顺序依次增强
D. 除氢氟酸外，其他氢卤酸都是强酸
E. 盐酸属于挥发性强酸

4. 关于拟卤素的性质，下列说法中正确的是（　　）。
A. 拟卤素的氢化物都是气体，溶于水生成氢拟卤酸
B. 拟卤素能与金属生成盐
C. 拟卤素在水或碱中能发生歧化反应
D. 拟卤素离子具有还原性
E. 拟卤素离子是较好的配位剂

5. 关于硝酸，下列说法中正确的是（　　）。
A. 纯硝酸易挥发，在常温下见光会分解，受热时分解得更快
B. 通常将浓硝酸盛放在棕色瓶中、阴凉处
C. 硝酸氧化性极强，能与所有的金属或非金属发生氧化还原反应
D. 浓硝酸反应的产物是 NO_2，稀硝酸的产物是 NO
E. 浓硝酸对铁、铝等金属有钝化作用，铁、铝可用作储存浓硝酸的容器

6. 关于磷单质，下列说法中正确的是（　　）。
A. 磷常见的同素异形体有白磷、红磷和黑磷
B. 白磷有剧毒
C. 白磷在暗处能发光
D. 黑磷是磷的一种最稳定的变体
E. 白磷中毒时可用硫酸铜作解毒剂

7. 关于碳的化合物的性质，下列说法中正确的是（　　）。
A. 一氧化碳是无色无味的气体，有剧毒
B. 固体二氧化碳称为干冰，是一种制冷剂
C. 二氧化碳不能燃烧，也不支持燃烧，故可作灭火剂
D. 碳酸为二元弱酸，仅存于水溶液中
E. 所有可溶性的碳酸盐和其酸式盐，水溶液均呈碱性

二、简答题

1. 为什么 H_3BO_3 是一元弱酸?
2. 为什么在室温下 H_2S 是气态而 H_2O 是液体?

（陈晓姣）

第11章

常见金属元素及其化合物

第1节 金属通论

一、概　述

在目前已发现的118种元素中，金属元素有94种，约占元素总数的4/5。

金属单质可以形成晶体结构。在金属晶体的晶格结点上排列着金属原子和带正电荷的金属阳离子，金属原子易失电子变为阳离子，并重新捕获电子，电子就这样在原子和阳离子间不停地进行交换，使金属原子和阳离子之间存在自由运动的电子，这些自由电子不属于某个原子所独有，而属于金属原子所共有。这种依靠流动的自由电子，使金属原子和阳离子相互结合在一起的作用称为金属键。显然，金属键没有方向性也没有饱和性。从整体来说，金属是电中性的。

二、金属的物理性质和化学性质

由于金属键的存在，金属具有很多共同的物理性质，包括具有特殊的金属光泽、不透明，具有良好的导电性和导热性，有延展性，密度和硬度较大，熔点较高等。

导电性最好的金属是银，延展性最好的金属是金，密度最大的金属是锇（2248 g/cm^3），硬度最大的金属是铬，熔点最高的金属是钨，熔点最低的金属是汞。有些金属较软（如钠、钾等），可用刀切割。

金属在化学反应中，容易失去电子，形成金属阳离子，因而表现出了较强的还原性。所以金属可与非金属反应，也可与酸类、盐类及水发生反应。

第2节 碱　金　属

碱金属元素位于周期表的ⅠA族，包括锂（Li）、钠（Na）、钾（K）、铷（Rb）、铯（Cs）、钫（Fr）六种元素，由于它们的氧化物的水溶液呈强碱性，所以通称为碱金属。

一、钠、钾的物理性质和化学性质

钠和钾都具有银白色金属光泽，焰色反应时，钠为黄色，钾为紫色（隔蓝色钴玻璃观察）。其密度比水小，可浮在水面上；硬度也较小，可用刀切割，新切开的金属表面呈银白色，均具有良好的导电性。钠和钾的熔点和沸点较低。

钠和钾具有很强的化学活泼性，钾的活泼性比钠更强。

1. 与非金属反应　钠在干燥的空气中燃烧生成过氧化钠。

$$2Na + O_2 \xlongequal{燃烧} Na_2O_2$$

常温下钠和钾能与氯气、硫等非金属猛烈反应，生成相应的氯化物、硫化物等。

2. 与水反应　与水均剧烈反应并放出氢气。

$$2K + 2H_2O \xlongequal{\quad} 2KOH + H_2\uparrow$$

通常将钠和钾保存在干燥的煤油中。

链 接 锂离子电池

锂离子电池由于具有容量大、工作电压高（3.6V）、寿命长、无污染等优点，广泛应用于数码相机、摄像机、笔记本等电子产品中，已成为人们生活的必需品。充电时，在外电场的驱动下锂离子从正极晶格中脱离，经过电解质，嵌入负极晶格中。放电时，过程相反，锂离子返回正极，电子则通过了用电器，由外电路到达正极与锂离子复合。锂电池正极是含锂的过渡金属氧化物，如 $LiMnO_2$ 等，负极是碳素材料如石墨等。

二、钠、钾的重要化合物

1. 过氧化物 过氧化钠是淡黄色固体，过氧化钾是白色固体。它们都能与水反应，生成相应的氢氧化物，并放出氧气。例如：

$$2Na_2O_2 + 2H_2O \xlongequal{\quad} 4NaOH + O_2\uparrow$$

过氧化钠和过氧化钾与稀酸反应生成过氧化氢，过氧化氢不稳定分解放出氧气。例如：

$$Na_2O_2 + H_2SO_4(稀) \xlongequal{\quad} Na_2SO_4 + H_2O_2$$

$$2H_2O_2 \xlongequal{\quad} 2H_2O + O_2\uparrow$$

过氧化钠可用于呼吸面具中作为氧气的来源，潜水艇在紧急情况时也可用过氧化钠来供氧。

$$2Na_2O_2 + 2CO_2 \xlongequal{\quad} 2Na_2CO_3 + O_2\uparrow$$

2. 硫代硫酸钠 硫代硫酸钠 $Na_2S_2O_3$ 俗称海波或大苏打。$Na_2S_2O_3$ 是中等强度的还原剂，与 I_2 作用时，能定量地生成 $Na_2S_4O_6$。这一反应是分析化学氧化还原定量分析的基本反应。

$$2Na_2S_2O_3 + I_2 \xlongequal{\quad} Na_2S_4O_6 + 2NaI$$

$Na_2S_2O_3$ 主要用于氰化物和卤素中毒时的解毒剂，也可用于药物制剂中的抗氧化剂。

$$Na_2S_2O_3 + NaCN \xlongequal{\quad} Na_2SO_3 + NaSCN$$

$S_2O_3^{2-}$ 具有很强的配位作用，$Na_2S_2O_3$ 是常用的配位剂，也可作为重金属盐中毒时的解毒剂。

$Na_2S_2O_3$ 水溶液不稳定，配制 $Na_2S_2O_3$ 水溶液时应使用新煮沸过的冷蒸馏水，并加入少量 Na_2CO_3 使溶液呈微碱性。

链 接

在强酸性溶液中 $Na_2S_2O_3$ 会分解，I^- 也容易被空气中的 O_2 氧化。其反应为

$$S_2O_3^{2-} + 2H^+ \rightleftharpoons SO_2\uparrow + S\downarrow + H_2O$$

$$4I^- + 4H^+ + O_2 \rightleftharpoons 2I_2 + 2H_2O$$

在碱性溶液中 $Na_2S_2O_3$ 与 I_2 会发生如下副反应：

$$S_2O_3^{2-} + 4I_2 + 10OH^- \rightleftharpoons 2SO_4^{2-} + 8I^- + 5H_2O$$

3. 焦亚硫酸钠 焦亚硫酸钠（$Na_2S_2O_5$）常用作药物制剂的抗氧化剂，分析化学和药物分析中可用剩余滴定方式测定含量。

链 接 碱金属和碱土金属的生理功能

1. Na^+和 K^+的生理功能 对生物体来说，Na^+和 K^+两种离子相互协调发挥了大部分生理功能。

Na^+和 K^+最重要的四种生理功能是：调节机体和细胞的渗透压；参与体内蛋白质和糖类的代谢；调节体液的酸碱平衡；维持正常的神经兴奋性和心肌运动。

Na^+和 K^+的生理功能远不止这些。例如：K^+能降低高钠引起的高血压；可参与酶的合成，维持酶的作用等。

2. 钙和镁的生物功能 钙可作为信使，在传递神经信息、触发肌肉收缩和激素的释放、调节心律等过程中都起着重要作用；参与体内凝血过程；Ca^{2+}还是形成多种酶必不可少的元素；钙、镁是

骨骼、牙齿中是羟基磷灰石的组成成分。

镁是机体维持正常生活必需的矿物质之一，对DNA复制和蛋白质生物合成是必不可少的；Mg^{2+}是细胞内液中除K^+之外的重要离子，是体内多种酶的激活剂，对维持心肌正常生理功能有重要作用。若缺镁会导致冠状动脉病变、心肌坏死、出现抑郁、肌肉软弱无力和晕眩等症状。

研究表明，Li^+在人脑中可以起作用，也可以改变体内电解质平衡，Li^+的减少可引起中枢-肾上腺素和神经末梢的胺量降低。Li_2CO_3被广泛地应用于治疗狂躁抑郁症。

考点：1.碱金属元素主要化学性质有哪些？2.钠和钾的重要化合物有哪些？

第3节 碱土金属

碱土金属包括铍（Be）、镁（Mg）、钙（Ca）、锶（Sr）、钡（Ba）、镭（Ra）六种元素，位于周期表中ⅡA族。由于钙、锶、钡的氧化物在性质上介于碱性和土性之间，因此又称为碱土金属元素。

一、镁、钙的物理性质和化学性质

镁和钙都是银白色金属，属于轻金属，熔点和沸点较高；镁和钙都是较活泼的金属元素，表现出较强的还原性，易与氧气、水等化合。

镁的主要用途是制取轻合金，这种合金的特点是硬度和韧性都很大，而密度却很小，广泛用于飞机、导弹和汽车制造工业。另外，镁是很好的还原剂，如钛、铀的冶炼就是用镁作还原剂。钙也可用于制造合金，如含1%钙的铅合金可作轴承材料。镁和钙都是人体必需的元素。

二、镁、钙的化合物

1. 硫酸镁 硫酸镁（$MgSO_4$）又称为泻盐，内服用作缓泻剂和十二脂肠引流剂。$MgSO_4$注射剂主要用于抗惊厥。

2. 硫酸钙 硫酸钙（$CaSO_4 \cdot 2H_2O$）俗称石膏，加热到160～200℃时，失去大部分结晶水而变成熟石膏。

$$2CaSO_4 \cdot 2H_2O = (CaSO_4)_2 \cdot H_2O + 3H_2O$$

熟石膏粉与水混合成糊状后，很快凝固和硬化，重新变成$CaSO_4 \cdot 2H_2O$。利用这种性质，熟石膏可以铸造模型和雕像，在医疗外科上用作石膏绷带。

《中国药典》中收录的钙盐类药物主要有葡萄糖酸钙、磷酸氢钙、乳酸钙和氯化钙，用于治疗急性血钙缺乏症、慢性钙缺乏症、抗炎、抗过敏，以及作为镁中毒时的拮抗剂。

链 接 碱金属和碱土金属在医药中的应用

1. 氯化钠 俗称食盐，氯化钠是常用的调味剂和营养剂，主要存在于海水中。每升海水中含量为25 g。在临床上用氯化钠来配制生理盐水（浓度为9 g/L），大量的生理盐水用于出血过多，或补充腹泻引起的缺水症等。

2. 氯化钾 氯化钾在临床上是一种利尿药物，多用于心源性或肾源性水肿，还用于治疗各种原因引起的低钾血症。

3. 碘化钠和碘化钾 可用于配制碘酊，能增大碘的溶解度，NaI可用于配制造影剂。

4. 硫代硫酸钠（$Na_2S_2O_3$） 强还原剂，在分析化学中用作还原剂，测定氧化性物质，在纺织、造纸工业上用作脱氯剂。硫代硫酸钠也是常用的配位剂，能与银离子形成配离子，利用此性质作为定影剂，除去脱片上未曝光的溴化银。医药上20%的硫代硫酸钠制剂内服可治疗重金属中毒，外用可治疗慢性皮炎等皮肤病。10%的硫代硫酸钠注射剂可用于氰化物、砷、汞、铅、铋、碘等中毒的治疗。

5. 碳酸氢钠（$NaHCO_3$） 又称小苏打、重碳酸钠，是一种细小的粉末，易溶于水。加热60℃

以上分解失去 CO_2，是食品工业的膨化剂；在医疗上内服可中和过量胃酸。在治疗酸中毒时，大量内服等渗溶液（2%）或静脉注射高渗溶液（5%），以补充血液中的碱储备量。本品为不透明的单斜系小晶体，或白色粉末状，在潮湿空气中缓慢分解，因此应密闭保存于干燥阴凉处。

6. 碳酸锂（Li_2CO_3） 碳酸锂是一种抗躁狂药，主要用于治疗精神病。

7. 硫酸镁（$MgSO_4 \cdot 7H_2O$） 硫酸镁晶体易溶于水，溶液带有苦味。常温下从水溶液中析出含有结晶水的化合物，在医药上用作轻泻剂，内服用作缓泻剂和十二指肠引流剂。硫酸镁与甘油调和可制作成外用消炎药。

8. 硫酸钡（$BaSO_4$） 硫酸钡不溶于水，也不溶于酸，具有强吸收 X 射线的能力。在医疗上用作胃肠透视时内服的对比剂，检查诊断疾病。因硫酸钡在胃肠道中不溶解，也不被吸收，能完全排出体外，因而对人体无害。钡盐中硫酸钡除外，其他大多数钡盐都有毒性。因此使用硫酸钡时必须保证纯度。

9. 氯化钙（$CaCl_2$） 无水 $CaCl_2$ 具有很强的吸水性，实验室常用无水氯化钙作干燥剂。

三、硬水及其软化

天然水中溶有较多的钙盐、镁盐时称为硬水。含有钙、镁的酸式碳酸盐的硬水称为暂时硬水，加热煮沸后，酸式碳酸盐分解，生成不溶性碳酸盐沉淀而除去。

$$Mg(HCO_3)_2 \xlongequal{\triangle} MgCO_3 + CO_2\uparrow + 2H_2O$$

$$Ca(HCO_3)_2 \xlongequal{\triangle} CaCO_3 + CO_2\uparrow + 2H_2O$$

含有钙、镁硫酸盐或氯化物的硬水称为永久性硬水，加热时不能除去钙盐和镁盐。水中钙盐和镁盐的含量常用硬度来表示。硬水对日常生活和工业生产会造成不利影响甚至严重危害，在药厂生产和卫生检验中要严格控制水的硬度。减少硬水中钙盐和镁盐含量的过程称为硬水软化。水的软化方法很多，有化学方法——石灰纯碱法，即在硬水中加入石灰、纯碱等，使水中溶解的钙盐、镁盐生成 $CaCO_3$、$Mg(OH)_2$ 沉淀而除去。还有离子交换法，水中的 Ca^{2+}、Mg^{2+} 等被离子交换树脂吸附，离子交换树脂交换放出 H^+。离子交换树脂可再生并重复使用。

考点：1. 碱土金属元素主要化学性质有哪些？2. 钙和镁的重要化合物有哪些？

第4节 铝、锡和铅

铝是ⅢA 族的金属元素，在化合物中的氧化数为+3，铝在地壳中含量仅次于氧和硅，居第三位。

一、铝及其化合物

（一）铝

铝是银白色轻金属，密度为 2.7 g/cm³，具有良好的延展性、导电性和导热性，无磁性。在金属中，铝的导电、传热能力仅次于银和铜，延展性仅次于金。铝易制成筒、管、棒或箔，铝箔广泛用于药品片剂、胶囊剂的包装。

铝是较活泼的金属，能与非金属、酸、碱及氧化物反应。

1. 与非金属反应 铝与空气接触很快失去光泽，表面生成一层致密而坚固的氧化物薄膜，从而阻止内部的铝被继续氧化，这种现象称为钝化。利用铝的钝化原理工业上常用铝罐储运发烟硝酸。

2. 铝的两性 铝是两性金属，既能溶于稀盐酸和稀硫酸溶液，也易溶于强碱溶液。

例如：

$$2Al+6HCl \xlongequal{} 2AlCl_3+3H_2\uparrow$$

$$2Al + 2NaOH + 6H_2O \xlongequal{} 2Na[Al(OH)_4] + 3H_2\uparrow$$

3. 与某些金属氧化物反应 铝能从许多金属氧化物中夺取氧，表现出较强的亲氧性。例如：

$$2Al + Fe_2O_3 = 2Fe + Al_2O_3$$

反应放出大量热，达到很高的温度（约 3000℃）。铝粉和金属氧化物的混合物称为铝热剂，可用于钢轨的无缝焊接，还可用于制取难熔的金属如钒、铬、锰等。

（二）铝的化合物

1. 氧化铝 氧化铝是一种典型的两性氧化物，既能与酸反应，又能与碱反应。例如：

$$Al_2O_3+6HCl = 2AlCl_3+3H_2O$$

$$Al_2O_3+2NaOH+3H_2O = 2Na[Al(OH)_4]$$

2. 氢氧化铝 氢氧化铝为不溶于水的白色胶状物质，但能凝聚水中的悬浮物，并能吸附色素。$Al(OH)_3$ 是良好的抗酸药，临床上用于治疗胃酸过多、胃溃疡、十二指肠等症。常制成氢氧化铝凝胶剂、干燥氢氧化铝和氢氧化铝片剂，此三种都已收录于《中国药典》。$Al(OH)_3$ 凝胶本身就能保护溃疡面，作用缓慢而持久。其与胃酸作用的产物 $AlCl_3$ 也具有收敛和局部止血的作用。

$Al(OH)_3$ 是两性物质，既能溶于强酸，又能溶于强碱。例如：

$$Al(OH)_3+3HCl = 3AlCl_3+3H_2O$$

$$Al(OH)_3+NaOH = Na[Al(OH)_4]$$

3. 明矾 明矾[$KAl(SO_4)_2\cdot 12H_2O$]，又称苦矾（枯矾）为无色晶体，易溶于水，并发生水解反应，溶液呈酸性。水解生成的 $Al(OH)_3$ 溶胶具有吸附能力，广泛用于水的净化。

明矾能使蛋白质凝结，常用作局部收敛药。5～20 g/L 的溶液可用于洗眼水或含漱剂。外科使用干燥明矾（脱水明矾）撒布伤口，可作收敛性的止血剂，也用于湿疹和皮炎的湿敷。

链 接 铝的危害

过多摄入铝会损害肾功能，也易使人痴呆。对患者的研究发现，这类患者脑内有 30%新皮层区的铝浓度大于 4μg/g（干重），患者脑部神经元细胞核内，铝的含量为健康人体的 4 倍，最高达 30 倍。如果随时间推移，铝在脑中逐渐积累，会伤及神经元，使人的记忆力丧失。

考点：1. 铝的物理性质和化学性质有哪些？2. 铝的重要化合物有哪些及其作用？
3. 铝的重要化合物有哪些及其作用？

二、锡及其化合物

（一）锡

锡（Sn）是银白色的金属，质软、无毒，熔点低，具有很好的延展性。自然界中主要以锡石（SnO_2）存在。在我国云南个旧市有“锡都”之称。因其锡矿开发历史悠久，储量丰富、冶炼技术先进和精锡纯度高而闻名国内外。

锡具有三种同素异形体，即灰锡（α-Sn）、白锡（β-Sn）和脆锡（γ-Sn）。在不同温度下三者可以相互转化。灰锡呈灰色粉末状，白锡在 13.2℃下变成灰锡，这种转变较为缓慢，如果温度过低，反应会加快。因此锡制品，冬季不宜放在室外，锡铁皮罐装食品不宜冷藏。锡在空气中稳定不易被氧化。锡与稀盐酸反应中置换出氢，与稀硝酸作用生成 $Sn(NO_3)_2$，与浓硝酸作用生成 H_2SnO_3。

（二）锡的化合物

1. 锡氧化物和氢氧化物的酸碱性 锡的氧化物有 SnO、SnO_2。氢氧化物有 $Sn(OH)_2$、$Sn(OH)_4$。锡的氧化物不溶于水，因此制备锡的氢氧化物应用盐和碱反应。若在 Sn（Ⅱ）或 Sn（Ⅳ）的盐溶液中加入 NaOH 溶液生成如下的白色胶状沉淀。

$$Sn^{2+} + 2OH^- = Sn(OH)_2\downarrow$$

$$Sn^{2+} + 4OH^- = Sn(OH)_4\downarrow$$

锡的氧化物和氢氧化物具有两性，低价态的两性偏碱性，高价态的两性偏酸性。

2. 锡化合物的氧化还原性 Sn（Ⅱ）在酸性或碱性介质中都是较强的还原剂，并且在碱性介质中

还原性更强。利用其还原性可以鉴定Sn^{2+}、Hg^{2+}、Bi^{3+}。形为

$$2HgCl_2 + Sn^{2+} \xlongequal{} Hg_2Cl_2\downarrow + Sn^{4+} + 2Cl^-$$

$$Hg_2Cl_2 + Sn^{2+} \xlongequal{} 2Hg\downarrow + Sn^{4+} + 2Cl^-$$

反应中生成白色丝状沉淀Hg_2Cl_2，如果Sn^{2+}过量，有黑色的Hg析出。由此鉴定Sn^{2+}、Hg^{2+}。

在酸性介质中Sn^{4+}能发生逆歧化反应：

$$Sn^{4+} + Sn \xlongequal{} 2Sn^{2+}$$

3. 常见的锡盐 氯化亚锡$SnCl_2 \cdot H_2O$为无色晶体，极易发生水解生成碱式盐，同时Sn^{2+}在空气中易被氧化。

$$SnCl_2 + H_2O \xlongequal{} Sn(OH)Cl\downarrow + HCl$$

$$2Sn^{2+} + O_2 + 4H^+ \xlongequal{} 2Sn^{4+} + H_2O$$

在配制其溶液时应将氯化亚锡溶解在稀盐酸中，并加入锡粒以防止氧化。$SnCl_2$具有较强的还原性，是有机合成中重要的还原剂。

三、铅及其化合物

(一) 铅

铅是蓝白色的重金属，质软、有毒性。自然界主要存在铅矿石（PbS）中，空气中表面易形成致密的氧化膜阻止反应继续进行，铅与稀盐酸，稀硫酸几乎不反应，因为反应生成的$PbCl_2$和$PbSO_4$溶解度很小，覆盖在铅的表面阻止反应进一步进行，铅与硝酸反应生成$Pb(NO_3)_2$。

铅能有效阻挡X射线和核裂变射线，而被用作放射性的防护材料。锡、铅还用于制造合金，如焊锡（Sn、Pb）、保险丝（Pb、Sn）和蓄电池的极板（Sn、Pb）等。铅和可溶性铅盐有毒，进入人体不易排出而导致积累性铅中毒，对人体的神经系统、造血系统都有严重的危害，如果中毒，较难治疗。所以水管、食具等不可用铅制造，同时对含铅废水采用沉淀法处理，使其转化成难溶物除去。

链接 铅中毒

铅及其化合物易被皮肤吸收。人体若每天摄入1mg铅，长期则会引起中毒。油漆和油灰中含有铅的化合物，是铅中毒来源之一。铅进入体内沉积在骨骼中，钙一同被带入血液中，Pb^{2+}与蛋白质中半胱氨酸的巯基反应，生成难溶盐。因此，含铅的涂料不宜用于油漆儿童玩具和婴儿用家具。航空和汽车使用的燃料汽油中若加入了四乙基铅$[Pb(CH_3CH_2)_4]$等抗爆剂，可减少汽油燃烧时的振动现象，但排出的废气中含有对人体有害的$PbBr_4$。为减少铅对空气的污染，人们正在研制其代用品。国际上已经限制向汽油内加烷基铅，并逐步实现汽油低铅化和无铅化。目前甲基叔丁基醚（MTBE）作为汽油抗爆添加剂已经在全世界范围内普遍使用。

(二) 铅的化合物

1. 铅氧化物和氢氧化物的酸碱性 铅的氧化物有PbO、PbO_2。PbO呈黄色，加热至488℃转变为红色PbO，俗称“密陀僧”，是一种矿物药。PbO_2呈棕色。铅还有两种复合型的氧化物，为鲜红的Pb_3O_4（铅丹）和橙色的Pb_2O_3。前者可表示为$2PbO \cdot PbO_2$，后者可表示为$PbO \cdot PbO_2$。铅丹具有直接灭菌、灭寄生虫和制止黏液分泌的作用，医药上用作外科药膏。

PbO是碱性氧化物，PbO_2是酸性氧化物，这符合高价酸性强、低价碱性强的规律。

铅的氢氧化物有$Pb(OH)_2$、$Pb(OH)_4$。因为铅的氧化物不溶于水，所以制备铅的氢氧化物时应用盐和碱反应。

2. 铅的化合物的氧化还原性 PbO_2是强氧化剂，在酸性介质中能将Mn^{2+}氧化生成紫红色的MnO_4^-，与浓盐酸和浓硫酸反应分别释放出Cl_2、O_2。

$$5PbO_2 + 2Mn^{2+} + 4H^+ \xlongequal{} 2MnO_4^- + 5Pb^{2+} + 2H_2O$$

$$PbO_2 + 4HCl = PbCl_2 + 2Cl_2\uparrow + 2H_2O$$

$$4PbO_2 + 4H_2SO_4(浓) = 2Pb(HSO_4)_2 + 3O_2\uparrow + 2H_2O$$

在工业上，PbO_2 主要用于制造铅蓄电池的正极材料。反应如下：

正极反应： $PbO_2 + SO_4^{2-} + 4H^+ + 2e^- = PbSO_4 + 2H_2O$

负极反应： $Pb + SO_4^{2-} - 2e^- = PbSO_4$

总反应： $PbO_2 + Pb + 2H_2SO_4 = 2PbSO_4 + 2H_2O$

3. 常见的铅盐 Pb（Ⅱ）盐大多数难溶，且有颜色特征，广泛用作颜料或涂料，例如 $PbCrO_4$ 可作黄色颜料，俗称铬黄；$PbSO_4$ 可作白色油漆；$[Pb(OH)CO_3]$ 可作白色颜料，俗称铅白。可溶性的铅盐有毒，常见的有 $PbCl_2$、$Pb(NO_3)_2$、$Pb(Ac)_2$。$Pb(NO_3)_2$ 是制备难溶性铅盐的原料。$Pb(Ac)_2$ 无色，有甜味，俗称铅糖，有很大毒性，故又称“铅霜”，其毒性是由 Pb^{2+} 与蛋白质中的巯基反应生成难溶物。实验室中可用 $Pb(Ac)_2$ 试纸检验 H_2S 气体。

白色的 $PbCl_2$ 固体难溶于水，易溶于热水。$PbCl_2$ 和浓盐酸反应生成配合物。

$$PbCl_2 + 2HCl(浓) = H_2[PbCl_4]$$

黄色的 PbI_2 在卤化铅中溶解度最小，但能溶于沸水，和 HI 也能形成配合物。

$$PbI_2 + 2HI = H_2[PbI_4]$$

白色的 $PbSO_4$ 难溶于水，易溶于浓硫酸或饱和的醋酸铵溶液。

$$PbSO_4 + 2Ac^- = Pb(Ac)_2 + SO_4^{2-}$$

黑色的 PbS 不溶于稀酸，但能溶于浓盐酸或硝酸中，反应如下：

$$PbS + 4HCl(浓) = H_2[PbCl_4] + H_2S\uparrow$$

$$3PbS + 8HNO_3 = 3Pb(NO_3)_2 + 3S\downarrow + 2NO\uparrow + 4H_2O$$

与 H_2O_2 作用生成白色的 $PbSO_4$，可利用此反应漂白变黑的油画。

$$PbS + 4H_2O_2 = PbSO_4 + 4H_2O$$

Pb^{2+} 的检验常用可溶性的铬酸盐，反应产生特殊的黄色沉淀 $PbCrO_4$，此性质也可用于 CrO_4^{2-} 的鉴定。

$$Pb^{2+} + CrO_4^{2-} = PbCrO_4\downarrow$$

第 5 节 过渡金属元素通性

过渡元素（transition element），又称为过渡金属（transition metal）。这些元素位于周期表中部的 d 区和 ds 区，处在主族金属元素（s 区）和主族非金属元素（p 区）之间，元素包括ⅠB～ⅧB 族元素共 10 个直列，见表 11-1。

表 11-1 周期表中的过渡元素

ⅢB	ⅣB	ⅤB	ⅥB	ⅦB	Ⅷ	ⅠB	ⅡB
Sc（钪）	Ti（钛）	V（钒）	Cr（铬）	Mn（锰）	Fe（铁）Co（钴）Ni（镍）	Cu（铜）	Zn（锌）
Y（钇）	Zr（锆）	Nb（铌）	Mo（钼）	Tc（锝）	Ru（钌）Rh（铑）Rd（钯）	Ag（银）	Cd（镉）
La-Lu 镧系	Hf（铪）	Ta（钽）	W（钨）	Re（铼）	Os（锇）Lr（铱）Pt（铂）	Au（金）	Hg（汞）

通常按周期将过渡元素分成以下三个系列。第四周期从 Se 到 Zn 元素称为第一过渡系；第五周期从 Y 到 Cd 称为第二过渡系；第六周期从 Lu 到 Hg 称为第三过渡系。过渡元素有许多共同的性质。

一、原子的电子层结构和原子半径

过渡元素原子的价电子构型为（n–1）$d^{1\sim10}ns^{1\sim2}$。原子半径的共同特点是随着核电荷数的增加，电子依次填充在次外层的 d 轨道上，它对核的屏蔽效应比外层电子大，致使有效核电荷增加不多。故同周期元素的原子半径从左到右只略有减小[至ⅠB、ⅡB 因（n–1）d 亚层填满而略有增大]。

对同族过渡元素而言，其原子半径自上而下也略有增加。特别是由于“镧系收缩”（Lanthanide contraction）的影响，第二和第三过渡系元素的原子半径十分接近。

二、单质的物理性质

由于过渡元素最外层一般为 1～2 个电子，容易失去电子，因此，它们的单质均为金属，单质的外观多为银白色、灰白色，具有光泽。

过渡金属的密度、硬度、熔点和沸点都较高（ⅡB 族元素除外）。例如，单质中密度最大的是锇（22.48 g/cm），熔点最高的是钨（3683K），熔点最低的是铯（301.6K），汞除外，硬度最大的为铬，其莫氏（Moh）硬度为 9，仅次于金刚石，银是所有金属中导热、导电性能最好的。这种现象与过渡金属的原子半径较小、晶体中除 s 电子外还有 d 电子参与成键等因素有关。因此，过渡金属具有优良而独特的物理性质。

三、氧　化　值

过渡元素具有多种氧化值。由于过渡元素外层的 s 电子与次外层 d 电子的能级相近，因此除 s 电子外，次外层 d 电子也能部分或全部参与成键，因此形成多种氧化值的化合物。

四、单质的化学性质

过渡元素具有金属的一般化学性质，但彼此的活泼性差别较大。第一过渡系多是比较活泼的金属（Cu 除外），第二、第三过渡系的金属单质的活泼性弱，非常稳定。

五、水合离子的颜色

过渡元素的水合离子大多具有颜色，如表 11-2 所示。根据研究，水合离子的颜色与其价层电子组态中未成对的 d 电子的跃迁和电荷迁移有关。其中 Cu^{+}、Ag^{+}、Zn^{2+}、Cd^{2+}、Hg^{2+}等没有未成对的 d 电子，所以都是无色的。

表 11-2　过渡元素水合离子的颜色

未成对的 d 电子数	水合离子的颜色
0	Ag^{+}、Cu^{+}、Zn^{2+}、Cd^{2+}、Se^{3+}、Ti^{4+} 等均无色
1	Cu^{2+}（天蓝色）、Ti^{3+}（紫色）
2	Ni^{2+}（绿色）、V^{3+}（绿色）
3	Cr^{3+}（蓝紫色）、Co^{2+}（粉红色）
4	Fe^{2+}（浅绿色）
5	Fe^{3+}（浅黄色）、Mn^{2+}（浅粉红色）

六、配合物的形成

过渡元素的离子或原子具有（n–1）d、ns、np 或 n、np、nd 构型，有能级相近 9 个价电子轨道，就其离子而言，其中 n、np、nd 轨道是空的，（n–1）d 轨道也是部分或全空，这种构型具备了接受配位体孤对电子并形成配合物的条件。另外，过渡元素的离子半径较小，并有较大的有效核电荷，对配体有较强的吸引力。除离子外，过渡元素的原子也有空的 np 轨道和部分（n–1）d 轨道，同样能接受配体的孤对电子，而形成一些特殊的配合物。

第 6 节　铁、铬、钼、锰

铁（Fe）、铬（Cr）、钼（Mo）、锰（Mn）都是过渡金属元素，在生产及生活中使用最为普遍。

一、铁及其化合物

铁在元素周期表中位于第四周期Ⅷ族。含铁的矿物主要有磁铁矿（Fe_3O_4）、赤铁矿（Fe_2O_3）、褐铁矿（$2Fe_2O_3 \cdot 3H_2O$）、黄铁矿（FeS_2）、菱铁矿（$FeCO_3$）等。

（一）铁

铁具有灰白色金属光泽，具有良好的导热性、导电性、延展性和铁磁性。

铁在地壳中的含量仅次于氧、硅和铝，居第四位，是中等活泼的金属元素，能与非金属、酸、水、盐等发生化学反应，常见的氧化数为+2 和+3，其中+3 氧化数的化合物较为稳定。

1. 与水、酸、盐反应 在潮湿空气中，铁很容易被腐蚀生成铁锈。铁能与盐酸、稀硫酸及稀硝酸作用生成亚铁盐或铁盐。在常温下，铁遇浓硫酸及浓硝酸产生钝化现象，可用铁制容器储运浓硫酸和浓硝酸。铁能与比它活泼性弱的金属的盐溶液反应，置换出这种金属。

2. 氧化还原性 在碱性介质中，+2 氧化态的氢氧化物都具有还原性。$Fe(OH)_2$ 的还原性最强，空气中的 O_2 就能氧化 $Fe(OH)_2$，故实验中往往得不到白色的 $Fe(OH)_2$ 沉淀，看到的是灰绿色的 $Fe(OH)_2$ 和 $Fe(OH)_3$ 的混合物，最后变为红褐色氢氧化铁沉淀：

$$4Fe(OH)_2 + O_2 + 2H_2O = 4Fe(OH)_3$$

在酸性介质中，Fe^{3+}为中强氧化剂，能与 I^- 、Sn^{2+}、SO_3^{2-} 等多种还原剂作用。例如，在分析化学中用佛尔哈德法的返滴定法测定 I^-时，应先加入过量的 $AgNO_3$ 标准溶液，再加铁铵矾指示剂，以防止 Fe^{3+}氧化 I^-，影响分析结果。

$$2Fe^{3+} + 2I^- = 2Fe^{2+} + I_2$$

（二）铁的化合物

七水合硫酸亚铁 $FeSO_4 \cdot 7H_2O$ 也称绿矾、青矾或皂矾，为透明、淡蓝绿色的柱状结晶或颗粒；无臭、味咸、带金属味。在干燥空气中易风化、易溶于水、不溶于乙醇。可作为内服药，治疗缺铁性贫血。硫酸亚铁在潮湿空气或水溶液中都易被氧化及水解，因此药用做成糖衣片或糖浆以防止氧化。

铁系元素能形成多种配合物，例如，在含有 Fe^{2+} 的溶液中加入铁氰化钾，或在 Fe^{3+} 的溶液中加入亚铁氰化钾，都有蓝色沉淀生成：

$$K^+ + Fe^{2+} + [Fe(CN)_6]^{3-} = KFe[Fe(CN)_6]\downarrow \text{（滕氏蓝）}$$

$$K^+ + Fe^{3+} + [Fe(CN)_6]^{4-} = KFe[Fe(CN)_6]\downarrow \text{（普鲁士蓝）}$$

Fe^{3+} 还可以与SCN^-反应，生成血红色的配合物$[FeSCN]^{2+}$配离子：

$$Fe^{3+} + 6SCN^- \rightleftharpoons [Fe(SCN)_6]^{3-} \text{（血红色）}$$

常用以上反应鉴定 Fe^{2+} 、Fe^{3+} 的存在。

Fe_2O_3 有 α-Fe_2O_3 和 γ-Fe_2O_3 两种不同的构型。α-Fe_2O_3 广泛用作红色颜料，用于制备铁氧体磁性材料。γ-Fe_2O_3 是生产录音磁带的磁性材料。

FeO 是黑色晶体，不稳定，在空气里加热，就迅速被氧化成四氧化三铁。

Fe_3O_4（$FeO \cdot Fe_2O_3$）是一种有磁性的黑色晶体，俗称磁性氧化铁。其纳米材料，具有优异的磁性和宽频率范围的强吸收性，成为战略轰炸机、导弹的隐形材料。

动物体内的铁大部分以与蛋白质相结合形成血红蛋白、肌红蛋白、铁蛋白以及转铁蛋白等的形式存在。血液中的铁主要以血红蛋白的形式存在于红细胞中，而在血浆中铁则以转铁蛋白形式存在。转铁蛋白作为铁的传递体循环于血液中，在铁的代谢中起重要作用。生物体内的天然氧载体具有可逆载氧能力，能把从外界吸入体内的氧气运送到各种组织，供细胞内进行维持生命所必需的各种氧化作用。

例如，血红蛋白（血红色）是体内运载氧气的工具，以 Hb 代表血红素，与氧结合生成氧合血红蛋白（HbO_2），动物体内吸氧和供氧过程可用以下平衡表示：

$$Hb + O_2 \rightleftharpoons HbO_2$$

血红素是由 Fe^{2+}与配体卟啉衍生物结合成大环配位化合物，如图 11-1 所示。

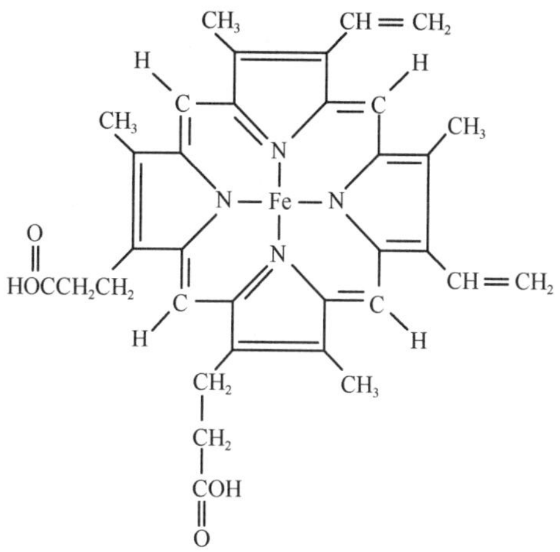

图 11-1　亚铁血红素结构

二、铬及其化合物

铬（Cr）是ⅥB 族元素，属于过渡金属元素。纯铬具有银白色金属光泽，有延展性；其熔点、沸点较高，抗腐蚀性强，硬度也最大。大量的铬用于制造合金，含铬、镍的钢称为不锈钢，它的抗腐蚀性能极强，是机械设备制造的重要原材料。

（一）铬（Ⅲ）的化合物

1. Cr_2O_3 和 $Cr(OH)_3$ 的两性　Cr_2O_3 是绿色固体，微溶于水，熔点是 2670K。Cr_2O_3 呈两性，既溶于酸溶液又溶于碱溶液，生成相应的盐。例如：

$$Cr_2O_3 + 3H_2SO_4 = Cr_2(SO_4)_3 + 3H_2O$$

$$Cr_2O_3 + 2NaOH = H_2O + 2NaCrO_2$$

铬（Ⅲ）盐溶液与适量的氨水或 NaOH 溶液作用时，生成灰绿色的 $Cr(OH)_3$ 胶状沉淀。$Cr(OH)_3$ 也具有两性，能与酸或碱溶液作用生成相应的盐。此外，$Cr(OH)_3$ 还能溶解在过量的氨水中，生成配合物：

$$Cr(OH)_3 + 6NH_3 = [Cr(NH_3)_6](OH)_3$$

2. 铬（Ⅲ）的还原性　铬（Ⅲ）在碱性介质中的还原性较强。在碱性溶液中，CrO_2^- 能被 H_2O_2、Cl_2 等氧化剂氧化成 CrO_4^{2-}：

$$2CrO_2^- + 3H_2O_2 + 2OH^- = 2CrO_4^{2-} + 4H_2O$$

在酸性介质中，铬（Ⅲ）的还原性较弱，只有过硫酸铵或高锰酸钾等少数强氧化剂才能将铬（Ⅲ）氧化为铬（Ⅵ）。例如：

$$10Cr^{3+} + 6MnO_4^- + 11H_2O = 5Cr_2O_7^{2-} + 6Mn^{2+} + 22H^+$$

3. 铬（Ⅲ）盐的水解性　可溶性铬（Ⅲ）盐溶于水时，发生水解使溶液显酸性：

$$Cr^{3+} + 3H_2O = Cr(OH)_3 + 3H^+$$

如果降低溶液的酸度，则生成灰绿色 $Cr(OH)_3$ 胶状沉淀。

（二）铬（Ⅵ）的化合物

铬（Ⅵ）化合物中最重要的是可溶性含氧酸盐，有重铬酸钾和铬酸钾。

1. 强氧化性　在酸性介质中，重铬酸盐和铬酸盐都是强氧化剂，例如：

$$K_2Cr_2O_7 + 6KI + 14HCl = 2CrCl_3 + 8KCl + 3I_2 + 7H_2O$$

$$K_2Cr_2O_7 + 14HCl(浓) \xlongequal{\triangle} 2CrCl_3 + 3Cl_2\uparrow + 7H_2O + 2KCl$$

$K_2Cr_2O_7$ 饱和溶液与浓 H_2SO_4 的混合物，称为铬酸洗液。洗液中的深红色沉淀为 CrO_3：

$$K_2Cr_2O_7 + H_2SO_4(浓) = 2CrO_3\downarrow + K_2SO_4 + H_2O$$

CrO_3 是铬酸酐，具有极强的氧化性。铬酸洗液可用于洗涤玻璃器皿上的污物。由于铬（Ⅵ）具有明显的毒性，已逐渐被其他洗涤剂所代替。

2. 生成沉淀反应　当向铬酸盐或重铬酸盐溶液中加入 Ba^{2+}、Pb^{2+}、Ag^+等离子时，生成铬酸盐沉淀。例如：

$$2Ag^+ + CrO_4^{2-} = Ag_2CrO_4\downarrow$$

$$2Pb^{2+} + Cr_2O_7^{2-} + H_2O = 2H^+ + 2PbCrO_4\downarrow$$

重铬酸盐都能溶于水。铬酸盐中仅碱金属盐、铵盐、镁盐易溶，钙盐略溶。

铬酸盐沉淀不溶于弱酸，但可溶于强酸。在铬酸盐和重铬酸盐溶液中有下列平衡：

$$Cr_2O_7^{2-} + H_2O \rightleftharpoons 2CrO_4^{2-} + 2H^+$$

（橙红色）　　　（黄色）

由平衡方程式可知：加酸平衡向左移动，溶液中 $Cr_2O_7^{2-}$ 浓度升高，溶液显橙红色；加碱平衡向右移动，溶液中 CrO_4^{2-} 浓度升高，溶液显黄色。溶液的 $Cr_2O_7^{2-}$ 和 CrO_4^{2-} 的相对浓度取决于溶液的 pH。

在酸性溶液中，重铬酸盐或铬酸盐能与 H_2O_2 作用，生成蓝色的过氧化铬，此反应可用于鉴别 CrO_4^{2-} 和 $Cr_2O_7^{2-}$ 。

三、钼及其化合物

钼（Mo）是ⅥB 族元素，属于过渡金属元素。钼有银白色金属光泽，粉末状的钼为黑色，钼具有高强度、高硬度、机械性能优异的特点。

（一）钼的氧化物

三氧化钼 MoO_3 是白色晶体，难溶于水，熔点是 2893K。仅能溶于氨水和强碱溶液中生成相应的含氧酸盐。例如：

$$MoO_3 + 2NH_3 \cdot H_2O = (NH_4)_2MoO_4 + H_2O$$

（二）钼酸及其盐

钼酸（ H_2MoO_4 ）在水中的溶解度不如铬酸 H_2CrO_4 ，可溶性钼酸盐用强酸酸化时，仍可析出水合钼酸 $H_2MoO_4 \cdot H_2O$ 。

$$MoO_4^{2-} + 2H^+ + H_2O = H_2MoO_4 \cdot H_2O \text{（黄）}$$

钼酸盐在酸性溶液中易脱水缩合，形成复杂的多钼酸根离子，酸性越强，缩合程度越大，最后析出 MoO_3 沉淀。

MoO_4^{2-} 钼酸盐中，除碱金属和铵盐可溶于水外，其余盐均难溶于水。钼酸盐常用作催化剂和防腐剂。钼是生物体内黄嘌呤氧化酶和硝酸还原酶的组成成分，固氮酶中也含有钼，它是植物生长的关键元素。

四、锰及其化合物

（一）锰

锰（Mn）是ⅦB 族元素，也属于过渡金属元素。致密的块状锰是银白色的，粉末状为灰色。锰的合金非常重要，如锰钢很坚硬、抗冲击、耐磨损，可制造钢轨、盔甲等。

锰可以形成+2、+3、+4、+6、+7 氧化数的多种化合物，但以+2、+4、+7 氧化数的化合物更为常见。锰比铬活泼，能从热水中置换出氢气，也可溶于稀酸中，在高温下能够直接同卤素、硫、碳和磷等非金属发生反应。

（二）锰的化合物

1. 锰（Ⅱ）化合物　锰（Ⅱ）的重要化合物是可溶性锰盐，常见的有 $MnSO_4$、$MnCl_2$ 和 $Mn(NO_3)_2$。Mn（Ⅱ）化合物在碱性介质中还原性较强，例如当 Mn^{2+} 与 OH^- 作用时，可生成 $Mn(OH)_2$ 白色沉淀，放置片刻即被空气中的 O_2 氧化，生成棕色的 $MnO(OH)_2$：

$$Mn^{2+} + 2OH^- = Mn(OH)_2 \downarrow$$

$$2Mn(OH)_2 + O_2 = 2MnO(OH)_2$$

2. 锰（Ⅳ）化合物　MnO_2 在酸性介质中是强氧化剂。MnO_2 与浓 H_2SO_4 作用可生成 O_2：

$$2MnO_2 + 2H_2SO_4 = O_2 \uparrow + 2MnSO_4 + 2H_2O$$

MnO_2 在强碱性介质中可显示出还原性。例如：

$$3MnO_2 + 6KOH + KClO_3 \xlongequal{\triangle} 3K_2MnO_4 + 3H_2O + KCl$$

MnO_2 主要作氧化剂，在有机合成、化工生产等许多工业领域中都具有重要的用途。

3. 锰（Ⅵ）化合物 MnO_4^{2-} 在强碱性介质中稳定，在酸性介质中发生歧化反应：

$$3MnO_4^{2-}+4H^+ = 2MnO_4^-+MnO_2\downarrow+2H_2O$$

4. 锰（Ⅶ）的化合物 锰（Ⅶ）化合物中最重要的是高锰酸钾 $KMnO_4$，也称灰锰氧，或 PP 粉，是一种深紫色的晶体。无臭、易溶于水、溶液呈紫红色是强氧化剂。利用它的强氧化能力可作为消毒防腐剂，如 0.05%～0.2%的稀溶液，外用冲洗黏膜、腔道、伤口等；灌洗膀胱或尿道（0.01%～0.02%）；口服稀溶液（1∶1000），可用于有机物中毒时洗胃，在公共场所用作消毒剂。$KMnO_4$ 作为消毒药，它本身在中性溶液中被还原为褐色的 MnO_2，附着在物品上，可用还原剂乙二酸、亚硫酸氢钠等洗去。保存高锰酸钾固体时，勿与有机物、浓硫酸等接触，以免发生爆炸。高锰酸钾水溶液长期放置会有 MnO_2 生成。

（1）分解反应：$KMnO_4$ 晶体在常温下稳定，加热到 200℃以上时，分解放出 O_2，是实验室制备少量氧气的一种简便方法：

$$2KMnO_4 \xrightarrow{\triangle} K_2MnO_4+MnO_2+O_2\uparrow$$

$KMnO_4$ 溶液不稳定，常温下缓慢地分解，生成棕色的 MnO_2 沉淀，并放出 O_2：

$$4MnO_4^- +4H^+ = 4MnO_2\downarrow+3O_2\uparrow+2H_2O$$

在光照射下上述反应加速进行，因此 $KMnO_4$ 溶液应保存在棕色瓶中。

（2）强氧化性：$KMnO_4$ 是强氧化剂，其还原产物与溶液的酸碱性有关。例如，$KMnO_4$ 在酸性、中性和强碱性介质中与 Na_2SO_3 的反应分别为

$$2MnO_4^- + 5SO_3^{2-} + 6H^+ = 2Mn^{2+} + 5SO_4^{2-} + 3H_2O$$

$$2MnO_4^- + 3SO_3^{2-} + H_2O = 2MnO_2\downarrow + 3SO_4^{2-} + 2OH^-$$

$$2MnO_4^- + SO_3^{2-} + 2OH^- = 2MnO_4^{2-} + SO_4^{2-} + H_2O$$

在分析化学中利用高锰酸钾在酸性溶液中能与许多还原性物质，如 Fe^{2+}、$C_2O_4^{2-}$、AsO_4^{3-} 等反应，并可测定其含量。

$$MnO_4^- + 5Fe^{2+} + 8H^+ = Mn^{2+} + 5Fe^{3+} + 4H_2O$$

$$2MnO_4^- + 5C_2O_4^{2-} + 16H^+ = 2Mn^{2+} + 10CO_2\uparrow + 8H_2O$$

链 接

分析化学、药物分析等后续课程中常用到的反应式

$$Cr_2O_7^{2-} + 6I^- + 14H^+ = 2Cr^{3+} + 3I_2 + 7H_2O$$

$$I_2 + 2S_2O_3^{2-} = 2I^- + S_4O_6^{2-}$$

$$2Cu^{2+} + 4I^- = I_2 + 2CuI\downarrow$$

$$Cr_2O_7^{2-} + 6Fe^{2+} + 14H^+ = 2Cr^{3+} + 6Fe^{3+} + 7H_2O$$

$$2MnO_4^- + 5H_2O_2 + 6H^+ = 2Mn^{2+} + 5O_2\uparrow + 8H_2O$$

$$2MnO_4^- + 10Cl^- + 16H^+ = 2Mn^{2+} + 5Cl_2\uparrow + 8H_2O$$

$$Ce^{4+} + Fe^{2+} = Ce^{3+} + Fe^{3+}$$

$$Fe^{3+} + nSCN^- = [Fe(SCN)_n]^{(3-n)}\ (n=1\sim6)$$

$$3[Fe(CN)_6]^{4-} + 4Fe^{3+} = Fe_4[Fe(CN)_6]_3\downarrow$$

$$2MgNH_4PO_4 \xrightarrow{\triangle} Mg_2P_2O_7 + 2NH_3\uparrow + H_2O\uparrow$$

$$Ag^+ + SCN^- = AgSCN\downarrow$$

$$2Ag^+ + CrO_4^{2-} = Ag_2CrO_4\downarrow$$

$$Ca^{2+} + C_2O_4^{2-} = CaC_2O_4\downarrow$$

$$As^{3+} + 3Zn + 3H^+ \longequal AsH_3\uparrow + 3Zn^{2+}$$

$$AsO_3^{3-} + 3Zn + 9H^+ \longequal AsH_3\uparrow + 3Zn^{2+} + 3H_2O$$

$$AsO_4^{3-} + 4Zn + 11H^+ \longequal AsH_3\uparrow + 4Zn^{2+} + 4H_2O$$

考点： 1. 铁、铬、锰过渡金属元素的物理性质和化学性质有哪些？2. 铁、铬、锰重要化合物有哪些及其作用？

第7节 铜、银、汞、锌

一、铜及其化合物

铜（Cu）是ⅠB族元素，也属于过渡金属元素。铜的常见氧化数为+1和+2。

1. 氧化亚铜 Cu_2O 难溶于水。溶液中形成的 Cu_2O 因晶粒大小不同，颜色可由黄、橙黄到棕红。临床医学上用碱性酒石酸钾钠的铜（Ⅱ）盐溶液检查尿糖，就是利用生成 Cu_2O 沉淀的多少来判断尿糖含量。

2. 氧化铜 CuO 是难溶于水的黑色固体，易溶于酸生成相应的盐。

3. 氢氧化铜 $Cu(OH)_2$ 是淡蓝色固体，受热时脱水变为黑色的 CuO。$Cu(OH)_2$ 略显两性，易溶于酸，也能溶于浓的强碱溶液中，生成蓝紫色的 $[Cu(OH)_4]^{2-}$ 配离子。

$$Cu(OH)_2 + 2OH^- \longequal [Cu(OH)_4]^{2-}$$

$Cu(OH)_2$ 溶于氨水，生成深蓝色的 $[Cu(NH_3)_4]^{2+}$ 配离子：

$$Cu(OH)_2 + 4NH_3 \longequal [Cu(NH_3)_4]^{2+} + 2OH^-$$

4. 硫酸铜 $CuSO_4$ 是白色粉末，不溶于乙醇和乙醚，具有很强的吸水性，吸水后得到蓝色的 $CuSO_4\cdot 5H_2O$，俗称胆矾，这一性质常用来检验乙醇和乙醚等有机溶剂中的微量水分，可用作干燥剂，其结构如图 11-2 所示。

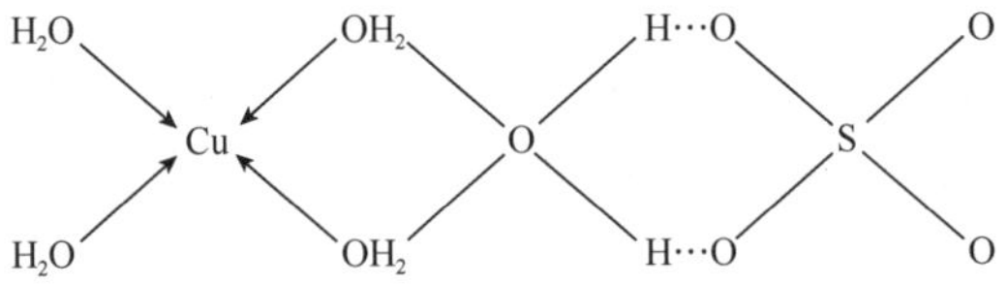

图 11-2 $CuSO_4\cdot 5H_2O$ 结构示意图

硫酸铜对黏膜具有收敛、刺激和腐蚀作用，眼科用于治疗沙眼、结膜炎或创面腐蚀，外用可治疗真菌性皮肤病，内服有催吐作用。

二、银及其化合物

银（Ag）是ⅠB族元素，也属于过渡金属元素。银的常见氧化态为+1。

1. 银（Ⅰ）盐的性质 在仅有的几种可溶性银盐中最常用的是 $AgNO_3$。$AgNO_3$ 遇光易分解。

$$2AgNO_3 \longequal 2Ag\downarrow + 2NO_2\uparrow + O_2\uparrow$$

因此 $AgNO_3$ 应保存在棕色瓶中。

Ag^+ 具有氧化性，能破坏和腐蚀有机组织。医药上用 10%的 $AgNO_3$ 溶液作消毒剂和防腐剂。Ag（Ⅰ）盐的沉淀反应在分析化学中常用于鉴别多种阴离子，如 Ag_2CrO_4（砖红色）、Ag_3AsO_4（棕色）、Ag_3PO_4（黄色）、AgCl（白色）等。

Ag（Ⅰ）盐溶液与碱作用很难得到白色 AgOH 沉淀，生成的 AgOH 极不稳定，立即脱水变成棕黑色的 Ag_2O。

$$2Ag^+ + 2OH^- \longequal Ag_2O\downarrow + H_2O$$

2. 氧化银的性质　氧化银（Ag_2O）呈棕黑色，微溶于水，溶液显碱性。Ag_2O 能溶于 HNO_3 溶液生成 $AgNO_3$，也能溶于氨水生成$[Ag(NH_3)_2]^+$配离子。Ag_2O 具有氧化性，能将 CO 氧化为 CO_2。

$$Ag_2O + CO \longrightarrow 2Ag + CO_2$$

故 Ag_2O 和 MnO_2、Co_2O_3、CuO 的混合物常用于防毒面具中。

三、汞及其化合物

汞（Hg）是ⅡB 族元素，常见氧化数为+1 和+2。

当$Hg(NO_3)_2$溶液与 Hg 作用时，绝大部分 Hg^{2+} 都能转变成 Hg_2^{2+}。

$$Hg^{2+} + Hg \longrightarrow Hg_2^{2+}$$

氯化汞与氨水反应，生成氯化氨基汞白色沉淀；氯化亚汞与氨水反应生成灰黑色的氯化氨基汞和汞。

$$HgCl_2 + 2NH_3 \longrightarrow NH_4Cl + HgNH_2Cl\downarrow$$

$$Hg_2Cl_2 + 2NH_3 \longrightarrow NH_4Cl + Hg\downarrow + HgNH_2Cl\downarrow$$

上述反应可用于鉴定和区分 Hg_2^{2+} 和 Hg^{2+}，还可以用 OH^-、I^-、H_2S 等试剂鉴定和区分 Hg_2^{2+} 和 Hg^{2+}。

1. 硫化汞（HgS）　天然矿物称辰砂或朱砂，暗红色或鲜红色。有光泽、易碎、无臭、无味，难溶于水，也难溶于盐酸或硝酸，而溶于王水。人工合成的朱砂是由汞硫加热升华而成，朱砂有镇静、催眠作用，可治疗惊风、心悸、癫痫等病。外用能抑杀皮肤细菌和寄生虫。

2. 氧化汞（HgO）　也称黄降汞，为黄色至橙黄色无定形的细粉。水溶液中几乎不溶，也不溶于醇，能溶于稀盐酸或稀硝酸。在空气中无变化，遇光颜色渐变，故应置避光容器内密闭保存于暗处。黄降汞杀菌力很强，做成眼药膏治疗睑缘炎、深层角膜炎和巩膜炎等。氧化汞软膏不宜与铁、锌、铜等金属器皿接触，否则会析出游离的汞，调配与储存时应注意。

3. 氯化汞（$HgCl_2$）　能升华，俗称升汞，是白色或白色斜方形的块状晶体，无臭，微溶于水，水中的溶解度为 1 g/13.5 ml，醇中的溶解度为 1 g/1.6 ml，$HgCl_2$ 是弱电解质。加热至 277℃熔化成无色液体，至 300℃沸腾并产生白色的蒸气。氯化汞有强烈的毒性，外用作皮肤与器械的消毒。由于它的毒性，升汞片以及其溶液都着上特殊颜色，以示警惕，储液瓶也应有特殊的标志剧毒，内服 0.2～0.4 g 可致死。在医药上可用作手术器械的消毒剂，也可用作防腐剂。中药称“白降丹”，用于治疗疔毒。

4. 氯化氨基汞（$HgNH_2Cl$）　又称“白降汞”，在医药上可制成软膏，用以治疗疥、癣等皮肤病。

5. 氯化亚汞（Hg_2Cl_2）　俗称甘汞，难溶于水，少剂量时无毒，内服可作轻泻剂，外用治疗慢性溃疡及皮肤病。

四、锌及其化合物

锌（Zn）是周期表中ⅡB 族元素。锌是活泼的两性金属，在空气中表面生成一种致密的氧化物或碱式碳酸盐的膜，使其变得不易被腐蚀。

1. 氧化锌　ZnO 俗称锌氧粉或锌白粉，为白色粉末，不溶于水和醇，是两性氧化物，既溶于酸，又溶于碱。ZnO 无毒，在空气中能慢慢吸收水分和二氧化碳而变为碱式碳酸锌，故应密闭保存。灼热氧化锌时呈黄色，冷却后又变成白色。其是常用药物，制成散剂、糊剂、混悬剂和软膏，具有收敛和杀菌作用，可治疗湿疹、皮炎等皮肤病，也可作白色颜料。

2. 氢氧化锌　$Zn(OH)_2$ 为白色粉末，不溶于水，具有明显的两性。

3. 硫化锌　ZnS 是白色粉末，掺入微量 Ag、Cu、Mn 等离子作激活剂，光照后可发出多种颜色的荧光，常用于制作荧光屏、夜光仪表和电视荧光粉等。

4. 硫酸锌　$Zn(SO_4)_2$ 也称皓矾或锌矾，为无色透明柱状结晶或细针状结晶或颗粒状的结晶粉末；无臭，有金属涩味；在空气中有风化性，极易溶于水，难溶于甘油、醇。外用配制滴眼溶液，利用其收敛性防止沙眼的发展。此滴眼液在中性或弱碱性溶液中，极易生成氢氧化锌或碱式盐的浑浊。因此配制此滴眼液时常加入硼酸作为缓冲剂，并加入氯化钠调成等渗溶液。

链接 过渡金属元素在生物体内的作用

过渡金属元素在生命过程中发挥着重要作用，过渡生物金属元素的代表性生物功能包括以下几方面。

（1）锌的生物功能：人体内约有 18 种含锌金属酶和 14 种锌激活酶。锌酶涉及生命过程各个方面。例如，碳酸酐酶是分子量高达 30000 的锌酶，具有一系列的生物功能，包括光合成、钙化、维持血液 pH、离子输送和 CO_2 交换等。该酶是目前催化效率最高的酶之一。

锌也是合成 DNA、RNA 和蛋白质所必需的，缺乏锌的大白鼠 DNA、RNA 和蛋白质的合成量降低。此外，DNA 合成时的基因活化过程也需要锌。实验还证明锌在加速伤口愈合、视网膜定位、视觉反应中起着重要作用。

（2）铜的生物功能：体内约有 12 种含铜酶。含铜酶具有从铁的利用到皮肤的着色等多种生物学效应，红细胞中的铜 60%以上是以血细胞铜蛋白的形式存在，血细胞铜蛋白也被称为超氧化物歧化酶（SOD）。SOD 有防御氧阴离子自由基的毒性、抗辐射损伤、预防衰老以及防止炎症和肿瘤等重要作用。血浆中的铜大多以血浆铜蓝蛋白的形式存在，其分子量约为 160000 的 α-球蛋白，是一种与铁代谢过程有关的氧化酶。

（3）钼的生物功能：钼在生物生长中的必需性是在 1953 年被证明的。实验发现黄素酶（黄嘌呤氧化酶）是含钼的金属酶，其活性受钼支配。此外，生物体内的醛氧化酶、硝酸盐还原酶、亚硫酸氧化酶、固氮酶等都是含钼的金属酶。

（4）钴的生物功能：钴是人体必需的微量元素。钴的生物功能主要是维生素 B_{12} 系列辅酶中的作用。它是重要的含钴生物配位化合物，在生物体内的功能实际上是通过辅酶 B_{12} 参与碳的代谢作用，促进核酸和蛋白质合成、叶酸储存、硫醇活化、骨磷脂形成，促进红细胞发育与成熟。因此，维生素 B_{12} 能有效地治疗恶性贫血。

钴离子也是某些酶必需的辅因子，但只发现其中的甘氨酰甘氨酸二肽酶存在于动物体内。

考点： 1. 铁、铬、锰重要化合物有哪些及其在药物上的作用？2. 铜、银、汞、锌过渡金属元素的物理性质和化学性质有哪些？

自测题

一、选择题

（一）单项选择题

1. 在酸性介质中氧化能力最强的是（　　）。
   A. $KMnO_4$　　B. K_2MnO_4
   C. $K_2Cr_2O_7$　　D. K_2CrO_4
   E. I_2
2. 下列元素金属性最强的是（　　）。
   A. 钠　　B. 镁
   C. 钾　　D. 钙
   E. 钡
3. 碱金属和碱土金属都不具有的性质是（　　）。
   A. 与碱反应　　B. 与酸反应
   C. 与水剧烈反应　　D. 与还原剂反应
   E. 与强氧化剂反应
4. 下列物质中与 Cl_2 作用能生成漂白粉的是（　　）。
   A. $CaCO_3$　　B. $Ca(OH)_2$
   C. $Mg(OH)_2$　　D. $CaSO_4$
   E. $CaCl_2$
5. 下列碳酸盐或碳酸氢盐中不溶于水的是（　　）。
   A. NH_4HCO_3　　B. $(NH_4)_2CO_3$
   C. K_2CO_3　　D. $CaCO_3$
   E. $CaCl_2$
6. 下列物质中，热稳定性最高的是（　　）。
   A. $Ca(HCO_3)_2$　　B. Ag_2CO_3
   C. NH_4HCO_3　　D. $CaCO_3$
   E. Na_2CO_3
7. 下列物质中，在水中溶解度最小的是（　　）。
   A. $CaSO_4$　　B. $CaCl_2$

C. $Ca(OH)_2$　　D. CaC_2O_4
E. K_2CO_3

8. 下列物质具有漂白作用的是（　　）。
A. 次氯酸钠　　B. 过氧化钠
C. 亚硫酸钠　　D. 氢氧化钠
E. 碳酸钠

9. 最适合大量储运浓硫酸和浓硝酸的容器是（　　）。
A. 玻璃　　B. 铁和铝
C. 铜和铁　　D. 玻璃和塑料
E. 陶瓷

10. 下列反应中，Na_2O_2 只表现出氧化性的是（　　）。
A. $Na_2O_2 + MnO_2 = Na_2MnO_4$
B. $2Na_2O_2 + 2H_2O = 4NaOH + O_2\uparrow$
C. $2Na_2O_2 + 2H_2SO_4 = 2Na_2SO_4 + 2H_2O + O_2\uparrow$
D. $2Na_2O_2 + 2CO_2 = 2Na_2CO_3 + O_2\uparrow$
E. 无法判断

11. 把过量的小苏打与过氧化钠混合后加热，最后留下的固体物质为（　　）。
A. NaOH 和 Na_2CO_3　　B. Na_2CO_3
C. Na_2O_2 和 Na_2CO_3　　D. Na_2O 和 Na_2O_2
E. Na_2CO_3和Na_2O

12. 下列离子中加入强碱或强酸均可使其浓度降低的是（　　）。
A. Al^{3+}　　B. AlO_2^-
C. CO_3^{2-}　　D. $H_2PO_4^-$
E. NH_4^+

13. 下列离子不能跟 NH_3 形成配合物的是（　　）。
A. Mg^{2+}　　B. Cu^{2+}
C. Zn^{2+}　　D. Ag^+
E. Co^{3+}

14. 在 $FeSO_4$ 溶液中，混有 $Fe_2(SO_4)_3$ 和 $CuSO_4$ 杂质，除去这些杂质的简便方法是加入（　　）。
A. NaOH　　B. $BaCl_2$
C. 铁粉　　D. 锌粒
E. 铜粉

15. 下列离子在水中最不稳定的是（　　）。
A. Cu^{2+}　　B. Hg_2^{2+}
C. Na^+　　D. Hg^{2+}
E. Cu^+

（二）多项选择题

1. 下列化学药品在实验室常作氧化剂的是（　　）。
A. 高锰酸钾　　B. 重铬酸钾
C. 硫酸铜　　D. 过氧化氢
E. 活泼金属

2. 对于 Na_2CO_3 和 $NaHCO_3$ 的叙述，正确的是（　　）。
A. 都是强碱弱酸盐　　B. 水溶液都显碱性
C. 不能组成缓冲溶液　　D. 都易分解
E. 能相互转化

3. 下列化合物具有两性的是（　　）。
A. $Al(OH)_3$　　B. $Ba(OH)_2$
C. $Cr(OH)_3$　　D. $Ca(OH)_2$
E. $Zn(OH)_2$

4. 下列反应中有电子的转移同时溶液的颜色又发生改变的是（　　）。
A. $FeCl_3$ 溶液中加入 Zn 粉
B. NaOH 溶液中加入铝片
C. $FeCl_3$ 溶液中滴入 NaOH 溶液
D. 铁片放入 $CuSO_4$ 溶液中
E.稀硫酸中加入锌粒

5. 下列有关钠的性质的叙述中错误的是（　　）。
A. Na 有强还原性，Na^+有强氧化性
B. 钠很软，熔点低于 100℃
C. 钠在焰色反应时，火焰显黄色
D. 电解熔融氯化钠时，Na^+被还原成 Na
E. 电解熔融氯化钠时，Na^+被氧化成 Na

6. 在水溶液中可以相互发生反应的各组物质有（　　）。
A. Hg 与 Hg^{2+}　　B. Fe 与 Fe^{3+}
C. Al 与 Al^{3+}　　D. Zn 与 Zn^{2+}
E. Cu 与 Cu^{2+}

7. 下列干燥的物质不能与 CO_2 反应的是（　　）。
A. KOH　　B. Hg_2^{2+}
C. K_2CO_3　　D. $KHCO_3$
E. Na_2CO_3

8. 下列反应中，所加试剂即使过量，也会有沉淀产生的是（　　）。
A. 氯化铁溶液中加入浓氨水
B. 硝酸银溶液中加入氨水
C. 偏铝酸钠溶液中加入硫酸
D. 明矾溶液中加入浓氨水
E. 石灰水中通入二氧化碳

9. 下列反应或叙述中，属于铁的性质的是（　　）。
A. $Fe + CuSO_4 = FeSO_4 + Cu$
B. $Fe + 2HCl = FeCl_2 + H_2\uparrow$
C. 铁遇浓硫酸及浓硝酸产生钝化现象，用钢或铁制容器储运浓硫酸和浓硝酸
D. 制造印刷线路板时，常用氯化铁溶液来除去铜板上多余的部分
E. 铁盐溶液遇到无色 KSCN 溶液变红色，利用这一反应可以检验 Fe^{3+} 的存在

10. 下列关于氢氧化铝叙述正确的是（　　）。
A. 氢氧化铝是两性氢氧化物
B. 氢氧化铝是一种不溶于水的白色胶状物质
C. 氢氧化铝既能溶于强碱、氨水，又能溶于盐酸
D. 氢氧化铝能凝聚水中的悬浮物，并能吸附色素
E. 氢氧化铝在医药上可用作抗酸药物

二、简答题

1. 为什么可用过氧化钠作为潜水密封舱中的供氧剂？写

出有关的反应方程式。

2. 为什么在水溶液中 Fe^{3+}和 KI 反应得不到 FeI_3？
3. $KMnO_4$溶液为什么保存在棕色试剂瓶内？
4. 因为苛性钠吸湿性很强，所以苛性钠可用作 Cl_2 、CO_2 等气体的干燥剂，此种说法是否正确？为什么？
5. 石膏模型、粉笔和医疗用石膏绷带是根据什么原理制造的？

三、解释下列实验现象

1. 向黄色的 $BaCrO_4$沉淀中加入浓盐酸溶液得到绿色溶液。
2. 向 $K_2Cr_2O_7$溶液中加入 Pb^{2+}，生成黄色的 $PbCrO_4$沉淀。
3. 向黄色的 K_2CrO_4溶液中加入适量的 HNO_3，溶液变为橙红色。

四、综合题

1. 何为暂时硬水和永久硬水？工业上常用哪些方法软化硬水？
2. 氢氧化铝不溶于水，但它能溶于强酸溶液或强碱溶液，为什么？
3. 铁和铝均为较活泼金属，但工业生产中常使用铁制或铝制容器储运浓硫酸和浓硝酸，为什么？

（姜　斌）

第12章

生物无机化学基本知识

狭义上，人们把绝大多数含碳化合物称为有机化合物，而把其他的化合物称为无机化合物。无机化学是研究除有机化合物外各元素及其化合物的组成、结构及性质的一门学科。一般认为无机化学与生物学或生命科学关系不大。近年来，随着人们对健康认知的提高以及近代物理实验仪器和分析测试技术的发展和应用，发现许多生命过程都与过去认为"没有生命"的无机元素有关。这些元素不仅对组成生物大分子的结构至关重要，而且还广泛参与到各种生命代谢过程中。这些无机元素在生物体内的存在状态和生理功能已成为生物学家和无机化学家甚至医学专家们比较感兴趣的研究方向。目前已逐渐发展成一门新兴学科——生物无机化学（bioinorganic chemistry）。

生物无机化学也称无机生物化学或生物配位化学，是由无机化学、生物学和医学等学科相互渗透而发展起来的一门交叉学科。生物无机化学从20世纪50年代到60年代开始酝酿并逐步发展，其重点研究无机元素在生物体内的存在形式、结构性质、生物活性之间的关系以及在生命环境内参与各种反应的机理。生物无机化学作为一门新型边缘学科，虽然形成的时间不长，但其研究所涉及的内容比较广泛，适用性较强。本章主要介绍生物无机化学的基础知识，使学生们对生物无机化学这个领域有个初步了解，为后续的学习和工作做铺垫。

第1节 生物元素

生物元素（biological element）是生物体的重要组成部分，是维持生物体正常生理功能（生长、发育、繁殖）的重要元素。例如，生物体内广泛参与生命活动的水、蛋白质、糖类、氨基酸和脂类等化合物都是由碳、氢、氧、氮、磷、硫等元素组成，这些元素在体内是以有机化合物的形式存在，称为生物非金属元素。同时生物体体液内含有钾、钠、钙、镁等离子；骨骼中含有钙、镁等离子；各种酶、辅酶、结合蛋白辅基中含有的铁、铜、锌、钴等离子都称为生物金属元素。生物非金属元素和生物金属元素统称为生物元素。不同生物体内，组成生物体的元素种类大致相同，但含量存在差异，说明不同生物之间既有统一性，又存在差异性。例如，人体和植物苜蓿中存在的许多生物元素都是相同的，但其中的含量又存在差异。

一、生物元素的分类

按照元素在人体内的生物作用和功能的差异，可将生物元素分为必需元素、有益元素、有害元素。

（一）必需元素

参与构成人体和维持机体正常生理功能的元素称为人体必需元素。它们的缺乏可能导致人体组织出现严重、不可逆的损伤。必需元素需满足以下几点：①元素存在于健康组织之中，并与一定的生理功能相关；②在各机体组织中具有一定的浓度范围；③如果从机体中排除这些元素会造成机体组织在生理或结构上的变异（或称病变），而引入这些元素则变异消失或可以预防变异的发生。

根据必需元素在人体中含量又可分为以下类型。

1. 宏量元素 C、H、O、N、P、S，是构成人体各种细胞、体液、组织和器官的主要元素，其含量十分丰富。

2. 常量元素 K、Na、Mg、Ca、Cl，主要以离子形式存在于体液和组织中。

宏量元素和常量元素这 11 种元素就占到了人体总质量的 99.95%，有时也称它们为生命结构元素。表 12-1 列出了人体的主要元素的组成。

表 12-1 体重 70kg 人的元素平均含量

元素	含量/（g/人）	元素	含量/（g/人）	元素	含量/（g/人）
C	12590	K	250	Mn	<1
H	6580	Na	70	Mo	<1
O	43550	Mg	42	Co	<1
N	1815	Ca	1700	Cu	<1
P	680	Cl	115	Ni	<1
S	100	Fe	6	I	<1
		Zn	1～2		

3. **微量元素** Fe、Zn、Cu、Mn、Mo、Ni、I、Si、V、F、Cr、Co、Al、Cd、Se、Sn、As 等元素仅占人体总量的 0.05%，称为微量元素，其中有些元素含量为极微量，也称为痕量元素。微量元素在体内的含量虽少，但它们在维护和促进人体健康方面的作用却十分重要。

（二）有益元素

有益元素也称辅助营养元素。B、F、Si、V、Cr、Ni、Se、Br、Sn 等元素属于有益元素。人体缺乏这些元素时生命虽然可以维持，但不能认为是健康的。

（三）有害元素

有害元素也称污染元素或有毒元素。有害元素的存在会阻碍正常的生理过程，有毒害人体的作用。目前已经明确的有害元素有 Pb、AS、Hg、Be、Cd（表 12-2）。

表 12-2 有害元素对人体的危害

元素	危害	最小致死量/（$\times10^{-4}$%）
Pb	贫血，损伤肾脏和神经	50
As	损害肝脏，肾脏和神经，致癌	40
Hg	脑炎，损害中枢神经和肾脏，易致癌	16
Be	全身性毒物，致癌	4
Se	慢性关节炎，浮肿	3.5
Cd	肾炎，胃痛，高血压，肺气肿，致癌，骨骼疏松	0.3～0.6

随着工业的发展，环境污染的日益加重，有害元素通过大气、食物、水等途径进入人体并在体内逐渐累积，进而对人体产生极大的伤害。血液中铅、铬和汞等有毒元素即使浓度较低，对人体也有着较大的毒害作用。因此我们一方面要改善生态环境，进行自己保护，防止有害元素进入人体；另一方面研究一些药物把有毒元素清除出体外。

生物元素除了上面提到的三种类型外，还有一类元素，这类元素对机体既没有明显的有益作用，也没有明显的伤害作用，这类元素称为中性元素，其机理目前尚不确定。

考点：1. 熟悉生物元素的定义和分类；2. 了解几种常见的有害元素

二、最适营养浓度定律

科学工作者通过研究环境元素和生命元素的关系，了解到生物体为适应生存环境不断进化的过程中，已逐渐形成一套摄入、排泄和适应这些元素的保护机制。

元素是如何被选择的？这是一个尚未完全解决的问题，但在生物演化过程中，总结了一些生物体对元素选择的规律。①丰度规则：当生物的功能可以从几种可用元素中选择其中一种去实现时，生物会选择在自然界存在较丰富的那种元素。②有效性规则：生物会选择更加有效的化合物加以利用。

③最适营养浓度规则：也就是最适营养浓度定律。

生物元素在生物体内会受到机体代谢的调节和控制。当摄入量不足时，会因营养元素缺乏导致疾病；但摄入量过多时，也会因元素过量集聚引发急、慢性中毒。法国科学家伯特兰（Bertrand）在研究锰对植物生长的影响后指出：植物缺少某种元素时就不能成活。即当元素适量时，植物就茁壮成长；而元素过量时对植物又是有害的。这就是最适营养浓度定律。大量研究表明，最适定律不仅适合于植物，也适用于一切生物包括人类（图 12-1）。

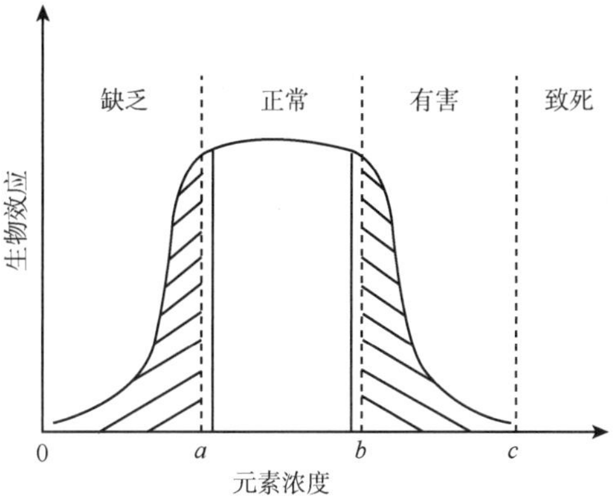

图 12-1 元素最适营养浓度定律示意图

最适营养浓度定律阐明了生物效应与元素浓度之间的关系。当元素浓度在 0～a 范围时，表明生物对该元素缺乏，此时生物效应处于低级状态。在此范围内随着元素浓度的增加，生物效应也在逐渐升高。当元素浓度在 a～b 范围时，生物效应达到一个最佳平台，这个范围的元素浓度就是最适营养浓度，元素不同最适营养浓度平台的浓度和宽度也不同，b/a 值越大，表明此元素最适浓度范围越广，元素的毒性较小。在 b～c 浓度范围内，随着元素浓度的降低，生物效应不断下降，当浓度降到一定量并维持一定时间，就会出现生物中毒甚至死亡的现象。

从最适宜浓度定律可以看出，每一种元素在生物体内都有一个最佳浓度范围，当元素浓度超过一定界限后，就可能变成潜在的有害元素。例如，铁是人体必需元素，对氧分子的运输、电子传递有着十分重要的作用。若铁元素的供应或吸收不足，满足不了血红蛋白合成的需要，就会导致缺铁性贫血的发生；反之，若大量补充铁元素或者过量输血，又会形成过量的血红蛋白，导致铁元素吸收过量，过量的铁在体内聚集无法排出体外时，会催化产生活性氧自由基，使人体组织遭受损伤。一些必需生命元素异常对人体的影响见表 12-3。

表 12-3 生物元素的主要生理功能和对人体的影响

生物元素	功能	不足的症状	过量的症状	摄入来源
Fe	储存、输送氧、参与多种新陈代谢	缺铁性贫血、乏力、龋齿	发育迟缓、免疫力低下、肝硬化、铁尘	肝、肉、蛋，水果、绿叶蔬菜
Zn	参与新陈代谢，控制代谢的酶的活性部位	侏儒症、皮肤病、贫血、早衰、高血压	头昏、呕吐、腹泻、皮肤病、胃癌	肉、蛋、奶、谷物
Cu	是血浆蛋白和多种酶的重要成分，解毒作用	低蛋白血症、贫血、冠心病、皮肤白化	类风湿性关节炎、肝硬化、精神病	干果、坚果、肝、茶、肝
Ca	传递神经脉冲、触发肌肉收缩、释放激素、血液的凝结和心率调节	软骨畸形、痉挛	胆结石、动脉粥样硬化	动物性食物
Mg	在蛋白质生物合成中必不可少	惊厥	麻木症	日常饮食
Co	组成维生素 B_{12} 的核心	贫血、心血管病	心脏病，红细胞增多	肝、瘦肉、奶、蛋、鱼
F	抑制糖类转化成腐酸酶，是骨骼和牙齿生长的必需元素	龋齿	斑釉齿、骨骼生长异常、严重导致瘫痪	饮用水、茶叶、鱼等
Se	正常肝功能必需酶的活性部位	心血管病、克山病、肝病、诱发癌症	头痛、精神错乱、肌肉萎缩、过量致命	日常饮食、井水
I	合成甲状腺原料	甲状腺肿大、克汀病	甲状腺肿大、疲倦	海产品、肉、奶、蛋、水果
Mn	多种酶的活性部位	营养不良、软骨畸形	头痛、昏睡、精神病、功能失调	干果、粗粮、板栗、菌类、核桃仁等
Cr	铬（Ⅲ）调节血糖代谢，使胰岛素发挥正常功能	糖尿病、动脉粥样硬化、心血管病	肺癌、鼻膜穿孔	各种动物肉和内脏
Mo	与染色体有关酶的活性部位	龋齿、肾结石、营养不良	痛风、骨多孔症	豌豆、酵母、肝、谷物

元素对生命体的有益与有害，并不是绝对的。元素在体内的生理作用，不仅与元素在体内的含量

有关，有时还与元素所处的状态有关。例如，铬（Ⅵ）对人体有害，而铬（Ⅲ）却是人体必需的。此外，从生物的演化过程来看，有益与有害也是相对的。在自然界的发展进化过程中，有着适者生存的自然规律，生物体为了适应环境，体内的组织、结构、含量等也在发生一系列的变化。例如，氧对原始生物是有害的，原始生物逐步演化成今天的生物，氧成了必需的物质。可以设想，生物为了适应有些有毒物质并能生存下来，在演变过程可能会发生某种变异。这种变异可能是某些组织结构的变化，也可能是建立了某种解毒机制。生物体把这种变异遗传给后代，这样经过许多个世纪，某些有毒物质就变成生物体能够耐受或必需的物质了。

考点：1. 生物体对元素选择的规律？2. 什么是最适营养浓度定律？

三、生物金属元素的主要存在形式

绝大多数生物金属元素在生物体内并不是以自由离子的形式存在，而是与生物体内一些具有生物功能的配体（也称生物配体）结合形成生物金属配合物。生物金属配合物在机体中按其生物配体和功能的不同，主要可分为金属蛋白类配合物、核苷酸类配合物、卟啉类配合物以及离子载体。

（一）金属蛋白类配合物

氨基酸（$H_2N—CHR—COOH$）是构成蛋白质的基本单元，氨基酸相互作用可以形成以肽键结合的肽链，蛋白质是由两条或多条肽链按一定形式聚合成的具有一定空间构型的聚合体。氨基酸、肽和蛋白质都是许多金属离子的天然配体。以α-氨基酸来说最常见的是作为双齿配体，α-碳上以氨基和羧基作为配位基团，与金属离子形成具有五元环结构的稳定配合物；肽与金属离子配位时，除末端氨基、羧基和氨基酸残基侧链的基团外，肽键中的羧基和亚氨基也参与配位。金属离子和肽形成的配合物结构较为复杂。氨基酸缩合成蛋白质时，肽链需要经过特定形式的折叠形成高级结构，蛋白质才能发挥其生物功能，在蛋白质分子中存在大小不同的空穴，其中金属离子可以与不同的氨基酸残基进行配位。

（二）核苷酸类配合物

核酸是生物的遗传物质。核酸是由许多单核苷酸组成的，而单核苷酸是由杂环碱（嘌呤碱或嘧啶碱）、戊糖（核糖与脱氧核糖）和磷酸组成。核酸和核苷酸都可与生物金属元素形成配合物。核苷酸作为配体时碱基、戊糖和磷酸基都能与金属离子进行配位，一般情况下碱基与金属离子的配位能力最强，戊糖的羟基最弱。核酸与金属离子的配位情况类似于单核苷酸。许多金属离子都可以和核苷酸相作用，其中最重要的是 Ca^{2+}、Mg^{2+}。

（三）卟啉类配合物

卟啉类配合物是重要的生物配体，卟啉环中四个 N 原子可与 Fe^{2+}、Co^{2+}、Mg^{2+}、Cu^{2+}等形成配合物。例如，血红蛋白的中心部分血红素是亚铁离子，以卟啉环为配合剂而形成网络状配合物，结构见图 12-2。

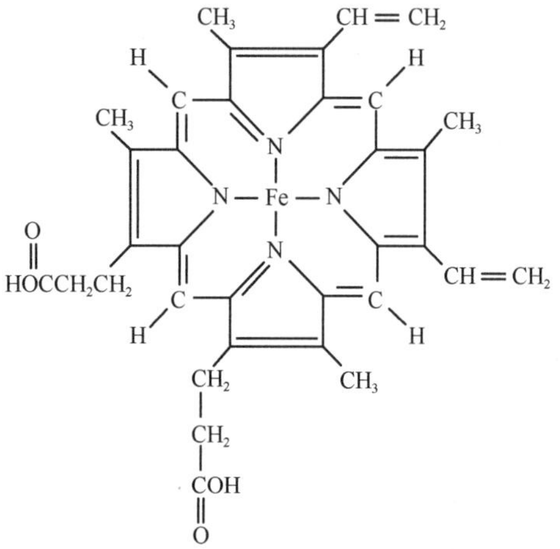

图 12-2　亚铁血红素结构

（四）离子载体

生物体内各种金属离子在其通过细胞膜时，均有各自的运送方式。细胞膜上存在一些分子量中等的化合物，它们能与某种特定金属形成脂溶性的配合物将离子载入到细胞中，这类物质称为离子载体。目前研究得比较多的是 K^+、Na^+、Ca^{2+}的离子载体，从结构上分为环状和链状两大类。K^+和 Na^+是体液的重要组成部分，这种特殊的形式使它们特异性地分布在细胞内外液中，对维持细胞内外液的容量和渗透压，调节体液酸碱平衡起着重要作用。

考点：生物金属元素的主要存在形式有哪些？

四、生物元素的生理功能

人体必需元素具有参与组成机体各种组织器官并维持机体正常生理功能的作用。

（一）构成生物有机体

生物元素最主要的功能是构成生物有机体。生物体内的蛋白质、核酸、糖等生物大分子主要由C、H、O、N、S和P等元素组成。其中仅H元素和O元素组成的H_2O的量就占到了人体体重的65%。无机结构元素Ca、Si、P以及少量的Mg和生物小分子结合形成难溶无机化合物存在于硬组织中。

（二）维持生物体正常生理功能

生物体内有着强大有序的控制系统，精准地调节着生物体内各物质和能量的转换，其中包括各种金属离子的动向，而金属离子又能精确地调节各种生物化学反应（简称生化反应）的发生，并在生物代谢过程中发挥如下功能。

1. 输送作用 生物体在生命活动过程中，所需要的能量是通过营养物质的氧化反应产生的。物质代谢过程中的氧气和电子需通过某些载体输送，铁蛋白就是具有这种输送功能的载体。正常人体体内几乎所有组织都含有铁元素，这些含铁蛋白在人体内发挥十分重要的作用。①血红蛋白在体内起着载氧和运氧作用，肌红蛋白具有储氧作用；②细胞色素C中的铁（Ⅱ）和铁（Ⅲ）间的互相变化，具有输送电子的作用；③运铁蛋白和铁蛋白起着转运、储存和调节铁的吸收平衡的作用。

2. 催化作用 生物体内许多复杂的生化反应都需要生物酶催化作用。在已知的1300多种生物酶中，约有1/3的酶涉及金属元素，必须有金属元素参与或金属离子作为酶的激活剂才能发挥作用。目前发现仅仅含锌的酶就有好几百种，它们参与氨基酸、肽和蛋白质及核酸的合成与降解；Mg^{2+}是许多酶的激活剂；铜的缺乏会影响酪氨酸酶的活性，导致由酪氨酸转变成黑色素的过程变得减缓或停止。因此，缺铜会引发白癜风的发生。

3. 参与激素的作用 激素是肌体代谢、生长、发育和繁殖过程中不可缺少的物质，一些元素在激素形成或协助激素发挥生物作用的过程中发挥着重要作用。例如，铬（Ⅲ）在胰岛素参与糖代谢的过程中起重要的协助作用；碘是甲状腺素形成的必需元素；钴在人体内含量很少，一般仅含有1.1～1.5mg，但它对铁的代谢、血红素的合成、红细胞的发育成熟有着重要作用；钴作为维生素B_{12}的主要成分，有着高效生血的作用。近年来有人认为，心血管疾病与钴的含量有关，病情越严重者发现体内钴的含量越少。

4. 调节作用 一些金属元素在高等动物复杂的神经传导中，具有传递生物信息、调节肌肉收缩、调节体液物理化学性质（如调节体液的渗透压、维持水、电解质平衡和酸碱平衡等）的作用。微量元素影响着蛋白质和核酸的形成和代谢，对生物的遗传物质有很大的贡献。碱金属和碱土金属在生物体内具有调节作用，离子流可通过细胞膜和各种界面传递信息。在细胞膜两边，Na^+和K^+的浓度梯度是膜电位的主要来源，这种膜电位对神经传递信号起着支配作用。Ca^{2+}对肌肉收缩、调节心律和血液凝固等都有影响。

考点：生物元素的主要生理功能

第2节 金属酶

一、基本概念

人体维持正常的生命活动必须不断进行新陈代谢，新陈代谢过程包含各种各样的化学物质和化学反应。这些化学反应在体外通常需要在高温、高压、强酸、强碱等条件下才能发生，有些甚至根本无法进行。但在生物体内，存在一类高效、特异的生物催化剂（biocatalyst），也称为酶（enzyme）。在各种酶的作用下，这些复杂的化学反应可以在极为温和的条件下高效和特异地进行。酶不仅具有惊人的高效催化效率，同时也具有高度的专一性。

（一）金属蛋白和金属酶

蛋白质是动植物细胞中最重要的有机物质之一，其结构极为复杂，在生命过程中起着十分重要的作用。其中有一部分蛋白质必须在金属离子参与下才能发挥正常的生理功能，这部分的蛋白质称为金属蛋白质，也称金属蛋白。酶也是一类蛋白质。有一部分酶需要金属离子或者酶本身不含金属但必须有金属离子的存在下酶才能具有活性，这类酶称为金属酶。金属酶属于金属蛋白的范畴，但又不等同于金属蛋白，因为有一部分的金属蛋白在生物体内没有催化作用，是营养物质的载体。

（二）金属酶的分类

根据金属离子或原子与蛋白结合的稳定程度的不同金属酶分为金属蛋白酶和金属激活酶两大类。在金属蛋白酶中，金属离子或原子通常作为活性中心与蛋白质的结合比较牢固。而在金属激活酶中，金属离子或原子与蛋白质结合比较松散。金属激活酶是指需要添加金属离子或金属配位化合物才能具有活性的酶，这样的金属离子或金属配合物又称为辅酶（coenzyme），其中的金属离子是酶活性的激活剂，如果这些金属离子发生解离会丧失酶的活性。

考点：1. 什么是金属蛋白和金属酶？2. 金属蛋白酶和金属激活酶的区别和联系是什么？

二、常见金属酶

随着对生物元素研究工作的深入，生物体内的金属酶被发现的种类越来越多，它们在生物体内承担着各种重要的生理功能。下面介绍几种主要的金属酶。

1. 铁蛋白酶 铁是人体需要量最多的微量元素。铁的主要生理作用是构成血红素，在生物体内承担着：运载储存氧气、参与细胞色素合成、调节组织呼吸和能量代谢、增强机体的免疫力等作用。如果铁供给不足，血红蛋白的合成就会受到影响，导致贫血，医学上称为营养性缺铁性贫血。过氧化氢酶也是一种含铁酶，属于血红蛋白酶，它能催化过氧化氢分解为水和分子氧，并具有传递电子的作用。

2. 锌蛋白酶 生物体内锌的重要性仅次于铁。锌在生物体内几乎都是以 Zn^{2+}的形式存在。含锌金属蛋白酶是分布广泛、种类繁多的水解酶家族，可以参与细胞内多种物质的调控活动。锌的生理作用主要是某些酶的组成、活化剂，参与生长素的代谢、促进蛋白质代谢等。

碳酸酐酶是 1940 年发现的第一个锌酶，也是最重要的锌酶。碳酸酐酶是红细胞的主要蛋白质成分之一，在红细胞中的地位仅次于血红蛋白。碳酸酐酶最重要的生理功能是催化二氧化碳的水合作用。在人和动物体内，由碳酸酐酶催化 CO_2 水合生成 HCO_3^-，当 HCO_3^- 随血液循环到肺泡后，又由碳酸酐酶催化使它分解为 CO_2 排出体外，从而调节人体酸碱平衡。碳酸酐酶除了选择性地识别 CO_2 和 HCO_3^- 作为催化底物和产物，对一般的磷酸酯的水解反应也都有作用。

3. 铜蛋白酶 在生物体内的微量金属元素中铜的含量仅次于铁和锌。铜是心脏中铜蛋白酶、单胺氧化酶、细胞色素 C 氧化酶的组成成分，对保护心脏和血管有十分重要的作用。其主要参与生命过程中的氧的运输、电子传递、氧化还原、加氧反应等。

4. 钼蛋白酶 钼是必需元素中唯一的第二长周期的过渡金属元素。钼酶广泛地分布于微生物直至高等动物中。钼容易发生价态变化，因此钼酶大部分是作为氧化还原酶，参与生物体内的电子传递。由于钼酶相对分子质量较大，纯化难度大，存在状态比较复杂，因此对许多钼酶的了解还不深入。目前研究比较多且最有意义的是固氮酶。

5. 锰蛋白酶 生物体内含锰酶较少，但在金属激活酶中，锰离子形成活化因子的例子很多。主要以丙酮酸羧化酶和超氧化物歧化酶两种锰蛋白酶的形式存在。丙酮酸羧化酶是糖异生的关键酶，结合于活性中心的锰能吸引丙酮酸甲基的电子，促进甲基接受二氧化碳而羧化。超氧化物歧化酶可消除超氧基，防止超氧基及其引起的自由基链式反应对膜脂类等的损害。

6. 钴蛋白酶 生物体内的钴酶极少，现在已知的仅有转移羧化酶，以及由镰刀菌分离出来的脂肪氧合成酶等。尽管钴金属酶不多，但其他的金属酶用钴取代后，这些金属酶也不会失去活性。研究表明，生物体内的有些金属激活酶需要钴离子激活。

第3节 生物矿化和矿物药

一、生物矿化

（一）生物矿化的概念

生物矿化（biomineralization），是指生物体在特定的环境和条件下通过生物大分子的调控作用，将溶液中的某些离子在生物体特定的部位形成无机矿物的过程。这些生物体内的无机矿物也称生物矿物（biomineral），主要构成牙齿、骨骼、贝壳等硬组织。生物矿物包含方解石、硅石和羟基磷灰石等无机矿物。虽然生物矿物的组成和结晶与天然矿物相似。但这些生物矿物只有结合在硬组织中，才表现出特殊的理化性质和生物功能。

生物矿化的方式可分为两种：一种是生物体代谢产物直接与细胞内或外的阳离子形成矿物质，如某些藻类的细胞间文石；另一种是代谢产物在细胞干预下，在胞外基质的指导下形成生物矿物。

生物矿化分为生物控制矿化和生物诱导矿化。生物控制矿化是指生物在不受外界环境影响的条件下，通过生理调节来控制矿物沉积的过程。这种矿化受生物细胞控制，形成的矿物结晶形状一致、大小均匀、排列规则。生物诱导矿化是指生物的生命活动与周围环境相互作用而引起的矿化过程。这种矿化作用由于不在严格的生物细胞控制之下，其形成的矿物类型由环境条件决定。此类矿化作用在原核生物和真菌中比较常见。控制矿化和诱导矿化之间存在一系列的过渡形式，两种作用可发生在同一生物体中，甚至同一组织中。在一定部位，并按一定的组成、结构和程度进行生物矿化是正常矿化。而发生在不应形成矿物的部位，或者矿化过度及不足的生物矿化称为异常矿化，也称病理矿化。两者的差别在于正常的生物矿化是受控过程，而病理矿化是失控的结果。病理矿化又有两类：一类是异位矿化，发生在生物体内不应形成矿物的部位，如结核病灶愈合后的钙化、尿道结石、胆结石等各种结石；另一类是矿化过度或不足，如牙石、佝偻病等。

（二）生物矿化的特点

生物矿化不同于自然界无机晶体的形成，它是在特殊的反应介质中并在细胞的参与下进行的。基质对生物矿化过程的调控，通过生物大分子和无机离子在界面处的相互作用，在分子水平上控制无机矿物的成核、生长和微组装。生物矿化过程具有以下特点。

（1）生物矿化出现在特定的区域或微环境中，其晶体只能在特定位置上成核并生长。

（2）生物矿物具有特定的微晶形态，包括晶体形状、尺寸和晶体取向。

（3）宏观的生长伴随着大量亚单元的组装和堆积，形成一种特殊的复合材料以及提供组织进一步生长和修复所需条件。

由于生物矿化的以上特点，硬组织中的生物矿物与天然无机矿物存在以下差异。

（1）生物矿物在结构上是高度有序的。

（2）生物矿物在有机基质中形成又被包埋在有机基质之中。

（3）生物矿物不仅参与钙化-脱钙平衡，还参与细胞活动。

（4）生物矿物既是在生物体代谢过程中形成的，同时又参与机体的代谢过程。

（三）天然生物矿物的种类

根据所含金属元素的不同，存在于硬组织中的生物矿物可分为磷酸钙类、碳酸钙类、硅石类、氧化铁类。其中最具有代表性的是钙的磷酸盐类，主要构成脊椎动物的内骨骼和牙齿。其中牙齿中羟基磷灰石[$Ca_{10}(PO_4)_6(OH)_2$]含量就高达97%。

（四）生物矿化的基质

所有硬组织都是由生物矿物和有机基质两部分组成，生物矿物被有序地包裹在有机基质中。有机基质主要有胶原蛋白和磷蛋白组成。胶原蛋白是牙和骨的主要基质，它是一类呈纤维状的糖蛋白。胶原蛋白上的糖羟基可与Ca^{2+}结合，这种结合引起胶原蛋白的结构变化及胶原纤维间的交联而呈现难溶性，形成硬组织的支撑骨架。磷蛋白分子中的磷酸基，对 Ca^{2+}有特殊的亲和力。每个磷蛋白分子可结合几百个 Ca^{2+}，使这些钙离子在分子中按磷酸基而定位。磷酸基结合 Ca^{2+}，提供了羟基磷灰石晶核的成核点，即无机盐在体内结晶形成的生长点。基质根据其功能的不同可分为载体基质、矿化基质和调控基质三类。

（五）生物矿化的应用

生物矿化是一个复杂的动态的过程，受到生物有机基质、晶体自身生长机制，以及外界环境等各方面的综合调控。目前根据生物矿化的形成机理而建立的仿生矿化模型的研究为在有机组分内合成无机材料提供了可能，如矿化胶原的骨移植材料、纳米自组装功能材料等。如今，生物矿化原理和病理矿化的研究已深入到分子、原子水平。在多年研究有机基质控制矿化的基础上，人们已提取到与矿化相关的蛋白质，并到细胞和基因中去寻找其中的关联性。

考点：1. 什么是生物矿物？什么是生物矿化？2. 生物矿化的特点是什么？3. 硬组织中的生物矿物与天然无机矿物的差异？

二、矿　物　药

由于必需的微量元素在人体的生命过程中起着极其重要的生理作用，它们的缺乏可能会导致严重的疾病甚至死亡。为了弥补生命元素的缺乏，必须自机体外给予补充。而矿物药就是中医中常用的一种补充方式。

以一种或几种矿物经过加工炮制成单味或多味药，经配伍和制剂后具有预防和治疗某些疾病的功效，这些矿物称为矿物药（mineral medicine）。古今中外医学中都有使用矿物药的历史。我国从最早的药学专著《神农本草经》到李时珍的《本草纲目》中都有使用矿物药的详细记载，矿物药在成方和制剂中常常是不可缺少的。在中医临床上一直使用雄黄、雌黄、砒霜等含砷矿物药。其中三氧化二砷以“以毒攻毒”的原理治疗疾病的历史已很悠久，特别是砷化合物在治疗白血病方面的功效更是被世人所关注。

（一）矿物药的分类

1. 根据来源和加工方法不同分类

（1）原矿物药：指从自然界采集，经简单除杂后，基本保持原有性状的矿物药，如矿物（朱砂、赭石、雄黄等）、动物化石（龙骨、石燕等）及以有机物为主的矿物（琥珀等）。

（2）矿物制品药：指采集的矿物原料经加工制成的单味药，如白矾、胆矾、秋石等。

（3）矿物药制剂：指以多味原矿物药或矿物制品药为原料加工制成的制剂。

矿物制品药与矿物药制剂虽均属加工制品，但前者多是以单一矿物为原料加工制成，主要是配伍应用很少单独使用，后者大多是用多味原矿物药或矿物制品药为原料加工制成，以单独应用为主很少配伍应用。

2. 根据阳离子不同分类　在矿物学中，根据矿物所含主要阳离子种类的不同划分为汞化合物类、铁化合物类、铝化合物类、铜化合物类、砷化合物类、硅化合物类、钙化合物类、镁化合物类、钠化合物类等。从药学的观点来看，根据主要阳离子种类对矿物药进行分类也是恰当的，因为阳离子通常对药效起着较重要的作用。

3. 根据阴离子不同分类　按矿物药的阴离子种类划分，矿物药可分为氧化物类、硫化物类、卤化物类、碳酸类、硅酸盐类、硫酸盐类等。《中华人民共和国药典》和《中药鉴定学》教材采用该分类法。

4. 根据药物功能分类　药物学按矿物药的功能分为清热解毒药、理血药、利水通淋药、潜阳安神药、补养止泻药、涌吐药、消积药、外用药等。

（二）矿物药作用的化学基础

人类用来预防和治疗疾病药物在体内必须经过吸收、分布、代谢、排泄等过程。矿物药也一样。药物通过不同途径吸收进入血液，通过血液循环被转运到身体的不同部位，进入不同组织、器官的细胞间液或细胞内液中去。当血药达到一定浓度时，就能发挥治疗作用。矿物药治病的机制也包括矿物药的化学成分的溶解，机体对这些成分的吸收、结合或交换以及各种矿物的表面吸附等作用。

1. 金属的溶出及其存在状态 大多数矿物药是以金属难溶盐或氧化物的形式存在，金属离子难以溶出。矿物药中金属离子的溶出反应，受到与有机配体的配合反应、增溶效应、粒度效应以及 pH 等因素的影响。例如，在服用含金矿物药的患者的尿液和血浆中均发现存在$[Au(CN)_2]^-$配离子。

2. 缓冲体系 pM 缓冲体系是一种溶解度极低的金属化合物或单质，与一种或多种能和金属离子形成配合物的配体（小分子或大分子）所形成的体系。这种体系可稳定提供一定浓度的金属离子。例如，复方中药中植物来源的配体与矿物中金属离子作用，形成配合物。利用配位平衡，金属离子以极低浓度释放，故可维持体内金属离子在一定浓度范围内。

3. 有毒金属在低浓度下的生物活性 矿物药中含有毒的金属化合物，常表现出毒性与生物活性的双向性。例如，具有抗癌作用的矿物药，在杀伤癌细胞、细菌和病毒时，表现出其正向生物活性，但同时往往对正常细胞也有伤害，表现出其毒性。由于药理作用和毒性不可分割，人们需在有效剂量和中毒剂量之间寻求两者兼顾的方法。一般来说，有毒金属化合物在极低浓度下不仅毒性很小，而且会表现出与毒性无关的生物活性。而 pM 缓冲体系可以把金属离子的浓度控制在极低范围内。

（三）矿物药的特点

矿物药具有药源丰富，加工炮制方法相对简单，疗效迅速、功效确切，毒性与生物活性等特点。尤其是矿物药毒性与生物活性：许多矿物药是具有毒性的金属化合物，其毒性和生物活性共存，特别是砷、汞、铅等类药物，安全范围较小，没有成熟的经验，切不可随意加大剂量，以免发生意外。

考点：1. 矿物药有几种分类方式？2. 矿物药作用的化学基础是什么？3. 矿物药的特点及注意点是什么？

第 4 节 生物无机化学的应用

虽然生物无机化学发展成为一门独立学科的时间并不长，但在化学家、生物学家和医学家的共同努力下，近几十年来得到了迅猛的发展。不但形成了自己相对独立的理论体系，而且其研究成果在医学、农业、环境保护等领域都得到了广泛的应用。

一、生物无机化学与现代医学

生物无机化学的研究最为突出的是在医疗上的贡献。人体必需的金属离子，绝大多数是以配合物的形式存在于体内，它们对人体的生命活动发挥着各种各样的作用。从配位化学的角度来探讨生物体的生命过程以及某些疾病的发病机制，进而研究利用金属配合物来治疗某些疾病的药物一直是生物无机化学的主要方向。

（一）金属配合物与疾病

人类的有些疾病是由于人体所需的生物元素过量或不足而引起的。还有一些疾病是由于有害金属离子或有害配位体进入体内而引起的。当有害配体进入体内，和负担正常生理功能的某些金属配合物中的配体发生竞争，导致生物金属配合物失去正常的生理功能。例如，血红蛋白是 Fe（Ⅱ）与卟啉环和珠蛋白组成的五配位混配配合物，第六个配位位置可以与氧进行可逆结合，起着储氧运氧的作用。如果这个配位位置被其他更强的配位体占据，血红蛋白就失去正常的生理功能，出现中毒现象。有害配位体的配位能力越强，中毒现象就越严重。CO、NO、CN^-等配位体与血红蛋白的亲和性均大于氧许多倍，当这些物质在体内含量较高时，极易产生中毒现象。常见的煤气中毒就是由于 CO 含量太高而引起的。

血红蛋白（Hb）分子中的 Fe（Ⅱ）可以被氧化成 Fe（Ⅲ）的高铁血红蛋白（MHb）。而 MHb 没有携带氧气的能力。正常人体内存在氧化剂，总有少量 Hb 被氧化成 MHb。但正常人体内也存在高铁血红蛋白还原酶，它可以将 MHb 还原为 Hb。由于目前不少药物或化合物，如亚硝酸盐、硝酸甘油、苯胺类、硝基苯类、磺胺类和醌类化合物等都能使 Hb 氧化成 MHb。MHb 过多，超过高铁血红蛋白还原酶的还原能力就会发生病变。

（二）解毒作用

近年来，现代工业的迅猛发展和家用汽车的急剧增加以及人们对环境的破坏，更多的有毒金属离子通过各种途径进入人体。这些金属离子可使蛋白质的结构发生不可逆的改变，从而影响组织细胞功能，进而影响人体健康。

生物体内存在一种具有自身解毒能力的物质，能在一定程度上抵御有害金属离子的毒害。这种自身的解毒作用是由一种称为金属硫蛋白的物质来完成的，它是在生物体内过量的金属离子的诱导下合成的。金属硫蛋白最大的特点是半胱氨酸残基多，富含配位能力较强的巯基（—SH），易与 Pb^{2+}、Hg^{2+}、Cd^{2+}等结合，从而排出过量金属和有害元素，起到解毒作用。但由于金属硫蛋白的解毒作用具有一定限度，一旦超过了它的承受范围，就需要借助药物来进行解毒。目前配位疗法是解除金属中毒的一种重要方法。几种比较常见的重金属中毒有：铅中毒、汞中毒、铋中毒、锑中毒、铊中毒等。

要解除中毒的金属元素，可以加入一种更强的配位剂，使它能在竞争中和有毒的金属离子结合，形成更加稳定的配合物，进而排出体外。在配位剂疗法中，乙二胺四乙酸（EDTA）是比较熟悉的配位剂。EDTA 是一种很强的配位剂，它可以和钙、镁等离子形成配合物，由于重金属离子对 EDTA 的亲和性要比钙离子强得多，因而重金属离子可以与 EDTA 优先形成配合物，排出体外。EDTA 的配位性虽强，但它的选择性较差。因此在用它排出有害金属离子的同时，会损失掉一些有益的金属离子。

治疗重金属中毒症有两种方法：一种是促使重金属直接从体内排出，另一种是药物作为解毒剂与重金属结合形成可溶性配合物，再排出体外。常见金属解毒剂见表 12-4。

表 12-4 常用金属解毒剂

中毒金属	金属解毒剂	中毒金属	金属解毒剂
Zn、Co、Mn、Pb	EDTA 钙盐	Hg、Au、Sn	2, 3-二巯基丙醇
Au、Sb、Cu、Pb	青霉胺	Fe	去铁敏
Hg	*N*-乙酰青霉胺	Zn	二苯基硫代卡巴腙
Ni	乙二基磺酸钠	Sb	二巯基丁酸钠
Be	金精三羧酸		

使用金属解毒剂应注意以下几点。①解毒剂必须是水溶性的，而且在生理的 pH 条件下，与有害金属仍具有足够的配位能力。②与人体内有害离子形成的配位体相比，解毒剂与有害离子形成的配合物的稳定性更强。但是，由于与有害金属配位能力强的配体，往往也与体内必需金属离子具有较强的配位能力。因而，要求作为配体解毒剂应具有较高的选择性。③如果有害离子已经进入细胞内部与生物配体结合，解毒剂分子的大小和结构必须能够钻入到金属离子结合或储存的地方，且能和欲被排除的有害金属离子能迅速地、专一地结合。④解毒剂若能与有害金属离子形成混配配合物将对解毒更加有利。一方面混配配合物有更高的稳定常数；另一方面两种不同的配体在混配配合物中可以产生明显的协同作用，有利于解毒剂进入细胞并将金属离子带出细胞。⑤解毒剂和它们的金属配合物必须很容易地从肾脏排泄出去，同时考虑治疗过程中不能产生明显的毒副作用。

（三）抗肿瘤金属配合物

20 世纪以来，肿瘤已成为人类健康的主要杀手。金属抗肿瘤药物是一类新型的抗肿瘤药，其作用机制与传统的有机药物不同。顺铂抗癌作用的深入研究和临床使用开拓了抗肿瘤金属配合物研究的新领域。铂族金属药物成为当前最为活跃的抗肿瘤药物之一。长期以来，人们认为只有顺式铂配合物和中性的铂配合物才具有抗癌作用，目前研究发现，违背传统的构效关系的铂的配合物不仅有抗癌作用，有时甚至显示出更好的抗癌疗效。除了铂类金属配合物具有抗肿瘤作用，也发现了许多非铂类抗肿瘤金属配合物。例如，钌类抗肿瘤配合物，是国际上公认的最具发展潜力的抗肿瘤药物，是继铂之后最有希望成为活性高、毒性低的金属配合物之一；钛类抗肿瘤配合物，是第一个进入临床研究的过渡金属抗肿瘤药物；锗类抗肿瘤配合物，是治疗白血病的有效药物，目前已运用于临床。此外，还有锡配合物、钯配合物、镓配合物、钼配合物、稀土配合物等。

金属配合物是一类很有效的抗肿瘤药物，但抗肿瘤配合物进入人体后，既能与癌细胞内物质作用，也会与正常细胞中的各种生物配体反应，从而造成一系列毒性反应，而且抗癌活性越高，毒性反应越强烈。同时，体内存在的多种生物配体也会降低药物的抗癌活性。我们相信，随着人们对金属配合物的抗肿瘤机理以及其构效关系的进一步研究，人们必将合成和筛选出更多高效、广谱、低毒、长效的金属抗肿瘤药物。

（四）抗病毒金属配合物

病毒的结构比较简单，外壳是蛋白质，不具有细胞结构，里面内核是由核酸（核糖核酸 RNA 或脱氧核糖核酸 DNA）组成的。它无法自身生长繁殖，只有进入活细胞后，依赖宿主细胞代谢系统进行增殖复制才能繁殖，最终致使宿主细胞死亡。金属配合物是一类很有效的抗病毒药物。由于金属配合物的稳定性和脂溶性比较好，易透过细胞膜进入宿主细胞的内部与病毒的核酸进行化学反应，从而具有抗病毒的作用。

具有抗病毒作用的金属配合物，其抗病毒能力要比金属离子或配位体大得多。金属配合物对某些病毒的抑制作用机理比较复杂。例如，乙型流感病毒中所含的核糖核酸聚合酶是一种含锌的金属蛋白质。当金属配合物进入寄生细胞与病毒作用时，金属配合物药物的配体便与上述聚合酶形成混配配合物，从而达到抑制病毒复制的目的。同时，病毒的蛋白质和核酸是极好的配位体，从金属配合物药物中游离出来的金属离子可以和蛋白质或核酸作用，使病毒失活。

考点： 1. 使用金属解毒剂的注意点有哪些？2. 写出 2 种抗肿瘤金属配合物？3. 抗病毒金属配合物能够抗病毒的作用机理是什么？

二、化学模拟生物过程

生物体内的化学反应一般都具有耗能低、效率高、条件温和等特点。将生物体内某些重要生化过程的反应机理研究清楚，用化学方法在生物体外模拟这些生化过程对生产和生活都有十分重要的意义。

（一）人工合成氧载体

氧载体（oxygen carrier）是一类在一定的条件下能够可逆吸氧的金属配合物。根据氧载体来源的不同分为天然氧载体和人工合成氧载体。高等动物的体内具有天然氧载体。而某些人工合成的配合物也具有类似的可逆吸氧的能力。目前，人工合成氧载体的研究和应用变得越来越广泛。

1. 天然氧载体　生物体为了维持正常的生理活动而进行的各种氧化反应都需要大量氧（O_2）参与。由于氧是非极性分子，在水中溶解度较小，通过体内循环输送氧的量不能满足正常生理活动。人体通过血液循环输送的氧实际上是借助于氧载体进行的，生物体内氧载体的存在可使血液中氧的含量比水中高出约 30 倍。

生物体内的氧载体可以与氧分子可逆地配位结合而自身不会被可逆氧化，其功能是储存或运送氧到生物体各个需氧组织。人体中氧载体有血红蛋白（Hb）和肌红蛋白（Mb）。血红蛋白是血液中的氧载体，它存在于血液的红细胞中，具有可逆吸收和释放氧气的功能。肌红蛋白存在于肌肉组织中，它能储存和提供肌肉活动所需的氧。

血红蛋白和肌红蛋白与氧的结合是松弛的、可逆的，既能迅速结合，又能迅速解离。其结合与解离取决于氧的分压，并通过血液循环携带和储存氧气在所需要的地方，供各种生理氧化反应的需要。

2. 人工氧载体　天然氧载体是化学结构十分复杂的蛋白质，研究起来比较困难。为了弄清楚生物体内氧载体与氧分子相互作用的机制，特别是活性中心部位与氧的成键情况，人们合成了一些相对分子质量较小、结构较简单并能模拟天然氧载体的可逆载氧功能的化合物，来进一步探明天然氧载体氧合作用的本质和规律。这种模拟天然氧载体合成的具有可逆载氧功能的化合物就是人工氧载体。人工氧载体的研究不仅有助于了解这些天然氧载体的作用机理，更重要的是合成的高效可逆结合和储存氧分子的人工氧载体在生活和医疗等方面都有着极其重要的应用。

随着血液需求的激增以及异体输血的不安全性等问题的出现，对血液替代品的需求越来越多。日本和中国于20世纪70年代，合成了与血红蛋白性能相似的人造血，并在临床应用上获得成功。血液替代品的人工氧载体主要有全氟碳化合物、血红蛋白基氧载体、合成血红素及高分子金属配合物等。近年来已成功合成了多种人工氧载体，并应用于临床试验。这些人工载体尽管会有些不尽人意的副作用，但临床上的治疗效果是显著的。人工载体在临床上除了用作血液代替品外，还在肿瘤治疗、器官移植和缺血-再灌注损伤的预防等方面都具有十分重要的临床价值。

人工氧载体的意义还不仅局限于生命和医疗方面，其在民用事业及军事工业中也发挥着重要的作用。例如，人工氧载体可作为长期远离基地的潜水艇和高空轰炸机的储氧源、日常生活中瓜果保鲜等。随着对人工氧载体的不断研究和探索，其应用前景将十分广阔。

（二）化学模拟生物固氮

氮是植物生长不可缺少的重要元素。随着农业的发展，对氨肥的需求越来越多。虽然大气中约含80%分子氮，但由于氮氮键较难断裂，大气中的氮气并不能被植物直接吸收利用。植物能直接吸收利用的氮的形态只能是铵盐或氨态氮。把游离氮转化为铵盐或氨态氮的过程称为固氮过程。雷电可以把大气中的氮气氧化成一氧化氮，进而转化为铵盐，但只占所需固定氮的约1%。而工业上需在高温、高压和催化剂的条件下才能合成氨，再转化为尿素、硝酸和一系列铵盐产品，但也仅提供大约30%的固定氮。而固氮微生物却能在常温、常压下，将空气中的氮转化为氨，称为生物固氮。这是一个非常重要的生化反应，在全球范围内每年通过生物固氮可以产生1.75亿吨氮肥，约占植物所需固定氮的70%。固氮微生物中固氮反应的酶统称为固氮酶。

多年来人们希望在常温常压下固定空气中的氮气。并希望合成出能模拟生物酶的功能化合物，实现常温常压条件下人工固氮。目前，科学家已从20多种微生物中分离出了固氮酶。根据固氮酶所含金属的种类主要分为钼固氮酶、钒固氮酶和铁固氮酶三种类型。每种固氮酶都是由两种金属蛋白组成。以钼固氮酶为例，钼固氮酶是由两种非血红素铁蛋白组成。一种是较大的钼铁蛋白，含有铁硫基团，另一种较小的铁硫蛋白（称为铁蛋白）。这两种蛋白单独存在时均无活性，但两者以物质的量1∶1结合时会表现出良好的催化活性，即固氮作用。钼铁蛋白中的辅基是固氮酶的催化中心，作用是结合底物分子（N_2）、活化氮底物分子并还原底物分子，而铁蛋白的主要功能是储存和传递电子。

（三）人工模拟光合作用

光合作用的过程可概括地表述如下。

$$n\mathrm{H_2O} + n\mathrm{CO_2} \xrightarrow{\text{太阳光，叶绿素}} (\mathrm{CH_2O})_n + n\mathrm{O_2}$$

光合作用是一系列复杂的代谢反应的总和，是生物界赖以生存的基础，也是地球碳氧循环的重要媒介。光合作用在生命起源、进化和人类生命活动中起着重要的作用。因此，人们在不断地探索着光合作用的本质和机理，期望能够通过模拟光合作用造福于人类。

光合作用过程可分为光反应和碳反应两部分。

1. 光反应 光反应的过程包括两个反应：①水光解：$2H_2O \longrightarrow 4[H]+O_2$，此反应发生在叶绿体的类囊体薄膜上，在光和叶绿体中色素的催化作用下水分解成氧，同时为碳反应提供氢。利用水光解的产物氢，合成还原型辅酶Ⅱ（NADPH），为碳反应提供NADPH。②ATP的形成：$ADP+Pi \longrightarrow ATP$，利用光能将腺苷二磷酸（ADP）和无机磷酸盐（Pi）结合，生成腺苷三磷酸（ATP），此反应为碳反应提供能量。

2. 碳反应（旧称暗反应） 碳反应的过程也包括两个反应。①碳的固定：$C_5+CO_2 \longrightarrow 2C_3$，在酶的催化下，光反应过程中产生的NADPH和ATP因储存了较高的能量，可以把二氧化碳转化为碳水化合物。这个反应不需要光，只要源源不断地供应 NADPH 和 ATP 就可进行。②C_3+[H] ⟶（CH_2O）+C_5，在 ATP 供能和酶的催化下，将产生的氢与植物体内的辅酶Ⅱ（NADP）结合，将 NADP 还原为 NADPH，同时放出氧气。此时把光能转变成 ATP 中活跃的化学能再转化成有机物中稳定的化学能。

既然光合作用中水分子可以被分解为氧气、氢离子和电子，那么设法将电子转移到电极上就可以人工模拟叶绿体的光电转移机理而制造出高效的光电池；如果设法使氢离子与电子结合就可以变成氢气。人工模拟光合作用，经太阳光照射就可以将水分解为氢和氧，而给人类提供利用水作为能源的方法，充分利用太阳能解决能源紧张问题，造福人类。

我国科学工作者从 1975 年开始用 ZnO、CdS 等材料代替叶绿体，在近紫外光和可见光的照射下进行了模拟光合磷酸化过程的研究。实验结果证实，用 ZnO、CdS 模拟叶绿体，通过光合磷酸化作用可以得到 ATP。

总之，在模拟光合作用的光反应方面，已经得到了一定的结论，但存在提高反应效率的问题；对于模拟碳反应的研究，无论是国内还是国外都尚未很好地开展。

考点：1. 写出 1～2 个人体内天然氧载体的名称？2. 人工氧载体最主要的应用在哪里？3. 什么是固氮酶？4. 光合作用过程分为哪两步反应？

自 测 题

一、选择题

1. 下列元素属于有害元素的是（　　）。
   A. 氧元素　　B. 铅元素
   C. 镁元素　　D. 铁元素
   E. 磷元素
2. 不属于硬组织中生物矿物无机成分的是（　　）。
   A. 磷酸钙类　　B. 碳酸钙类
   C. 硅石类　　D. 氢氧化物类
   E. 氧化铁类
3. 下列物质（　　）不能作为生物配体与金属离子形成具有生物功能的配合物。
   A. 氨基酸　　B. 卟啉环
   C. 核苷酸　　D. 一氧化碳
   E. 蛋白质
4. 下列关于生命元素描述不正确的是（　　）。
   A. 在不同组织中均有一定浓度
   B. 生命元素可分为必需元素、有益元素和有害元素
   C. 缺少这些元素会造成生物组织在生理或结构上的不正常
   D. 这些元素的存在能够使生物生理或结构的不正常现象消失或预防不正常现象的发生
   E. 在生物体中含量丰富的元素
5. 不含铁元素的生物配合物是（　　）。
   A. 血红蛋白　　B. 高铁血红蛋白
   C. 碳酸酐酶　　D. 肌红蛋白
   E. 细胞色素 C
6. 下列哪种矿物药的命名是根据加工方法的不同来命名的？（　　）
   A. 矿物制品药　　B. 原矿物药
   C. 汞化合物类　　D. 清热解毒药
   E. 硫化物类

二、填空题

1. 按照生物元素在人体内的生物作用和功能的差异可分为________、________、________三大类。
2. 写出三种生物元素的生理功能：________、________、________。
3. 存在于硬组织中的生物矿物主要含有________、________、________、________等无机成分。
4. 矿物药中所含有毒的金属化合物，常表现出________与________的双向性。
5. 治疗重金属中毒症有两种方法：一种是____________；另一种是__________________________与重金属结合形成可溶性配合物，再排出体外。

三、简答题

1. 生物元素是如何分类的？其中必需元素的“必需”是什么含义？
2. 写出金属蛋白酶和金属激活酶之间的区别和联系。
3. 简述硬组织中生物矿物和自然界中矿物的区别？
4. 简述理想的金属解毒剂有哪些特点。
5. 简述天然氧载体的作用机理。
6. 简述生物元素的生理功能。

（孙荣梅）

实 训 指 导

实训 1　药用氯化钠的制备

【实训目的】

1. 熟悉溶解、过滤、加热、蒸发、结晶、干燥等基本操作。

2. 掌握溶液中不同杂质的去除方法及药用氯化钠的制备方法。

【实训原理】 粗食盐中含有不溶性杂质（如泥沙等）和可溶性的杂质（主要是 Ca^{2+}、Mg^{2+}、K^{+} 和 SO_4^{2-}）。不溶性杂质可用溶解和过滤的方法除去，可溶性杂质可用下列方法除去，在粗盐中加入稍过量的 $BaCl_2$ 溶液时，即可将 SO_4^{2-} 转化为难溶解的 $BaSO_4$ 沉淀而除去。

$$Ba^{2+} + SO_4^{2-} \longrightarrow BaSO_4 \downarrow$$

将溶液过滤，除去 $BaSO_4$ 沉淀，再加入过量的 NaOH 和 Na_2CO_3 溶液，由于发生下列反应，可将 Ca^{2+}、Mg^{2+} 和过量的 Ba^{2+} 生成沉淀而除去。

$$Mg^{2+} + 2OH^{-} \longrightarrow Mg(OH)_2 \downarrow$$

$$Ca^{2+} + CO_3^{2-} \longrightarrow CaCO_3 \downarrow$$

$$Ba^{2+} + CO_3^{2-} \longrightarrow BaCO_3 \downarrow$$

过量的 NaOH 和 Na_2CO_3 可以加盐酸除去。少量的可溶性杂质（如 KCl）由于含量很少，在蒸发浓缩和结晶过程中仍留在母液中而与 NaCl 分离。

【实训准备】

1. 仪器 天平、烧杯、漏斗、布氏漏斗、抽滤瓶、酒精灯、石棉网、铁架台、pH 试纸、蒸发皿、烘箱。

2. 试剂 粗食盐、2 mol/L HCl、2 mol/L NaOH、1 mol/L $BaCl_2$、1 mol/L Na_2CO_3、蒸馏水。

【实训内容】

1. 称取 10 g 粗食盐于 100 ml 的烧杯中，加约 30 ml 的蒸馏水，加热搅拌使其溶解。

2. 将溶液加热至近沸，边搅拌边加入 1 mol/L $BaCl_2$ 溶液 1.5～2.0 ml 至沉淀完全，继续加热煮沸几分钟，停止加热及搅拌，待沉淀沉降之后，沿烧杯壁滴加几滴 $BaCl_2$ 溶液，检验 SO_4^{2-} 是否沉淀完全。如有白色沉淀生成，则需补加 $BaCl_2$ 溶液至沉淀完全；如没有白色沉淀生成，则可用布氏漏斗抽滤，弃去沉淀，保留滤液。

3. 将滤液转移至另一个干净的 100 ml 烧杯中，边搅拌边滴加 2 mol/L NaOH（约 0.5 ml）至沉淀完全，再滴加 1 mol/L Na_2CO_3 溶液，调节 pH 为 10～11。加热煮沸几分钟，停止加热及搅拌，待沉淀沉降之后，检验是否沉淀完全。沉淀完全之后，抽滤，保留滤液。

4. 将滤液转移至干净的蒸发皿，滴加 2 mol/L HCl 溶液，调节 pH 为 3～4。加热并不断搅拌至溶液呈糊状稠液，使 NaCl 完全析出，停止加热。冷却，抽滤，用少量纯化水洗涤 2～3 次，抽干。

5. 将 NaCl 晶体转移至一洁净的蒸发皿中，放置烘箱中于 105℃烘干即得纯净的 NaCl。

6. 称量，计算产率。

【实训记录】

粗食盐质量/g	精食盐质量/g	产率/%

【注意事项】

不溶性杂质可用溶解过滤的方法除去，可溶性杂质可选择适当试剂，使它们生成难溶化合物的沉淀而除去。

1. 泥沙等不溶性杂质的除去：将粗食盐溶解于水，过滤除去。

2. SO_4^{2-} 的除去：加入稍过量的 $BaCl_2$ 溶液，生成 $BaSO_4$ 沉淀而除去。

3. Ca^{2+}、Mg^{2+}、Ba^{2+}、Fe^{3+}的除去：加入适量的 NaOH 和 Na_2CO_3 溶液，使其生成氢氧化物和碳酸盐沉淀而除去。

4. 溶液中过量的 OH^-、CO_3^{2-} 可加入盐酸中和。

【实训检测】

1. 为什么不能用重结晶法提纯 NaCl?

2. 在加入沉淀剂将 SO_4^{2-}、Ca^{2+}、Mg^{2+}等离子转化成沉淀除去时，是否加热对分离操作各有何影响？如何检查这些离子是否沉淀完全？

3. 在调节溶液 pH 呈弱酸性时，若加入的盐酸过量，应如何处理？为什么要将溶液调节为弱酸性？

4. 在浓缩过程中，能否把溶液蒸干？为什么？

（伍国云）

实训 2 溶液的配制和稀释

【实训目的】

1. 掌握溶液组成标度的计算方法及溶液的配制方法。

2. 掌握台秤、量筒、移液管、容量瓶的使用方法。

【实训原理】 溶液的组成标度是指一定量溶液或溶剂中所含溶质的量，溶液组成标度的表示方法常用以下几种。

名称	物质的量浓度	质量浓度	质量分数	体积分数
表示方法	$c_B=\frac{n_B}{V}$	$\rho_B=\frac{n_B}{V}$	$w_B=\frac{m_B}{m}$	$\varphi_B=\frac{V_B}{V}$
单位	mol/L	g/L	—	—

溶液的配制方法有两种：一种是用一定质量的溶液中所含溶质来表示溶液的组成标度，如 w_B，这种溶液配制时，是将定量的溶质和溶剂混合均匀即可；另一种是用一定体积的溶液中所含溶质的量来表示溶液的组成标度，如 c_B、ρ_B 和 φ_B 等。配制这些溶液时，首先应根据所需配制溶液的组成标度、体积，计算出溶质和溶剂的量，再将一定量的溶质和适量的溶剂先混合，使溶质完全溶解，定量转移到量筒或容量瓶中，然后再加溶剂至溶液总体积，最后混合均匀。

【实训准备】

1. **仪器** 台秤、烧杯、玻璃棒、量筒（10 ml、50 ml）、滴管、容量瓶、移液管（25 ml）等。

2. **试剂** 固体 NaCl、固体 NaOH、95%乙醇、0.4000mol/L HAc 溶液、纯化水等。

【实训内容】

1. 配制生理盐水 50 ml

（1）计算：配制 50 ml 生理盐水所需 NaCl 的质量。

（2）配制：用台秤称取所需 NaCl 的质量，置入 100 ml 烧杯中，加纯化水使其溶解，定量转移至 50 ml 量筒中，用少量纯化水洗涤烧杯 2～3 次，将洗液并入量筒中，加纯化水至刻度，摇匀。配好的溶液倒入指定试剂瓶中。

2. 配制 0.5 mol/L 的 NaOH 溶液 50 ml

（1）计算：配制 50 ml 0.5 mol/L 的 NaOH 溶液所需 NaOH 的质量。

（2）配制：用台秤称取所需 NaOH 的质量，置入 100 ml 烧杯中，加纯化水使其溶解，冷却，定量转移至 50 ml 量筒中，用少量纯化水洗涤烧杯 2～3 次，将洗液并入量筒中，加纯化水至刻度，摇匀。配好的溶液倒入指定试剂瓶中。

3. 配制 75%消毒酒精 50 ml

（1）计算：配制 50 ml 75%消毒酒精所需 95%乙醇的体积。

（2）配制：用 50 ml 量筒量取所需 95%乙醇的体积，加纯化水稀释至刻度，混匀，倒入指定试剂瓶中。

4. 配制 0.1000 mol/L HAc 溶液 100.00 ml

（1）计算：配制 0.1000 mol/L HAc 溶液 100.00 ml 所需 0.4000 mol/L HAc 溶液的体积。

（2）配制：用移液管准确移取所需 0.4000 mol/L HAc 溶液的体积，置入 100 ml 容量瓶中，加纯化水至刻度，摇匀。配好的溶液倒入指定试剂瓶中。

【实训记录】

溶液的配制	配制溶液体积	溶质取量	配制过程
生理盐水			
0.5 mol/L 的 NaOH 溶液			
75%消毒酒精			
0.1000 mol/L HAc 溶液			

【注意事项】

1. 玻璃仪器先用自来水洗干净，再用少量纯化水荡洗 2～3 次，方可使用。洗净的玻璃仪器内壁附着一层均匀的水膜，不挂水珠。

2. 在配制溶液时，首先应根据所需配制的溶液的组成标度、体积，计算出溶质的用量。

3. 在用固体物质配制溶液时，如果物质含有结晶水，则应将结晶水计算进去。稀释浓溶液时，应根据稀释前后溶质的量不变的原则，计算出浓溶液的体积，然后加水稀释。稀释浓硫酸时，应将浓硫酸慢慢注入水中。

4. 在配制溶液时，应根据配制要求选择所用仪器。如果对溶液组成标度的准确度要求不高，可用台秤、量筒、量杯等仪器进行配制；如要求溶液的浓度比较准确，则需用分析天平、移液管、刻度吸管、容量瓶等仪器进行配制。

【实训检测】

1. 溶液浓度常用的有哪几种表示方法？
2. 为什么洗净的移液管使用前还要用待移取溶液润洗？容量瓶需要用待装溶液润洗吗？
3. 能否直接在量筒、容量瓶中溶解固体试剂？为什么？

（伍国云）

实训 3　胶体溶液和高分子化合物溶液

【实训目的】

1. 掌握溶胶的制备方法。
2. 验证溶胶的光学性质和电学性质。

3. 熟悉溶胶的聚沉和高分子化合物溶液对溶胶的保护作用。

【实训原理】

1. 胶体分散系是分散质粒子直径在 1～100 nm 的分散体系，包括溶胶和高分子化合物溶液。固体分散相分散在互不相溶的液体介质中所形成的胶体称为溶胶。

2. 溶胶的制备方法有分散法和凝聚法两类，本实训采用凝聚法，通过化学反应制备溶胶。如 AgI 溶胶的制备：

$$AgNO_3 + KI \xlongequal{} AgI\downarrow + KNO_3$$

当溶液中 $AgNO_3$ 过量时，得正溶胶；当溶液中 KI 过量时，得负溶胶。

3. 在暗室中，将一束聚焦的光通过胶体时，在与光线垂直的方向可观察到一道明亮的光柱，这个现象就是丁铎尔现象，利用丁铎尔现象可以区分三类分散系。

4. 溶胶是高度分散的不均匀体系，表面能很大，易吸附与其组成相似的离子而带上电荷。带电胶粒在电场中的定向移动称为电泳，由电泳的方向可判断胶粒所带电荷为正电荷还是负电荷。

5. 溶胶稳定的主要因素是胶粒带电和水化膜的存在，稳定因素一旦受到破坏，胶体将发生聚沉。聚沉的方法有：加少量电解质溶液、加热及加入带相反电荷的胶体。与胶粒带相反电荷的离子称为反离子，电解质反离子的价数越高，对溶胶的聚沉能力越强。

6. 在溶胶中加入足量的高分子化合物溶液，能降低溶胶对电解质的敏感性而提高溶胶的稳定性，这种作用称为高分子化合物溶液对溶胶的保护作用。高分子化合物之所以能保护溶胶，是由于高分子化合物是链状能卷曲的线形分子，很容易吸附在胶粒表面包住胶粒，高分子化合物本身很稳定，有很厚的水化膜，这样降低了胶粒对溶液中带异电荷离子的吸引以及胶粒之间互相碰撞的机会，从而大大增加了溶胶的稳定性。

【实训准备】

1. **仪器** 100 ml 烧杯、试管、试管夹、100 ml 锥形瓶、滴定管、滴管、酒精灯、铁架台、石棉网、激光笔、U 形管、电池、石墨电极。

2. **试剂** 0.2 mol/L $FeCl_3$ 溶液、0.01 mol/L KI 溶液、0.01 mol/L $AgNO_3$ 溶液、0.01 mol/L KNO_3 溶液、0.2 mol/L NaCl 溶液、0.2 mol/L Na_2SO_4 溶液、0.2 mol/L Na_3PO_4 溶液、0.1 mol/L NaCl 溶液、0.1 mol/L $BaCl_2$ 溶液、0.1 mol/L $AlCl_3$ 溶液、1%的白明胶、蒸馏水。

【实训内容】

1. **溶胶的制备**

（1）制备 $Fe(OH)_3$ 溶胶：在烧杯中加入 50 ml 蒸馏水，置于带有石棉网的铁架台上用酒精灯加热煮沸，边搅拌边缓慢加入 0.2 mol/L 的 $FeCl_3$ 溶液约 4 ml，继续搅拌 1 min，即得红色的 $Fe(OH)_3$ 溶胶。

（2）制备 AgI 负溶胶（A）：在锥形瓶中加入 0.01 mol/L KI 溶液约 40 ml，然后通过滴定管将 20 ml 0.01 mol/L $AgNO_3$ 溶液缓慢地滴入锥形瓶中，即生成 AgI 负溶胶（A）。

（3）制备 AgI 正溶胶（B）：在锥形瓶中加入 0.01 mol/L $AgNO_3$ 溶液约 20 ml，然后通过滴定管将 5 ml 0.01 mol/L KI 溶液慢慢地滴入锥形瓶中，即生成 AgI 正溶胶（B）。

保留上面所制备的溶胶，留待下面实验用。

2. **溶胶的光学性质和电学性质**

（1）丁铎尔效应：取步骤 1 制备的 $Fe(OH)_3$ 溶胶于试管中，用激光笔照射 $Fe(OH)_3$ 溶胶。在与光束垂直方向观察现象并解释原因。

（2）电泳现象：取干燥洁净的 U 形管，注入适量的 $Fe(OH)_3$ 溶胶，然后用滴管在 U 形管两端缓慢注入 0.01 mol/L KNO_3 溶液，使之与溶胶形成明显的界面。将两支石墨电极分别小心插入 KNO_3 液层中（操作过程中注意切勿搅动界面），并与直流电源的正、负极连接。接通直流电源并把电压调至 220 V，几分钟后，可以观察到溶胶与水之间的界面向一极移动，判断 $Fe(OH)_3$ 溶胶带什么电荷，并解释原因。

实训表 3-1 溶胶的光学性质和电学性质

溶胶的性质	实验现象
（1）丁铎尔效应	
（2）电泳现象	

3. 溶胶的聚沉

（1）电解质对溶胶的作用：取 3 支试管，各加入 $Fe(OH)_3$ 溶胶约 2 ml，然后分别加入 1 滴 0.2 mol/L NaCl 溶液、0.2 mol/L Na_2SO_4 溶液和 0.2 mol/L Na_3PO_4 溶液，振荡试管，观察并比较生成沉淀的量，并解释原因。注意：该实验的 3 支试管暂且保留，依次放置在试管架上，留待与步骤 4 的实验现象作对比。

另取 3 支试管，各加入 AgI 负溶胶（A）2 ml，然后分别逐滴加入 0.1 mol/L NaCl 溶液、0.1 mol/L $BaCl_2$ 溶液和 0.1 mol/L $AlCl_3$ 溶液，注意边滴加边振荡试管，直到出现沉淀为止。准确记录滴加每种电解质溶液的滴数，并由此比较 NaCl 溶液、$BaCl_2$ 溶液和 $AlCl_3$ 溶液对 AgI 负溶胶的聚沉能力的强弱。

（2）正、负溶胶的互沉作用：将上面步骤 1 制得的 AgI 负溶胶（A）和 AgI 正溶胶（B）按实训表 3-2 所列比例混合，逐个观察混合后现象。说明各试管中溶胶的稳定程度并解释原因。

实训表 3-2 溶胶（A）和溶胶（B）的量取体积

试管编号	（1）	（2）	（3）	（4）	（5）	（6）	（7）
溶胶（A）/ml	0	1	2	3	4	5	6
溶胶（B）/ml	6	5	4	3	2	1	0

（3）加热对溶胶的影响：取 1 支试管，加入 $Fe(OH)_3$ 溶胶 3 ml，慢慢加热至沸腾，记录观察到的现象并解释原因。

实训表 3-3 溶胶的聚沉

溶胶的聚沉	实验现象
（1）电解质对溶胶的作用	
①对 $Fe(OH)_3$ 溶胶的作用	
0.2 mol/L NaCl 溶液	
0.2 mol/L Na_2SO_4 溶液	
0.2 mol/L Na_3PO_4 溶液	
②对 AgI 负溶胶的作用	
0.1 mol/L NaCl 溶液	
0.1 mol/L $BaCl_2$ 溶液	
0.1 mol/L $AlCl_3$ 溶液	
（2）正、负溶胶的相互作用	
试管（1）	
试管（2）	
试管（3）	
试管（4）	
试管（5）	
试管（6）	
试管（7）	
（3）加热对溶胶的作用	
加热 $Fe(OH)_3$ 溶胶	

4. 高分子化合物溶液对溶胶的保护作用 取 3 支试管，各加入 $Fe(OH)_3$ 溶胶 2 ml 和质量分数为 1%的白明胶 4 滴，振荡摇匀。然后分别加入 1 滴 0.2 mol/L NaCl 溶液、0.2 mol/L Na_2SO_4 溶液和 0.2 mol/L

Na_3PO_4溶液，振荡试管。观察有无沉淀出现，与实验步骤 3（1）中的现象比较，并解释原因。

实训表 3-4 明胶对 $Fe(OH)_3$溶胶的保护作用

试管编号	实验现象
（1）0.2 mol/L NaCl 溶液	
（2）0.2 mol/L Na_2SO_4溶液	
（3）0.2 mol/L Na_3PO_4溶液	

【注意事项】

1. 制备氢氧化铁溶胶加热时间不宜过长，制备碘化银正、负溶胶时，相互滴加时要注意逐滴滴加，不可过快，以免生成沉淀。

2. 电泳实验中，插入电极时应小心，不可搅动液面。

【实训检测】

1. 把 $FeCl_3$溶液滴加到冷水中，能否制备 $Fe(OH)_3$溶胶？为什么？

2. 使溶胶聚沉的因素有哪些？

3. 制备 $Fe(OH)_3$溶胶时，怎样操作才能避免生成 $Fe(OH)_3$沉淀？

4. 如何用实验的方法判断某一种胶体是正溶胶还是负溶胶？

5. 血清中微溶性无机盐，如碳酸钙、磷酸钙等，其浓度比溶解在纯水中的大，但却能稳定存在而不沉淀，为什么？

（贺东霞）

实训 4 化学反应速率和化学平衡

【实训目的】

1. 掌握温度、浓度、催化剂对化学反应速率的影响。

2. 掌握温度、浓度对化学平衡的影响。

3. 熟悉测定平均化学速率的方法。

4. 练习量筒等基本仪器的操作。

【实训原理】

1. 平均化学反应速率的测定

（1）化学反应原理。

在水溶液中$(NH_4)_2S_2O_8$与 KI 的反应为

$$S_2O_8^{2-}+3I^- = 2SO_4^{2-}+I_3^-$$

该反应的平均反应速率以 $S_2O_8^{2-}$ 浓度的变化可表示为

$$\bar{v}_{S_2O_8^{2-}}=\left|\frac{\Delta c_{S_2O_8^{2-}}}{\Delta t}\right|$$

（2）反应时间的测定。

在$(NH_4)_2S_2O_8$ 溶液与 KI 溶液混合后发生反应的同时，可向混合液中加入一定量浓度已知的 $Na_2S_2O_3$溶液和淀粉溶液，以测定出单位时间内 $S_2O_8^{2-}$ 浓度的变化量。

此时溶液中发生以下两个反应：

$$S_2O_8^{2-}+3I^- = 2SO_4^{2-}+I_3^- \quad (1)$$

$$2S_2O_3^{2-}+I_3^- = S_4O_6^{2-}+3I^- \quad (2)$$

由于反应（2）的反应速率远大于反应（1）的反应速率，因此反应（1）生成的I_3^-会立即与$S_2O_3^{2-}$发生反应（2），此时溶液呈无色。上述两个反应进行一段时间后$S_2O_3^{2-}$被完全消耗，此时反应（1）生成的I_3^-与淀粉结合生成深蓝色物质，溶液变为蓝色。记录发生上述变化消耗的时间（Δt）。

（3）平均反应速率的计算。

根据反应（1）和反应（2）的化学方程式系数比可得出结论：相同时间内，$S_2O_8^{2-}$浓度的变化量是$S_2O_3^{2-}$变化量的$\frac{1}{2}$，即

$$\Delta c_{S_2O_8^{2-}} = \frac{\Delta c_{S_2O_3^{2-}}}{2}$$

2. 化学平衡的相关化学反应

（1）$FeCl_3+6KSCN \rightleftharpoons K_3[Fe(SCN)_6]+3KCl$

（血红色）

（2）$2NO_2 \rightleftharpoons N_2O_4 \quad \Delta H < 0$

（红棕色）（无色）

【实训准备】

1. 仪器 量筒、烧杯、试管、试管夹、酒精灯、温度计、铁架台、石棉网、秒表、N_2O_4和NO_2混合气体平衡仪。

2. 试剂 0.2%淀粉溶液、0.4 mol/L KI溶液、0.4 mol/L$(NH_4)_2S_2O_8$溶液、0.4 mol/L KNO_3溶液、0.02 mol/L $Na_2S_2O_3$溶液、0.04 mol/L $Cu(NO_3)_2$溶液、2 mol/L $FeCl_3$溶液、2 mol/L KSCN溶液、KCl固体、冰块。

【实训内容】

（一）测定平均化学反应速率

室温条件下，用量筒分别量取0.2%淀粉溶液2 ml、0.02 mol/L $Na_2S_2O_3$溶液4 ml和0.4 mol/L KI溶液10 ml，倒入干燥洁净的烧杯中搅拌混匀。继续量取0.4 mol/L$(NH_4)_2S_2O_8$溶液10 ml，倒入烧杯的同时按下秒表开始计时，边搅拌边注意观察溶液颜色变化。在溶液刚出现蓝色时，立刻按动秒表停止计时。记录秒表所示的反应时间Δt并填写实训表4-1，计算本反应的平均反应速率。

实训表4-1 化学反应测定

温度/℃	$\Delta c_{S_2O_3^{2-}}$/(mol/L)	$\Delta c_{S_2O_8^{2-}}$/(mol/L)	Δt/s	$\bar{v}_{S_2O_8^{2-}}$/[mol/(L·s)]

（二）影响化学反应速率的因素

1. 浓度对化学反应速率的影响 在室温条件下，控制变量做两组实验，区别在于两组中使用的KI溶液浓度不相同。实验完成后填写实训表4-2。

第一组：用量筒分别量取0.2%淀粉溶液2 ml、0.02 mol/L $Na_2S_2O_3$溶液4 ml、0.4 mol/L KNO_3溶液5 ml和0.4 mol/L KI溶液10 ml，倒入干燥洁净的烧杯中搅拌混匀。继续量取0.4 mol/L$(NH_4)_2S_2O_8$溶液10 ml，倒入烧杯的同时按下秒表开始计时，边搅拌边注意观察溶液颜色变化。在溶液刚出现蓝色时，立刻按动秒表停止计时，记录秒表所示的反应时间Δt_1。

第二组：其他条件均不变，仅将第一组中的KNO_3溶液和KI溶液加入量改为10 ml。重复第一组

实验操作，记录反应时间 Δt_2

实训表 4-2 浓度对化学反应速率的影响

组别	KI 加入体积/ml	反应时间 Δt/ s
结论		

2. 温度对化学反应速率的影响 控制变量做两组实验，区别在于两组的实验温度不同。实验完成后填写实训表 4-3。

第一组：用量筒分别量取 0.2%淀粉溶液 2 ml、0.02 mol/L $Na_2S_2O_3$ 溶液 2 ml、0.4 mol/L KNO_3 溶液 3 ml 和 0.4 mol/L KI 溶液 3 ml，倒入干燥洁净的大试管中混匀。量取 0.4 mol/L$(NH_4)_2S_2O_8$ 溶液 5 ml，置于另一只大试管中，室温下将两支试管内溶液混合的同时按下秒表开始计时，边搅拌边注意观察溶液颜色变化。在溶液刚出现蓝色时，立刻按动秒表停止计时，记录秒表所示的反应时间 Δt_1 。

第二组：其他条件均不变，仅将第一组两支大试管同时水浴加热到高于室温 20℃时，再将两者混匀。重复第一组实验操作，记录反应时间 Δt_2 。

实训表 4-3 温度对化学反应速率的影响

组别	温度/℃	反应时间 Δt/ s
结论		

3. 催化剂对化学反应速率的影响 $Cu(NO_3)_2$ 可加快 KI 被$(NH_4)_2S_2O_8$ 氧化的反应速率，所以可作为本实验的催化剂。控制变量做两组实验，区别在于两组是否加入催化剂。实验完成后填写实训表 4-4。

第一组：用量筒分别量取 0.2%淀粉溶液 2 ml、0.02 mol/L $Na_2S_2O_3$ 溶液 2 ml、0.4 mol/L KNO_3 溶液 3 ml 和 0.4 mol/L KI 溶液 3 ml，倒入干燥洁净的大试管中混匀。量取 0.4 mol/L$(NH_4)_2S_2O_8$ 溶液 5 ml，置于另一只大试管中，室温下将两支试管内溶液混合的同时按下秒表开始计时，边搅拌边注意观察溶液颜色变化。在溶液刚出现蓝色时，立刻按动秒表停止计时，记录秒表所示的反应时间 Δt_1 。

第二组：其他条件均不变，仅在混合前，向第一组第一支大试管中先加入 0.04 mol/L $Cu(NO_3)_2$ 溶液 1 ml，再将两者混匀。重复第一组实验操作，记录反应时间 Δt_2 。

实训表 4-4 催化剂对化学反应速率的影响

组别	是否加入 $Cu(NO_3)_2$ 溶液	反应时间 Δt/ s
结论		

（三）影响化学平衡的因素

1. 浓度对化学平衡的影响 量取 20 ml 蒸馏水倒入烧杯中，加入 1 滴 2 mol/L $FeCl_3$ 溶液和 1 滴 2 mol/L KSCN 溶液，混匀后得到血红色溶液。将该溶液均分到四支相同的试管中，编为 1、2、3、4 号。以 1 号试管为对照溶液，按实训表 4-5 要求完成实验并填表。

实训表 4-5 浓度对化学平衡的影响

编号	2 mol/L $FeCl_3$	2 mol/L KSCN	固体 KCl	颜色变化	平衡移动方向
1	0	0	0		
2	1 滴	0	0		
3	0	1 滴	0		
4	0	0	1 滴		
结论					

2. 温度对化学平衡的影响 将 N_2O_4 和 NO_2 混合气体平衡仪两端的烧瓶分别浸入盛有热水和冰水的大烧杯中，注意观察两个烧瓶内气体颜色的变化并填写实训表 4-6。

实训表 4-6 温度对化学平衡的影响

水温	气体颜色变化	平衡移动方向
结论		

【注意事项】

1. 本实验所用 KI、$Na_2S_2O_3$ 和$(NH_4)_2S_2O_8$ 溶液应现用现配。$(NH_4)_2S_2O_8$ 必须是新开封的，因为$(NH_4)_2S_2O_8$是强氧化剂，极容易被还原而失效。
2. $(NH_4)_2S_2O_8$ 必须最后且一次性快速加入，加入的同时开始计时。
3. $FeCl_3$ 溶液和 KSCN 溶液不宜加入过多，否则溶液颜色太深不利于观察颜色变化情况。
4. 取用各种试剂的量筒、烧杯、试管要编号分开使用，不能混用。

【实训检测】

1. 化学反应速率的实验中为什么可以用反应出现蓝色的时间计算反应速率？出现蓝色后反应是否终止了？
2. $Na_2S_2O_3$ 用量过多或过少会对本实验结果造成何种影响？

（孙晓晶）

实训 5 醋酸解离常数的测定

【实训目的】

1. 掌握用 pH 计法测定醋酸解离常数的原理和方法。
2. 掌握计算醋酸解离常数的方法，加深对弱电解质解离常数的理解。
3. 学会 pH 计的使用，了解 pH 与$[H^+]$的关系。

【实训原理】 醋酸是一元弱酸，在水溶液中存在以下解离平衡，若 c（mol/L）为 HAc 溶液的起

始浓度，则有

$$HAc + H_2O \rightleftharpoons H_3O^+ + Ac^-$$

$$K_a = \frac{[H_3O^+][Ac^-]}{[HAc]} = \frac{[H_3O^+]^2}{c-[H_3O^+]}$$

用 pH 计测得 HAc 的溶液中 H_3O^+ ，根据公式计算出 HAc 的解离常数。

【实训准备】

1. **仪器** 移液管（5 ml、10 ml 和 25 ml），pH 计（如 pHS-3C 型酸度计），复合电极，容量瓶（50 ml，5 只），烧杯（50 ml，5 个）。

2. **试剂** HAc 溶液（0.1000 mol/L），蒸馏水。

【实训内容】

1. **配制不同浓度的醋酸溶液** 用移液管分别量取 5.00 ml、10.00 ml、15.00 ml、20.00 ml 和 25.00 ml 标准的 0.1000 mol/L HAc 溶液，加入 1～5 号的 5 个 50 ml 容量瓶中，加蒸馏水稀释至刻度，摇匀，备用。分别计算出 5 瓶 HAc 溶液的浓度。

2. **测定醋酸溶液的 pH** 将上述配制好的 5 种不同浓度的醋酸溶液，分别放入 1～5 号的 5 个干燥的 50 ml 烧杯中，按照从稀到浓的次序用 pH 计分别测定它们的 pH，记录实验数据和室温。计算出 HAc 的解离度和解离常数。

【实训记录】

烧杯编号	醋酸溶液的体积/ml	c /（mol/L）	pH	$[H_3O^+]$/（mol/L）	α（HAc）	K_a（测定值）
1	5.00					
2	10.00					
3	15.00					
4	20.00					
5	25.00					
$K_{a平}$						

【注意事项】

1. 配制不同浓度 HAc 溶液时，接近容量瓶刻度时改用滴管增加。

2. 计算公式：$K_a \approx \frac{[H_3O^+]^2}{c}$。

3. 用移液管、容量瓶配制一定体积、一定浓度的溶液的步骤。通过测定已知浓度醋酸溶液的 pH 计算出$[H_3O^+]$，进而求出 K_a。

附：pH 计的正确使用方法和步骤

1. **仪器准备** 将浸泡好的 pH 复合电极（或玻璃电极和饱和甘汞电极）夹在电极夹上，接上电极导线。用纯化水清洗两电极需要插入溶液的部分，清洗后用滤纸吸干电极外壁上的水分。

2. **仪器的预热** 接通电源，打开仪器开关，预热 30 min。

3. **仪器的校正** ①将仪器功能选择按钮调置“pH”位置。②将电极插入标准缓冲溶液（如 298.15 K，pH=6.86）中。③调节“温度”调节器，使指示的温度为标准缓冲溶液的温度值。调节“温度”调节器，使指示的温度等于标准缓冲溶液的温度。④将“斜率”旋钮顺时针旋到最大。⑤轻摇装有标准缓冲溶液的烧杯，待电极反应平衡后，调节“定位”旋钮，使仪器显示读数与该标准缓冲溶液当前温度下的 pH 一致。⑥取出电极，纯化水清洗电极，并用吸水滤纸擦干。再插入另一标准缓冲溶液中，注意该缓冲溶液 pH 应接近被测溶液 pH（如 298.15K，pH=4.00 或 pH=9.18）。轻摇烧杯，调节“斜率”旋钮，使仪器显示读数与该缓冲溶液当前温度下的 pH 值一致。调好后，“定位”和“斜率”旋钮都不能再动。

4. 测量待测溶液的 pH 纯化水清洗电极，并用吸水纸擦干，插入待测溶液中，轻摇烧杯，待电极反应平衡后，读取被测溶液的 pH。

5. 测量完毕，取下电极，纯化水清洗电极。并用滤纸吸干甘汞电极上的水，塞上橡胶塞后放回电极盒中，将玻璃电极浸泡在纯化水中。关闭电源，将仪器擦拭干净。

【实训检测】

1. 对醋酸来说，溶液越稀，解离度越大，酸度越大，这个说法对吗？为什么？
2. 若改变所测醋酸溶液的浓度，解离度和解离常数有无变化？若有变化为何？
3. 测定不同浓度醋酸溶液的 pH 时，为何按照从稀到浓的次序？

（姜 斌）

实训 6 缓冲溶液的配制和性质

【实训目的】

1. 掌握缓冲溶液配制的原理、方法及操作技术。
2. 熟悉缓冲溶液的缓冲作用，加深对缓冲溶液性质的理解。

【实训原理】

1. 不同的缓冲溶液具有不同的缓冲范围，配制缓冲溶液时应根据所需 pH 选择合适的缓冲对，当弱酸和共轭碱的浓度相等时，可利用以下公式计算出所配制缓冲溶液的 pH：

$$pH = pK_a + \lg\frac{V_{A^-}}{V_{HA}}$$

从上式可知，缓冲溶液的 pH，主要取决于共轭酸碱对中弱酸的 K_a 值，其次取决于缓冲比。如果使用相同浓度的弱酸及其共轭碱时，按一定体积比混合，改变体积比 V_{A^-}/V_{HA} 可配制实际需要的缓冲溶液。

2. 缓冲溶液具有抗酸和抗碱成分，加入少量强酸或强碱，其 pH 几乎不变；稀释缓冲溶液时，溶液中的共轭酸碱对的浓度为等比例稀释，缓冲比不变。因此，适当稀释不影响缓冲溶液的 pH。当加入的酸或碱的量超过缓冲溶液的缓冲能力时，将引起溶液 pH 的显著改变，失去缓冲作用。

3. 缓冲溶液的缓冲能力用缓冲容量来衡量，缓冲溶液的缓冲容量越大，其缓冲能力越大。缓冲容量与总浓度及缓冲比有关，当缓冲比一定时，总浓度越大，缓冲容量越大；当总浓度一定时，缓冲比越接近 1，缓冲容量越大，缓冲比等于 1 时，缓冲容量最大。

【实训准备】

1. 仪器 试管、小烧杯、刻度吸管（10 ml）、胶头滴管、洗耳球等。

2. 试剂 浓度为 0.1 mol/L 的下列溶液：HCl，HAc，NaAc，NaOH，$NH_3 \cdot H_2O$，NaH_2PO_4，Na_2HPO_4，NH_4Cl；pH=4.0 的 HCl 溶液，pH=10.0 的 NaOH 溶液，pH=4.0 缓冲溶液，pH=7.0 缓冲溶液，pH=10.0 缓冲溶液，纯化水，甲基红指示剂，广泛 pH 试纸，精密 pH 试纸。

【实训内容】

1. 缓冲溶液的配制 取 3 个小烧杯，按（1）、（2）、（3）编号，然后用刻度吸管按实训表 6-1 中所示的量，分别吸取 0.1 mol/L HAc 及 0.1 mol/L NaAc 溶液、0.1 mol/L NaH_2PO_4 及 0.1 mol/L Na_2HPO_4、0.1 mol/L $NH_3 \cdot H_2O$ 及 0.1 mol/L NH_4Cl 加入小烧杯中，配制总体积各为 50 ml 的缓冲溶液，混匀。通过计算，将配制下列 3 种缓冲溶液所需要各组分的体积（ml）填入实训表 6-1 中。

实训表 6-1　缓冲溶液的配制

缓冲溶液	pH 理论值	各组分的体积/ml	pH 实验值
（1）	4.0		
（2）	7.0		
（3）	10.0		

2. 缓冲溶液的性质

（1）取 2 支试管，在一只试管中加入 5 ml pH = 4.0 的 1 号小烧杯中的缓冲溶液，在另一只试管中加入 5 ml pH = 4.0 的 HCl 溶液，然后分别在 2 只试管中各加入 10 滴 0.1 mol/L HCl 溶液，用广泛 pH 试纸和精密 pH 试纸测量各试管中溶液中的 pH。相同的实验方法，各加入 10 滴 0.1 mol/L NaOH 溶液对以上 2 种溶液 pH 的影响。把所观察到的现象记入实训表 6-2 中，并解释产生各种现象的原因。

实训表 6-2　缓冲溶液的性质（一）

试管号	溶液	加入酸或碱的量	pH
1	pH =4.0 缓冲溶液	10 滴 HCl	
2	pH =4.0 HCl 溶液	10 滴 HCl	
3	pH =4.0 缓冲溶液	10 滴 NaOH	
4	pH =4.0 HCl 溶液	10 滴 NaOH	

（2）用 pH=7.0 的 2 号小烧杯中的缓冲溶液和纯化水代替上述 pH=4.0 的两种溶液，重复上述实验。把所观察到的现象记入实训表 6-3 中，并解释产生各种现象的原因。

实训表 6-3　缓冲溶液的性质（二）

试管号	溶液	加入酸或碱的量	pH
1	pH =7.0 缓冲溶液	10 滴 HCl	
2	纯化水	10 滴 HCl	
3	pH =7.0 缓冲溶液	10 滴 NaOH	
4	纯化水	10 滴 NaOH	

（3）用 pH =10.0 的 3 号小烧杯中的缓冲溶液和 pH = 10.0 NaOH 溶液代替上述 pH = 4.0 的两种溶液，重复上述实验。把所观察到的现象记入实训表 6-4 中，并解释产生各种现象的原因。

实训表 6-4　缓冲溶液的性质（三）

试管号	溶液	加入酸或碱的量	pH
1	pH=10.0 缓冲溶液	10 滴 HCl	
2	pH=10.0 NaOH 溶液	10 滴 HCl	
3	pH=10.0 缓冲溶液	10 滴 NaOH	
4	pH=10.0 NaOH 溶液	10 滴 NaOH	

（4）取 4 支试管，分别加入 pH = 4.0 的缓冲溶液，pH = 4.0 的 HCl 溶液，pH = 10.0 的缓冲溶液，pH = 10.0 的 NaOH 溶液各 1 ml，然后各分别加入 10 ml 纯化水，混合后，用精密 pH 试纸测量各试管中溶液的 pH。把所观察到的现象记入实训表 6-5 中，并解释产生各种现象的原因。

实训表 6-5 缓冲溶液的稀释

试管号	溶液	稀释后的 pH
1	pH=4.0 缓冲溶液	
2	pH=4.0HCl 溶液	
3	pH=10.0 缓冲溶液	
4	pH=10.0 NaOH 溶液	

【注意事项】

1. 缓冲溶液的配制要注意精确度，量取溶液要准确，否则直接影响实验结果的准确性和科学性。
2. 正确使用吸量管，切勿混淆。

【实训检测】

1. 缓冲溶液的 pH 由哪些因素决定?
2. 试举例说明为什么缓冲溶液具有缓冲能力。
3. 通过本实训总结缓冲溶液的特性及影响缓冲容量的各种因素。
4. 本实训配制的三种缓冲溶液中，哪一种缓冲能力最大? 为什么?

（姜 斌）

实训 7 醋酸银溶度积常数的测定

【实训目的】

1. 掌握醋酸银溶度积常数的测定。
2. 学会移液管与酸式滴定管的使用。
3. 加深对溶度积原理与沉淀溶解平衡原理的理解。

【实训原理】

本实验采用 $AgNO_3$ 与 NaAc 反应生成 AgAc 沉淀，达到沉淀溶解平衡时，通过测定出[Ag^+]和[Ac^-]的数值，求算 K_{sp}。将生成的 AgAc 沉淀过滤后，收集滤液，用铁铵矾溶液作指示剂，用 KSCN 标准液滴定至终点为止（滤液变成浅红色）。

化学反应是：

$$Ag^+ + Ac^- \rightleftharpoons AgAc\downarrow$$

$$Ag^+ + SCN^- \rightleftharpoons AgSCN\downarrow$$

滴定终点：

$$Fe^{3+} + 3SCN^- \rightleftharpoons Fe(SCN)_3 \text{（浅红溶液）}$$

$$K_{sp} = [Ag^+][Ac^-]$$

【实训准备】

1. 仪器 移液管、酸式滴定管、锥形瓶、烧杯、漏斗、滤纸、玻璃棒。

2. 试剂 6 mol/L HNO_3 溶液、0.2 mol/L $AgNO_3$ 溶液、0.2 mol/L NaAc 溶液、0.1 mol/L KSCN 标准溶液、饱和铁铵矾溶液。

【实训内容】

1. 沉淀的生成 用移液管分别量取 20.0 ml 和 30.0 ml 的 0.2mol/L $AgNO_3$ 溶液于 2 个干燥洁净的锥形瓶中，用另一支移液管分别量取 40.0 ml 和 30.0 ml 的 NaAc 溶液于上述 2 个锥形瓶中，使每个锥形瓶中溶液体积均为 60.0 ml。轻轻摇动锥形瓶约 3 min，然后静置 15 min，达到沉淀溶解平衡。

2. 沉淀的过滤 用干燥洁净的漏斗和干燥滤纸（滤纸不要润湿）过滤上述 2 瓶混合液于 2 个干燥洁净的小烧杯中（滤去初滤液 1～2 ml），得到澄清滤液。

3. 滴定滤液 用移液管吸取25.0 ml第1瓶中的滤液于一洁净锥形瓶中，加入1 ml 6mol/L HNO_3 和1 ml饱和铁铵矾溶液，用0.1mol/L KSCN标准溶液滴定至浅红色半分钟内不再消失为止，记录所消耗KSCN溶液的体积。重复操作测定第2瓶中的滤液，记录所消耗KSCN溶液的体积。

4. 计算出[Ag^+]和[Ac^-]后，再计算出2次实验的溶度积，取平均值即为醋酸银溶度积。

【注意事项】

1. 使用 $AgNO_3$ 时避免接触皮肤，禁止将剩余 $AgNO_3$ 随意倾倒，必须倒入指定回收桶。

2. 用KSCN标准液滴定时滴定终点是浅红色，如果红色较深，说明已过滴定终点，因此越接近滴定终点要求滴定速率越慢。

【实训检测】

1. 为什么要用干燥滤纸过滤并去初滤液1～2 ml?

2. 加入铁铵矾溶液作指示剂时为什么要加入 HNO_3 溶液，能否用盐酸或硫酸溶液代替，为什么?

（崔霖芸）

实训8 配位化合物的生成和性质

【实训目的】

1. 学会配离子和配合物的制备。

2. 验证配离子与简单离子、复盐的区别。

3. 认识配位平衡的移动因素。

【实训原理】

配位化合物是指一类由简单离子或中性分子与金属离子或原子相结合的复杂化合物。大多数的易溶配合物在水溶液中可完全解离为配离子和外界离子。配离子在水溶液中较稳定，不易电离，但复盐就能完全电离成简单的离子。例如：

$$[Cu(NH_3)_4]SO_4 \rightleftharpoons [Cu(NH_3)_4]^{2+} + SO_4^{2-}$$

配离子的稳定性是相对的，在水溶液中能微弱地解离成简单离子，有条件地形成配位平衡。当外界条件改变时，如改变溶液的酸碱性、加入沉淀剂或氧化剂等时，平衡会发生移动。

【实训准备】

1. 仪器准备 试管，试管架，表面皿，滤纸。

2. 药品准备 0.1 mol/L $CuSO_4$、0.1 mol/L NaOH、2 mol/L NaOH、6 mol/L NaOH、0.2 mol/L $BaCl_2$、6 mol/L $NH_3 \cdot H_2O$、0.1 mol/L $K_3[Fe(CN)_6]$、0.1 mol/L KSCN、0.1 mol/L $NH_4Fe(SO_4)_2$、2 mol/L H_2SO_4、0.1 mol/L $FeCl_3$、0.1 mol/L KBr、0.1 mol/L $Na_2S_2O_3$、0.1 mol/L KI、饱和 $Na_2S_2O_3$、0.1 mol/L Na_2S、2 mol/L NH_4F、饱和 $(NH_4)_2C_2O_4$、CCl_4 溶液。

【实训内容】

（一）配离子的生成和稳定性

1. $CuSO_4$ 在溶液中的稳定性 取2支试管，分别加入0.1 mol/L $CuSO_4$ 溶液1 ml，然后在试管①中加入0.2 mol/L $BaCl_2$ 溶液2滴，在试管②中加入0.1 mol/L NaOH溶液4滴，观察现象，并写出反应方程式。

2. $[Cu(NH_3)_4]^{2+}$ 配离子的生成和稳定性 取一支大试管，加入0.1 mol/L $CuSO_4$ 溶液4 ml，逐滴加入6 mol/L $NH_3 \cdot H_2O$ 溶液，边加边振荡，待生成的沉淀完全溶解后再多加氨水1～2滴，观察现象，写出化学反应方程式。

（二）配合物与简单离子、复盐的区别

1. 配离子与简单离子的区别

（1）取一支试管，加入 0.1 mol/L $K_3[Fe(CN)_6]$溶液 1 ml，滴入 0.1 mol/L KSCN 溶液 3 滴，观察现象。

（2）以 $FeCl_3$ 溶液代替 $K_3[Fe(CN)_6]$溶液做相同实验，观察现象，解释其现象并写出化学反应方程式。

2. 配合物与复盐的区别

（1）配合物$[Cu(NH_3)_4]SO_4$ 中离子的鉴定。

SO_4^{2-} 的鉴定：取一支试管，加入前面配制好的$[Cu(NH_3)_4]SO_4$ 溶液 1 ml，滴入 0.1 mol/L $BaCl_2$ 溶液 2 滴，观察现象，解释其现象并写出化学反应方程式。

Cu^{2+}的鉴定：取一支试管，加入前面配制好的$[Cu(NH_3)_4]SO_4$ 溶液 1 ml，滴入 0.1 mol/L NaOH 溶液 4 滴，观察现象。

（2）复盐 $NH_4Fe(SO_4)_2$ 中离子的鉴定。

SO_4^{2-} 的鉴定：取一支试管，加入 0.1 mol/L $NH_4Fe(SO_4)_2$ 溶液 1 ml，滴入 0.1 mol/L $BaCl_2$ 溶液 2 滴，观察现象，并写出离子反应方程式。

Fe^{3+}的鉴定：取一支试管，加入 0.1 mol/L $NH_4Fe(SO_4)_2$ 溶液 1 ml，滴入 0.1 mol/L KSCN 溶液 2 滴，观察现象，并写出离子反应方程式。

NH_4^+ 的鉴定：在一块较大的表面皿中心，加入 0.1 mol/L $NH_4Fe(SO_4)_2$ 溶液 5 滴，再加入 6 mol/L NaOH 溶液 5 滴，混匀。在另一块较小的表面皿中心粘上 1 条湿润的红色石蕊试纸，将它盖在较大的表面皿上，密闭做成气室。将此气室放在水浴上稍微加热，前面配制好的$[Cu(NH_3)_4]SO_4$ 溶液 1 ml，滴入 0.1 mol/L NaOH 溶液 4 滴，观察现象，并写出离子反应方程式。

（三）配位平衡的移动因素

1. 配位平衡和酸碱反应

（1）酸的影响：取一支试管，加入前面配制好的$[Cu(NH_3)_4]SO_4$ 溶液 5 滴，加入数滴 2 mol/L H_2SO_4，至溶液呈酸性，观察现象，并写出离子反应方程式。

（2）碱的影响：取一支试管，加入 0.1 mol/L $FeCl_3$ 溶液 3 滴和 0.1 mol/L KSCN 溶液 1 滴，再逐滴加入 2 mol/L NaOH 溶液，观察现象，并写出离子反应方程式。

2. 配位平衡和沉淀溶解平衡 取一支试管，然后按下列顺序进行实验（均在同一支试管中进行），观察现象，并写出每一步的反应方程式。

（1）加入 0.1 mol/L NaCl 溶液 1 滴，产生沉淀；

（2）加入 6 mol/L $NH_3 \cdot H_2O$ 溶液至上述沉淀刚刚溶解；

（3）加入 0.1 mol/L KBr 溶液 1 滴至刚好有沉淀生成；

（4）加入 0.1 mol/L $Na_2S_2O_3$ 溶液 1 滴，边滴边剧烈振荡至沉淀刚好溶解；

（5）加入 0.1 mol/L KI 溶液 1 滴至刚有沉淀生成；

（6）加入饱和 $Na_2S_2O_3$ 溶液至沉淀刚刚溶解；

（7）加入 0.1 mol/L Na_2S 溶液至刚好有沉淀生成。

根据上述实验结果，讨论沉淀溶解平衡和配位平衡的关系，比较几种沉淀的溶度积和几种配离子的稳定常数大小。

3. 配位平衡和氧化还原反应 取 2 支试管，各加入 0.1 mol/L $FeCl_3$ 溶液 5 滴和 CCl_4 溶液 10 滴。在试管①中加入 2 mol/L NH_4F 溶液至溶液变为无色（记下滴数），再加 0.1 mol/L KI 溶液 3 滴；在试管②中加入与试管①加入 NH_4F 溶液等量的水，再加 0.1 mol/L KI 溶液 3 滴。比较两支试管中 CCl_4 层的颜色，解释其现象并写出化学反应方程式。

4. 配合物的取代反应 取一支试管，加入 0.1 mol/L $FeCl_3$ 溶液 0.5 mL，加入 0.1 mol/L KSCN 溶液 1 滴，观察现象，然后滴加 2 mol/L NH_4F 溶液至溶液变为无色，再滴加饱和$(NH_4)_2C_2O_4$溶液，至溶

液变为黄绿色，观察现象，并写出离子反应方程式。

【注意事项】

在实验（三）2 的操作中要注意：凡是生成沉淀，沉淀的量要少，即刚好生成沉淀为宜。凡是使沉淀溶解的步骤，加入溶液的量越少越好，即沉淀刚好溶解为宜。因此，在滴加溶液的过程中必须逐滴加入，且边滴边摇，若试管中溶液量太多，可在生成沉淀后，先离心弃去清液，再继续进行实验。

【实训记录】

实训内容	实训步骤	实训现象	反应方程式
配离子的生成和稳定性	$CuSO_4$ 在溶液中的稳定性		
	$[Cu(NH_3)_4]^{2+}$配离子的生成和稳定性		
配合物与简单离子、复盐的区别	配离子与简单离子的区别		
	配合物$[Cu(NH_3)_4]SO_4$ 中离子的鉴定		
	复盐 $NH_4Fe(SO_4)_2$ 中离子的鉴定		
配位平衡的移动因素	配位平衡和酸碱反应		
	配位平衡和沉淀溶解平衡		
	配位平衡和氧化还原反应		
	配合物的取代反应		

【实训检测】

1. 如何证明 $K_3[Fe(CN)_6]$是配合物，而 $NH_4Fe(SO_4)_2$ 是复盐？
2. 根据实验现象说明配位平衡受哪些因素影响。
3. 在$[Cu(NH_3)_4]SO_4$溶液中加入 NaOH 溶液，为什么没有蓝色沉淀生成？

（陈晓靓）

实训 9　硫酸亚铁铵的制备

【实训目的】

1. 学会利用溶解度的差异制备硫酸亚铁铵。
2. 掌握水浴加热、过滤、蒸发、洗涤等基本操作。
3. 了解检验产品中杂质含量的一种方法。

【实训原理】

复盐硫酸亚铁铵$[FeSO_4 \cdot (NH_4)_2SO_4 \cdot 6H_2O]$俗称莫尔盐。它是浅蓝绿色透明晶体，易溶于水，在空气中比一般亚铁铵盐稳定，不易被氧化。

在 0～60℃范围内，硫酸亚铁铵在水中的溶解度比组成它的简单盐$(NH_4)_2SO_4$和 $FeSO_4 \cdot 7H_2O$ 要小（实训表 9-1），因此只需要将它们按一定比例在水中溶解，混合，即可制得硫酸亚铁铵晶体。其方法如下：

$$Fe+H_2SO_4 = FeSO_4+H_2\uparrow$$
$$FeSO_4+(NH_4)_2SO_4+6H_2O = FeSO_4(NH_4)_2SO_4 \cdot 6H_2O$$

实训表 9-1　$(NH_4)_2SO_4/FeSO_4/FeSO_4(NH_4)_2SO_4$ 在不同温度的溶解度数据（单位：g/100 g H_2O）

温度/℃	0	20	40	50	60	70	80	100
$(NH_4)_2SO_4$	70.6	75.4	81.0	—	88.0	—	95	103
$FeSO_4 \cdot 7H_2O$	28.8	48.0	73.3	—	100.7	—	79.9	57.8
$FeSO_4(NH_4)_2SO_4 \cdot 6H_2O$	12.5	—	33	40	—	52	—	—

【实训准备】

1. 仪器准备 铁架台、水浴装置、普通漏斗、热滤漏斗、蒸发皿（60 ml）、锥形瓶（250 ml）、烧杯（50 ml、100 ml、150 ml）、量筒、酒精灯、石棉网、药匙、100℃温度计。

2. 药品准备 铁屑（铁粉）、铁钉（已除油）、$(NH_4)_2SO_4$（固）、3 mol/L H_2SO_4、0.1 mol/L Na_2CO_3 溶液。

【实训内容】

（一）硫酸亚铁的制备

称取 4 g 铁屑放在烧杯中，加 40 ml 0.1 mol/L Na_2CO_3 溶液，加热 5～10 min，后倾析法除去碱液；用水把铁屑上碱液冲洗干净，以防止在加入 H_2SO_4 后产生 Na_2SO_4 晶体混入 $FeSO_4$ 中，去水、烘干。

将洗净的铁钉放入锥形瓶中，加入 3 mol/L 20 ml H_2SO_4 溶液。水浴加热（温度低于 80℃）至不再有气体冒出为止。反应过程中要适当补充一些水分，以保持原有体积，趁热过滤。滤液接到清洁的蒸发皿中，用约 2 ml 热水洗涤锥形瓶及漏斗上的残渣。

（二）硫酸亚铁铵的制备

根据加入 H_2SO_4 的量，计算所需 $(NH_4)_2SO_4$ 的量，称取 $(NH_4)_2SO_4$，并配成饱和溶液。将此溶液倒入蒸发皿 $FeSO_4$ 溶液中，保持混合溶液呈微酸性。在水浴上蒸发、浓缩至溶液表面刚有结晶膜出现，放置让其慢慢冷却，即有硫酸亚铁铵晶体析出。观察晶体颜色，用布氏漏斗抽气过滤，尽可能使母液与晶体分离完全，再用少量乙醇洗去晶体表面的水分。将晶体取出，摊在两张干净的滤纸之间，轻压吸干母液，称量，计算产率。

$$产率=实际值/理论值\times 100\%$$

【注意事项】

1. 铁与稀硫酸反应时为加快反应速率需加热，但最好控温在 60℃以下。若温度超过 60℃易生成 $FeSO_4\cdot H_2O$ 白色晶体，过滤时会残留在滤纸上而降低产量，对 $(NH_4)_2SO_4$ 的物质的量的确定也有影响，会使 $(NH_4)_2SO_4$ 的物质的量偏高。

2. 反应中铁要稍过量。铁与稀硫酸反应临近结束时，可剩下一点铁屑，这是因为有 Fe 存在可以还原氧化生成的 Fe^{3+}，保证 Fe^{2+} 稳定、纯净地存在，减少产物中的 Fe^{3+} 杂质。

3. 铁屑溶于酸时要注意分次补充少量水，以防止硫酸亚铁晶体析出。

4. 过滤 $FeSO_4$ 时一定要趁热过滤，因为 $FeSO_4$ 在低温时溶解度较小，如果不趁热过滤就会有 $FeSO_4\cdot 7H_2O$ 析出。过滤完后用少量的热水洗涤 2～3 次，但所用热水不可过多，否则后面浓缩结晶溶液时所用时间较长。

5. 在室温下将称出的 $(NH_4)_2SO_4$ 完全溶解在适量的水中配制成饱和溶液，然后倒入至上一步实验得到的 $FeSO_4$ 溶液中。缓慢蒸发浓缩至溶液表面刚出现薄层的结晶时为止，此时不宜搅动。待冷却到室温时才能过滤，因为莫尔盐在高温时溶解度大，高温时过滤产量。

6. 洗涤莫尔盐时用无水乙醇，不能用水。莫尔盐不溶于乙醇，但易溶于水，用无水乙醇可以除去水，易于干燥。

【实训检测】

1. 浓 H_2SO_4 的物质的量浓度是多少？如何用浓硫酸配制 40 ml 3 mol/L H_2SO_4 溶液？在配制过程中注意什么？

2. 在制备硫酸亚铁铵时，混合溶液为什么要呈微酸性？

3. 在反应过程中，铁和硫酸哪一种物质要过量？为什么？

（陈晓靓）

实训 10　氧化还原反应

【实训目的】

1. 掌握电极电势与氧化还原反应的关系。

2. 了解氧化态和还原态浓度的变化对电极电势的影响。

【实训原理】

从能斯特方程可以看出，在 25℃时，影响电极电势的因素为电极的本性（氧化态的氧化能力和还原态的还原能力）和电极反应中氧化态及还原态的浓度。

在 25℃时，电极的反应：

$$Ox_1+Red_2 \rightleftharpoons Ox_2+Red_1$$

$$\varphi = \varphi^{\ominus} + \frac{0.0592}{n}\lg\frac{c_{Ox}}{c_{Red}}$$

一定温度下，φ值越大，则电对中氧化态的氧化能力越强；φ值越小，则表示还原态的还原能力越强。氧化还原反应自发进行的方向，总是由两电对中电极电势较高的氧化态氧化电极电势较低的还原态。

【实训准备】

1. **仪器**　50 ml 烧杯、5 cm^2 表面皿、8 cm^2 表面皿、伏特计、锌电极片、铜电极片、导线、试管、盐桥。

2. **试剂**　锌粒、0.1 mol/L $FeCl_3$溶液、0.1 mol/L KI 溶液、0.1 mol/L KBr 溶液、0.1 mol/L $FeSO_4$溶液、0.5 mol/L $CuSO_4$溶液、0.5 mol/L $ZnSO_4$溶液、0.01 mol/L $KMnO_4$溶液、3 mol/L H_2SO_4溶液、6 mol/L HAc 溶液、6 mol/L NaOH 溶液、2 mol/L HNO_3溶液、浓 HNO_3、浓 $NH_3 \cdot H_2O$、CCl_4、饱和碘水、饱和溴水、红色石蕊试纸、0.01 mol/L 邻菲咯啉溶液、0.1 mol/L $KClO_3$溶液、0.1 mol/L Na_2SO_3溶液、40% NaOH 溶液、蒸馏水。

【实训内容】

1. **电极电势与氧化还原反应的关系**

（1）取 0.1 mol/L KI 溶液 10 滴，加入 0.1 mol/L $FeCl_3$溶液 2 滴，混匀，加入 15 滴 CCl_4，充分振摇，观察 CCl_4层的颜色变化。

（2）用 0.1 mol/L KBr 溶液代替 0.1 mol/L KI 溶液，进行上述实验，观察现象。根据以上实验结果，定性比较 Br_2/Br^-、I_2/I^-、Fe^{3+}/Fe^{2+}三组电对的电极电势相对大小。

（3）分别用饱和碘水和饱和溴水 2 滴与 0.1 mol/L $FeSO_4$溶液 6 滴作用，观察现象。并说明电极电势与氧化还原反应的关系。

2. **酸度对氧化还原反应的影响**

（1）两个各盛 10 滴 0.1 mol/L KBr 溶液的试管中，分别加入 10 滴 3 mol/L H_2SO_4溶液和 10 滴 6 mol/L HAc 溶液，然后往两支试管中各滴加 1 滴 0.01 mol/L $KMnO_4$溶液，振摇，观察比较两支试管中溶液颜色消退的快慢，写出反应式，并加以解释。

（2）取 0.1 mol/L $FeSO_4$溶液 10 滴，加 0.01 mol/L 邻菲咯啉溶液 10 滴，振荡，待溶液变为橙红色后，加入 0.1 mol/L $KClO_3$溶液 4～5 滴，溶液有无变化？再边振荡边滴加 3 mol/L H_2SO_4溶液，溶液有何变化？在这一氧化还原反应中 H_2SO_4起何作用？

（3）取试管 3 支，各加 10 滴 0.1 mol/L Na_2SO_3溶液，再分别加 10 滴 3 mol/L H_2SO_4溶液、蒸馏水和 40% NaOH 溶液，摇匀后，再各加 3 滴 0.01 mol/L $KMnO_4$溶液，观察现象。$KMnO_4$在酸性、中性和碱性介质中的还原产物分别为 Mn^{2+}、MnO_2和 MnO_4^{2-}，写出反应式。

3. **浓度对氧化还原反应的影响**

（1）往两个各盛有一细锌粒的试管中分别加入 10 滴浓 HNO_3和 2 mol/L HNO_3溶液。观察反应现象，比较反应速度和反应产物是否相同。浓硝酸被还原后的产物可通过观察产生的气体的颜色来判断，稀硝酸还原后的产物用检验溶液中是否有 NH_4^+生成的方法来确定。

$$Zn+4\ HNO_3(浓) \xlongequal{} Zn(NO_3)_2+2\ NO_2\uparrow+2\ H_2O$$
$$4\ Zn+10\ HNO_3(稀) \xlongequal{} 4\ Zn(NO_3)_2+NH_4NO_3+3\ H_2O$$

NH_4^+ 的检验方法：将 5 滴待测溶液置于表面皿中心，再加 3 滴 6 mol/L NaOH 溶液碱化，混匀。在另一块较小的表面皿中心贴附一小块用水润湿的红色石蕊试纸，把它盖在大表面皿上构成气室，将此气室置于水浴上微热数分钟；若红色石蕊试纸变蓝，则表示有 NH_4^+ 存在。此法简称“气室法”。

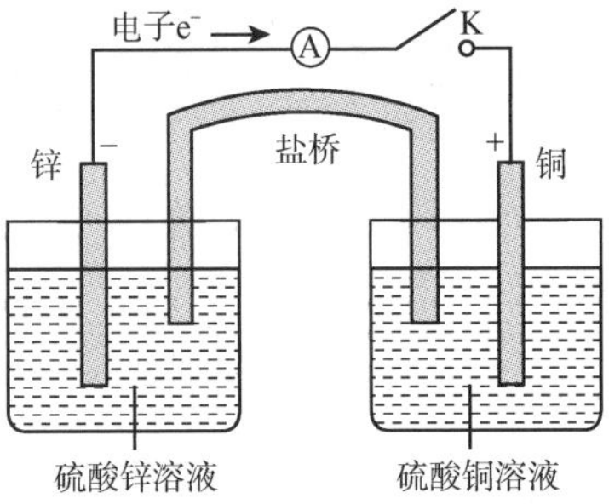

实训图 10-1 Cu-Zn 原电池装置图

（2）浓度对电极电势及电池电动势的影响：在 50 ml 烧杯中加 0.5 mol/L $CuSO_4$ 溶液 20 ml，并插入一铜片组成正电极，在另一 50 ml 烧杯中加入 0.5 mol/L $ZnSO_4$ 溶液 20 ml，并插入一锌片组成负电极，用导线连接铜片和锌片，用盐桥将两烧杯中溶液连接起来，构成一原电池。将伏特计按图所示连接并测量该电池两极间的电动势 E_1。

在盛 $CuSO_4$ 的烧杯中边搅拌边滴加浓氨水，直至沉淀生成又溶解，记录此时的电动势 E_2。再在盛有 $ZnSO_4$ 的烧杯中边搅拌边滴加浓 $NH_3\cdot H_2O$，直至沉淀生成又溶解，记录此时的电动势 E_3。解释电动势改变的原因。

【注意事项】

1. 使用浓硝酸时注意安全。
2. 有 NO_2 气体生成的反应需在通风橱中进行。

【实训检测】

1. 影响电极电势的因素有哪些?
2. 如何根据电极电势，确定氧化剂或还原剂的相对强弱?
3. 在 $CuSO_4$ 溶液中加入过量 $NH_3\cdot H_2O$，其电极电势怎样改变？试解释原因。

（勇飞飞）

实训 11 非金属元素的性质

【实训目的】

1. 了解过氧化氢及硼酸的检验方法。
2. 熟悉萃取和分液的操作方法。
3. 掌握卤族、氧族、氮族和碳族元素的基本性质。

【实训原理】

1. 卤素单质的氧化性：$Cl_2>Br_2>I_2$，卤素离子还原性：$I^->Br^->Cl^-$。
2. 漂白粉具有漂白作用。
3. 过氧化氢具有氧化性和还原性。

过氧化氢的检验方法：在酸性溶液中加入 $K_2Cr_2O_7$ 溶液，生成蓝色的过氧化铬（CrO_5）。过氧化铬在水中不稳定，在乙醚中较稳定，所以常预先加入乙醚。其化学反应方程式如下：

$$K_2Cr_2O_7+H_2SO_4+4H_2O_2 \xlongequal{} 2CrO_5+K_2SO_4+5H_2O$$

4. 硫代硫酸盐具有易分解、还原性和配位性。
5. 硝酸具有强氧化性，硝酸的浓度不同、金属的活泼性不同，生成的还原产物不同。
6. 硼酸为弱酸，若与邻二醇结构结合，可使其酸性增强。

硼酸的检验方法：点燃加入浓 H_2SO_4，和乙醇的硼酸晶体，其焰色反应为特征绿色。

【实训准备】

1. 仪器 试管、滴瓶、50 ml 分液漏斗、10 ml 量筒、角匙、蒸发皿、玻璃棒、铁架台等。

2. **试剂** 浓度均为 0.1 mol/L 的 KBr、NaCl、KI、$K_2Cr_2O_7$、$Na_2S_2O_3$、HCl、$AgNO_3$、$KMnO_4$溶液，1 mol/L 的 H_2SO_4溶液，30 g/L 的 H_2O_2溶液，2 mol/L 的 HCl 和 HNO_3溶液，浓硝酸，0.5 mol/L 的 HNO_3溶液，氯水、溴水、碘水，CCl_4，浓 H_2SO_4，乙醇，淀粉液，乙醚，甘油，甲基橙，品红溶液，固体硼酸，固体漂白粉，淀粉碘化钾试纸，铜片，锌片、蒸馏水。

【实训内容】

1. 卤素的氧化性和卤素离子的还原性的比较

（1）分别取 0.1 mol/L 的 NaCl、KBr、KI 溶液各 1 ml，置于 3 支试管，在各试管内逐滴加入氯水数滴，振荡，观察各有何变化。然后在各试管内再加入 0.5 ml 的 CCl_4液体，振荡，又有何变化？

（2）分别取 0.1 mol/L 的 NaCl、KBr、KI 溶液各 1 ml，置于 3 支试管，在各试管内逐滴加入溴水数滴，振荡，观察各有何变化。然后在各试管内再加入 0.5 ml 的 CCl_4液体，振荡，又有何变化？

试比较 Cl_2、Br_2、I_2 的氧化性强弱和 Cl^-、Br^-、I^-的还原性强弱，并写出其有关的化学反应方程式。

2. 漂白粉的性质

（1）取少量漂白粉固体放入试管中，加入 2 mol/L HCl 溶液 2 ml，振荡后在试管中，用淀粉碘化钾试纸试之。试纸有何变化？试解释原因。

（2）取少量漂白粉固体放入盛有 2 ml 蒸馏水的试管中，滴入品红溶液 2 滴。溶液有何变化？试解释原因。

3. 过氧化氢的性质和检验

（1）氧化性：在试管中加入 0.1 mol/L 的 KI 溶液 1 ml，用 2 滴 1 mol/L 的 H_2SO_4酸化后，加入 2～3 滴 30 g/L 的 H_2O_2溶液，观察有何变化。再加入 2 滴淀粉液，有何现象？解释原因。

（2）还原性：在试管中加入 0.1 mol/L 的 $KMnO_4$，用 2 滴 1 mol/L 的 H_2SO_4酸化后，逐滴加入 30 g/L 的 H_2O_2溶液，边滴边振荡，至溶液颜色消失为止。写出有关化学反应方程式。

（3）过氧化氢的检验：在试管中加入 2 ml 蒸馏水，加入乙醚 1 ml，0.1 mol/L 的 $K_2Cr_2O_7$溶液和 1 mol/L 的 H_2SO_4溶液各 1 滴，再加入 3～5 滴过氧化氢溶液。充分振荡，观察水层和乙醚中的颜色变化。

4. 硫代硫酸盐的性质

（1）硫代硫酸钠的分解反应：取 0.1 mol/L 的 $Na_2S_2O_3$溶液 1 ml 置于一试管中，加入 0.1 mol/L 的 HCl 溶液 2 ml，充分振荡，观察现象，写出有关化学反应方程式。

（2）硫代硫酸钠的还原性：取 0.1 mol/L 的 $Na_2S_2O_3$溶液 1 ml，加入碘水 2 ml，充分振荡，观察现象，写出有关化学反应方程式。

（3）硫代硫酸钠的配位反应：取 0.1 mol/L 的 $AgNO_3$溶液 0.5 ml，置于一试管中，逐滴加入 0.1 mol/L 的 $Na_2S_2O_3$溶液，边滴边振荡，直至生成的沉淀完全溶解。解释现象。

5. 硝酸的氧化性

（1）取两支试管各加入一小块铜片，向两支试管中分别加入 1 ml 浓硝酸和 10 滴 2 mol/L 的硝酸，观察现象，写出反应方程式。

（2）取一支试管，加入一小块锌片，加入 0.5 mol/L 的硝酸，微热，观察现象，写出反应方程式。

6. 硼酸的性质和检验

（1）硼酸的性质：取少量固体硼酸于一试管内，加入 6 ml 蒸馏水，微热，使固体溶解。将溶液分装在 2 支试管中，其中一支试管内加入几滴甘油，混匀。在各试管中各加 1 滴甲基橙指示剂，振摇后观察溶液的颜色变化，比较颜色的差异并解释原因。

（2）硼酸的检验：取少量硼酸晶体放在蒸发皿中，加入几滴浓 H_2SO_4和乙醇 2 ml，混匀后点燃，观察焰色反应（硼酸三乙酯的蒸气燃烧时焰色为特征绿色）。

【注意事项】 在进行金属离子的鉴定时，要保证没有干扰离子的存在。

【实训检测】

1. 淀粉碘化钾试纸常用来检验氯气，能否用它检验氯化钠或氯化钾中的氯？为什么？

2. 在什么条件下漂白粉的消毒杀菌作用最佳?

3. 如何用化学方法鉴别亚硫酸钠、硫酸钠、硫代硫酸钠溶液?

4. 在硫代硫酸钠与碘的反应中，能否加入酸？为什么?

（陈晓姣）

实训12 几种常见金属离子的鉴定

【实训目的】

1. 掌握几种常见金属离子的鉴定方法。

2. 正确掌握离子检出的基本操作。

3. 了解焰色反应的操作。

【实训原理】

1. 碱金属和碱土金属元素的化学性质活泼，碱金属和钙、钡的挥发性化合物在高温火焰中使火焰呈现其特有的焰色反应，如Na^+呈黄色，K^+呈紫色，Ca^{2+}和Ba^{2+}分别呈砖红色和绿色。因此可以用焰色反应鉴定这些离子。

2. 过渡金属元素形成配合物 过渡元素有很强的形成配合物的倾向，不仅能形成简单的配合物和螯合物，还可以形成多核配合物、羰基配合物、一些特殊的配合物。

（1）铁能生成很多配合物，其中常见的有Fe^{2+}的溶液中加入铁氰化钾，或在Fe^{3+}的溶液中加入亚铁氰化钾，都有蓝色沉淀形成：

$$K^+ + Fe^{2+} + [Fe(CN)_6]^{3-} \xlongequal{\quad} KFe[Fe(CN)_6]\downarrow \text{（滕氏蓝）}$$

$$K^+ + Fe^{3+} + [Fe(CN)_6]^{4-} \xlongequal{\quad} KFe[Fe(CN)_6]\downarrow \text{（普鲁士蓝）}$$

Fe^{3+}还可以与SCN^-反应，生成血红色的配合物$[Fe(SCN)_6]^{3-}$配离子：

$$Fe^{3+} + 6SCN^- \rightleftharpoons [Fe(SCN)_6]^{3-} \text{（血红色）}$$

常用以上反应鉴定Fe^{2+}、Fe^{3+}的存在。

（2）Cu^{2+}与浓氨水的反应，生成深蓝色的$[Cu(NH_3)_4]^{2+}$配离子：

$$CuSO_4 + 4NH_3 \rightleftharpoons [Cu(NH_3)_4]SO_4$$

【实训准备】

1. 仪器 点滴板、试管、离心试管。

2. 试剂 饱和$(NH_4)_2C_2O_4$溶液、15 mol/L 氨水、6 mol/L NaOH、6 mol/L HCl、6 mol/L HAc、6 mol/L 氨水、6 mol/L HNO_3溶液、2 mol/L HAc、2 mol/L NaOH、2 mol/L HCl 溶液、0.1 mol/L HCl、0.1 mol/L NaCl、0.1 mol/L KCl、0.1 mol/L $CaCl_2$、0.1 mol/L $AlCl_3$、0.1 mol/L $MgCl_2$、0.1 mol/L $BaCl_2$、0.1 mol/L $FeSO_4$、0.1 mol/L $CuSO_4$、0.1 mol/L $FeCl_3$、0.1 mol/L $ZnSO_4$、0.1 mol/L $AgNO_3$、$KMnO_4$溶液、$Zn(Ac)_2UO_2(Ac)_2$试剂、$Na_3[Co(NO_2)_6]$亚硝酸钴钠试剂、镁试剂（对硝基偶氮间苯二酚）、铝试剂、邻二氮菲试剂、$K_3[Fe(CN)_6]$、$K_4[Fe(CN)_6]$、NH_4SCN、$(NH_4)_2Hg(SCN)_4$、0.2 g/L $CoCl_2$、浓H_2SO_4、H_2O_2、纯化水、铂丝、铅丝。

【实训内容】

1. Na^+的鉴定

（1）焰色反应：取一根铂丝，在氧化焰中烧至近于无色，用铂丝环蘸取少量钠盐或 0.1 mol/L NaCl 溶液，在无色火焰上灼烧，火焰呈持久的黄色。焰色反应只能用作辅助实验。

（2）乙酸铀酰锌法：在盛有 0.1 mol/L NaCl 溶液的试管中加入乙酸酸化，再加入过量乙酸铀酰锌溶液用玻璃棒摩擦试管内壁，溶液中有柠檬黄色结晶形沉淀生成，说明有Na^+存在。

2. K^+的鉴定

（1）焰色反应：取一根用铅丝环蘸取少量钾盐或 0.1 mol/L KCl 溶液，在无色火焰上灼烧，火焰呈紫色。焰色反应只能用作辅助实验。当钾盐中含有少量钠盐时，最好用蓝色钴玻璃片隔火观察，因为紫色火焰会被钠的强烈的黄色所掩盖。

（2）亚硝酸钴钠法：在盛有 0.1 mol/L KCl 溶液的离心试管中加入亚硝酸钴钠试液，观察有无橙黄色结晶形沉淀生成。反应在中性或醋酸酸性溶液中进行，必要时可离心分离。

3. Mg^{2+}的鉴定　取 0.1 mol/L $MgCl_2$ 试液 1 滴于点滴板上，加 6 mol/L NaOH 溶液 1 滴，加镁试剂（对硝基偶氮间苯二酚）1～2 滴，即生成天蓝色沉淀。

4. Ca^{2+}的鉴定

（1）焰色反应：Ca^{2+}的焰色反应呈砖红色。

（2）与$(NH_4)_2C_2O_4$的反应：取 0.1 mol/L $CaCl_2$ 试液 1～2 滴于离心试管中，加$(NH_4)_2C_2O_4$溶液 2 滴，生成白色的 CaC_2O_4 沉淀，离心分离。将沉淀分装在两支试管中，一支试管中加 6 mol/L HAc 溶液数滴，沉淀不溶解；另一试管中加 6 mol/L HCl 溶液数滴，沉淀溶解。

5. Ba^{2+}的鉴定

（1）焰色反应：Ba^{2+}的火焰呈黄绿色。

（2）与 H_2SO 和 $KMnO_4$ 的反应：取 0.1 mol/L $BaCl_2$ 试液 1～2 滴于离心试管中，加 $KMnO_4$ 溶液 1 滴，6 mol/L $H_2SO_4$1 滴，生成紫色的 $n BaSO_4 \cdot m KMnO_4$ 混晶，加热 2～3 min 后，再加 H_2O_2 不褪色。

6. Al^{3+}的鉴定　取 0.1 mol/L $AlCl_3$ 试液 2～3 滴于离心试管中，加铝试剂 2 滴，加 6 mol/L 氨水，呈碱性，在水浴上加热，生成红色絮状沉淀。

7. Fe^{2+}的鉴定

（1）与铁氰化钾的反应：取 0.1 mol/L $FeSO_4$ 试液 1 滴于点滴板上，加 $K_3[Fe(CN)_6]$试剂 2 滴，即生成深蓝色沉淀（滕氏蓝），反应需在酸性溶液中进行。

（2）与邻二氮菲的反应：取 0.1 mol/L $FeSO_4$ 试液 1 滴于点滴板上，加 1～2 滴邻二氮菲试剂，溶液呈橙红色。反应需在酸性溶液中进行。

8. Fe^{3+}的鉴定　取 0.1 mol/L $FeCl_3$ 试液 1 滴于点滴板上，加 NH_4SCN 溶液 2 滴，溶液呈深红色。生成的配合物组成不同，配位数为 1～6，碱能破坏配合物，故应在酸性溶液中进行，同时做一空白试验对比。

9. Cu^{2+}的鉴定

（1）亚铁氰化钾的反应：取 0.1 mol/L $CuSO_4$ 试液 1 滴置于点滴板上，加 2 mol/L HAc 溶液数滴酸化，加 $K_4[Fe(CN)_6]$ 试液 1 滴，有红棕色沉淀产生。Fe^{3+} 干扰此反应。

（2）与浓氨水的反应：取 0.1 mol/L $CuSO_4$ 试液 1 滴置于离心管中，加 15 mol/L 氨水 2 滴，溶液立即呈深蓝色。

10. Zn^{2+}的鉴定　在点滴板上，放入 $(NH_4)_2Hg(SCN)_4$ 试剂 1 滴，0.2 g/L $CoCl_2$ 1 滴，搅拌，并无沉淀生成。此时加入 0.1 mol/L $ZnSO_4$ 试液 1 滴。迅速（半分钟）生成天蓝色沉淀。

11. Ag^+的鉴定　取 0.1 mol/L $AgNO_3$ 试液 2 滴加入离心管中，加 6 mol/L HCl 溶液 1 滴，生成白色凝乳状沉淀，离心分离，弃去离心液，在沉淀上加 6 mol/L 氨水 2 滴，用玻璃棒搅拌，使沉淀溶解，再加 6 mol/L HNO_3 溶液数滴，使溶液呈明显酸性，白色沉淀重新析出。注意一定加 HNO_3 溶液酸化，才会有白色沉淀析出。

【注意事项】　在进行金属离子的鉴定时，要保证没有干扰离子的存在。

【实训检测】

1. 哪些离子的鉴定反应没有干扰离子？

2. 如何鉴别 Fe^{2+} 、Fe^{3+} ？

3. 将氨水加入硫酸铜溶液中，会产生什么现象？

（姜　斌）

参 考 文 献

冯务群，2018. 无机化学. 4 版. 北京：人民卫生出版社

傅春华，黄月君，2018. 基础化学. 3 版. 北京：人民卫生出版社

傅迎，章小丽，2018. 无机化学. 北京：科学出版社

江勇，2015. 无机化学. 北京：科学出版社

牛秀明，林珍， 2018. 无机化学. 3 版. 北京：人民卫生出版社

铁步荣，杨怀霞，2016. 无机化学. 4 版. 北京：中国中医药出版社

张雪昀，董会钰，俞晨秀，2019. 基础化学. 北京：中国医药科技出版社

附　　录

附录一　常见化合物的分子量

化合物	分子量	化合物	分子量	化合物	分子量
Ag_2CrO_4	331.73	$CaCl_2$	110.99	CuI	190.45
Ag_3AsO_4	462.52	$CaCl_2\cdot6H_2O$	219.08	CuO	79.545
$AgBr$	187.77	$CaCO_3$	100.09	CuS	95.61
$AgCl$	143.32	CaO	56.08	$CuSCN$	121.62
$AgCN$	133.89	$CaSO_4$	136.14	$CuSO_4$	159.60
AgI	234.77	$CdCl_2$	183.82	$CuSO_4\cdot5H_2O$	249.68
$AgNO_3$	169.87	$CdCO_3$	172.42	$Fe(NH_4)_2(SO_4)_2\cdot6H_2O$	392.125
$AgSCN$	165.95	CdS	144.47	$Fe(NO_3)_3$	241.86
$Al(NO_3)_3$	213	$Ce(SO_4)_2$	332.24	$Fe(NO_3)_3\cdot9H_2O$	404
$Al(NO_3)_3\cdot9H_2O$	375.13	$Ce(SO_4)_2\cdot4H_2O$	404.3	$Fe(OH)_3$	106.87
$Al(OH)_3$	78	CH_3COOH	60.052	Fe_2O_3	159.69
$Al_2(SO_4)_3$	342.14	CH_3COONa	82.034	Fe_2S_3	207.87
$Al_2(SO_4)_3\cdot18H_2O$	666.41	$CH_3COONa\cdot3H_2O$	136.08	Fe_3O_4	231.54
Al_2O_3	101.96	CH_3COONH_4	77.083	$FeCl_2$	126.75
$AlCl_3$	133.34	$CO(NH_2)_2$	60.06	$FeCl_2\cdot4H_2O$	198.81
$AlCl_3\cdot6H_2O$	241.43	$Co(NO_3)_2$	182.94	$FeCl_3$	162.21
As_2O_3	197.84	$Co(NO_3)_2\cdot6H_2O$	291.03	$FeCl_3\cdot6H_2O$	270.3
As_2O_5	229.84	CO_2	44.01	$FeNH_4(SO_4)_2\cdot12H_2O$	482.18
As_2S_3	246.02	$CoCl_2$	129.84	FeO	71.846
$Ba(OH)_2$	171.34	$CoCl_2\cdot6H_2O$	237.93	FeS	87.91
BaC_2O_4	225.35	CoS	90.99	$FeSO_4$	151.9
$BaCl_2$	208.24	$CoSO_4$	154.99	$FeSO_4\cdot7H_2O$	278.01
$BaCl_2\cdot2H_2O$	244.27	$CoSO_4\cdot7H_2O$	281.1	$H_2C_2O_4$	90.035
$BaCO_3$	197.34	$Cr(NO_3)_3$	238.01	$H_2C_2O_4\cdot2H_2O$	126.07
$BaCrO_4$	253.32	Cr_2O_3	151.99	H_2CO_3	62.025
BaO	153.33	$CrCl_3$	158.35	H_2O	18.015
$BaSO_4$	233.39	$CrCl_3\cdot6H_2O$	266.45	H_2O_2	34.015
$BiCl_3$	315.34	$Cu(NO_3)\cdot3H_2O$	241.6	H_2S	34.08
$BiOCl$	260.43	$Cu(NO_3)_2$	187.56	H_2SO_3	82.07
$Ca(NO_3)_2\cdot4H_2O$	236.15	Cu_2O	143.09	H_2SO_4	98.07
$Ca(OH)_2$	74.09	$CuCl$	98.999	H_3AsO_3	125.94
$Ca_3(PO_4)_2$	310.18	$CuCl_2$	134.45	H_3AsO_4	141.94
CaC_2O_4	128.1	$CuCl_2\cdot2H_2O$	170.48	H_3BO_3	61.88

续表

化合物	分子量	化合物	分子量	化合物	分子量
H_3PO_4	97.995	KIO_3	214	Na_3PO_4	163.94
HBr	80.912	$KIO_3 \cdot HIO_3$	389.91	$NaBiO_3$	279.97
HCl	36.461	$KMnO_4$	158.03	$NaCl$	58.443
HCN	27.026	$KNaC_4H_4O_6 \cdot 4H_2O$	282.22	$NaClO$	74.442
$HCOOH$	46.026	KNO_2	85.104	$NaCN$	49.007
HF	20.006	KNO_3	101.1	$NaHCO_3$	84.007
$Hg(CN)_2$	252.63	KOH	56.106	$NaNO_2$	68.995
$Hg(NO_3)_2$	324.6	$KSCN$	97.18	$NaNO_3$	84.995
$Hg_2(NO_3)_2$	525.19	$Mg(NO_3)_2 \cdot 6H_2O$	256.41	$NaOH$	39.997
$Hg_2(NO_3)_2 \cdot 2H_2O$	561.22	$Mg(OH)_2$	58.32	$NaSCN$	81.07
Hg_2Cl_2	472.09	$Mg_2P_2O_7$	222.55	NH_3	17.03
Hg_2SO_4	497.24	MgC_2O_4	112.33	NH_4Cl	53.491
$HgCl_2$	271.5	$MgCl_2$	95.211	NH_4HCO_3	79.055
HgI_2	454.4	$MgCl_2 \cdot 6H_2O$	203.3	NH_4NO_3	80.043
HgO	216.59	$MgCO_3$	84.314	NH_4SCN	76.12
HgS	232.65	$MgNH_4PO_4$	137.32	NH_4VO_3	116.98
$HgSO_4$	296.65	MgO	40.304	$(NH_4)_2C_2O_4$	124.1
HI	127.91	$MgSO_4 \cdot 7H_2O$	246.47	$(NH_4)_2C_2O_4 \cdot H_2O$	142.11
HIO_3	175.91	$Mn(NO_3)_2 \cdot 6H_2O$	287.04	$(NH_4)_2CO_3$	96.086
HNO_2	47.013	$MnCl_2 \cdot 4H_2O$	197.91	$(NH_4)_2HPO_4$	132.06
HNO_3	63.013	$MnCO_3$	114.95	$(NH_4)_2MoO_4$	196.01
K_2CO_3	138.21	MnO	70.937	$(NH_4)_2S$	68.14
$K_2Cr_2O_7$	294.18	MnO_2	86.937	$(NH_4)_2SO_4$	132.13
K_2CrO_4	194.19	MnS	87	$Ni(NO_3)_2 \cdot 6H_2O$	290.79
K_2O	94.196	$MnSO_4$	151	$NiCl_2 \cdot 6H_2O$	237.69
K_2SO_4	172.25	$MnSO_4 \cdot 4H_2O$	223.06	NiO	74.69
$K_3Fe(CN)_6$	329.25	$Na_2B_4O_7$	201.22	NiS	90.75
$K_4Fe(CN)_6$	368.35	$Na_2B_4O_7 \cdot 10H_2O$	381.37	$NiSO_4 \cdot 7H_2O$	280.85
$KAl(SO_4)_2 \cdot 12H_2O$	474.38	$Na_2C_2O_4$	134	NO	30.006
KBr	119	Na_2CO_3	105.99	NO_2	46.066
$KBrO_3$	167	$Na_2CO_3 \cdot 10H_2O$	286.14	P_2O_5	141.94
KCl	74.551	$Na_2H_2Y \cdot 2H_2O$	372.24	$Pb(CH_3COO)_2$	325.3
$KClO_3$	122.55	$Na_2HPO_4 \cdot 12H_2O$	358.14	$Pb(CH_3COO)_2 \cdot 3H_2O$	379.3
$KClO_4$	138.55	Na_2O	61.979	$Pb(NO_3)_2$	331.2
KCN	65.116	Na_2O_2	77.978	$Pb_3(PO_4)_2$	811.54
$KFe(SO_4)_2 \cdot 12H_2O$	503.24	Na_2S	78.04	PbC_2O_4	295.22
$KHC_2O_4 \cdot H_2C_2O_4 \cdot 2H_2O$	254.19	$Na_2S \cdot 9H_2O$	240.18	$PbCl_2$	278.1
$KHC_2O_4 \cdot H_2O$	146.14	$Na_2S_2O_3$	158.1	$PbCO_3$	267.2
$KHC_4H_4O_6$	188.18	$Na_2S_2O_3 \cdot 5H_2O$	248.17	$PbCrO_4$	323.2
$KHC_8H_4O_4$	204.22	Na_2SO_3	126.04	PbI_2	461
$KHSO_4$	136.16	Na_2SO_4	142.04	PbO	223.2
KI	166	Na_3AsO_3	191.89	PbO_2	239.2

续表

化合物	分子量	化合物	分子量	化合物	分子量
PbS	239.3	$SnCl_4 \cdot 5H_2O$	350.58	$UO_2(CH_3COO)_2 \cdot 2H_2O$	424.15
$PbSO_4$	303.3	SnO_2	150.69	$Zn(CH_3COO)_2$	183.47
Sb_2O_3	291.5	SnS_2	150.75	$Zn(CH_3COO)_2 \cdot 2H_2O$	219.5
Sb_2S_3	339.68	SO_2	64.06	$Zn(NO_3)_2$	189.39
$SbCl_3$	228.11	SO_3	80.06	$Zn(NO_3)_2 \cdot 6H_2O$	297.48
$SbCl_5$	299.02	$Sr(NO_3)_2$	211.63	ZnC_2O_4	153.4
SiF_4	104.08	$Sr(NO_3)_2 \cdot 4H_2O$	283.69	$ZnCl_2$	136.29
SiO_2	60.084	SrC_2O_4	175.64	$ZnCO_3$	125.39
$SnCl_2$	189.6	$SrCO_3$	147.63	ZnO	81.38
$SnCl_2 \cdot 2H_2O$	225.63	$SrCrO_4$	203.61	ZnS	97.44
$SnCl_4$	260.5	$SrSO_4$	183.69	$ZnSO_4 \cdot 7H_2O$	287.54

附录二　常见弱酸、弱碱的标准解离常数（298.15K)

附表 2-1　弱酸在水中的标准解离常数

化合物	化学式	解离常数 K	化合物	化学式	解离常数 K
亚砷酸	$HAsO_3$	6.0×10^{-10}	磷酸	H_3PO_4	6.9×10^{-3}（K_1）
硼酸	H_3BO_3	5.8×10^{-10}			6.2×10^{-8}（K_2）
碳酸	H_2CO_3	4.2×10^{-7}（K_1）			4.8×10^{-13}（K_3）
		5.6×10^{-11}（K_2）	亚磷酸	H_3PO_3	6.3×10^{-2}（K_1）
铝酸	H_3AlO_3	6.3×10^{-12}			2.0×10^{-7}（K_2）
砷酸	H_3AsO_4	6.3×10^{-3}（K_1）	氢硫酸	H_2S	1.3×10^{-7}（K_1）
		1.0×10^{-7}（K_2）			7.1×10^{-15}（K_2）
		3.2×10^{-12}（K_3）	偏硅酸	H_2SiO_3	1.7×10^{-10}（K_1）
氢氰酸	HCN	6.2×10^{-10}			1.6×10^{-12}（K_2）
铬酸	H_2CrO_4	4.1（K_1）	甲酸	$HCOOH$	1.77×10^{-4}
		1.3×10^{-6}（K_2）	醋酸	CH_3COOH	1.75×10^{-5}
次氯酸	$HClO$	2.8×10^{-8}	草酸	$H_2C_2O_4$	5.4×10^{-2}（K_1）
硫氰酸	$HSCN$	1.4×10^{-1}			5.4×10^{-5}（K_2）
过氧化氢	H_2O_2	2.2×10^{-12}	苯甲酸	C_6H_5COOH	6.2×10^{-5}
氢氟酸	HF	6.6×10^{-4}	邻苯二甲酸	$C_6H_4(COOH)_2$	1.1×10^{-3}（K_1）
次碘酸	HIO	2.3×10^{-11}			3.9×10^{-6}（K_2）
碘酸	HIO_3	0.16	苯酚	C_6H_5OH	1.1×10^{-10}
亚硝酸	HNO_2	5.1×10^{-4}			
亚硫酸	H_2SO_3	1.3×10^{-2}（K_1）			
		6.3×10^{-8}（K_2）			

附表 2-2 弱碱在水中的解离常数

化合物	化学式	解离常数 K	化合物	化学式	解离常数 K
氨	NH_3	1.8×10^{-5}	乙醇胺	$HOCH_2CH_2NH_2$	3.2×10^{-5}
甲胺	CH_3NH_2	4.2×10^{-4}	三乙醇胺	$(HOCH_2CH_2)_3N$	5.8×10^{-7}
乙胺	$C_2H_5NH_2$	5.6×10^{-4}	联氨	H_2NNH_2	3.0×10^{-6}（K_1）
二甲胺	$(CH_3)_2NH$	1.2×10^{-4}			7.6×10^{-15}（K_2）
二乙胺	$(C_2H_5)_2NH$	1.3×10^{-3}	羟氨	NH_2OH	9.1×10^{-9}
乙二胺	$NH_2CH_2CH_2NH_2$	8.3×10^{-5}（K_1）	苯胺	$C_6H_5NH_2$	4.3×10^{-10}
		7.1×10^{-8}（K_2）	吡啶	C_5H_5N	1.7×10^{-9}

附录三 常用酸碱指示剂

序号	名称	pH 变色范围	酸式色	碱式色	pK_a	浓度
1	甲基紫（第一次变色）	0.13～0.5	黄	绿	0.8	0.1%水溶液
2	甲酚红（第一次变色）	0.2～1.8	红	黄	—	0.04%乙醇（50%）溶液
3	甲基紫（第二次变色）	1.0～1.5	绿	蓝	—	0.1%水溶液
4	百里酚蓝（第一次变色）	1.2～2.8	红	黄	1.65	0.1%乙醇（20%）溶液
5	茜素黄 R（第一次变色）	1.9～3.3	红	黄	—	0.1%水溶液
6	甲基紫（第三次变色）	2.0～3.0	蓝	紫	—	0.1%水溶液
7	甲基黄	2.9～4.0	红	黄	3.3	0.1%乙醇(90%)溶液
8	溴酚蓝	3.0～4.6	黄	蓝	3.85	0.1%乙醇（20%）溶液
9	甲基橙	3.1～4.4	红	黄	3.40	0.1%水溶液
10	溴甲酚绿	3.8～5.4	黄	蓝	4.68	0.1%乙醇（20%）溶液
11	甲基红	4.4～6.2	红	黄	4.95	0.1%乙醇（60%）溶液
12	溴百里酚蓝	6.0～7.6	黄	蓝	7.1	0.1%乙醇（20%）
13	中性红	6.8～8.0	红	黄	7.4	0.1%乙醇（60%）溶液
14	酚 红	6.8～8.0	黄	红	7.9	0.1%乙醇（20%）溶液
15	甲酚红（第二次变色）	7.2～8.8	黄	红	8.2	0.04%乙醇（50%）溶液
16	百里酚蓝（第二次变色）	8.0～9.6	黄	蓝	8.9	0.1%乙醇（20%）溶液
17	酚 酞	8.2～10.0	无色	紫红	9.4	0.1%乙醇（60%）溶液
18	百里酚酞	9.4～10.6	无色	蓝	10.0	0.1%乙醇（90%）溶液
19	茜素黄 R（第二次变色）	10.1～12.1	黄	紫	11.16	0.1%水溶液
20	靛胭脂红	11.6～14.0	蓝	黄	12.2	25%乙醇（50%）溶液

附录四 常用缓冲溶液的配制和 pH

序号	溶液名称	配制方法	pH
1	氯化钾-盐酸	13.0 ml 0.2 mol/L HCl 与 25.0 ml 0.2 mol/L KCl 混合均匀后，加水稀释至 100 ml	1.7
2	氨基乙酸-盐酸	在 500 ml 水中溶解氨基乙酸 150 g，加 480 ml 浓盐酸，再加水稀释至 1 L	2.3
3	一氯乙酸-氢氧化钠	在 200 ml 水中溶解 2 g 一氯乙酸后，加 40 g NaOH，溶解完全后再加水稀释至 1 L	2.8
4	邻苯二甲酸氢钾-盐酸	将 25.0 ml 0.2 mol/L 的邻苯二甲酸氢钾溶液与 6.0 ml 0.1 mol/L HCl 混合均匀，加水稀释至 100 ml	3.6
5	邻苯二甲酸氢钾-氢氧化钠	将 25.0 ml 0.2 mol/L 的邻苯二甲酸氢钾溶液与 17.5 ml 0.1 mol/L NaOH 混合均匀，加水稀释至 100 ml	4.8
6	六亚甲基四胺-盐酸	在 200 ml 水中溶解六亚甲基四胺 40 g，加浓 HCl 10 ml，再加水稀释至 1 L	5.4
7	磷酸二氢钾-氢氧化钠	将 25.0 ml 0.2 mol/L 的磷酸二氢钾与 23.6 ml 0.1 mol/L NaOH 混合均匀，加水稀释至 100 ml	6.8
8	硼酸-氯化钾-氢氧化钠	将 25.0 ml 0.2 mol/L 的硼酸-氯化钾与 4.0 ml 0.1 mol/L NaOH 混合均匀，加水稀释至 100 ml	8.0

续表

序号	溶液名称	配制方法	pH
9	氯化铵-氨水	将 0.1 mol/L 氯化铵与 0.1 mol/L 氨水以 2：1 比例混合均匀	9.1
10	硼酸-氯化钾-氢氧化钠	将 25.0 ml 0.2 mol/L 的硼酸-氯化钾与 43.9 ml 0.1 mol/L NaOH 混合均匀，加水稀释至 100 ml	10.0
11	氨基乙酸-氯化钠-氢氧化钠	将 49.0 ml 0.1 mol/L 氨基乙酸-氯化钠与 51.0 ml 0.1 mol/L NaOH 混合均匀	11.6
12	磷酸氢二钠-氢氧化钠	将 50.0 ml 0.05 mol/L Na_2HPO_4 与 26.9 ml 0.1 mol/L NaOH 混合均匀，加水稀释至 100 ml	12.0
13	氯化钾-氢氧化钠	将 25.0 ml 0.2 mol/L KCl 与 66.0 ml 0.2 mol/L NaOH 混合均匀，加水稀释至 100 ml	13.0

附录五　常见难溶化合物的溶度积常数（298.15K）

化合物	$K_{sp}^{\ominus}$	化合物	$K_{sp}^{\ominus}$	化合物	$K_{sp}^{\ominus}$
AgBr	5.4×10^{-13}	$Co(OH)_2$	1.1×10^{-15}	MgF_2	7.4×10^{-11}
AgCl	1.8×10^{-10}	$Co_3(PO_4)_2$	2.1×10^{-35}	$Mg(OH)_2$	5.6×10^{-12}
Ag_2CO_3	8.5×10^{-12}	$Cr(OH)_3$	6.3×10^{-31}	$Mg_3(PO_4)_2$	9.9×10^{-25}
Ag_2CrO_4	1.1×10^{-12}	CuBr	6.3×10^{-9}	$NiCO_3$	1.4×10^{-7}
$Ag_2Cr_2O_7$	2.0×10^{-7}	CuCl	1.7×10^{-7}	$Ni(IO_3)_2$	4.7×10^{-5}
AgCN	5.9×10^{-17}	CuI	1.3×10^{-12}	$Ni(OH)_2$	5.5×10^{-16}
$Ag_2C_2O_4$	5.4×10^{-12}	$Cu(OH)_2$	2.2×10^{-20}	NiS	1.1×10^{-21}
$AgIO_3$	3.2×10^{-8}	CuSCN	1.8×10^{-13}	$Ni_3(PO_4)_2$	4.7×10^{-32}
AgI	8.5×10^{-17}	$Cu(IO_3)_2$	6.9×10^{-8}	$PbCO_3$	1.5×10^{-13}
AgOH	2.0×10^{-8}	CuS	1.3×10^{-36}	$PbCrO_4$	2.8×10^{-13}
Ag_3PO_4	8.9×10^{-17}	Cu_2S	2.3×10^{-48}	PbC_2O_4	8.5×10^{-10}
Ag_2S	6.3×10^{-50}	$Cu_3(PO_4)_2$	1.4×10^{-37}	$PbCl_2$	1.2×10^{-5}
AgSCN	1.0×10^{-12}	$FeCO_3$	3.1×10^{-11}	$PbBr_2$	6.6×10^{-6}
Ag_2SO_4	1.2×10^{-5}	FeF_2	2.4×10^{-6}	PbF_2	7.2×10^{-7}
Ag_2SO_3	1.5×10^{-14}	$Fe(OH)_2$	4.9×10^{-11}	PbI_2	8.5×10^{-9}
$Al(OH)_3$	1.1×10^{-33}	$Fe(OH)_3$	2.6×10^{-39}	$Pb(IO_3)_2$	3.7×10^{-13}
As_2S_3	2.1×10^{-22}	FeS	1.6×10^{-19}	$Pb(OH)_2$	1.4×10^{-20}
$BaCO_3$	2.6×10^{-9}	$HgBr_2$	6.2×10^{-12}	$Pb(OH)_4$	3.2×10^{-44}
$BaCrO_4$	1.2×10^{-10}	HgI_2	2.8×10^{-29}	PbS	9.1×10^{-29}
BaF_2	1.8×10^{-7}	HgS	6.4×10^{-53}	$PbSO_4$	1.8×10^{-8}
$Ba_3(PO_4)_2$	3.4×10^{-23}	$Hg(OH)_2$	3.2×10^{-26}	$Pb(SCN)_2$	2.1×10^{-5}
$BaSO_4$	1.1×10^{-10}	Hg_2Br_2	6.4×10^{-23}	PbS	2.0×10^{-58}
BaC_2O_4	1.6×10^{-7}	Hg_2CO_3	3.7×10^{-17}	$Pd(SCN)_2$	4.4×10^{-23}
$CaCO_3$	5.0×10^{-9}	$Hg_2C_2O_4$	1.8×10^{-13}	PtS	2.0×10^{-58}
CaF_2	1.5×10^{-10}	Hg_2Cl_2	1.5×10^{-18}	$Sn(OH)_2$	5.5×10^{-27}
$CaSO_4$	7.1×10^{-5}	Hg_2F_2	3.1×10^{-6}	$Sn(OH)_4$	1.0×10^{-56}
$Ca(OH)_2$	4.7×10^{-6}	Hg_2I_2	5.3×10^{-29}	SnS	3.3×10^{-28}
CaC_2O_4	2.3×10^{-9}	Hg_2S	1.0×10^{-47}	$SrCO_3$	5.6×10^{-10}
$Ca(IO_3)_2$	6.5×10^{-6}	Hg_2SO_4	8.0×10^{-7}	SrF_2	4.3×10^{-9}
$Ca_3(PO_4)_2$	2.1×10^{-33}	$Hg_2(SCN)_2$	3.12×10^{-20}	$Sr(IO_3)_2$	1.1×10^{-7}
CdF_2	6.4×10^{-3}	$KClO_4$	1.1×10^{-2}	$SrSO_4$	3.4×10^{-7}
$Cd(IO_3)_2$	2.5×10^{-8}	$K_2[PtCl_6]$	7.5×10^{-6}	$ZnCO_3$	1.2×10^{-10}
$Cd(OH)_2$	7.2×10^{-15}	$MnCO_3$	2.2×10^{-11}	ZnF_2	3.0×10^{-2}
CdS	8.0×10^{-27}	$Mn(IO_3)_2$	4.4×10^{-7}	$Zn(IO_3)_2$	4.3×10^{-6}
$Cd_3(PO_4)_2$	2.5×10^{-33}	MnS	4.7×10^{-14}	$Zn(OH)_2$	6.9×10^{-17}
$Co(IO_3)_2$	1.2×10^{-2}	$MgCO_3$	6.8×10^{-6}	ZnS	1.6×10^{-24}

附录六 常见配离子的稳定常数 $K_{稳}$（298.15K）

配离子	$K_{稳}$	配离子	$K_{稳}$
$[AuCl_2]^+$	6.3×10^9	$[Co(en)_3]^{2+}$	8.69×10^{13}
$[CdCl_4]^{2-}$	6.33×10^2	$[Co(en)_3]^{3+}$	4.90×10^{48}
$[CuCl_3]^{2-}$	5.0×10^5	$[Cr(en)_2]^{2+}$	1.55×10^9
$[CuCl_2]^{2-}$	3.1×10^5	$[Cu(en)_2]^+$	6.33×10^{10}
$[FeCl]^+$	2.29	$[Cu(en)_3]^{2+}$	1.0×10^{21}
$[FeCl_4]^-$	1.02	$[Fe(en)_3]^{2+}$	5.00×10^9
$[HgCl_4]^{2-}$	1.17×10^{15}	$[Hg(en)_2]^{2+}$	2.00×10^{23}
$[PbCl_4]^{2-}$	39.8	$[Mn(en)_3]^{2+}$	4.67×10^5
$[PtCl_4]^{2-}$	1.0×10^{16}	$[Ni(en)_3]^{2+}$	2.14×10^{18}
$[SnCl_4]^{2-}$	30.2	$[Zn(en)_3]^{2+}$	1.29×10^{14}
$[ZnCl_4]^{2-}$	1.58	$[AlF_6]^{3-}$	6.94×10^{19}
$[Ag(CN)_2]^-$	1.3×10^{21}	$[FeF_6]^{3-}$	1.0×10^{16}
$[Ag(CN)_4]^{3-}$	4.0×10^{20}	$[AgI_3]^{2-}$	4.78×10^{13}
$[Au(CN)_2]^-$	2.0×10^{38}	$[AgI_2]^-$	5.94×10^{11}
$[Cd(CN)_4]^{2-}$	6.02×10^{18}	$[CdI_4]^{2-}$	2.57×10^5
$[Cu(CN)_2]^-$	1.0×10^{16}	$[CuI_2]^-$	7.09×10^8
$[Cu(CN)_4]^{3-}$	2.00×10^{30}	$[PbI_4]^{2-}$	2.95×10^4
$[Fe(CN)_6]^{4-}$	1.0×10^{35}	$[HgI_4]^{2-}$	6.76×10^{29}
$[Fe(CN)_6]^{3-}$	1.0×10^{42}	$[Ag(NH_3)_2]^+$	1.12×10^7
$[Hg(CN)_4]^{2-}$	2.5×10^{41}	$[Cd(NH_3)_6]^{2+}$	1.38×10^5
$[Ni(CN)_4]^{2-}$	2.0×10^{31}	$[Cd(NH_3)_4]^{2+}$	1.32×10^7
$[Zn(CN)_4]^{2-}$	5.0×10^{16}	$[Co(NH_3)_6]^{3+}$	1.58×10^{35}
$[Ag(SCN)_4]^{3-}$	1.20×10^{10}	$[Cu(NH_3)_2]^+$	7.25×10^{10}
$[Ag(SCN)_2]^-$	3.72×10^7	$[Cu(NH_3)_4]^{2+}$	2.09×10^{13}
$[Au(SCN)_4]^{3-}$	1.0×10^{42}	$[Fe(NH_3)_2]^{2+}$	1.6×10^2
$[Au(SCN)_2]^-$	1.0×10^{23}	$[Hg(NH_3)_4]^{2+}$	1.90×10^{19}
$[Cd(SCN)_4]^{2-}$	3.98×10^3	$[Mg(NH_3)_2]^{2+}$	20
$[Co(SCN)_4]^{2-}$	1.00×10^5	$[Ni(NH_3)_6]^{2+}$	5.49×10^8
$[Cr(NCS)_2]^+$	9.52×10^2	$[Ni(NH_3)_4]^{2+}$	9.09×10^7
$[Cu(SCN)_2]^-$	1.51×10^5	$[Pt(NH_3)_6]^{2+}$	2.00×10^{35}
$[Fe(NCS)_2]^+$	2.29×10^3	$[Zn(NH_3)_4]^{2+}$	2.88×10^9
$[Hg(SCN)_4]^{2-}$	1.70×10^{21}	$[Al(OH)_4]^-$	1.07×10^{33}
$[Ni(SCN)_3]^-$	64.5	$[Bi(OH)_4]^-$	1.59×10^{35}
$[AgEDTA]^{3-}$	2.09×10^5	$[Cd(OH)_4]^{2-}$	4.17×10^8
$[AlEDTA]^-$	1.29×10^{16}	$[Cr(OH)_4]^-$	7.94×10^{29}
$[CaEDTA]^{2-}$	1.0×10^{11}	$[Cu(OH)_4]^{2-}$	3.16×10^{18}
$[CdEDTA]^{2-}$	2.5×10^7	$[Fe(OH)_4]^{2-}$	3.80×10^8
$[CoEDTA]^{2-}$	2.04×10^{16}	$[Ca(P_2O_7)]^{2-}$	4.0×10^4
$[CoEDTA]^-$	1.0×10^{36}	$[Cd(P_2O_7)]^{2-}$	4.0×10^5
$[CuEDTA]^{2-}$	5.0×10^{18}	$[Cu(P_2O_7)]^{2-}$	1.0×10^8
$[FeEDTA]^{2-}$	2.14×10^{14}	$[Pb(P_2O_7)]^{2-}$	2.0×10^5
$[FeEDTA]^-$	1.70×10^{24}	$[Ni(P_2O_7)_2]^{6-}$	2.5×10^2
$[HgEDTA]^{2-}$	6.33×10^{21}	$[Ag(S_2O_3)]^-$	6.62×10^8
$[MgEDTA]^{2-}$	4.37×10^8	$[Ag(S_2O_3)_2]^{3-}$	2.88×10^{13}
$[MnEDTA]^{2-}$	6.3×10^{13}	$[Cd(S_2O_3)_2]^{2-}$	2.75×10^6
$[NiEDTA]^{2-}$	3.64×10^{18}	$[Cu(S_2O_3)_2]^{3-}$	1.66×10^{12}
$[ZnEDTA]^{2-}$	2.5×10^{16}	$[Pb(S_2O_3)_2]^{2-}$	1.35×10^5
$[Ag(en)_2]^+$	5.00×10^7	$[Hg(S_2O_3)_4]^{6-}$	1.74×10^{33}
$[Cd(en)_3]^{2+}$	1.20×10^{12}	$[Hg(S_2O_3)_2]^{2-}$	2.75×10^{29}

附录七 一些物质的热力学数据（298.15K）

物质	$\Delta_f H_m^\ominus$ / (kJ / mol)	$\Delta_f G_m^\ominus$ / (kJ / mol)	$S_m^\ominus$ / [J / (K · mol)]
Ag（s）	0.0	0.0	42.6
AgCl（s）	−127.0	−109.8	96.3
AgBr（s）	−100.4	−96.9	107.1
AgI（s）	−61.84	−66.19	115.5
Ag_2O（s）	−31.0	−11.2	121
$AgNO_3$（s）	−124.4	−33.4	140.9
AgCN（s）	146.0	156.9	107.2
AgSCN（s）	87.9	101.4	131.0
Ag_2S（α−斜方）	−32.6	−40.7	144.0
Al（s）	0	0	28.3
$AlCl_3$（s）	−704.2	−628.8	109.3
Al_2O_3（刚玉）	−1675.7	−1582.3	50.9
As（s）	0	0	35.1
AsH_3（g）	66.4	68.9	222.8
AsF_3（l）	−821.3	−774.0	181.2
As_2S_3（s）	−169.0	−168.6	163.6
As_4O_6（g）	−1209	−1098	381
B（s）	0	0	5.86
B_2H_6（g）	35.6	86.6	232
B_2O_3（s）	−1272.8	−1193.7	54.0
H_3BO_3（s）	−1094.5	−969.0	88.8
Ba（s）	0	0	62.8
$BaCl_2$（s）	−858.6	−806.7	123.7
BaO（s）	−553.5	−525.1	70.4
$BaCO_3$（s）	−1216	−1138	112.1
$BaSO_4$（s）	−1473.2	−1362.2	132.2
Br_2（g）	30.9	3.14	245.5
Br_2（l）	0	0	152.2
HBr（g）	−36.4	−53.6	198.7
$HBrO_3$（aq）	−67.1	−18	161.5
C（s，金刚石）	1.89	2.9	2.38
C（s，石墨）	0	0	5.74
CO（g）	−110.5	−137.2	197.7
CO_2（g）	−393.5	−394.4	213.7
CS_2（l）	89.70	65.27	151.34
CH_4（g）	−74.6	−50.8	186.2
CH_3Cl（g）	−80.83	−57.37	234.58
$CHCl_3$（l）	−134.47	−73.66	201.7
CCl_4（g）	−102.9	−60.59	309.85
CCl_4（l）	−135.44	−65.21	216.40
C_2H_4（g）	52.3	68.2	219.4
C_2H_5OH（l）	−277.7	−174.9	160.7

续表

物质	$\Delta_f H_m^\ominus$ / (kJ / mol)	$\Delta_f G_m^\ominus$ / (kJ / mol)	$S_m^\ominus$ / [J / (K · mol)]
Ca（s）	0	0	41.4
$CaCl_2$（s）	−795.8	−748.1	104.6
$CaCO_3$（s，方解石）	−1206.9	−1128.8	92.9
CaO（s）	−635.1	−604.2	39.7
CaF_2（s）	−1219.6	−1167.3	68.87
CaS（s）	−482.4	−477.4	56.5
$Ca(OH)_2$（s）	−986.09	−898.49	83.39
$CaSO_4$（s）	−1425.2	−1313.4	108.4
Cl_2（g）	0	0	223.07
Cl_2（l）	−23.4	6.94	121
HCl（g）	−92.5	−95.4	186.7
HClO（aq，非电离）	−121	−79.9	142
$HClO_3$（aq）	104.0	−8.03	162
$HClO_4$（aq）	−9.70	—	—
Co（s）	0	0	30.0
$CoCl_2$（s）	−312.5	−270	109.2
$CoCl_2 \cdot 2H_2O$（s）	−923.0	−764.8	188.3
$CoCl_2 \cdot 6H_2O$（s）	−2115	−1725	343
Cr（s）	0	0	23.77
Cr_2O_3（s）	−1140	−1058	81.2
CrO_3（s）	−589.5	−506.3	—
$(NH_4)_2Cr_2O_7$（s）	−1807	—	—
Cu（s）	0	0	33
CuCl（s）	−137.2	−119.9	86.2
CuBr（s）	−104.6	−100.8	96.11
CuI（s）	−67.8	−69.5	96.7
Cu_2O（s）	−168.6	−146.0	93.14
CuO（s）	−157.3	−129.7	42.63
CuS（s）	−53.1	−53.6	66.5
$CuSO_4$（s）	−771.4	−661.8	109
$CuSO_4 \cdot 5H_2O$（s）	−2321	−1880	300
F_2（g）	0	0	202.78
HF（g）	−271	−273	174
Fe（s）	0	0	27.28
$FeCl_2$（s）	−341.8	−302.3	117.95
$FeCl_3$（s）	−399.5	−334.0	142.3
Fe_2O_3（赤铁矿）	−824.2	−742.2	87.4
Fe_3O_4（磁铁矿）	−1118.4	−1015.4	146.4
$Fe(OH)_2$（s）	−569.0	−486.5	88
$Fe(OH)_3$（s）	−823.0	−696.5	106.7
FeS_2（黄铁矿）	−178.2	−166.9	52.93
$FeSO_4 \cdot 7H_2O$（s）	−3014.6	−2509.8	409.2
H_2（g）	0	0	130.68

续表

物质	$\Delta_f H_m^\ominus$ / (kJ / mol)	$\Delta_f G_m^\ominus$ / (kJ / mol)	$S_m^\ominus$ / [J / (K · mol)]
H_2O（g）	−241.82	−228.57	188.83
H_2O（l）	−285.83	−237.2	69.91
H_2O_2（l）	−187.8	−120.4	109.6
H_2S（g）	−20.63	−33.56	205.79
Hg（l）	0	0	76.1
$HgCl_2$（s）	−224.3	−178.6	146
Hg_2Cl_2（s）	−265.22	−210.75	192.5
Hg_2SO_4（s）	−743.12	−625.82	200.66
HgO（s，红）	−90.83	−58.54	70.29
HgO（s，黄）	−90.4	−58.43	71.1
HgI_2（s，红）	−105	−102	180
HgS（s，红）	−58.1	−50.6	82.4
HgS（s，黑）	−53.6	−47.7	88.3
I_2（g）	62.44	19.33	260.69
I_2（s）	0	0	116.14
HI（g）	26.48	1.70	206.59
HIO_3（g）	−230	—	—
K（s）	0	0	64.6
KCl（s）	−436.75	−409.14	82.59
KBr（s）	−393.8	−380.66	95.9
K_2O（s）	−361	—	—
K_2O_2（s）	−494.1	−425.1	102
KCN（s）	−113.0	−101.86	128.5
K_2CO_3（s）	−1151.02	−1063.5	155.52
KNO_3（s）	−494.63	−394.86	133.05
KOH（s）	−424.76	−379.08	78.9
K_2SO_4（s）	−1437.8	−1321.4	175.56
$K_2Cr_2O_7$（s）	−2061.5	−1881.8	291.2
$KMnO_4$（s）	−837.2	−737.6	171.71
Li_2O（s）	−597.9	−561.1	37.6
Li_2O_2（s）	−634.3	—	—
Mg（s）	0	0	32.7
MgO（s，方镁石）	−606.7	−569.43	26.94
$MgCl_2$（s）	−641.32	−591.79	89.62
$MgCO_3$（s，菱镁矿）	−1095.8	−1012.1	65.7
$MgSO_4$（s）	−1284.9	−1170.6	91.6
$Mg(OH)_2$（s）	−924.54	−833.51	63.18
Mn（s）	0	0	32.0
MnO_2（s）	−520.03	−466.14	53.05
$MnCl_2$（s）	−481.29	−440.6	118.24
$MnSO_4$（s）	−1065.25	−957.36	112.1
N_2（g）	0	0	191.6
NH_3（g）	−46.11	−16.45	192.45

续表

物质	$\Delta_f H_m^\ominus$ / (kJ / mol)	$\Delta_f G_m^\ominus$ / (kJ / mol)	$S_m^\ominus$ / [J / (K · mol)]
NO (g)	90.25	86.55	210.76
NO_2 (g)	33.18	51.31	240.06
N_2O_4 (s)	9.16	97.82	304
N_2O_4 (l)	−19.5	97.5	209
HNO_3 (l)	−174.10	−80.71	155.60
NH_4NO_3 (s)	−366	−184	151
NH_4Cl (s)	−314.43	−202.87	94.6
NH_4HCO_3 (s)	−849.4	−665.9	120.9
$(NH_4)_2CO_3$ (s)	−333.51	−197.33	104.60
$(NH_4)_2SO_4$ (s)	−1180.5	−901.67	220.1
Na (s)	0	0	51.2
NaCl (s)	−411.15	−384.14	72.13
Na_2O (s)	−414	−375.5	75.06
Na_2O_2 (s)	−510.9	−447.7	93.3
NaOH (s)	−425.6	−379.5	64.46
Na_2CO_3 (s)	−1130.7	−1044.5	135
$NaHCO_3$ (s)	−950.81	−851.0	101.7
$NaNO_3$ (s)	−467.9	−367.1	116.5
Na_2SO_4 (s)	−1387.08	−1270.16	149.58
$Na_2B_4O_7$ (s)	−3291	−3096	189.5
O_2 (g)	0	0	205.14
O_3 (g)	142.7	163.2	238.93
P (s，白)	0	0	41.1
P (s，红)	−17.6	−121.1	22.8
PH_3 (g)	5.4	13.4	210.23
PCl_3 (g)	−287	−268	311.7
PCl_5 (g)	−398.9	−324.6	353
Pb (s)	0	0	64.9
$PbCl_2$ (s)	−359.41	−314.10	136.0
$PbBr_2$ (s)	−278.7	−216.92	161.5
PbI_2 (s)	−175.48	−173.64	174.85
PbO (s，红)	−218.99	−188.93	66.5
PbO (s，黄)	−217.32	−187.9	68.70
PbO_2 (s)	−277.4	−217.33	68.6
PbS (s)	−100	−98.7	91.2
$PbSO_4$ (s)	−919.94	−813.14	148.57
S (s，斜方)	0	0	31.80
H_2S (g)	−20.6	−33.6	206
SO_2 (g)	−296.83	−300.19	248.22
SO_3 (g)	−395.72	−371.06	256.76
SiO_2 (s，石英)	−910.49	−856.64	41.84
SiF_4 (g)	−1614.9	−1572.7	282.4
Sn (s，白色)	0	0	51.55

续表

物质	$\Delta_f H_m^\ominus$ / (kJ / mol)	$\Delta_f G_m^\ominus$ / (kJ / mol)	$S_m^\ominus$ / [J / (K · mol)]
Sn（s，灰色）	−2.1	0.13	44.14
$SnCl_2$（aq）	−329.7	−299.5	172
$SnCl_4$（l）	−511.3	−440.1	258.6
SnO（s）	−286	−257	56.5
SnO_2（s）	−580.7	−519.6	52.3
SnS（s）	−100	−98.3	77.0
SrO（s）	−592.0	−561.9	54.4
$SrCl_2$（s）	−828.9	−781.1	97.1
$SrCO_3$（s，菱锶矿）	−1220.1	−1140.1	97.1
Ti（s）	0	0	30.60
TiO_2（s，锐钛矿）	−939.7	−884.5	49.92
TiO_2（s，金红矿）	−944.7	−889.5	50.33
$TiCl_4$（l）	−804.2	−737.2	252.3
V_2O_5（s）	−1551	−1420	131
WO_3（s）	−842.9	−764.08	75.9
H_2WO_4（s）	−1131.8	—	—
Zn（s）	0	0	41.6
ZnO（s）	−348.3	−318.3	43.6
$ZnCl_2$（s）	−415.05	−396.40	111.46
ZnS（s）	−206.0	−210.3	57.7
$ZnSO_4$（s）	−982.8	−871.5	110.5

附录八　标准电极电势（298.15K）

电极反应				$\varphi^\ominus$ / V
氧化态	电子数		还原态	
Li^+	$+e^-$	$\rightleftharpoons$	Li	−3.0401
Cs^+	$+e^-$	$\rightleftharpoons$	Cs	−3.026
Rb^+	$+e^-$	$\rightleftharpoons$	Rb	−2.98
K^+	$+e^-$	$\rightleftharpoons$	K	−2.931
Ba^{2+}	$+2e^-$	$\rightleftharpoons$	Ba	−2.912
Sr^{2+}	$+2e^-$	$\rightleftharpoons$	Sr	−2.89
Ca^{2+}	$+2e^-$	$\rightleftharpoons$	Ca	−2.868
Na^+	$+e^-$	$\rightleftharpoons$	Na	−2.71
La^{3+}	$+3e^-$	$\rightleftharpoons$	La	−2.379
Mg^{2+}	$+2e^-$	$\rightleftharpoons$	Mg	−2.372
Ce^{3+}	$+3e^-$	$\rightleftharpoons$	Ce	−2.336
H_2（g）	$+2e^-$	$\rightleftharpoons$	$2H^-$	−2.23
AlF_6^{3-}	$+3e^-$	$\rightleftharpoons$	$Al + 6F^-$	−2.069
Th^{4+}	$+4e^-$	$\rightleftharpoons$	Th	−1.899
Be^{2+}	$+2e^-$	$\rightleftharpoons$	Be	−1.847
U^{3+}	$+3e^-$	$\rightleftharpoons$	U	−1.798

续表

电极反应				$\varphi^{\ominus}$/V
氧化态	电子数		还原态	
Al^{3+}	$+3e^-$	$\rightleftharpoons$	Al	−1.662
Ti^{2+}	$+2e^-$	$\rightleftharpoons$	Ti	−1.630
ZrO_2+4H^+	$+4e^-$	$\rightleftharpoons$	$Zr+2H_2O$	−1.553
$[SiF_6]^{2-}$	$+4e^-$	$\rightleftharpoons$	$Si+6F^-$	−1.24
Mn^{2+}	$+2e^-$	$\rightleftharpoons$	Mn	−1.185
Cr^{2+}	$+2e^-$	$\rightleftharpoons$	Cr	−0.913
Ti^{3+}	$+e^-$	$\rightleftharpoons$	Ti^{2+}	−0.9
$H_3BO_3+3H^+$	$+3e^-$	$\rightleftharpoons$	$B+3H_2O$	−0.8698
TiO_2+4H^+	$+4e^-$	$\rightleftharpoons$	$Ti+2H_2O$	−0.86
$Te+2H^+$	$+2e^-$	$\rightleftharpoons$	H_2Te	−0.793
Zn^{2+}	$+2e^-$	$\rightleftharpoons$	Zn	−0.7618
$Ta_2O_5+10H^+$	$+10e^-$	$\rightleftharpoons$	$2Ta+5H_2O$	−0.750
Cr^{3+}	$+3e^-$	$\rightleftharpoons$	Cr	−0.744
$Nb_2O_5+10H^+$	$+10e^-$	$\rightleftharpoons$	$2Nb+5H_2O$	−0.644
$As+3H^+$	$+3e^-$	$\rightleftharpoons$	AsH_3	−0.608
Ga^{3+}	$+3e^-$	$\rightleftharpoons$	Ga	−0.549
$H_3PO_2+H^+$	$+e^-$	$\rightleftharpoons$	$P+2H_2O$	−0.508
$H_3PO_3+2H^+$	$+2e^-$	$\rightleftharpoons$	$H_3PO_2+H_2O$	−0.499
$2CO_2+2H^+$	$+2e^-$	$\rightleftharpoons$	$H_2C_2O_4$	−0.49
Fe^{2+}	$+2e^-$	$\rightleftharpoons$	Fe	−0.447
Cr^{3+}	$+e^-$	$\rightleftharpoons$	Cr^{2+}	−0.407
Cd^{2+}	$+2e^-$	$\rightleftharpoons$	Cd	−0.4030
$Se+2H^+$	$+2e^-$	$\rightleftharpoons$	H_2Se（aq）	−0.399
PbI_2	$+2e^-$	$\rightleftharpoons$	$Pb+2I^-$	−0.365
Eu^{3+}	$+e^-$	$\rightleftharpoons$	Eu^{2+}	−0.36
$PbSO_4$	$+2e^-$	$\rightleftharpoons$	$Pb+SO_4^{2-}$	−0.3588
In^{3+}	$+3e^-$	$\rightleftharpoons$	In	−0.3382
Tl^+	$+e^-$	$\rightleftharpoons$	Tl	−0.336
Co^{2+}	$+2e^-$	$\rightleftharpoons$	Co	−0.28
$H_3PO_4+2H^+$	$+2e^-$	$\rightleftharpoons$	$H_3PO_3+H_2O$	−0.276
$PbCl_2$	$+2e^-$	$\rightleftharpoons$	$Pb+2Cl^-$	−0.2675
Ni^{2+}	$+2e^-$	$\rightleftharpoons$	Ni	−0.257
V^{3+}	$+e^-$	$\rightleftharpoons$	V^{2+}	−0.255
$H_2GeO_3+4H^+$	$+4e^-$	$\rightleftharpoons$	$Ge+3H_2O$	−0.182
AgI	$+e^-$	$\rightleftharpoons$	$Ag+I^-$	−0.15224
Sn^{2+}	$+2e^-$	$\rightleftharpoons$	Sn	−0.1375
Pb^{2+}	$+2e^-$	$\rightleftharpoons$	Pb	−0.1262
CO_2（g）$+2H^+$	$+2e^-$	$\rightleftharpoons$	$CO+H_2O$	−0.12
P（白）$+3H^+$	$+3e^-$	$\rightleftharpoons$	PH_3（g）	−0.063
$Hg_2I_2^-$	$+2e^-$	$\rightleftharpoons$	$2Hg+2I^-$	−0.0405
Fe^{3+}	$+3e^-$	$\rightleftharpoons$	Fe	−0.037
$2H^+$	$+2e^-$	$\rightleftharpoons$	H_2	0.0000

续表

电极反应				$\varphi^{\ominus}$/V
氧化态	电子数		还原态	
AgBr	$+e^-$	$\rightleftharpoons$	$Ag + Br^-$	0.07133
$S_4O_6^{2-}$	$+2e^-$	$\rightleftharpoons$	$2S_2O_3^{2-}$	0.08
$TiO^{2+} + 2H^+$	$+e^-$	$\rightleftharpoons$	$Ti^{3+} + H_2O$	0.1
$S + 2H^+$	$+2e^-$	$\rightleftharpoons$	H_2S（aq）	0.142
Sn^{4+}	$+2e^-$	$\rightleftharpoons$	Sn^{2+}	0.151
$Sb_2O_3 + 6H^+$	$+6e^-$	$\rightleftharpoons$	$2Sb + 3H_2O$	0.152
Cu^{2+}	$+e^-$	$\rightleftharpoons$	Cu^+	0.153
$BiOCl + 2H^+$	$+3e^-$	$\rightleftharpoons$	$Bi + Cl^- + H_2O$	0.1583
$SO_4^{2-} + 4H^+$	$+2e^-$	$\rightleftharpoons$	$H_2SO_3 + H_2O$	0.172
$SbO^+ + 2H^+$	$+3e^-$	$\rightleftharpoons$	$Sb + H_2O$	0.212
AgCl	$+e^-$	$\rightleftharpoons$	$Ag + Cl^-$	0.22233
$HAsO_2 + 3H^+$	$+3e^-$	$\rightleftharpoons$	$As + 2H_2O$	0.248
Hg_2Cl_2	$+2e^-$	$\rightleftharpoons$	$2Hg + 2Cl^-$（饱和KCl）	0.26808
$BiO^+ + 2H^+$	$+3e^-$	$\rightleftharpoons$	$Bi + H_2O$	0.320
$2HCNO + 2H^+$	$+2e^-$	$\rightleftharpoons$	$(CN)_2 + 2H_2O$	0.330
$VO^{2+} + 2H^+$	$+e^-$	$\rightleftharpoons$	$V^{3+} + H_2O$	0.337
Cu^{2+}	$+2e^-$	$\rightleftharpoons$	Cu	0.3419
$ReO_4^- + 8H^+$	$+7e^-$	$\rightleftharpoons$	$Re + 4H_2O$	0.368
Ag_2CrO_4	$+2e^-$	$\rightleftharpoons$	$2Ag + CrO_4^{2-}$	0.4470
$H_2SO_3 + 4H^+$	$+4e^-$	$\rightleftharpoons$	$S + 3H_2O$	0.449
Cu^+	$+e^-$	$\rightleftharpoons$	Cu	0.521
I_2	$+2e^-$	$\rightleftharpoons$	$2I^-$	0.5355
I_3^-	$+2e^-$	$\rightleftharpoons$	$3I^-$	0.536
$H_3AsO_4 + 2H^+$	$+2e^-$	$\rightleftharpoons$	$HAsO_2 + 2H_2O$	0.560
$Sb_2O_5 + 6H^+$	$+4e^-$		$2SbO^+ + 3H_2O$	0.581
$TeO_2 + 4H^+$	$+4e^-$	$\rightleftharpoons$	$Te + 2H_2O$	0.593
$O_2^+ + 4H^+$	$+e^-$	$\rightleftharpoons$	$U^{4+} + 2H_2O$	0.612
$2HgCl_2$	$+2e^-$	$\rightleftharpoons$	$Hg_2Cl_2 + 2Cl^-$	0.63
$[PtCl_6]^{2-}$	$+2e^-$	$\rightleftharpoons$	$[PtCl_4]^{2-} + 2Cl^-$	0.68
$O_2 + 2H^+$	$+2e^-$	$\rightleftharpoons$	H_2O_2	0.695
$[PtCl_4]^{2-}$	$+2e^-$	$\rightleftharpoons$	$Pt + 4Cl^-$	0.755
$H_2SeO_3 + 4H^+$	$+4e^-$	$\rightleftharpoons$	$Se + 3H_2O$	0.74
Fe^{3+}	$+e^-$	$\rightleftharpoons$	Fe^{2+}	0.771
Hg_2^{2+}	$+2e^-$	$\rightleftharpoons$	2Hg	0.7973
Ag^+	$+e^-$	$\rightleftharpoons$	Ag	0.7996
$OsO_4 + 8H^+$	$+8e^-$	$\rightleftharpoons$	$Os + 4H_2O$	0.8
$2NO_3^- + 4H^+$	$+2e^-$	$\rightleftharpoons$	$N_2O_4 + 2H_2O$	0.803
Hg^{2+}	$+2e^-$	$\rightleftharpoons$	Hg	0.851
（quartz）$SiO_2 + 4H^+$	$+4e^-$	$\rightleftharpoons$	$Si + 2H_2O$	0.857
$Cu^{2+} + I^-$	$+e^-$	$\rightleftharpoons$	CuI	0.86
$2HNO_2 + 4H^+$	$+4e^-$	$\rightleftharpoons$	$H_2N_2O_2 + 2H_2O$	0.86
$2Hg^{2+}$	$+2e^-$	$\rightleftharpoons$	Hg_2^{2+}	0.920

续表

电极反应				$\varphi^\ominus$/V
氧化态	电子数		还原态	
$NO_3^- + 3H^+$	$+2e^-$	$\rightleftharpoons$	$HNO_2 + H_2O$	0.934
Pd^{2+}	$+2e^-$	$\rightleftharpoons$	Pd	0.951
$NO_3^- + 4H^+$	$+3e^-$	$\rightleftharpoons$	$NO + 2H_2O$	0.957
$HNO_2 + H^+$	$+e^-$	$\rightleftharpoons$	$NO + H_2O$	0.983
$HIO + H^+$	$+2e^-$	$\rightleftharpoons$	$I^- + H_2O$	0.987
$VO_2^+ + 2H^+$	$+e^-$	$\rightleftharpoons$	$VO^{2+} + H_2O$	0.991
$V(OH)_4^+ + 2H^+$	$+e^-$	$\rightleftharpoons$	$VO^{2+} + 3H_2O$	1.00
$[AuCl_4]^-$	$+3e^-$	$\rightleftharpoons$	$Au + 4Cl^-$	1.002
$N_2O_4 + 4H^+$	$+4e^-$	$\rightleftharpoons$	$2\ NO + 2H_2O$	1.035
$N_2O_4 + 2H^+$	$+2e^-$	$\rightleftharpoons$	$2HNO_2$	1.065
$IO_3^- + 6H^+$	$+6e^-$	$\rightleftharpoons$	$I^- + 3H_2O$	1.085
Br_2（aq）	$+2e^-$	$\rightleftharpoons$	$2Br^-$	1.0873
$SeO_4^{2-} + 4H^+$	$+2e^-$	$\rightleftharpoons$	$H_2SeO_3 + H_2O$	1.151
$ClO_3^- + 2H^+$	$+e^-$	$\rightleftharpoons$	$ClO_2 + H_2O$	1.152
Pt^{2+}	$+2e^-$	$\rightleftharpoons$	Pt	1.18
$ClO_4^- + 2H^+$	$+2e^-$	$\rightleftharpoons$	$ClO_3^- + H_2O$	1.189
$2IO_3^- + 12H^+$	$+10e^-$	$\rightleftharpoons$	$I_2 + 6H_2O$	1.195
$ClO_3^- + 3H^+$	$+2e^-$	$\rightleftharpoons$	$HClO_2 + H_2O$	1.214
$MnO_2 + 4H^+$	$+2e^-$	$\rightleftharpoons$	$Mn^{2+} + 2H_2O$	1.224
$O_2 + 4H^+$	$+4e^-$	$\rightleftharpoons$	$2H_2O$	1.229
$T1^{3+}$	$+2e^-$	$\rightleftharpoons$	Tl^+	1.252
$ClO_2 + H^+$	$+e^-$	$\rightleftharpoons$	$HClO_2$	1.277
$2HNO_2 + 4H^+$	$+4e^-$	$\rightleftharpoons$	$N_2O + 3H_2O$	1. 297
$Cr_2O + 14H^+$	$+6e^-$	$\rightleftharpoons$	$2Cr^{3+} + 7H_2O$	1. 33
$HBrO + H^+$	$+2e^-$	$\rightleftharpoons$	$Br^- + H_2O$	1.331
$HCrO_4^- + 7H^+$	$+3e^-$	$\rightleftharpoons$	$Cr^{3+} + 4H_2O$	1.350
Cl_2（g）	$+2e^-$	$\rightleftharpoons$	$2Cl^-$	1.35827
$ClO_4^- + 8H^+$	$+8e^-$	$\rightleftharpoons$	$Cl^- + 4H_2O$	1.389
$ClO_4^- + 8H^+$	$+7e^-$	$\rightleftharpoons$	$1/2Cl_2 + 4H_2O$	1.39
Au^{3+}	$+2e^-$	$\rightleftharpoons$	Au^+	1.401
$BrO_3^- + 6H^+$	$+6e^-$	$\rightleftharpoons$	$Br^- + 3H_2O$	1.423
$2HIO + 2H^+$	$+2e^-$	$\rightleftharpoons$	$I_2 + 2H_2O$	1.439
$ClO_3^- + 6H^+$	$+6e^-$	$\rightleftharpoons$	$Cl^- + 3H_2O$	1.451
$PbO_2 + 4H^+$	$+2e^-$	$\rightleftharpoons$	$Pb^{2+} + 2H_2O$	1.455
$ClO_3^- + 6H^+$	$+5e^-$	$\rightleftharpoons$	$1/2Cl_2 + 3H_2O$	1.47
$HClO + H^+$	$+2e^-$	$\rightleftharpoons$	$Cl^- + H_2O$	1.482
$BrO_3^- + 6H^+$	$+5e^-$	$\rightleftharpoons$	$1/2Br_2 + 3H_2O$	1.482
Au^{3+}	$+3e^-$	$\rightleftharpoons$	Au	1.498
$MnO_4^- + 8H^+$	$+5e^-$	$\rightleftharpoons$	$Mn^{2+} + 4H_2O$	1.507
Mn^{3+}	$+e^-$	$\rightleftharpoons$	Mn^{2+}	1.5415
$HClO_2 + 3H^+$	$+4e^-$	$\rightleftharpoons$	$Cl^- + 2H_2O$	1.570
$HBrO + H^+$	$+e^-$	$\rightleftharpoons$	$1/2Br_2$（aq）$+ H_2O$	1.574

续表

电极反应				$\varphi^{\ominus}$/V
氧化态	电子数		还原态	
$2NO + 2H^+$	$+2e^-$	$\rightleftharpoons$	$N_2O + H_2O$	1.591
$H_5IO_6 + H^+$	$+2e^-$	$\rightleftharpoons$	$IO_3^- + 3H_2O$	1.601
$HClO + H^+$	$+e^-$	$\rightleftharpoons$	$1/2Cl_2 + H_2O$	1.611
$HClO_2 + 2H^+$	$+2e^-$	$\rightleftharpoons$	$HClO + H_2O$	1.645
$NiO_2 + 4H^+$	$+2e^-$	$\rightleftharpoons$	$Ni^{2+} + 2H_2O$	1.678
$MnO_4^- + 4H^+$	$+3e^-$	$\rightleftharpoons$	$MnO_2 + 2H_2O$	1.679
$PbO_2 + SO_4^{2-} + 4H^+$	$+2e^-$	$\rightleftharpoons$	$PbSO_4 + 2H_2O$	1.6913
Au^+	$+e^-$	$\rightleftharpoons$	Au	1.692
Ce^{4+}	$+e^-$	$\rightleftharpoons$	Ce^{3+}	1.72
$N_2O + 2H^+$	$+2e^-$	$\rightleftharpoons$	$N_2 + H_2O$	1.766
$H_2O_2 + 2H^+$	$+2e^-$	$\rightleftharpoons$	$2H_2O$	1.776
Co^{3+}	$+e^-$	$\rightleftharpoons$	Co^{2+}（2 mol/L H_2SO_4）	1.83
Ag^{2+}	$+e^-$	$\rightleftharpoons$	Ag^+	1.980
$S_2O_8^{2-}$	$+2e^-$	$\rightleftharpoons$	$2SO_4^{2-}$	2.010
$O_3 + 2H^+$	$+2e^-$	$\rightleftharpoons$	$O_2 + H_2O$	2.076
$F_2O + 2H^+$	$+4e^-$	$\rightleftharpoons$	$H_2O + 2F^-$	2.153
O（g）$+ 2H^+$	$+2e^-$	$\rightleftharpoons$	H_2O	2.421
F_2	$+2e^-$	$\rightleftharpoons$	$2F^-$	2.866
$F_2 + 2H^+$	$+2e^-$	$\rightleftharpoons$	$2HF$	3.053

教学基本要求

（72课时）

一、课程性质和课程任务

无机化学是药学专业的一门重要专业基础课程。无机化学是研究无机化合物的组成、结构、性质及应用的一门科学，主要内容包括溶液与胶体化学、原子结构和分子结构、化学反应基本理论、配位化合物、氧化还原与电化学、元素化学等无机化学的基本知识。本课程的主要任务是：掌握无机化学的基本原理和常见的无机化合物的性质、组成和结构。通过本课程的学习，较系统地掌握无机化学基础理论、基本知识、基本运算、重要化合物的性质、实验技能和独立工作的能力。使学生具备药学类专业高等技术应用性专门人才所必需的无机化学的基础知识，培养学生的认知能力、实践能力和综合职业能力。

二、课程教学目标

无机化学教学总体目标：系统地向学生讲授无机化学基本原理，使学生能够初步地应用这些理论的结论分别从宏观和微观的角度去学习、研究无机物的性质及其变化规律；通过系统地向学生讲授元素无机化学，使学生能应用无机化学基本原理去学习元素的单质及其化合物的存在、制备、性质及反应性的变化规律，从而加深对无机化学基本原理的理解，并运用有关原理去研究、讨论、说明、理解、预测相应的化学事实，从而培养提出问题、思考问题、分析问题、解决问题的能力。

（一）职业素养目标

在职业素养目标中包括思想素质、人文素质、职业素质和身心素质等方面。具体体现在工匠精神、创新精神、信息素养、质量意识、安全意识、环保意识等方面的要求。

1. 思想素质 具有良好的职业道德，树立正确的人生观、世界观、价值观；具有爱国主义思想，能够准确理解和把握社会主义核心价值观的内涵和实践要求，具有实事求是、科学严谨的学风和创新意识、创新精神；树立终身学习观念，树立为民族的振兴、社会的进步而学习的理想与抱负。

2. 人文素质 具有良好的医疗安全与法律意识，自觉遵守医疗卫生相关法律法规，重视自身的人文修养，尊重他人、自信自尊、具有健全的人格，具有强烈的责任感、敬业和创新精神，勤于思考、勇于创新、团结协作，不怕竞争，培养学生积极向上的情感、坚强恒久的意志力，具有科学的认知理念、认知方法和实事求是勇于实践的工作作风。

3. 职业素质 具有认真负责的职业态度，培养学习兴趣，保持和增强对无机化学研究的好奇心与探究欲；培养学生工匠精神，持续专注、精益求精；树立崇尚科学、反对迷信的观念，养成严谨认真的科学态度，能有良好的职业道德和职业素养，热爱本职工作，树立质量意识、安全意识和环保意识。

4. 身心素质 具有勤学善思的学习习惯、细心严谨的工作作风、较强的适应能力、团队合作的职业意识及良好的沟通能力。培养学生积极向上的情感、坚强恒久的意志力，正确的学习目标，良好的学习态度和自我学习能力，具有良好的职业道德观念、行为规范和团队精神；具有健康的身体素质和心理素质。

（二）专业知识和技能

1. 掌握溶液组成标度的表示方法，熟悉临床上给患者输液或用药，必须规定药液的标度和用量；熟悉稀溶液的依数性，并了解其在医药学中的应用。

2. 熟悉四个量子数的意义及其取值。熟悉原子的电子层结构与周期表、元素性质之间的关系。

3. 掌握价键理论和杂化轨道理论，并能运用上述理论判断分子的空间构型。

4. 熟悉质量作用定律、化学平衡。

5. 掌握缓冲溶液的缓冲作用原理及溶液 pH 的有关计算，了解缓冲溶液在药学上的应用。

6. 掌握溶度积概念和溶度积规则，熟悉沉淀的生成和溶解的基本知识和计算。

7. 掌握配合物的概念、组成、命名和配合物中的价键理论。

8. 熟悉氧化还原的有关概念、氧化还原平衡、能斯特方程的相关计算。

9. 了解一些重要元素及其化合物的组成、性质及离子鉴定等有关知识。

10. 会运用比较、分类、归纳、概括等方法获取信息并进行加工，能用文字、图表和化学语言表述有关的信息。

三、教学内容和要求

教学内容	教学要求			教学活动参考
	了解	熟悉	掌握	
绪论	√			理论讲授 多媒体
一、溶液和胶体溶液				
（一）溶液			√	
（二）稀溶液的依数性		√		
（三）胶体溶液		√		
（四）高分子化合物溶液		√		
二、原子结构				
（一）原子核外电子的运动状态			√	
（二）原子核外电子排布			√	
（三）原子的电子层结构和元素周期律		√		
三、 分子结构				
（一）离子键		√		
（二）共价键			√	
（三）分子间作用力和氢键		√		
四、化学反应速率和化学平衡				
（一）化学反应速率			√	
（二）影响化学反应速率的因素			√	
（三）化学平衡和平衡常数			√	
（四）影响化学平衡的因素			√	
五、化学热力学基础				
（一）热力学第一定律			√	
（二）化学反应的热效应			√	
（三）热力学第二定律		√		
六、电解质溶液				
（一）强电解质溶液理论			√	
（二）酸碱质子理论			√	
（三）水溶液中的酸碱解离平衡			√	理论讲授 多媒体
（四）酸碱溶液的 pH 计算			√	
（五）缓冲溶液			√	
七、沉淀溶解平衡				
（一）溶解度原理			√	
（二）沉淀的生成与溶解		√		
（三）沉淀溶解平衡在医药学中的运用		√		
八、配位化合物				
（一）配合物概述			√	
（二）配合物价键理论		√		
（三）配位平衡			√	
（四）配合物在医药中的应用	√			
九、氧化还原反应与电极电势				
（一）氧化还原反应概述			√	
（二）原电池与电极电势			√	
（三）电极电势的应用		√		
（四）电势法应用		√		
十、常见非金属元素及其化合物				
（一）卤族元素			√	
（二）氧族元素			√	
（三）氮族元素			√	
（四）碳和硼		√		
十一、常见金属元素及其化合物				
（一）金属通论		√		
（二）碱金属			√	
（三）碱土金属			√	

续表

教学内容	教学要求			教学活动参考	教学内容	教学要求			教学活动参考
	了解	熟悉	掌握			了解	熟悉	掌握	
（四）铝、锡和铅		√		理论讲授 多媒体	实训 3　胶体溶液和高分子化合物溶液				实训操作 多媒体
（五）过渡金属元素通性		√			实训 4　化学反应速率和化学平衡				
（六）铁、铬、钼、锰			√		实训 5　醋酸解离常数的测定				
（七）铜、银、汞、锌		√			实训 6　缓冲溶液的配制和性质				
十二、生物无机化学基本知识			√		实训 7　醋酸银溶度积常数的测定				
（一）生物元素			√		实训 8　配位化合物的生成和性质				
（二）金属酶					实训 9　硫酸亚铁铵的制备				
（三）生物矿化和矿物药	√				实训 10　氧化还原反应				
（四）生物无机化学的应用		√			实训 11　非金属元素的性质				
实训 1　药用氯化钠的制备					实训 12　几种常见金属离子的鉴定				
实训 2　溶液的配制和稀释									

四、学时分配建议（72 学时）

教学内容	学时数		
	理论	实践	小计
绪论	1	0	1
一、溶液和胶体溶液	7	4	11
二、原子结构	4	0	4
三、分子结构	4	0	4
四、化学反应速率和化学平衡	4	2	6
五、化学热力学基础	4	0	4
六、电解质溶液	8	4	12
七、沉淀溶解平衡	4	2	6
八、配位化合物	4	2	6
九、氧化还原反应与电极电势	6	2	8
十、常见非金属元素及其化合物	2	2	4
十一、常见金属元素及其化合物	2	2	4
十二、生物无机化学基本知识	2	0	2
合计	52	20	72

自测题（选择题）参考答案

第1章

一、选择题

（一）单项选择题

1. A　2. D　3. B　4. C　5. B　6. B　7. B　8. D　9. A　10. D　11. A　12. C　13. D　14. C　15. D

（二）多项选择题

1. ABC　2. ADE　3. ABE　4. ABDE　5. ACD

第2章

一、选择题

（一）单项选择题

1. A　2. B　3. C　4. C　5. B　6. A　7. A　8. A　9. B　10. D　11. A　12. B

（二）多项选择题

1. BD　2. BCDE　3. ACD　4. ACE　5. CDE

第3章

一、选择题

（一）单项选择题

1. D　2. B　3. B　4. D　5. C　6. C　7. B　8. A

（二）多项选择题

1. BCD　2. CE　3. AB　4. AB　5. AC

第4章

一、选择题

（一）单项选择题

1. D　2. B　3. C　4. A　5. C　6. C　7. D　8. A　9. D　10. B　11. C　12. D

（二）多项选择题

1. ACE　2. ADE　3. ABCD　4. CDE　5. BC

第5章

一、选择题

（一）单项选择题

1. C　2. B　3. C　4. C　5. B　6. A　7. A　8. D　9. A　10. B

（二）多项选择题

1. BDE　2. AC　3. BD　4. ABCE

第6章

一、选择题

（一）单项选择题

1. D　2. B　3. D　4. B　5. D　6. B　7. A　8. B　9. C　10. D　11. C　12. D　13. C　14. A　15. C
16. E　17. A　18. D　19. D　20. A　21. C　22. C　23. D　24. B

（二）多项选择题

1. BC　2. CE　3. AB　4. CD　5. BD　6. ABD　7. BDE　8. CD　9. ABE　10. ABC

第7章

一、选择题

（一）单项选择题

1. C　2. A　3. A　4. A　5. B　6. B

（二）多项选择题

1. ACD　2. ABDE　3. ABD　4. ABCDE　5. ABC

第8章

一、选择题

（一）单项选择题

1.D　2. B　3. B　4. C　5. A　6. D　7. D　8. A　9. A　10. A

（二）多项选择题

1. ABCDE　2. BCDE　3. ABCDE　4. ABCDE　5. ABCE

第9章

一、选择题

（一）单项选择题

1. E　2. C　3. B　4. D　5. A　6. E　7. D　8. A　9. D　10. C

（二）多项选择题

1. ACDE　2. ABCD　3. ABDE　4. BC　5. BD　6. ACD

第10章

一、选择题

（一）单项选择题

1. B　2. C　3. A　4. D　5. A　6. C　7. B　8. A　9. D　10. B　11. B

（二）多项选择题

1. ABDE　2. ACDE　3. ABCDE　4. ABCDE　5. ABDE　6. ABCDE　7. ABCDE

第11章

一、选择题

（一）单项选择题

1. A　2. C　3. A　4. B　5. D　6. E　7. D　8. A　9. B　10. A　11. B　12. D　13. A　14. C　15. E

（二）多项选择题

1. ABD　2. ABE　3. ACE　4. AD　5. AE　6. AB　7. CDE　8. AD　9. ABCDE　10. ABDE

第12章

一、选择题

1. B　2. D　3. D　4. E　5. C　6. A